国際バカロレアの挑戦

グローバル時代の世界標準プログラム

岩崎久美子

[編著]

石村清則

錦織嘉子

奥出桂子

吉田 孝

黄 丹青

大和洋子

橋本八重子

金藤ふゆ子

坪谷ニュウェル郁子

相良憲昭

[著]

International Baccalaureate

明石書店

はじめに

1 国際バカロレアとの邂逅

　国際バカロレアの調査研究に最初に関わったのは1999（平成11）年のことである。すでに20年ぐらい前になる。前職の国立教育政策研究所（当時、国立教育研究所）に文部科学省（当時、文部省）から「国際バカロレア」に関する委託研究があり、相良憲昭先生を研究代表者として研究組織が持たれたことが発端である。

　偶然とは不思議なものである。この研究に従事したことで、国際バカロレアに細々ではあるが、ここまでおつきあいすることになった。

　クルンボルツ（Krumboltz, J.D.）らは、個人のキャリアの8割は予想できない偶発的な出来事によって決定されるとする「計画された偶発性理論（Planned Happenstance Theory）」を唱えている[1]。偶発的な出来事がキャリアの展開に大きな影響を与えるというわけである。まさに国際バカロレアは筆者にとっては偶発的なテーマであった。偶然がキャリアになるには、「好奇心」「持続性」「柔軟性」「楽観性」「冒険心」が必要なのだと言われる。「持続性」といった根気はないものの、委託研究は数年続き仕事として継続的に従事することになり、また、「好奇心」「柔軟性」「楽観性」「冒険心」といった性格特性は幾分有していたのであろう。与えられた状況の中で、偶然、国際バカロレアが仕事の中に位置づいていったのかもしれない。

　本書は、筆者がこれまで20年間にわたって、国際バカロレア関係者や研究者とともに実施してきた調査研究の成果をとりまとめたものである。大きくは、前述の文部科学省による委託研究、そして、筆者が研究代表者として受給した二つの科学研究費補助金の研究成果に基づくものである[2]。

　以下、それぞれの調査研究について触れてみたい。

2 国内の国際バカロレアを導入している国際学校に関する調査

　文部科学省（当時文部省）から委託研究があったのは、前述のとおり1999年であった。

3

この委託研究がなされた背景には、日本が国際バカロレア機構に毎年若干の拠出金を出していることへのアカウンタビリティのため、国際バカロレアを説明する資料が文部科学省で必要になったことがある。

　当時、研究代表者の相良憲昭先生のもと、研究メンバーは国際バカロレアの実態を知る手始めに、国際バカロレアを実施している国内のインターナショナル・スクールを一斉に調査することになった。筆者は、セントメリーズ・インターナショナルスクールという東京都内にある男子校が担当であった。

　秋風の吹くさわやかな日に訪問・面談したIBコーディネーターはエネルギッシュなアメリカ人で数週間後に国際バカロレアの年次大会がオーストラリアのケアンズであり、国際バカロレアを知りたいのであれば、それに出席すべきだと強く主張した。その勢いに押されて、所内関係者の理解を得て年次大会に急遽参加することになった。

　この年次大会は、アジア・太平洋地域の国際バカロレア関係者が一堂に会する会議であり、IB Worldというソサエティの雰囲気を肌で感じるものであった。この席で、その後、国際バカロレア機構の調査でお世話になる国際バカロレア機構アジア太平洋地域日本・韓国代表であったバーナード恭子氏（当時、横浜インターナショナル・スクール教諭）と知り合った。また、国際バカロレア・プログラムを実施している日本やその他アジア・オーストラリアのインターナショナル・スクールやユナイテッド・ワールドカレッジ（UWC）の教員、コーディネーターとも知り合う機会となった。

　翌年、引き続き文部科学省から研究委託があり、バーナード恭子氏と一緒に、国際バカロレア機構の一連の組織を訪問することになった。カーディフにあったカリキュラム・評価センター、バース大学にある研究ユニット、イギリスの名門IB校（Sevenoaks school）を訪問、スイスに移動して国際バカロレア機構本部、国際バカロレアに深い縁を持つジュネーブ国際学校を訪れた。特にジュネーブの国際バカロレア機構本部でお目にかかった当時の事務総長ジョージ・ウォーカー（George Walker）氏の印象は国際的教養人そのもので、その人間的魅力は深く心に残った。

　国際バカロレアの仕事は翌年も文部科学省からの委託という形でなされた。今度は大学との接続の問題がテーマであった。メンバーごとに研究内容について裁量が与えられたため、筆者は国際バカロレア・プログラムを実施している

はじめに

ヨーロッパのインターナショナル・スクールに対し、日本人生徒の数や日本人生徒の進路等を聞く簡単な調査票を送付し、回答を依頼した。このことで、ヨーロッパのインターナショナル・スクール各校の日本人生徒数、IBコーディネーターや日本人教師の連絡先を把握することができた。加えて、国際バカロレアのディプロマを取得し日本の大学に進学していた大学生や国際バカロレアの制度に詳しい大学入学担当者（京都大学、慶應義塾大学湘南藤沢キャンパス、国際基督教大学）に話を聞いた。その折に、国際バカロレアの経験を持つ大学生と出会えたことは、それまで制度としてのみ考えていた国際バカロレアの持つ教育内容の深さを知る良い機会であった。

3　国際学校で国際バカロレアを学ぶ日本人高校生調査

　その後、文部科学省の委託研究に従事する中で、直接、ヨーロッパのインターナショナル・スクールを訪問する機会があった。前述の調査票を返送してくれた学校のうち、デュッセルドルフ国際学校、ミュンヘン国際学校、ロンドン国際学校、パリ国際学校を訪問した。この際、日本語で調査ができ情報も得ることができるという便宜で、主に日本語教師に連絡をとった。デュッセルドルフ国際学校の吉田孝先生、パリ国際学校の石村清則先生・幸枝氏と知り合うことになったのはそのような経緯である。国際バカロレアに関する文部科学省の委託研究はその後毎年テーマを変えて3年あまり続いた。そこで得た知見を基に科学研究費補助金を受給できたことから、パリ国際学校の石村清則先生、デュッセルドルフ国際学校の吉田孝先生と、メールでやりとりをしていたアムステルダム国際学校の橋本八重子先生とチームを組んでの調査研究が現実となり、パリで会合を持って調査研究はスタートすることになった。

　特に石村清則先生には、パリ国際学校が国際バカロレア・ディプロマプログラム受講を必修にしており、当時1学年10数名の生徒がいること、筆者がパリに若い頃滞在していた地理的縁があったこともあり、国際バカロレア、国際学校や外国人学校の調査等でパリに行くたびに資料や知見の提供をお願いしてきた。石村ご夫妻には滞在中の生活面でもお世話になり、国際バカロレアを受講する生徒の追跡調査の企画などでも相談にのっていただいた。

　この時の調査計画は次のとおり、三つの研究から構成した。

5

《研究Ⅰ》：最終学年調査・質問紙（2004年＋2005年＋2006年卒業生）

- IB日本語教諭（A1）に依頼しインターネットを介して配布・回収

パリ国際学校	35名
デュッセルドルフ国際学校	14名
アムステルダム国際学校	7名
合　計	56名

《研究Ⅱ》：同一コーホート追跡調査・インタビュー（2004年9月に11学年の生徒：ディプロマ・プログラム開始時、1年目終了時・2年目終了時の3回聴取）

- IB日本語教諭（A1）にインタビュー時間等のアレンジを依頼、1生徒当たり40分×3回（3か年）

パリ国際学校	15名
デュッセルドルフ国際学校	7名
アムステルダム国際学校	3名

《研究Ⅲ》：卒業後10年程度経過者調査・インタビュー／一部質問紙

- 対象者8名（パリ国際学校・女3名、デュッセルドルフ国際学校卒業生男1名・女1名、アムステルダム国際学校卒業生・男2名・女1名）

　《研究Ⅰ》は、研究費受給の3年間にわたり各年度卒業時の生徒を対象に、パリ、デュッセルドルフ、アムステルダム国際学校のそれぞれの先生にメールにて該当者への配布・回収を依頼し、その結果を分析したものである。3年目の卒業生は、《研究Ⅱ》のインタビュー調査者と同一集団である。

　《研究Ⅱ》の追跡調査は、国際バカロレアを受講する前の11年次生を特定し、パリ、デュッセルドルフ、アムステルダムのそれぞれの国際学校に赴き、国際バカロレア受講前の9月時、翌年9月の1年目終了時、そして、2年目のプログラムが終了時6月、同じ生徒たちに合計3回インタビューを行った。プログラムの始まりから終了時まで追跡したことになる。

　《研究Ⅲ》は、国際バカロレア・プログラムを受講しすでに社会人になっている者のインタビュー調査である。パリ国際学校、デュッセルドルフ国際学

はじめに

校、アムステルダム国際学校で国際バカロレアのディプロマを取得し卒業した
社会人で10年程度経過した者をそれぞれ2～3名推挙してもらいインタビュー
を実施した。

　これらの調査結果をまとめ、刊行したのが『国際バカロレア：世界が認める
卓越した教育プログラム』（明石書店、2007年）であった。

4　国際バカロレアを導入している公立高校に関する国際比較調査

　その後、国際バカロレアは、日本国内のインターナショナル・スクールのみ
ならず、私立学校で導入されるようになった。2000年代後半には、経済界か
らの提言を受けて、国際バカロレアを200校に増やすという数値目標が掲げら
れ、国際バカロレアは世間から注目を浴びるようになった。国の後押しもあ
り、国内で導入する学校が増加していった。

　このような動きの中で、科学研究費補助金を再度受給し、公立高校に導入し
ている各国の動向を調査することにした。研究メンバーとして、それぞれの地
域に通じている研究者の方々にお願いし、アメリカ、イギリス、ドイツ、中国、
香港での調査を行った。また、当時日本で導入を検討していた東京都、北海道札
幌市での取り組みを間近で聞き知る機会を得たこともあり、日本の事例ととも
に比較考察することとした。この間、国際バカロレアの普及に力を尽くされて
いた国際バカロレア日本大使である坪谷ニュウェル郁子氏（東京インターナシ
ョナルスクール理事長）や文部科学省の方々のお力添えで、海外の国際バカロ
レア機構の関連機関を訪問することができた。ご厚意にあらためて感謝したい。

　また、世界各国のインターナショナル・スクールでIB科目を教えている日
本人教師が夏休みに日本に一時帰国する際に開かれた研究会に臨席することが
あり、そこで、橋本八重子先生のお声がけで日本人教師の調査を実施すること
ができた。国際バカロレアの研究に再度関わるようになる中で、10年前にパ
リ、デュッセルドルフ、アムステルダムで会った生徒のその後を知りたく思う
ようになり、手始めにデュッセルドルフ国際学校の数名に連絡をとった。社会
人の調査として4名ほどインタビューを行った後、職場の異動等で体系的・継
続的な調査実施が難しくなってしまった。非常に残念なことである。しかし、
協力くださった4名について、インタビューの結果を、以前実施した社会人調
査に加えて本書に所収した。

7

5　本書の構成

　本書は、以上の国際バカロレアに関して行ってきた調査研究のうち、『国際バカロレア：世界が認める卓越した教育プログラム』の刊行以降に実施した国際バカロレア導入の公立学校の実態調査とその比較、そして国際バカロレアを国内外で教えている日本人教師を対象とした調査結果を中心にとりまとめたものである。刊行にあたっては、あらためて書き下ろしたこれらの原稿とともに、『国際バカロレア：世界が認める卓越した教育プログラム』の原稿の一部を加筆修正し再掲した他、その折の原稿の一部を関連コラムとして抜粋挿入し編集し直した[3]。

　本書の構成は次のとおりである。

　第Ⅰ章は、国際バカロレアの概要である。

　第Ⅱ章は、イギリス、アメリカ、ドイツ、香港、中国、日本のそれぞれの公立学校への国際バカロレア導入の背景や実態について調査研究をした内容をとりまとめた。調査を実施し執筆している者は、それぞれの国に長く滞在した経験を持つ者による。

　第Ⅲ章は、日本人教師調査の結果である。国際バカロレアを教えている教師の調査は例がないものであり、紙面を割いて調査結果の集計も掲載した。

　第Ⅳ章は、国際バカロレア受講者のその後とし、以前実施した受講者調査の再掲、国際バカロレアを子どもに受講させた経験を持つ保護者の論考、そして、以前実施した国際バカロレア社会人調査に加え、前述のとおり受講者調査で協力してくれた生徒のその後についてインタビューした結果を追加収録した。

　第Ⅴ章は、日本のグローバル化に向けての論考を二つ掲載した。

　最初の書籍は、国際バカロレアを海外で受講した生徒が大学入試で苦労しないよう国際バカロレアの認知度を高めたく刊行したのだが、その後、国際バカロレアは想像以上のスピードと規模で政策に取り入れられていった。隔世の感がある。いまや、国際バカロレアの勢いは、日本の教育文化へ挑戦をしているようにさえ見える。このことがどのような帰結をもたらすのかはわからない。しかし、日本社会は、これまでも内外の良いものを積極的に吸収し咀嚼しなが

はじめに

ら独自の文化的成長をとげてきた。

　国際バカロレアが我が国の教育や社会に寄与することを願い、また、ここに至るご支援やご協力をくださった方々に感謝の気持ちを込めて本書を世に出したく思う。

　2018年早春

執筆者を代表して
岩崎久美子

【注】

(1) Mitchell, K.E., Levin, A.S. & Krumboltz, J.D., "Planned Happenstance: Constructing Unexpected Career Opportunities", *Journal of Counseling & Development*, Volume 77, 1999.

(2) 平成16－18年度科学研究費補助金「在外教育機関に学ぶ日本人高校生のキャリア意識－日本で育つ青少年との比較－」（課題番号16530557）
平成24－27年度科学研究費補助金「国際バカロレアによる日本型公立高校モデルの構築に関する実証研究」（課題番号24531087）

(3) 『国際バカロレア：世界が認める卓越した教育プログラム』（明石書店、2007年）からの再掲原稿は下記の三つである。原文ママのもの、加筆修正したもの、増補したものがある。それ以外に、一部コラムとして抜粋掲載した箇所がある。
　　第Ⅳ章　国際バカロレア受講者のその後
　　Ⅳ－1　国際バカロレア受講者調査を振り返る
　　Ⅳ－3　国際バカロレア社会人調査（一部増補）
　　第Ⅴ章　日本のグローバル化のために
　　Ⅴ－2　教育の国内性・国際性

目　次

国際バカロレアの挑戦

グローバル時代の世界標準プログラム

はじめに ……………………………………………………………………………… 3

第I章　国際バカロレアの概要 （石村清則）……………………………… 17

はじめに　18

1　国際バカロレアのカリキュラム　18

2　日本語・日本文学の教育内容　25

3　日本語・日本文学から見る評価方法　30

おわりに　36

第II章　諸外国の公立学校への導入の試み ………………………… 39

II－1　イギリス：公立学校における教育改革とIBディプロマの導入
（錦織嘉子）……………………………………………… 41

はじめに　41

1　イギリスの公立学校におけるDP導入の社会的背景　41

2　イギリスにおけるDPの導入状況　45

3　公立学校におけるDP導入の状況：ケント州の事例から　52

おわりに：公立学校によるDP提供の課題と今後の展望　64

II－2　アメリカ：公教育の質の保証について （奥出桂子）…………… 73

はじめに　73

1　アメリカの教育制度の概要　74

2　IB導入の目的　77

3　経費　80

4　教員の採用方法と研修　81

5　生徒、保護者　82

6　IBマグネットプログラム（選抜IB準備コース）の例　84

おわりに：課題と今後の展望　89

II－3　ドイツ：ヨーロッパ化に向けて （吉田　孝）……………………… 91

はじめに：ドイツの教育制度の特色　91

1　ドイツにおけるIB・DP　93

2　IB導入の目的：ゲーテシューレの例　100
　　おわりに：課題と今後の展望　108

Ⅱ−4　**中国：欧米大学進学熱に応えて**（黄　丹青）…………………111
　　はじめに　111
　　1　IB導入校の拡大とその背景　111
　　2　国際学校ならびに国際部による現地校でのIB導入　113
　　3　教育のグローバル化と政策による促進　115
　　4　IB導入の実施にかかわる諸要因　119
　　5　IB導入の目標と卒業生の進路　126
　　おわりに　131

Ⅱ−5　**香港：なぜ公立校でIBを導入しないのか**（大和洋子）………135
　　はじめに　135
　　1　香港の歴史的背景および国際学校の需要　135
　　2　香港の教育を概観する　137
　　3　香港のIBスクール　144
　　4　なぜ国際学校やIB提供校の需要が高まるのか　149
　　おわりに：IBOとの協働によるリーダーシップ研究課程の開講　151

Ⅱ−6　**日本：グローバル化とカリキュラム改革**（岩崎久美子）………155
　　はじめに　155
　　1　国際バカロレアの公立学校への導入　159
　　2　グローバル化：都立国際高等学校　162
　　3　カリキュラム改革：市立札幌開成中等教育学校　165
　　おわりに　170

Ⅱ−7　**国際バカロレア導入の国際比較**（岩崎久美子）……………175
　　はじめに　175
　　1　国際バカロレアの発足　176
　　2　国際バカロレアの拡大　180

3　国際バカロレア導入における各国の動き　184
　　おわりに　188

第Ⅲ章　国際バカロレアを教える日本人教師とは ……………… 191

Ⅲ－1　日本人教師の実態 (橋本八重子) …………………………… 193

　　はじめに　193
　　1　調査者の属性　193
　　2　IB日本人教師のキャリア　202
　　3　授業・研修について　205
　　4　要望　213
　　5　日本の教育、入試制度、学校全般について　216
　　おわりに　219

Ⅲ－2　日本人教師としてのやりがいやストレス (金藤ふゆ子) ……… 221

　　はじめに　221
　　1　IB日本人教師の職務に対する肯定的意識：日本の公立小学
　　　校教員との比較を通じて　221
　　2　IB日本人教師の職務に対する否定的意識：日本の公立小学
　　　校教員との比較を通じて　224
　　3　IB日本人教師と日本の公立小学校教員の職務上の意識の構
　　　造　227
　　4　IB日本人教師の生活全般への満足度についての検討　229
　　おわりに　230

Ⅲ－3　日本人教師調査結果からの考察 (岩崎久美子) ……………… 233

　　はじめに　233
　　1　日本語教師は何を教えているか　234
　　2　日本の国語教育と何が違うか　235
　　3　調査概要　237
　　おわりに　242

Ⅲ－資料　国際バカロレア教員調査結果 ･･････････････････････････ 245

第Ⅳ章　国際バカロレア受講者のその後 ･･････････････････ 291

Ⅳ－1　在学生調査──ディプロマ・プログラム受講前から卒業まで
（岩崎久美子）･･････････････････････････････････ 293

1 受講者調査の目的　293
2 調査方法　293
3 調査結果　298
4 国際バカロレアの教育効果とは　315

Ⅳ－2　保護者から見た国際バカロレア教育（大和洋子）･･････････ 319

はじめに　319
1 国際バカロレア履修状況とその後：IBスコアが満点の事例　320
2 国際バカロレア履修状況とその後：筆者の娘の場合　322
3 CASの意義とその実施に関して　324
4 TOKとは何か？　326
5 Extended Essay（EE）　327
6 なぜIBディプロマを選択し、IBディプロマで何が身についたか　328
7 IB教員の重要性　330
まとめにかえて　332

Ⅳ－3　国際バカロレア社会人調査（岩崎久美子）･･････････････ 337

1 社会人調査の目的　337
2 調査方法　338
3 調査結果　340
4 卒業生はどのような人生を志向するか　395

第Ⅴ章　日本のグローバル化のために ……………………………… 397

Ⅴ－1　国際バカロレアの政策推進にかかわって
（坪谷ニュウェル郁子）………………………………………… 399

 1 高校時代の体験から　399
 2 米国での大学生活と起業　401
 3 二つの学校を立ち上げる　403
 4 アジア太平洋地区の委員に　404
 5 国際バカロレアの今後に向けて　406

Ⅴ－2　教育の国内性と国際性（相良憲昭）……………………… 409

 1 はじめに：教育とは何か　409
 2 教育の主体（アクター）　410
 3 学校の設置者　410
 4 学校教育の目的　411
 5 よき国民　412
 6 価値観の継承としての教育　413
 7 言語教育　413
 8 歴史教育　415
 9 歴史認識と教育　415
 10 国内教育から国際教育へ　416
 11 グローバル・イッシューズ　418
 12 「文明の衝突」と教育　419
 13 国家社会の多様化　420

国際バカロレア用語解説 ……………………………………………… 423

おわりに ……………………………………………………………… 427

第 I 章

国際バカロレアの概要

石村 清則

第Ⅰ章　国際バカロレアの概要

はじめに

　文部科学省は2018年までに日本国内200校に国際バカロレアのプログラムを導入することを目標に掲げ、2015年4月以降、国・公・私立学校において授業が始まっている。国際バカロレアは学校・保護者・生徒の3者が情報を共有することを原則としているが、学校側のみならず、保護者、生徒においても、国際バカロレアのプログラムの内容やその目標、日本のカリキュラムとの違い等の情報が行き届いているとは、現状では言い難い。

　プログラム自体も、随時改訂されているので、適宜その内容を把握し、資料として提供し、広く理解を求めることが肝要である。この章では国際バカロレアの概要と、日本における「国語」とは相当違った内容を持つ、第一言語としての日本語・日本文学の教育内容およびその評価方法について解説する。

1 ┃ 国際バカロレアのカリキュラム

　国際バカロレア（International Baccalaureate, IB）は、1968年にスイスに設立された、財団法人国際バカロレア機構（International Baccalaureate Organization, IBO）による国際的な教育プログラムである。当初は大学入学資格取得のための2年間プログラム「IBディプロマプログラム」（IB Diploma Programme, DP）のみであったが、1994年に「IB中等教育プログラム」（IB Middle Years Programme, MYP）、1997年に「IB初等教育プログラム」（IB Primary Years Programme, PYP）、2012年に「IBキャリア関連教育サーティフィケート」（IB Career-related Certificate, IBCC）が始まった。

　PYPは3〜12歳、MYPは11〜16歳、DPとIBCCは16〜19歳を対象としているので、この四つのプログラムの完成により、一貫した初等・中等教育の流れが出来上がった。これらのプログラムを世界中で4,977校（2017年11月現在）の子どもたちが学んでいる。また半数以上が公立学校である。

（1）国際教育の定義と学習者像

　IBOは「国際教育」を以下のように定義している。

- 文化、言語、共生を学び、世界市民を育成する。
- 自己のアイデンティティと文化に対する意識を育成する。
- 普遍的な人間的価値に対する認識を育成する。
- 発見の精神と学習の喜びを培うための好奇心と探求心を育成する。
- 個人的にまたは他者と協力して知識を学習・習得する技術を身につけ、この知識と技術を広い分野で応用できるようにする。
- 地域の要求と期待に応えながらも、国際的な内容を提供する。
- 教授方法に多様性と柔軟性を持たせる。
- 適切な評価方法と国際的規準を提供する。

またこれらの目標を達成するために必要な「学習者像」は以下のとおりである。
- 探求する人（Inquirers）
- 知識のある人（Knowledgeable）
- 考える人（Thinkers）
- コミュニケーションができる人（Communicators）
- 信念をもつ人（Principled）
- 心を開く人（Open-minded）
- 思いやりのある人（Caring）
- 挑戦する人（Risk-takers）
- バランスのとれた人（Balanced）
- 振り返りができる人（Reflective）

　これらの定義からわかることは、IBが求めているのは、知識偏重に陥らないバランスの取れた全方向的学習（全人教育）であり、学校を終えて社会に出ても常に学習意欲を持ち人生を豊かにしていくこと（生涯教育）であり、異文化を理解し自分とは違った人たちを認める力を養うこと（国際理解）である。

（2）中等教育プログラム（MYP）とディプロマプログラム（DP）
　四つのプログラムの中でも、実際に日本の学校に導入される中心となるのはディプロマプログラムであるが、一部の中高一貫校はそれに加えてMYPも導入することになる。この二つのプログラムのカリキュラムは以下のようなものである。

19

第Ⅰ章　国際バカロレアの概要

①中等教育プログラム（MYP）

　MYPのカリキュラムは2014年9月から改訂版が導入されている。MYPは PYPとDPの間に位置するために、1994年の開始以来、より円滑な流れを目指 すとともに、全体の調和を図る工夫がなされている。PYPではあまり「教科」 の意識にとらわれずに、世界に向かって素直に目を見開き、種々のことに好奇 心を持ちながら、バランスの取れた心身を養うことに主眼が置かれる。MYP では「教科」の意識は明確になりながらも、他の教科との風通しの良さや関連 を重視し、教科の枠を超えた学習が求められている。また、国や地域の要求に も応えられるように、カリキュラムに弾力性を持たせている。それがDPにな ると、高等教育を意識した「教科」を深く学ぶことに重点が置かれるようにな る。こうした「流れ」を築き上げ、全体として統一していくのが、前掲の「学 習者像」である。

　MYPの目標は以下のとおりである。

- 子どもたちの知的、社会的、感情的、身体的に健全な発達を目指す。
- 未来への責任ある行動を取り、複雑性に対処するための知識、態度、スキルを 身につける機会を与える。
- 八つの学習教科を通して、広くて深い知識を理解し身につける。
- 自己と他者の文化を理解するために、少なくとも二つの言語を学習する。
- 高等教育や就職の準備として社会貢献を促す。

八つの学習教科は以下のとおりであり、図表1－1に示されている。

- 言語と文学（Language and literature）
- 言語の習得（Language acquisition）
- 個人と社会（Individuals and societies）
- 理科（Sciences）
- 数学（Mathematics）
- 美術（Arts）
- 体育（Physical and health education）
- デザイン（Design）

図表1－1　中等教育プログラム（MYP）

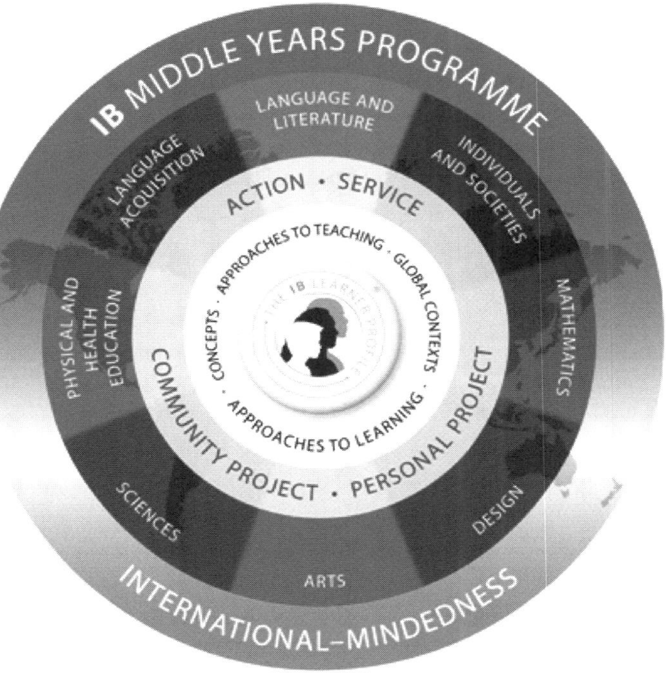

出典：IBO公式サイト

　5年間にわたるMYPにおいて、最初の3年間はこれらの教科の枠を超えて扱うことができる。複数の教科を統合したり、第二言語以外は学期ごとに学ぶ教科を変えたりすることもできるが、1教科につき年間最低でも50時間以上の学習時間が必要である。後半の2年間では、8教科のうち6教科を選択すればよく、1教科の年間学習時間は70時間以上となる。

　これらの学習教科以外にも、社会貢献（Community project）や個人研究（Personal project）が義務づけられており、弾力性を持たせながらもバランスの取れたカリキュラムとなっている。

②ディプロマプログラム（DP）

　DPは大学入学資格を取得するためのプログラムだが、以下の具体的目標を

第Ⅰ章　国際バカロレアの概要

掲げている。

- 身体的、知的、感情的、倫理的に健全な発展を育成する。
- 6教科の学習を通して、広くて深い知識の理解と習得を目指す。
- 高等教育に備えるためのスキルの習得と積極的態度を育成する。
- 少なくとも二つの言語を習得し、自己および他者の文化理解を深める。
- 「知の理論」（Theory of knowledge, TOK）の学習を通して人類の知の源を探り、伝統的な教科の枠を超えた考え方を身につける。
- 「課題論文」（Extended Essay）を通して、関心のある教科の学習を深める。
- 「創造性・活動・奉仕」（Creativity, Action and Service, CAS）を通じて、個人的および対人的発達を強化する。

学習教科としては、6教科と三つの必修課題がある（図表1－2参照）。ほとんどの教科には上級レベル（Higher Level, HL）と標準レベル（Standard Level, SL）があり、HLを3～4教科選択しなくてはならない。また、HLは2年間で240時間、SLは150時間の授業が必要となる。6教科は次のグループで示されている。

- **グループ1：言語と文学**（Studies in language and literature）――「文学」「言語と文学」「文学とパフォーマンス（SLのみ）」の三つのコースがある。
- **グループ2：言語の習得**（Language acquisition）――「言語B」と「言語ab initio（SLのみ）」がある。
- **グループ3：個人と社会**（Individuals and societies）――「ビジネス経営」「経済」「地理」「歴史」「グローバル社会におけるIT」「哲学」「心理学」「人間学」「世界の宗教（SLのみ）」「グローバル政治」がある。
- **グループ4：理科**（Sciences）――「生物」「コンピューターサイエンス」「化学」「デザイン技術」「物理」「スポーツ、訓練、健康科学（SLのみ）」がある。
※「環境システムと社会（SLのみ）」がグループ3またはグループ4として選択できる。
- **グループ5：数学**（Mathematics）――「数学研究（SL）」「数学（SL）」「数学（HL）」「高等数学（HL）」がある。
- **グループ6：芸術**（The arts）――「ダンス」「音楽」「映画」「演劇」「美術」がある。

22

図表1−2 ディプロマプログラム（DP）

出典：IBO公式サイト

- **課題論文**（Extended Essay）──選択した6教科の中から深く研究したい課題を選び、4,000語（日本語では8,000字）の論文を書く。監督官（Supervisor）にテーマについて相談したり、完成した下書きを一度、見てもらってアドバイスをもらったりすることができる。論文完成後、監督官はインタビュー（Viva voce）をし、その内容をまとめて報告する。
- **知の理論**（Theory of knowledge, TOK）──「私たちはどのようにして知るのか」（How do we know that?）という基本的な問いを元にして、教科の枠を超えた「知識」について学んでいく。2年間で100時間以上の授業が必修であり、小論文と口頭発表で評価される。小論文は六つのテーマが出され、そのうちの一つに関し1,600語以内で論じる。口頭発表は1〜3人で行い（制限時間は1人につき10分）、TOKの考え方を実生活に当てはめたテーマが要求される。

第Ⅰ章　国際バカロレアの概要

● **創造性・活動・奉仕**（Creativity, Action and Service, CAS）──週に半日程度（3〜4時間）、創造性（創造的思考を伴う芸術などの活動：Creativity）、活動（DPの学習を補完し、健康的な生活を送るための身体的活動：Action）、奉仕（学習に有益である、無報酬の自発的交流。すべての関係者の権利、尊厳、自立性を尊重：Service）を実施し、合計150時間以上の活動となること。

コラム：科目の選択

　フル・ディプロマを許可された生徒が、まずしなくてはいけないのは教科の選択である。

　理系志望者は数学および理科2教科のうち1教科を上級レベル（HL）で選択しなくてはならない。実際には、理系志望者は、理科を2教科履修することが大学側より求められる場合が多い。ディプロマ取得のためには、合計で3〜4教科をHLで選択しなくてはならないので、数学および理科の2教科以外に残る1教科を最低HLにする必要がある。日本語教師がいる学校であれば、日本語の「文学」か「言語と文学」のいずれかでHLを選択できるし、そうでない場合は言語B（英語）やもう1教科の理科をHLにすればよい。

　一方、文系志望者となると、選択が難しくなってくる。学校に日本語の「文学」や「言語と文学」の授業がある場合は、まずこれをHLで選択する。文系志望者は数学や理科が苦手な場合が多いので、HLでは取れない。必然的に第2グループの言語B（英語）をHLで選択し、もう1教科は第3グループか第6グループとなる。しかし、第3グループの科目をHLで選択するには、相当の英語力がなくてはならない。日本から編入してきて1〜2年の場合は苦しいだろう。

　そうすると、最後の可能性は第6グループの芸術系科目となる。だが、誰しも美術や音楽に関心があるわけではなく、しかもHLとなるとレベルが高い。少々ピアノが弾ける程度では太刀打ちできない。また、もし学校に日本語教師が存在せず、日本語の「文学」をSelf-taughtで選択する場合は、さらにHLの選択に困ることとなる。このように、文系志望者の場合は、理系志望者よりもディプロマへの挑戦が難しいのが普通である（た

だし日本のIB校で第3グループを日本語で履修している場合はこの限りではない）。

　ディプロマのコースに入ると、高校2年の新学期から授業が始まる。学校により異なるが、DPの2年間で3〜5回程度の模擬試験が行われる。試験終了後、結果に応じてDPコーディネーターとの話し合いがもたれる。結果が思わしくない場合は、ディプロマのコースをやめるようアドバイスを受ける場合もある。それに従い途中でディプロマをやめ科目別評価証明書に変える生徒もいる。

　11年生の前半にはそれほど実感は湧かないが、後半になると本番の課題の提出が始まる。日本語の「文学」では世界文学の論文、第3グループのコースワーク、第4グループのレポート、第6グループの課題、課題論文、TOKの論文、CAS等のすべてを11年生の後半から12年生の前半までに仕上げなくてはならない。それが終わると、口頭試験が始まる。

　日本語の「文学」の口頭試験、第2グループの口頭試験、TOKの口頭発表等があり、第6グループの発表もある。それが終わるとようやく5月（ラテンアメリカを中心とした一部の地域は11月）の筆記試験となる。約3週間にわたり、選択科目に応じた筆記試験が、午前中と午後にそれぞれ1教科ずつ行われる。試験結果が発表されるのは、7月上旬（一部地域は1月）である。

2 ┃ 日本語・日本文学の教育内容

　ディプロマプログラムのグループ1（言語と文学）に関して、日本語で学べるコースは「文学」「言語と文学」および「文学とパフォーマンス」である。2010年以前のプログラムでは「文学」しか選択肢がなかった。2011年度より「言語と文学」コースが導入された（似たものがグループ2には存在していたが）。理由は、生徒の背景の複雑さであろう。

　「日本人」とは言いながらも、海外でしか暮らしたことのない生徒は日本語が第一言語ではない可能性が高い。親が国際結婚ならば、その可能性はもっと高くなる。また、親が海外に赴任することになり転校を余儀なくされたとき、

第Ⅰ章　国際バカロレアの概要

現地の学校には日本語の教師がいなかったり、外国語としての英語の授業がなく、第一言語として英語を選択せざるを得なかったりする場合がある。

このような場合、グループ1に「文学」しか選択肢がないと、ハードルが高くなる。また、急速に変化するメディアやITの世界に対応するための知識も必要となってくるだろう。こうした事情に対応するために「言語と文学」コースが導入された。

だが、日本でグループ1の教科を選択する場合は少々事情が違ってくる。多くの生徒は日本語が第一言語だろうし、英語等の外国語の補強が必要となってくるだろう。この場合、外国語を伸ばすには、第一言語を伸ばすことが肝要となる。そのためには高度な文学作品を理解し、解釈し、分析し、解説するという学習が効果的である。したがって日本でグループ1を扱うときには「文学」コースの導入が中心となると考え、このコースの教育内容をモデルとして詳述する。

グループ1の目標は以下のとおりである。

- 異なる時代、文体、ジャンルから多様な作品を紹介する。
- 個々の作品を綿密かつ詳細に分析し、関連づける能力を養う。
- 口頭および筆記における表現力を養う。
- 作品が書かれ、受容された文脈の重要性を認識する。
- 作品の学習を通して、文化の異なる人々のものの見方や、その見方がどのような意味をなすかについての認識を促す。
- 作品の形式や、文体的および審美的質の高さを理解するよう促す。
- 言語と文学に対し、生涯にわたって関心と喜びを持つ。
- 文学批評に使用されている技法について理解する（文学コースのみ）。
- 独自に文学的判断ができる力と、その考えに説得力を持たせる能力を養う（文学コースのみ）。

このような目標に到達するために、以下のような学習内容が義務づけられている。またそのために、すべての言語に共通な「指定翻訳作品リスト」（The prescribed literature in translation list, PLT）および言語別に作成された「指定作家リスト」（The prescribed list of authors, PLA）の二つのリストがある。PLTは英・仏・西等のIB公用語に翻訳されている全世界の代表的な作品

26

で、PLAは「物語・小説」「随筆・評論」「詩歌」「戯曲」の四つのジャンルに分かれているが、各ジャンルの代表的日本人作家名がリストアップされている。

　HLは2年間で13冊（SLは10冊・以下、特に断りがなければ解説はHLについて）の文学作品を学ぶ必要があり、それぞれ四つの部門に分かれている。

パート1：翻訳作品（Works in translation）65時間（SLは40時間）

　PLTから3冊（SLは2冊）選択。異なる文化の作品を学び、異なった考え方、時代や場所の影響等について考察する。教師は以下の点について考慮する。

- 作品の内容および文学としての作品の質を理解する。
- 個人的および文化的体験と作品を結びつけることにより、作品に独自の見解を示す。
- 文学作品において、文化的および文脈的要素の果たす役割を認識する。

パート2：精読学習（Detailed study）65時間（SLは40時間）

　PLAから異なるジャンルと作家の作品を3冊（SLは2冊）選択する。HLは必ず詩を含めなくてはいけない。

　ここでは作品の内容のみならず、作者の文学的技法やその効果についても詳しく学ぶ。多様な角度から作品を分析し、説得力のある個人的な解釈や意見を持つことが重要。教師は以下の点に配慮する。

- 学習する作品に関する詳細な知識と理解を身につける。
- 特定のジャンルに関し適切で分析的な考えを示す。
- 使用言語によりどのような特定の効果が現れているか示し、登場人物、テーマ、設定などの要素を分析する。
- 熟考され、情報に基づいた考えを養うため、作品を精読する。

パート3：ジャンル別学習（Literary genres）65時間（SLは40時間）

　PLAから同じジャンルの作品を4冊（SLは3冊）選択する。ここでは、同じジャンルでありながらも作家の文学的技法（literary convention）による効果の違いなどを、作品を比較・検討することにより学ぶ。選択したジャンルの特徴を把握することも大切。教師は以下の点に留意する。

27

第Ⅰ章　国際バカロレアの概要

- 学習した作品に関する知識と理解を身につける。
- 選択したジャンルに関する文学的技法について明確に理解する。
- 選択したジャンルにおける文学的技法を通して、内容が伝えられている方法について理解する。
- 学習する作品に関し類似点と相違点を比較する。

パート4：自由選択（Options）45時間（SLは30時間）

　学習する3作品（SLも同様）は教師が自由に選べ、二つのリストから選ぶ必要もない。このパートは教師や生徒の関心や、国、地域の事情等に合わせた選択ができるようになっている。たとえば北海道ならば、地元を舞台にした作品を選択したりできるし、岩手県ならば宮沢賢治およびその関係の作品を選択したりもできる。ただし、あくまでも文学的分析に耐えうる良質の作品であることが求められる。目標は以下の点である。

- 学習した作品の知識と理解を身につける。
- 学習した作品に対する個人的な独自の考えを提示する。
- 口頭発表を通して表現力を身につける。
- 聴衆の興味をひき、関心を集める方法を身につける。

　この部門に関し、IBが推奨している三つのオプションがある。

オプション1：フィクション以外の散文の学習（さまざまな形式の文章を書く力を身につける）

　ここで扱われるのは、旅行記、自伝、書簡、随筆、スピーチや、前衛的な「創作的ノンフィクション」等である。生徒自身がさまざまな形式の作品を書いてみることで理解を深め、特に以下の点を目指す。

- 書くことによって、フィクション以外の散文の技法を理解する。
- 種々の形式に関して、作家がどのように効果的な選択をしているか理解する。
- 口頭発表の基盤として、自己の作品に対する批評を活用する。

オプション2：新しいテクスト

　ストーリー性のある漫画やケータイ小説、ノベライズ等、従来の文学カテゴ

リーでは簡単に色分けできない作品を指す。しかし、すでに存在している文学作品の翻案ではないもので、文学的分析に相応しいものでなければならない。特に以下の要素が求められる。

- 批評の枠組みの中で、新しいテクストを学ぶ。
- これらの形式が、伝統的な作品とどのように関連するか考える。
- これらの形式が、言語表現の大きな変化の中でどのように関連しているか考える。

オプション3：文学と映画

このオプションはメディアについて学ぶのではなく、出版された文章を基にして、それがどのような技法を通じて映画化されるのか、そこにどのような工夫が見られるか等を学ぶ。現代は日常のあらゆる所で「動画」と触れ合う機会が多い。文学作品の映画化について学ぶことにより、文学と映像との関係について深く理解することができる。生徒は以下の能力を伸ばすことが求められる。

- 映画とその文学的ルーツを批評的観点から比較する。
- 文学作品を映画化する際にとられた技法の理由について分析する。
- 特定の時代や空間において、登場人物がどのように変化したか理解する。
- 象徴主義（symbolism）の効果と、それがあるメディアから別のメディアへとどのように置き換えられたか理解する。
- 映画における音楽、音響、挿入画面等の要素の重要性を理解する。

学習内容には、教育に対するIBの姿勢が明確に現れている。翻訳文学を通して、他の文化や考え方を深く理解することを求め（国際理解）、文学を身近なものと感じ、日常生活と文学との関係を考え、ディプロマ終了後も文学への関心を持ち続けることを求める（生涯教育）。そして文学作品を読むだけではなく、理解し、解釈し、口頭および筆記における表現力を養い、自己の考えを発信し、作品と全身で対峙していく姿勢が求められている（全人教育）。

第Ⅰ章　国際バカロレアの概要

3 ｜ 日本語・日本文学から見る評価方法

　単なる知識ではなく、文学作品をどの程度理解したかを正しく評価するのは、簡単ではない。文学を学んだ力をIBがどのように評価しているのか、詳しくみていきたい。

　「文学」コースに関しては「知識と理解」「分析、統合、および評価」「適切な言葉遣いおよびプレゼンテーションのスキルの選択と使用」と三つの目標があり、そのための5種類の評価が定められている。

（1）外部評価

　IBが認定した外部の試験官によって評価されるもの

- **筆記試験1**：文学論評（Commentary）2時間（SLは二つの設問があり1時間30分）——散文と詩歌の2種類の課題文が出題され、どちらかを選び論評を書く。（20点）
- **筆記試験2**：小論文（Essay）2時間（SLは1時間30分）——ジャンル別の問題となっており、パート3で学習したジャンルに関し三つの設問がある。そのうちの一つを選び、パート3の作品の少なくとも二つ以上に言及しながら、設問に答える。（25点）
- **記述課題**：パート1の翻訳作品に関する「考察の記述（Reflective statement）」と小論文（Written Assignment）——「考察の記述」は300～400語（日本語では600～800字）で、小論文は1,200～1,500語（日本語では2,400～3,000字）である。（25点）

（2）内部評価

　担当教師が評価し、一部のサンプルを外部試験官が再採点することにより適正化（Moderation）する。

- **個人論評および議論**：パート2（精読学習）で学習した詩に対する口頭の論評と質疑応答（10分）の後、パート2の残り2作品のどちらかについて10分間の議論を行う（SLは詩である必要はなく、また議論は行わない）。（30点）
- **個人の口頭発表**：パート4（自由選択）で学習した作品に基づいた、口頭発表

30

（Presentation）を行う。（30点）

（3）評価基準

　以上が評価方法の概要だが、これらの試験や課題を評価するのに使用するのは「評価規準」（Criterion）と呼ばれるものだ。これはどんなもので実際にどのように適用されるのか、各評価に関して具体的に見ていく。

筆記試験1：文学論評

　ここでは見たことのない文章が2種類（散文と韻文）出題され、そのどちらかを選択し、テーマ、技巧（レトリック）等を分析して論評を書き上げる。それは以下の規準で採点される。

【規準A：理解と解釈】（5点）

- 生徒の解釈は、課題文の考えや感情についての理解をどの程度示しているか。
- 生徒の考えは、課題文の参照によりどの程度裏付けられているか。

0：答案は以下の基準に達していない。

1：課題文の初歩的な理解が見られるが、解釈がほとんど試みられず、参照もほとんどされていない。

2：課題文を一部理解している。解釈は表面的だが、一部適切な参照が見られる。

3：課題文を十分に理解していることが、適切な参照に裏付けられた解釈によって示されている。

4：課題文を非常に良く理解していることが、厳選された参照に裏付けられた、説得力のある解釈によって示されている。

5：課題文の素晴らしい理解が、効果的な参照に裏付けられた、非常に説得力のある解釈によって示されている。

【規準B：作者の選択についての認識】（5点）

- 作者の言語、構成、技法、文体の選択がどのように意味をなしているかについて、答案はどの程度理解を示しているか。

0：答案は以下の基準に達していない。

1：言語、構成、技法、文体がどのように意味をなしているかについて、ほとん

第Ⅰ章　国際バカロレアの概要

ど参照がなく、分析も理解も見られない。

2：言語、構成、技法、文体がどのように意味をなしているかについて、いくら
　　か述べているが、分析や理解はほとんど見られない。

3：言語、構成、技法、文体がどのように意味をなしているかについて、適切な
　　分析と理解が見られる。

4：言語、構成、技法、文体がどのように意味をなしているかについて、非常に
　　良い分析と理解が見られる。

5：言語、構成、技法、文体がどのように意味をなしているかについて、素晴ら
　　しい分析と理解が見られる。

【規準C：構成と展開】（5点）

● 考えがどの程度上手く構成され一貫性を持って示されているか。

0：答案は以下の基準に達していない。

1：考えはほとんど構成されていない。表面的な構成は見られるかもしれない
　　が、一貫性と発展が見られない。

2：考えは一部構成されているが、一貫性と発展をしばしば欠く。

3：考えは適切に構成され、一貫性と発展にもいくらか注意が払われている。

4：考えは効果的によく構成されていて、一貫性や発展も見られる。

5：考えは説得力を持って見事に構成され、優れた一貫性と発展性が見られる。

【規準D：言語】（5点）

● 言語はどの程度明確で変化に富み、正確か。

● 言語使用域（Register）、文体、専門用語の選択はどの程度適切か（ここでは
　論評に相応しい語彙、語調、文章の構成、専門用語の使用を「レジスター」と
　呼ぶ）。

0：答案は以下の基準に達していない。

1：言語はほとんど明確かつ適切ではない。文法、語彙および文章構成に数多く
　　の誤りがあり、レジスターや文体についてほとんど認識がない。

2：言語は時折明確で適切に選択されている。文法、語彙および文章構成はかな
　　り正確だが、誤りや矛盾が目立つ。レジスターや文体は一部適切。

3：言語は明確で注意深く選択されている。文法、語彙および文章構成は正確だ

が、多少誤りがある。レジスターと文体は論評に相応しい。

4：言語は明確で注意深く選択されている。文法、語彙および文章構成は優れている。レジスターと文体は一貫して論評に相応しい。

5：言語は非常に明確で効果的であり、注意深く的確に選択されている。文法、語彙および文章構成は非常に正確である。レジスターと文体は効果的で一貫して論評に相応しい。

　では、この規準をどのように適用するのか。たとえばある答案に対して「規準Ａ：理解と解釈」を使用するとする。答案を熟読した後、まず下のレベルから見ていく。0は言うまでもなく、レベル3までは完璧に満たしているとする。しかし、レベル4はすべてを満たしていないとなると、この答案の採点は3か4となる。

　レベル4の要素をすべて満たしていなくても、半分以上の要素を満たしていて4が相応しいと判断すれば、4をつけてかまわない。答案をよく読み、3と4とどちらがよりこの答案に相応しいかよく考えて決定するのである。難しいのは、3.5や4－などといった中間点が認められていないことだ。

　漢字や文法問題の採点ならば正誤が明確だが、この評価は簡単に白黒をつけにくい面があるために、教師も訓練が必要となる。教師はワークショップと呼ばれる研修会に出席して（オンライン研修会もある）、リーダーから課題を与えられて実際に採点してみて、試験官の採点と自己の採点とのすり合わせを行う。これは非常に重要な訓練であり、この経験によって教師の評価が標準化されていく。内部評価は担当教師が行うために、必須の要素となっている。

　他の試験、課題の評価規準は以下のとおりである。

筆記試験2：小論文

　ここでは、ジャンル別に三つのテーマが出され、一つを選んでパート3の文学作品に言及しながら答えるのだが、たとえば「物語・小説」というジャンルでよく出るテーマは以下のようなものだ。

- 「あなたの学んだ文学作品において、冒頭と結末との関係にはどのような工夫が凝らされていて、またそれはどのような効果を生んでいましたか。パート3の

第Ⅰ章　国際バカロレアの概要

作品を２作品以上比較対照しながら論じなさい。」

- 「あなたの学んだ文学作品において、登場人物の性格にはどのような特徴があり、それはどのような効果を生んでいましたか。パート３の作品を２作品以上比較対照しながら論じなさい。」

- 「あなたの学んだ文学作品の語り手にはどのような特色があり、それは作品のテーマとどのような関係がありましたか。パート３の作品を２作品以上比較対照しながら論じなさい。」

この小論文の評価規準は以下のものである。
　　【規準Ａ：知識と理解】（５点）
　　【規準Ｂ：設問に対する答】（５点）
　　【規準Ｃ：選択したジャンルに関する文学的技法の認識】（５点）
　　【規準Ｄ：構成と展開】（５点）
　　【規準Ｅ：言語】（５点）

記述課題

　ここでは1冊の文学作品が終わるごとに討論会（Interactive Oral）を開き、その結果を「考察の記述（Reflective statement）」にまとめ、教師の出題するテーマから選択したものについて試験形式で「試案（Supervised Writing）」を書く。最終的に試案の中から一つを選び、最終小論文（Written Assignment）を書き上げるが、評価規準は以下のとおり。
　　【規準Ａ：「考察の記述」の要件を満たす】（３点）
　　【規準Ｂ：知識と理解】（６点）
　　【規準Ｃ：作者の選択についての認識】（６点）
　　【規準Ｄ：構成と展開】（５点）
　　【規準Ｅ：言語】（５点）

個人論評および議論

　口頭での文学論評と議論の評価規準は次のものである。
　　【規準Ａ：詩の知識と理解】（５点）
　　【規準Ｂ：作者の選択についての認識】（５点）

34

【規準C：論評の構成と発表方法】（5点）

【規準D：議論で使用した作品の知識と理解】（5点）

【規準E：議論における質問に対する答】（5点）

【規準F：言語】（5点）

個人の口頭発表

口頭発表の規準は以下のとおり。

【規準A：課題作品についての知識と理解】（10点）

【規準B：発表方法】（10点）

【規準C：言語】（10点）

コラム：ディプロマプログラム（DP）と大学入試

　DPを修了した者はほぼ全員が大学進学を希望している。多くは日本の大学に進むが、海外の大学に進む者もいる。その過程は以下のようになる。

　日本の大学に進む者は、一部の秋入学を除いて、DPの試験が終わり7月の成績発表が終わってから願書を提出する。私立大学の入試は9月〜11月、国公立は12月〜3月に行われ、4月入学となる。

　また日本にIBの導入が進むにつれ「IB入試」を実施する大学や、秋入学を受け入れる大学が増えてきている。その場合はIBのスコアのみで合否を判断したり、教師の出すIB予想点で条件付きの合格を出したりするケースがある。

　海外の大学に進学希望の者は、11年生時からカレッジ・カウンセラー等と相談し、準備を進める。IB以外の統一試験のスコア（SAT、TOEFL等）が必要な場合は、随時受験し必要なスコアを獲得しておく。12年生の12月頃に、願書、成績表、推薦状等の必要書類を送る。この時点ではDPの成績はわからないので、担当教師の予想得点を大学側へ提出する。

　翌年の1月から4月にかけて結果が来るが、条件つきの合格が多い。たとえば、経済学HLが5点以上で、総合得点が34点以上であること等。加えて、大学によっては、卒業生による面接や、大学での面接試験が課される場合もある。いずれにしろ、5月に行われる（一部地域は11月）DPの

第Ⅰ章　国際バカロレアの概要

> 最終筆記試験前に、条件つきの結果が出ていることになる。この者たちの
> 大学受験は、DPの結果が発表される7月上旬（11月受験の場合は1月）
> で終了する。

おわりに

　国際バカロレアのカリキュラムおよび教育内容はかなり高度なものであるが、エリート養成を目的としたものではない。最初から学力に恵まれ45点（満点）を獲得した生徒よりも、学力的には劣りながらも、2年間努力し24点（最低合格点）に到達した生徒の方が、本人にとっても学校にとっても教育的に成功した[1]と考えるのである。日本にIBを導入するときに忘れてはならないのは、この精神ではないだろうか。

　DP受験のための日本語で書かれた参考書や補助教材等も増えていくであろう。しかし、IBOは授業を教科書や補助教材に沿って指導することは、望ましくなく効果的でもない[2]と考えている。教科書通りに授業を進めることは、プログラムの理念に反する[3]とまで言い切るのである。これは日本の伝統的教育に対する見事なアンチテーゼではないだろうか。教科書検定や選択の問題があり、新たな統一試験を試行錯誤している日本にとって、国際バカロレアは新たな視点を提供してくれるにちがいない。

【注】
(1)　国際バカロレア機構（IBO）（2014）『DP：原則から実践へ』p.25.
(2)　同書p. 43.
(3)　同書p. 10.

【参考文献・資料】
International Business Organization（IBO）（2011）*Japanese A Prescribed list of authors.*
International Business Organization（IBO）（2012）*Extended Essay Guide.*
International Business Organization（IBO）（2013）*Language A: Literature guide.*

International Business Organization（IBO）（2014）*Prescribed literature in translation list.*

国際バカロレア機構（IBO）公式サイト www.ibo.org

国際バカロレア機構（IBO）（2014）『国際バカロレア（IB）の教育とは？』
www.ibo.org/globalassets/digital-tookit/brochures/what-is-an-ib-education-jp.pdf

国際バカロレア機構（IBO）（2014）『「言語Ａ：文学」指導の手引き』
http://www.ibo.org/globalassets/publications/dp-language-a-literature-jp.pdf

国際バカロレア機構（IBO）（2014）『「知の理論」（TOK）指導の手引き』
http://www.ibo.org/contentassets/93f68f8b322141c9b113fb3e3fe11659/tok-guide-jp.pdf

国際バカロレア機構（IBO）（2014）『「創造性・活動・奉仕」（CAS）指導の手引き』
http://www.ibo.org/globalassets/publications/cas-guide-2017-jp.pdf

国際バカロレア機構（IBO）（2014）『「課題論文」（EE）指導の手引き』
http://www.ibo.org/globalassets/publications/extended-essay-jp.pdf

国際バカロレア機構（IBO）（2014）『一貫した国際教育に向けて』
http://www.ibo.org/globalassets/publications/towards-a-continuum-of-international-education-jp.pdf

国際バカロレア機構（IBO）（2014）『DP：原則から実践へ』
http://www.ibo.org/globalassets/publications/dp-from-principles-to-practice-jp.pdf

第Ⅱ章

諸外国の公立学校への導入の試み

Ⅱ－1

イギリス：公立学校における教育改革と
IBディプロマの導入

錦織　嘉子

はじめに

　2014年の時点で、イギリスで国際バカロレアプログラムを提供する私立・公立学校は合わせて134校ある。プログラムごとに見れば、初等教育プログラム（Primary Years Programme, PYP）13校、中等教育プログラム（Middle Years Programme, MYP）12校、ディプロマプログラム（Diploma Programme, DP）134校、キャリアプログラム（Career-related Programme）12校となっている。2013年度にDPを受験した生徒は世界137か国13万7,330人に上る。そのうちイギリスでDPを受験した生徒は4,770人で、世界で3番目に多かった[1]。ここでは、イギリス[2]の公立学校におけるDP導入の背景と経緯について、さらに最新の動向を紹介する。

1 ｜ イギリスの公立学校におけるDP導入の社会的背景

（1）イギリスの教育システムとDPの位置づけ

　イギリスの教育システムは、幼児教育（early years）、初等教育（primary）、中等教育（secondary）、継続教育（Further Education, FE）、および高等教育（Higher Education, HE）の5段階に分けられる。このうち義務教育は初等教育の始まる5歳から中等教育終了の16歳までとなっている[3]。イギリスの教育システムの中で、DPは義務教育修了後の2年間（16〜18歳）の継続教育の期間に位置づけられる。

41

第Ⅱ章　諸外国の公立学校への導入の試み

　義務教育は教育省（Department for Education）の管轄下に置かれ、教育制度の基本的な枠組み、教育課程の基準、財政などが定められている。教育省のもと、各地域の公立学校の設置や維持などの具体的な運営は地方自治体の教育当局（Local Educational Authority, LEA）が行っている。一方で、公立学校には自主的な運営が推進されており、教育方針や予算の使い道、教職員の人選・採用などの決定は、校長と保護者や地域の代表からなる学校理事会に権限が与えられている[4]。義務教育課程の必修科目や学習内容は、2～3学年をひとまとめにした4段階のキーステージ（Key Stage）ごとに「全国共通カリキュラム」（National Curriculum）によって定められている。16歳で中等教育一般資格（General Certificate of Secondary Education, GCSE）を受験して終了となる。

　継続教育は2009年6月以降、ビジネス・イノベーション・職業技能省（Department for Business, Innovation and Skills, BIS）の管轄下に置かれているが、14～19歳の教育・訓練に関しては教育省が所轄している。継続教育機関は地方自治体から独立しており、所轄官庁のもとに直接置かれている。継続教育機関は、高等教育進学を目的とするシックスフォームカレッジ（Sixth form colleges）と、主に職業教育を中心とする継続教育カレッジ[5]に大別される。シックスフォームカレッジには、2年間の課程を独立して提供するシックスフォーム学校と、中等学校に併設されたシックスフォーム課程がある。DPはこれらの継続教育機関で提供されている。

（2）イギリスにおける教育改革

　イギリスの戦後の中等教育は、1944年の教育法（Education Act）により生徒の能力・適性に応じて3段階に分けられていたが[6]、労働党政権下の1965年に総合制中等学校（Comprehensive School）が導入され、教育機会の均等が図られた。それまでとは異なり、総合制中等学校では基本的にすべての生徒を受け入れ、個別的なニーズを満たすために多くの選択科目を用意して、能力・適性・進路に応じた教育を行う。現在、一部の地域では学力で生徒を選抜する従来のグラマースクールも継続されているが、総合制中等学校が最も一般的な形式となっている（イングランドでは90％の生徒が総合制中等学校に在籍）。

　1980年代のサッチャー政権は、教育水準の向上を目的に全国共通の教育課

程基準を導入する一方で、保護者に学区域に関係なく自由に学校を選択する権利を与えるなど、さまざまな教育改革を断行した。1997 ～ 2010年の労働党政権は教育を最重要課題とし、特色のある中等学校[7] の促進や、成績不良校の救済策として外部団体を運営に参加させるアカデミー（Academy）プログラムの導入、公立学校の多様化を通して保護者の選択をより拡大するなど、さらなる改革を行った。2010年5月に発足した保守党・自由民主党による政権も教育水準の向上と教育機会の格差の是正を目指し、不利な立場にある児童・生徒の教育成果の向上のために各学校が自由に使い道を決定できる特別補助金（Pupil Premium）を給付するなどの施策を行っている。また、2010年に制定されたアカデミー法（Academy Act）では、アカデミープログラムの適用範囲を拡大し、より自由度の高い学校運営の選択肢をすべての学校に提供している。

　教育改革を通してイギリスの公立学校は学校運営をより自由に行うことが可能となったが、保護者が自由に公立学校を選べるようになったことにより、それまでにはなかった競争の原理がもたらされることにもなった。また、公立学校は教育省から独立した立場にある政府機関、教育水準局（Office for Standards in Education, Ofsted）によって定期的に監査を受け、その運営状況、教員、生徒の成績などについて評価される。各校はさまざまな学内改革を行い教育水準の改善に努めているが、入学希望者のいないような評価の低い学校は廃校に追い込まれる場合もある。このような状況にあって、公立学校にとってDPを提供することは、他校との差別化を図る上でのインセンティブになっているのではないかと考えられる。

（3）イギリス国内のカリキュラムとDP

　イギリスでは基本的に16歳以上の教育に関しては、特定のカリキュラムの実施が義務づけられておらず、各継続教育機関がその生徒に最も適したと考えるカリキュラムを自由に選択・実施することができる。国内カリキュラムには進学を目的とした学術的なものから、技術の習得を目的とした実務的なものなど、いくつかの種類が用意されている。国内外の資格に限らず、公立学校でカリキュラムとして提供されるには、政府の外郭団体で資格や試験の認定・監督を行う機関、資格試験監査局（Office of Qualifications and Examinations

第Ⅱ章　諸外国の公立学校への導入の試み

Regulation, Ofqual）の審査を受け、資格として認定される必要がある。DPに関しても、科目ごとに学習内容の詳細について審査を受け正式に認定されている。

　DPに相当する国内の大学入学資格で最も一般的に提供されているカリキュラムはGCEのAレベル（General Certificate of Education Advanced Level、以下、Aレベル）と呼ばれるもので、1年目のASレベル（Advanced Subsidiary Level）と2年目のA2レベルからなる。通常はASレベルで5科目を学習し、A2レベルで3科目に絞って学習する。成績はA*～Eの6段階で評価され、最終的にAレベルの3科目の成績が大学出願の際の入学基準とされる。本来Aレベルは大学で学ぶ専門科目の準備として、少数の科目に絞って「深く」学習させることを目的としてきた。しかし従来のAレベルでは、2年間に3単位（モジュール）ずつ試験を受けた総合得点が最終成績とされるため、学習が細切れになりがちで、総合的な知識の蓄積につながらない点が問題視された。また、1年に何回か試験の機会があるため、再受験が多すぎる点も問題であった（より良い成績を出すために、再受験をさせるケースが多く見られた）。これらの問題点を受けてAレベルの改革が進められ、新しいカリキュラムが2015年9月から導入された。新Aレベルでは単位ごとの試験が撤廃され、2年間の総合学習のまとめとして最終試験で成績が決まる。また、小論文（essay）執筆の要素が強化され、各科目の内容も専門家と協議した結果を反映させて、大学準備としての専門性を強化した内容となっている。

　国内カリキュラムが改革される一方で、新たなカリキュラムも登場している。たとえば2008年にケンブリッジ大学の組織、ケンブリッジ国際検定（Cambridge International Examinations, CIE）が開始したケンブリッジPre-Uディプロマ（Cambridge Pre-U Diploma）は、基本となる履修科目はAレベルと同様に3科目であるが、研究プロジェクト（Independent Research Project）や、グローバルな課題に取り組みながら理論的な思考力を育てるコース（Global Perspectives）など、DPと類似した要素を持つ。また、成績が最終試験で決定する点もDPと共通している。当初、ケンブリッジPre-Uは私立の進学校を中心に導入されたが、公立のグラマースクールや総合制中等学校などにも徐々に浸透し、2012年には、私立の中等学校74校、公立の中等学校64校、継続教育カレッジ8校で提供されている[8]。2012年にケンブリッジ

Pre-Uで大学受験した生徒は2,005人（国内の155大学に出願、1,615人が合格）で、2011年と比べると58%の増加を見せている[9]。

　このように多様なカリキュラムが存在するイギリスの公立学校では、DPを導入する際に国内のカリキュラムとの調整を行う必要は特になく、DPも受け入れられやすかったのではないかと推測される。また、国内の大学進学資格Aレベルに関しては、生徒の学力低下が懸念される中で改革が進められてきたが、政権が交代するたびに左右される国内カリキュラムに対する不安も存在する[10]。国内カリキュラムに代わる資格としてケンブリッジPre-Uのような資格が登場し、頭角を現しているのも、国内カリキュラムに対する教育現場の不安を反映したものと捉えられる。このような背景を受けて、公立学校におけるDP導入がどのように変遷してきたのか、どのような学校が導入しているのか、どのように運営されているのか、また、大学入試におけるDPの扱いについて、次節で詳しく述べる。

2 ｜ イギリスにおけるDPの導入状況

（1）DP導入校の変遷

　図表2－1－1はイギリスにおける公立学校・私立学校別のDP導入校の推移を示している。イギリスで初めて国際バカロレアが導入されたのは1971年のことで、ドイツ人教育者ハーン（Kurt Hahn）の教育理念に基づいて1962年に設立された全寮制の私立学校ユナイテッドワールドカレッジ（United World College）のアトランティック校であった。その後、私立学校では1976年に2番目の学校が登録されてから2000年代前半まで、毎年1～2校のペースで増加した。一方、公立学校では1977年にエセックス州のアングロヨーロピアンスクールに初めてDPが導入された。1990年まで追随する学校が現れなかったが、その後徐々に増加し、2002年には私立と同数の21校になり、2003年には私立（23校）と公立（25校）の数が逆転した。2003年度には、11の公立学校が新たに登録されている（図表2－1－2）。

　DPの導入に拍車がかかったのは、労働党政権下の2006年に当時のブレア首相が「すべての地域にDPを提供する学校を少なくとも1校は設置する」と宣言し、公立学校を対象に2006年から2009年にかけて財政措置を行ったことに

第Ⅱ章　諸外国の公立学校への導入の試み

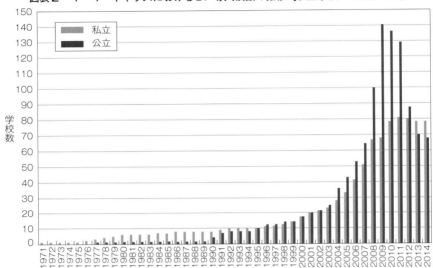

図表2-1-1　イギリスにおけるDP導入校数の推移【私立学校・公立学校別】

図表2-1-2　私立・公立別のDP導入校数（1971～2014年）

	1971	1972	1973	1974	1975	1976	1977	1978	1979	1980	1981	1982	1983	1984	1985	1986
私立	1	1	1	1	1	2	3	4	5	6	6	6	6	7	7	8
公立	0	0	0	0	0	0	0	1	1	1	1	1	1	1	1	1

	1987	1988	1989	1990	1991	1992	1993	1994	1995	1996	1997	1998	1999	2000	2001	2002	2003
	8	8	8	8	9	9	9	9	10	11	11	12	14	17	19	21	23
	1	1	1	4	7	8	8	8	10	12	12	14	14	17	19	21	25

	2004	2005	2006	2007	2008	2009	2010	2011	2012	2013	2014
	28	33	41	51	66	68	78	81	80	78	78
	36	43	53	64	100	140	136	129	87	70	68

出典：図表2-1-1・図表2-1-2ともに、IBOから入手したデータをもとに作成[11]。

よる。この期間に公立のDP導入校は急増し、2009年には最大の140校となった。同時期に私立のIB校も増加を見せ、最大で年間15校（2007年度）が登録している（図表2-1-2）。このことから公立学校におけるDP導入が、私立学校の経営戦略に影響を与えていたことが推測される。無料でDPを提供する公立学校との競争が意識されたのではないだろうか。また、首相の推す優れた民間プログラムということで、国内カリキュラムに代わる優れたカリキュラムとしてDPが認識されるようになった可能性もある。

Ⅱ-1　イギリス：公立学校における教育改革とIBディプロマの導入

　その後、2010年5月の総選挙で保守・自由民主党に政権が交代する。この年から公立のDP校数は徐々に減り始め、2011年から2012年にかけては129校から一気に87校に減少した（図表2-1-2）。2014年度、公立でDP校として登録されているのは68校（実際に提供しているのは56校[12]）である。一方、私立では2011年にピークを迎えて81校となったが、その後、脱落した学校はほとんどなく、2014年度は78校となっている。次節では、現在DPを提供している公立学校の特徴について考察する。

（2）DP導入校の特徴

　2013年度には70の公立学校がIB校として登録されていたが、そのうち実際にDPを提供したのは66校である。これらを教育機関別に見ると、中等学校（付属のシックスフォーム課程）は47校、継続教育機関（シックスフォームカレッジと継続教育カレッジを含む）は19校であった（図表2-1-3）。

図表2-1-3　2013年度にDPを提供した公立学校の内訳

中等学校（付属のシックスフォーム課程）	(47)
地方自治体管理の中等学校	14
アカデミー（スポンサー付きアカデミーを含む）	33
継続教育機関	(19)
継続教育カレッジ	13
シックスフォームカレッジ	6
合計	66

出典：教育省から入手したデータをもとに作成。

　中等学校47校の内訳を設置形態別に見ると、地方自治体管轄の学校が14校、アカデミーが33校であった。公立の中等学校は、地方自治体の管轄下に置かれた従来の学校（ガバナンスによってさらに4種類に分類[13]）と、教育省の直轄するアカデミー[14]に大別される。地方自治体管轄の学校が基本的にはLEAの教育政策の大枠に沿って運営される一方で、アカデミーは完全に独立しており、教職員の給与や雇用条件の設定、カリキュラムの選択、授業時間の変更などを自由に行うことができる。学校予算についても、地方自治体管轄の学校では教育省から地方自治体にまとめて支給され、地域全体に必要なサービスの費用を差し引いた上で各学校に分配されるが、アカデミーでは教育省か

47

第Ⅱ章　諸外国の公立学校への導入の試み

ら直接全額が支給される。アカデミーは外部団体から資金を取り付けることも認められている。このように学校運営や予算により自由のあるアカデミーに転換した学校がDPを提供する中等学校の3分の2以上を占めるのは特徴といえるだろう。

　さらに図表2－1－3には示していないが、中等学校の形式別では、総合制中等学校が36校、グラマースクールが11校であった。グラマースクールは初等教育修了時の11歳で学力テストを実施し、優秀な生徒を選抜して高等教育進学を目指した中高一貫教育を行う学校である。1970年代中盤までにほとんどの地域で廃止され、現在、イングランドの一部の地域にしか残っておらず（全体で163校）、在籍する生徒はイングランド全体の生徒数の5.1％にすぎない[15]。相対的に見て、グラマースクールで多くDPが導入されていることは特徴といえるだろう。また、グラマースクールでは11校中の9校がアカデミーに転換しているが、DPを提供していることと、カリキュラムの選択や教職員の給与を含む予算の用途により自由の与えられているアカデミーに転換したこととは無関係ではないだろう。

（3）公立学校におけるDPの授業料について

　イギリスでは原則的に18歳までの公立学校における教育はすべて無料である。通常カリキュラムの一部と見なされる教育（学校時間内に行われる授業、試験対策など通常授業の補足と見なされる放課後の補習など）の費用を保護者に課金することは法律で禁じられている。保護者への課金が認められているのは、修学旅行や放課後のレクリエーション活動など、カリキュラム外の活動のみである。したがって公立学校で提供されるDPは国内資格と同等に扱われ、授業料および最終試験の受験料も一切無料である。

（4）政府による公的資金の投入

　2006年から2009年にかけて、政府は公立学校におけるDP導入の促進のために総額250万ポンドの財政措置を投じた。この助成金はDPを提供する公立学校が存在しない地域のみを対象に、導入の希望を示した地方自治体に対して提供された。各地方自治体に支給された額は2万7,000ポンドで、域内の公立学校1校をIB校に認定するのに必要な申請費用に充てられた。イングランド

Ⅱ−1　イギリス：公立学校における教育改革とIBディプロマの導入

には152の地方自治体が存在するが、公立のIB校登録がピークを迎えた2009年には140校に達している。単純に計算すれば、9割方の地方自治体でDPの提供が可能になっていたといえる（登録後、実際に提供したかどうかは不明）。したがって、この助成金はブレア元首相の当初の目的をほぼ達したといえるだろう。

しかし2009年以降には、政府による財政支援は一切行われていない。また、登録後、実際にDPを提供するための費用については補助金も提供されておらず、公立学校は通常予算の中からやりくりする必要に迫られた。2010年以降に、公立のIB登録校数が急減している理由の一つには、財政的な問題が大きく影響していると考えられる。

(5) 公立学校におけるDPの運営費について

公立学校における16〜19歳の教育に必要な経費は、教育省所管の教育助成局（Education Founding Agency, EFA）から各学校・機関に直接提供される。EFAが提供する学校経費の基本額は、①生徒数、②生徒一人当たりの交付金額、③入学時の生徒数を卒業時の生徒数で割った生徒の滞留率、④コストの高いプログラムに対する手当、⑤不利な立場にある生徒・地域に対する手当、⑥首都圏などコストの高い地域への手当、の六つの要素を組み込んで計算される（図表2−1−4）。この基本額の上にさらにニーズの高い生徒のための助成金、奨学金、その他の財政援助が追加される[16]。

図表2−1−4　学校経費の基本額

出典：教育助成局『EFA助成金のレートと計算式：2013-2014年度』をもとに作成[17]。

生徒一人当たりに割り当てられる交付金の額は、プログラムの内容にかかわらず、年間の授業時間数で5段階のレートが設定されている（図表2−1−5）。Aレベルの3科目を履修した場合の540時間以上600時間が最大で、交付金額は年間4,000ポンド（約74万円[18]）である。2014年の時点で、教育省で

49

第Ⅱ章　諸外国の公立学校への導入の試み

図表２−１−５　生徒一人当たりの交付金額のレート

段階	授業時間数	交付金の額
5	540時間以上	£4,000
4	450〜539時間	£4,000
3	360〜449時間	£2,700
2	280〜359時間	£2,133
1	280時間以下	£4,000の％

注：280時間以下は600時間を基準とした比率で計算（例：150時間の場合、600時間の25％で
　　支給額は1,000ポンド）。
出典：教育助成局『EFA助成金のレートと計算式：2013-2014年度』をもとに作成。

はDP履修生に対する交付金額を授業時間675時間プラス30時間のエンリッチ
メント活動（チュートリアルなど）とし、Aレベルよりも多い授業時間に設定
している。しかし、それでもDPの実際の授業時間数（150時間×6科目）に
は満たないため、現場では予算が不足していることが推測される。ちなみに四
つ目の要素「高コストプログラムへの手当」は、職業訓練を目的としたプログ
ラム（建設、ケータリング、農業など）のみが対象で、学術的なプログラムは
対象外のため、DPには適用されない。

（6）大学入試におけるDPの扱い

　イギリスの大学学士課程の入学手続きは、UCAS（Universities and
Colleges Admissions Service）と呼ばれる機関が一括して行っている。UCAS
では、国内外のさまざまな資格を一元化したタリフ点（Tariff Points）という
基準をもとに、入学資格の標準化を図っている。現行のUCASタリフ点は
2002年9月に導入されたもので、国内外のさまざまな資格をカバーしている。
国内資格Aレベルのタリフ点は図表２−１−６[19] のとおりである。

図表２−１−６　AレベルのUCASタリフ点

Aレベルの成績	タリフ点
A*	140
A	120
B	100
C	80
D	60
E	40

出典：UCASウェブサイトをもとに作成。

Ⅱ-1　イギリス：公立学校における教育改革とIBディプロマの導入

　IBについてもUCASタリフ点が付与されており、国内の約150大学のうち105大学で受験資格として認められている。大学はUCASのタリフ点を参考に、IB受験の場合の入学基準を設定・発表している。たとえば、ケンブリッジ大学の経済学部では、「合格者の標準は、40 ～ 42点かつ上級レベル3科目の成績が7-7-6または7-7-7」としている。ロンドン大学LSE校の経済学部では、必要得点38点かつ「数学7点を含む7-6-6が必要」としている。

　DPの現タリフ点は2004年9月に専門家グループが協議して策定したもので、当初はDP取得者のみを対象に、総合得点に対してタリフ点が付与された（図表2-1-7 （1）[20]）。2008年の再検討の結果、2010年度入学からIBサーティフィケート（Certificate）で取得した個別科目についてもタリフ点が配分・認定されるようになった（図表2-1-7 （2））。これによりDPを途中で断念した生徒や初めから個別科目のみを受講した生徒でも、単独科目が大学入学資格として利用できるようになった。コア科目（課題論文、TOK、CAS）については、DP取得者（および中途脱落者）のみに加算が認められている。

図表2-1-7 （1）　DPのUCASタリフ点

DP総合得点	タリフ点
45	720
44	698
43	676
42	654
41	632
40	611
39	589
38	567
37	545
36	523
35	501
34	479
33	457
32	435
31	413
30	392
29	370
28	348
27	326
26	304
25	282
24	260

第Ⅱ章　諸外国の公立学校への導入の試み

図表2－1－7（2）　サーティフィケート科目ごとのUCASタリフ点

上級レベル科目		標準レベル科目		コア科目	
IB点	タリフ点	IB点	タリフ点	IB点	タリフ点
7	130	7	70	3	120
6	110	6	59	2	80
5	80	5	43	1	40
4	50	4	27	0	10
3	20	3	11	―	―

出典：表2－1－7（1）、表2－1－7（2）ともにUCASの資料をもとに作成。

　UCASタリフ点は2012年に全体的な見直しが行われ、2014年6月に新タリフ点が承認された。新タリフ点は2017年度の入試から導入される。IBに関しては、DPの総合得点に対するタリフ点が撤廃され、科目ごとのタリフ点に統一された。コア科目については、課題論文とTOKの5段階（A～E）評価に対応するタリフ点が付与されている（CASは含まれない）[21]。

　2012年度の大学受験者の総数は65万3,600人で、合格者数は46万4,900人であった。受験者全体の合格率が71.1%だったのに対し、IBで大学受験をしたイギリス在住の生徒の合格率は87%であった[22]。大学入学資格としてのDPについては、「IBの成績にはインフレがない（1990年以降、Aレベルでは30%上昇したのに対し、IBは4%上昇のみ）」（大学関係者談）[23]や、「合格を決める際にAレベルの生徒とIBの生徒とで迷っている場合には、IBの生徒の方が特出しているため、IBの生徒に決まる傾向がある」（ケンブリッジ大学入学課長談）[24]など、好意的な意見が見られる。ちなみに、イギリスではDPで取得した科目の単位はあくまでも大学入学資格であり、大学学部レベルの単位としては認められていない。

3　公立学校におけるDP導入の状況：ケント州の事例から

　この節で取り上げるケント州は、北西はロンドンに接し、南東はドーバー海峡とイギリス海峡に面したイングランド南東部の州である。総人口は163万人強で、イングランドで7番目に人口の多い州である（人口密度は1位）。特にロンドンと隣接する北西部は、ロンドンに通勤する人々のベッドタウンとなって

いる。人口の民族構成は、白色人種が93.67%、次に多いアジア系（インド、バングラディシュ、中国など）が3.25%となっており[25]、全国的に見て白色人種の割合の多い地域といえる。住人の平均所得は週当たり540.70ポンドで、全国平均の518.10ポンドを上回る[26]。総面積は3,736平方キロメートルで地理的に広範にわたるため、公立学校は四つの学区域に分けて管理されている。ケント州には私立の名門校も多く存在する。この節では、聞き取り調査の結果を中心に、ケント州の公立学校におけるDP導入の背景や経緯、および二つの事例研究からその実態と現状について述べる。

（1）ケント州の公立学校について

ケント州内の公立学校は、設置形態により地方自治体所轄の学校とアカデミーに大別される。小学校は全454校のうち70校がアカデミーである。中等教育機関（11 ～ 16歳または18歳）では、全94校のうち60校がアカデミーである。中等教育機関はさらに教育目的により、グラマースクール（32校）とハイスクール（62校）に分けられる。グラマースクールは大多数の31校がアカデミーに転換している。

ケント州では、初等教育修了時（11歳）に学力の高い児童のみを対象に学力テストを実施し、生徒の選抜を行っている。州内のグラマースクールへの入学は、この選抜テストで一定の成績を修めた児童のみに認められている。ハイスクールはいわゆる総合制中等学校で、すべての生徒を受け入れており、学術的な科目のほか、職業訓練の要素の高い科目なども幅広く提供されている。

（2）ケント州の公立学校におけるDP導入の経緯

ケント州の公立学校では、1998年にグラマースクールの一つ、ダートフォードグラマースクール（DGS）で初めてDPが導入された。2013年度にDPを提供したケント州の公立学校は合計5校（図表2－1－8）で、一つの地方自治体でこれだけ多くの公立学校がDPを提供しているのは他に例がない（ロンドンでは全9校だが、区ごとに自治体が異なる）。

ケント州LEAでは、ブレア前首相による2006年の財政支援が行われるより前に、政府の特別助成金（Special School Scheme）を通して3万ポンドの資金を取り付け、州内でDPの導入を希望した公立学校に支援を行った。その背景

第Ⅱ章　諸外国の公立学校への導入の試み

には、すでに導入していたDGSにおける成功例と、当時の州教育局長がDPの導入に熱心だったことがある。この助成金はDGSに委譲され、IB校申請の際の手続きの支援やアドバイスが行われた。

　図表2－1－8に見られるように、5校すべてが学力による選抜制の入学方針を取っており、設置形態はすべてアカデミーである。アカデミーでは義務教育課程でもカリキュラムを自由に選択することができるため、DGSではMYPも導入されている。シックスフォーム課程のカリキュラムは、DGS、トンブリッジグラマースクール（TGS）、およびデーンコートグラマースクール（DCGS）では、DP導入当初はAレベルと併設していたが、ここ数年でAレベルを廃止し、DPに一本化している。DCGSではIBCCも導入されている。バートンコートグラマースクールでは2014年度も引き続きAレベルと併設している。なお、2013年度までAレベルと併設していたノートンノッチブルグラマースクールでは、2014年度からDPを廃止することが決定している。

図表2－1－8　ケント州でDPを提供する公立学校

学校名	設置形態 （登録日）	入学 方針	Aレベル との併設	DP 登録時期	特記事項
ダートフォードグラマースクール (Dartford Grammar School)	アカデミー転換校 (2010/12/01)	選抜制	×	1995年12月	MYPも提供
トンブリッジグラマースクール (Tonbridge Grammar School)	アカデミー転換校 (2011/01/01)	選抜制	×	2004年4月	－
ノートンノッチブルスクール (The Norton Knatchbull School)	アカデミー転換校 (2012/04/01)	選抜制	○	2006年4月	2014年度か らDPは廃止
バートンコートグラマースクール (Barton Court Grammar Schoo)	アカデミー転換校 (2011/09/01)	選抜制	○	2006年10月	－
デーンコートグラマースクール (Dane Court Grammar School)	アカデミー転換校 (2011/04/01)	選抜制	×	2008年4月	IBCCも提供

出典：教育省から入手した資料、IBOのウェブサイト、教育省の学校情報ウェブサイト「EduBase2」、および
　　　各学校のウェブサイトをもとに作成[27]。DP登録年度順に記載。

（3）事例研究：ダートフォードグラマースクール（DGS）およびトンブリッジグラマースクール（TGS）

①学校の概要

　DGSは、1576年に創立されたイギリスで最も古い公立学校の一つで、11歳

Ⅱ−1　イギリス：公立学校における教育改革とIBディプロマの導入

（7年生）から18歳（13年生）までの生徒が在籍する（全校生徒数1,314人）。中等部（7〜11年生）は男子のみで、2004年にMYPが導入された。シックスフォーム課程は男女共学で、DPは1998年にAレベルと併設する形で導入された。初年度のDP履修生は13人であったが、徐々に希望者が増え、大多数がDPを履修するようになった2009年にAレベルを廃止し、DPに一本化した。2014年度のDP履修生は、12年生277人（男子156人、女子121人）、13年生261人（男子159人、女子102人）である[28]。

　TGSは1905年創設の女子校で、全国学校ランキングの上位に位置する進学校である。7年生から13年生までの生徒が在籍する（全校生徒数995人）。シックスフォーム課程のみ2002年から男女共学になっており、ケント州の公立学校で2番目の2004年にDPが導入された。2012年にAレベルを廃止し、DPのみに切り換えてから今年で2年目になる。2014年度のDP履修生は、12年生106人（男子12人、女子94人）、13年生106人（男子16人、女子90人）である[29]。

②DP導入の理由

　両校とも学力による生徒の選抜を行っている。7年時の入学は義務教育課程のため、地方自治体を通して手続きが行われる。合否はケント州の選抜テストの成績で決められる。入学希望者が受入枠（DGS：男子のみ180人、TGS：女子のみ150人）を上回る場合には、州が定めた以下の優先順位が適用される。①地方自治体の保護下に置かれている生徒（該当者すべて）、②指定された学区域に居住する生徒（DGS：90人、TGS：115人）、③指定の学区域以外（残数）。

　シックスフォーム課程（12年時）の入学手続きは各学校が直接行う。DGSの受入枠は男女80人で、入学条件はGCSEの少なくとも4科目で「A」かつ3科目で「B」を取得、としている。数学のHLを希望する場合にはGCSEの数学で「A*」を取得していることも条件となる。優先順位は、①地方自治体の保護下にある生徒、②GCSEの外国語で「C」以上を取っている者、③希望するDP科目の残数による、となっている。TGSの受入枠は男女40人で、入学条件はGCSEの少なくとも3科目で「A」以上かつ3科目で「B」以上を取得していること、さらに「英語」「数学」および「科学のいずれか1科目」は「B」以上であること、としている。DPでHLを希望する科目は「A」以上、SLを希望する科目は「B」以上という条件もつけられている。優先順位は「地方自治

55

第Ⅱ章　諸外国の公立学校への導入の試み

体の保護下にある児童」としている。このように両校の入学条件は高く設定されており、DPの履修にはかなり高い学力が必要と想定されていることがいえるだろう。

③DP導入の理由

両校ともDPの導入は地方自治体からの働きかけではなく、学校上層部の自発的な決定だったという。DP導入の理由を、その教育理念やカリキュラム内容の質の高さとしている。具体的には以下の点が挙げられた。

- 「全人的な子どもの成長」を目的として、一貫性がある。
- 6科目からなる総合的な学習内容で、各科目の学術的なレベルも高い。
- カリキュラムが安定している。
- 生徒の好奇心を引き出すような内容である。
- 国際性があり、生徒の心を身近な世界から広い世界に向けて開かせることができる。
- 生徒の自立を促し、自主的な学習者（self-directed learner）を育成することができる。

このようにDPを高く評価して導入を決定したが、TGSでは導入前に2年間をかけて学校理事会や教職員を説得し、保護者や生徒への説明を繰り返し行うなどのプロセスを経たという。Aレベルに代わる大学入学資格として一般にあまり馴染みのなかったDPを導入する上での苦労のあったことがうかがえた。また、両校の近隣には私立や公立の進学校が存在するため、それらの学校と差別化を図るということも導入のインセンティブとなったのではないかと思われる。

④DPの運営について

両校ともAレベルと併設していたころには、二重資格として両方を取得させるのではなく、どちらか一方を生徒に選択させていた。しかし授業の運営はまったく別々に行っていたのではなく、同じ教職員で分担していた。履修者の多い科目ではコースごとにクラスが編成されたが、履修者の少ない科目では1

クラスにＡレベルの生徒とDPのHL・SLの生徒が同席することもあった。学習内容が異なり、評価基準も異なる二つのコースを同時に教えることは、教員にとって負担となっていた。また、Ａレベルの生徒とDPの生徒というグループ意識が生まれることで、学校全体としての調和や一体感が失われることも懸念されていた。

　Ａレベルを廃止してDPの一本化に踏み切った決定的な理由は、両校とも財政面での大きな負担だった。併設では、それぞれに必要な教員やリソースを確保する必要があるが、単純に履修生の数で予算を配分するわけにもいかず、両校の運営を圧迫していた。公立学校として限られた予算で運営していくには、どちらか一方を廃止することでしか、コスト効率を上げることはできなかったという。また、両校とも2010年のアカデミー法で地方自治体の管轄下を離れ、アカデミー校に転換している。その理由は、アカデミーでは学校運営費が地方自治体を介さずに直接支給されるため、受け取ることのできる額が実質的に増え、さらに使い道もまったく制限を受けずに決定することができるから、ということであった。

　DGSではDPを選択する生徒が自然に増えていった結果、Ａレベルの廃止に踏み切ったが、TGSはＡレベルを選択する生徒の方が多い中で、DPの一本化を決定している。その理由は、学校上層部にDPに対する強い信念があったからだという。2012年にＡレベルを廃止したため、現在7年生で入学してくる生徒はすべて12年時にDPの履修を希望する者であるが、2年以上前に入学した生徒にはＡレベルの履修を希望する者もあり、しばらくは12年時の転校が予想される。

⑤教員について：採用条件・処遇など

　イギリスの公立学校では教員の採用は基本的に学校単位で行われ、日本の公立学校のように他校への異動もない。さらにアカデミーでは学校が雇用主であり、採用や雇用条件の設定も独自に行うことができる。教員の給与は一定の基準が定められているが、基準を満たす限り自由に設定することができる。

　DGSとTGSの教職員の数は図表２－１－９のとおりで、生徒と教員の比率はイングランドの平均とほぼ同じである。両校とも現在はDPのみを提供しているため、新たに雇用する教員に関してはDP科目を教えられることが前提であ

第Ⅱ章　諸外国の公立学校への導入の試み

り、Aレベルと併設のころに比べて、教員のプロフィールはかなり異なるという。現在では世界中から教員を募集しており、TGSではIBOのウェブサイトを利用して教員の募集を始めたところである。

図表２－１－９　DGSとTGSの教職員の数およびフルタイム教員の平均年収

	イングランド	DGS	TGS
教員の数	228,864人	91人	71人
教育助手（Teaching Assistant）の数	69,301人	8人	7人
サポートスタッフ（教員以外の職員）の数	88,470人	55人	28人
生徒と教員の比率	1:15.5	1:15.0	1:16.0
教員資格のあるフルタイム教員の平均年収	38,513ポンド	35,057ポンド	38,848ポンド

出典：教育省『学校実績表：2012-2013』をもとに作成[30]。

　採用条件は両校ともイギリス国内の教員免許を必須としていないが、同等の資格あるいはIBプログラムを教えた経験を考慮する、としている。またIBの教育理念を理解している、生徒に豊かな体験を提供することができる、学習を楽しく興味深いものにすることができる、文化的な相違を理解して行動できるなど、資格以上に教員としての個人的な資質を重視している。

　給与体系は国内の教員と外国人は分けずに、経験などに従って決定している。雇用市場は私立学校や国際学校と同じであり、公立学校として財政的に不利な立場にある。両校のフルタイム教員の平均年収はイングランドの公立学校の教員の平均とほぼ同額で（図表２－１－９）、他の公立学校と比べても決して高いとはいえない。ちなみに政府が設定する公立学校の教員給与は、最低で2万2,023ポンド、最高で5万8,096ポンド、ロンドン市内では2万7,543ポンドから6万5,324ポンドとなっている[31]。

　優れた教員を獲得するには、魅力的な給与と職場環境の両方が必要である。公立学校として提供できる給与には限りがあるが、両校では職場環境を整えることで、優れた教員を引き付ける努力を行っている。たとえば、両校とも就職後の研修や支援を充実させている。学内でセミナーやワークショップを開催し、DP科目を教える上で必要なノウハウや技術を先輩教員が指導したり、教職員の間で相談やフィードバックが行える環境を整えることで、精神的なサポートを行ったりしている。また、州内の公立のIB校と協力した研修・支援も

Ⅱ-1 イギリス：公立学校における教育改革とIBディプロマの導入

行っている。

⑥**カリキュラムの特徴**

　DGSでは中等教育の段階からDPの学習を見越したカリキュラム編成を行っている。中等部ではMYPをカリキュラムの枠組みとして、科目は国内資格のGCSEを採用し、16歳で全員がGCSEを受験する。同校は1995年に教育省の「言語に特化した専門校」に認定されており、外国語学習に力を入れている。中等部の1年目で全員が日本語か中国語を学び、2年目からは欧州言語を追加（5か国語から一つ選択）、全員がGCSEで二つの外国語を受験する。国内で外国語学習が衰退する中で、同校では言語学習は優れた教育の中核をなすものと考えている。特に男子生徒は言語学習を苦手とする傾向があるため、日本語と中国語という、言語的にも文化的にもかけ離れた言語に触れさせることで、外国語学習の楽しさを発見させることがねらいである（写真1）。また、新しい言語を学習することは大変な努力を要することであるが、言語学習を通してDPをやり通す上で必要なレジリエンス（resilience：困難にめげない強さ）を鍛えることが目的である。DPでは30科目以上を提供し、言語教育の強みを生かしてグループ2の外国語の選択肢が多い。写真2はTOKの授業風景で、この教員は日本語とTOKを受け持っている。

写真1　日本語クラス（7年生）の授業風景

第Ⅱ章　諸外国の公立学校への導入の試み

写真2　TOK（12年生）の授業風景

　TGSは「数学・コンピュータ」と「言語」に特化した専門校の認定を受けており、これらの科目の教育に特に力を入れている。中等教育からDPの準備となるカリキュラム編成を行い、特に10年生と11年生のカリキュラムには、国内のGCSEと比べてより学術的に高度な内容のインターナショナルGCSEを導入している。GCSEは実務・芸術系の科目のみ提供している。DPではすべての生徒が理系科目と文系科目、さらに外国語を学習する必要があり、それを理由に敬遠されることがあるため、シックスフォーム課程への進級の際には、個々の生徒に対して進学希望先に適した科目選択のアドバイスを行っている（たとえば、数学では標準レベルの他に「数学学習」があること、外国語では「ab initio」があることなど）。

⑦**生徒の属性**
　図表2－1－10は、教育省のデータベースから得た11～18歳の生徒の属性に関するデータである。DGSおよびTGSの男女比は、男女共学となっているシックスフォーム課程のみを見れば、DGSは男子60.1％、女子39.9％、TGSは男子15.0％、女子85.0％である。英語を母国語としない生徒の割合は、イングランド全体が13.6％、ケント州ではその約半分の7.0％、DGSは18.7％、TGSは4.6％である。DGSはイングランドおよびケント州の平均を上回るが、ヒアリング調査の際に、ロンドン南部の移民の多い地区の家庭の生徒が多いということだったので、それを反映したものと思われる。経済的に困難な家庭を示す

Ⅱ-1　イギリス：公立学校における教育改革とIBディプロマの導入

図表2-1-10　生徒（11〜18歳）の属性

	イングランド	ケント州	DGS	TGS
生徒数（11〜18歳）	3,210,119	99,390	1,306	1,004
シックスフォーム課程のみの生徒数（16〜18歳）	—	—	531	242
男子生徒数（割合）	1,616,335 （50.4%）	49,615 （49.9%）	1,094 （83.8%）	36 （3.6%）
女子生徒数（割合）	1,593,785 （49.6%）	49,775 （50.1%）	212 （16.2%）	968 （96.4%）
シックスフォーム課程のみの男女の割合	—	—	男：60.1% 女：39.9%	男：15.0% 女：85.0%
英語を母国語としない生徒の割合	13.6%	7.0%	18.7%	4.6%
無料で給食を受ける権利のある生徒の割合	16.3%	13.5%	1.5%	1.4%
特別な教育的ニーズのある生徒の割合	7.7%	8.1%	2.3%	—

出典：教育省『学校実績表：2012-2013』の「児童の属性データ」「学校の特色」「児童の母集団」をもとに作成[32]。イングランドおよびケント州のデータは公立学校のみ。

　指標とされる「無料で給食を受ける権利のある生徒」の割合は、イングランド全体が16.3%、ケント州13.5%、DGS1.5%、TGS1.4%である。両校の生徒のほとんどが少なくとも経済的に「不利な立場にある生徒」ではないことがいえる。TGSでのヒアリング調査では、7年時の入学者には私立小学校からの者が多いということであった。イギリスで私立の小学校に子どもを通わせることのできる保護者は、社会階層的には中産階級以上であり、TGSの生徒は社会・経済的にかなり恵まれた家庭の子どもであることが推測できる。「特別な教育的ニーズ」（Special Educational Needs, SEN）には、身体障害や難読症、注意欠陥多動障害、自閉症などがあり、普通学校で教育を受ける際に支援の必要な児童・生徒を認定して支援する制度である。イングランド全体で7.7%、ケント州8.1%に対し、DGSは2.3%となっており（TGSは該当者が少なく、データ化不可）、全国および州平均と比べてかなり少ないといえる。
　次に生徒の学力に目を向けると、中学校入学時の成績は、入学時に学力で選抜を行っている両校では、大多数の生徒が成績上位者である（図表2-1-11、DGS：88.0%、TGS：100%）。中学校卒業時（16歳）の成績で「GCSE（または同等の資格）の英語および数学を含む5科目以上でA*〜Cの成績を収めた生徒の割合」は、イングランド全体が60.6%、ケント州が63.1%であるのに対し、両校ともほぼ全員が当該成績を収めている（図表2-1-11、DGS：99.0%、TGS：100%）。すなわち両校でDPを履修する生徒は、全国的に見ても成績の優秀な生徒たちであることがいえる。

61

第Ⅱ章　諸外国の公立学校への導入の試み

図表２－１－11　中学校卒業時の成績調査（2013年）の結果と該当生徒の中学校入学時の学力レベル

n ＝	イングランド 571,325	ケント州 16,698	DGS 152	TGS 149
GCSE（または同等の資格）の英語および数学を含む5科目以上でA*～Cの成績を収めた生徒の割合	60.6%	63.1%	99.0%	100%
中学校入学時の学力レベル				
成績下位者（割合）	85,354 (15.7%)	2,739 (17.4%)	0 (0%)	0 (0%)
成績中位者（割合）	282,211 (51.9%)	7,868 (50.0%)	17 (12.0%)	0 (0%)
成績上位者（割合）	175,797 (32.4%)	5,139 (32.6%)	128 (88.0%)	122 (100%)

出典：教育省『学校実績表：2013年度KS4成績結果、コーホート情報』をもとに作成(33)。イングランドおよびケント州のデータは公立学校のみ。

⑧ DP合格率と卒業後の進路

　図表２－１－12は両校の2011 ～ 2013年度の3年間のDP合格率と成績の詳細を示している。両校とも、国内の公立DP校ランキングで常に上位に位置している（表２－１－12、DGSは10位以内、TGSは3年連続1位）。2013年度の国内の公立学校の生徒のDP平均点は31.6点であった。DGSでは264人の生徒がDPを受験し、合格率は99.2%、平均点は34.7点だった。TGSではDPを受験した生徒のすべてが合格し、平均点は37.2点だった。TGSでは2013年度にはAレベルを受験する生徒もいたが、80％以上が少なくとも1科目で「A*」か「A」を取得した。

図表２－１－12　過去3年間のDPの合格率と詳細

	DGS			TGS		
	2011	2012	2013	2011	2012	2013
DP合格率（%）	－	98.6%	99.2%	－	100%	100%
1科目の得点：7点または6点の割合（%）	－	47.0%	50.9%	68.9%	75.0%	74.5%
1科目の得点：7点～5点 の割合（%）	87.0%	82.9%	86.9%	90.5%	96.7%	92.8%
DP総合得点の平均点	34.0	34.1	34.7	37.7	38.5	37.2
国内の公立DP校ランキング	7位	10位	6位	1位	1位	1位

出典：サンデータイムズ紙『サンデータイムズスクールガイド』をもとに作成(34)。

Ⅱ－1　イギリス：公立学校における教育改革とIBディプロマの導入

　2013年度の卒業生の進路としては、DGSでは269人のうち252人（93.6％）が大学に進学している（図表2－1－13）。進学先はすべて国内で、55.0％はオックスフォード大学やケンブリッジ大学を含むラッセルグループの大学[35]である。学部では、理系学部（医学部と歯学部を含む）96人、経済学部46人、法学部13人などが挙げられる。その他の進路は、就職（7人）、ギャップイヤー[36]（5人）、および再受験の準備中（5人）となっている。

図表2－1－13　2013年度のDGS卒業生の進路

進路	人数
高等教育機関	252人
継続教育機関	0人
就職	7人
ギャップイヤー	5人
再受験	5人
合計	269人

出典：DGS学校案内『DGS：インフォメーション，2014年6月』をもとに作成。

　TGSでは2013年度の卒業生のうち122人（全体の95％以上）が大学に進学した。うち82.4％の生徒は第1希望の大学に進学し、全体の73.0％はラッセルグループの大学（ケンブリッジ大学4名、オックスフォード大学3名を含む）に進学している。米国プリンストン大学に進学した1人を除き、すべて国内の大学に進学している。

(4) まとめ

　ケント州の公立学校では、選抜された学力の高い生徒を対象とするグラマースクールでDPが導入されていた。すべてが2010年以降にアカデミーに転換した学校である点も特徴である。また、2014年もDPを継続して提供する4校のうち、3校はDPのみに切り替えており、Aレベルとの併設を行っているのは1校のみである。

　事例研究で取り上げたDGSとTGSは、公立学校におけるDP導入の成功例といえるだろう。両校ではそれぞれ特別校の特徴を生かしたDPカリキュラムを提供して、生徒のDP合格率や大学進学率もきわめて高かった。また、アカデミーという形態を取ることで、中等教育の段階からDPを見越したカリキュ

63

第Ⅱ章　諸外国の公立学校への導入の試み

ラムの編成を実現し、国内の教員資格にとらわれずに自由に教員の採用条件を決定し、優れた人材を世界中から募ることが可能となっていた。しかし聞き取り調査を通していくつかの課題も浮き彫りになった。この点については次節で述べる。

おわりに：公立学校によるDP提供の課題と今後の展望

　本章では、イギリスの公立学校におけるDP導入の背景と経緯について考察し、事例研究を通してDP提供の具体的な状況を紹介した。イギリスの公立学校におけるDPの導入は、労働党政権下の2006年から2009年にかけて財政支援が行われたことにより促進された。当時のブレア首相は教育を最優先課題としており、DPのような優れた教育を通して国際社会に通用する人的資源を蓄積し、経済発展の基礎を築こうという発想があったのではないかと推測される。

　近年イギリスではPISAなどの結果を受けて、児童・生徒の学力の低下が懸念されており、国内カリキュラムの改革が行われるのと並行して、新しいカリキュラムも登場している。DPの教育の質については教育専門家の間で高く評価されてきたが、特に大学関係者の中にはDP卒業生の進学後の成果を高く評価する声もある[37]。現在、DPがイギリスの多くの公立・私立学校で提供されている背景には、Aレベルに代わる大学入試としての認識が教育現場や保護者のレベルにまで浸透していること、また、その国際性や学習内容の普遍的な価値が評価されていることの表れであるように思われる。

　公立学校におけるDPの提供については、聞き取り調査を通していくつかの課題が浮き彫りになった。第1に、財政面があげられる。公立学校では保護者への課金が禁じられているため、基本的に政府から支給される通常の学校予算の他に財源がない。事例研究で取り上げたDGSとTGSでは、Aレベルを廃止してDPのみを提供することで、限られた予算やリソースを有効に活用していた。また、両校は「アカデミー」という、教育省の直接の管轄下に置かれ地方自治体の干渉を受けない学校形態に転換している。アカデミーでは学校予算が教育省から直接支給されるため、実質的に受け取ることのできる額が多くなり、自分の学校の生徒に必要な教育に対して予算の100％を費やすことができる。また両校では、地方自治体の提供するサービス（職員の研修、セキュリテ

64

Ⅱ－1　イギリス：公立学校における教育改革とIBディプロマの導入

ィーチェックなど）を、必要に応じて料金を支払って利用することでコスト効率を上げていた。このように公立学校の限られた予算でDPを継続するには、DPに対する熱意や信念もさることながら、運営面での創意工夫が必要とされていることがいえる。

第2に、教員の確保の難しさも指摘された。事例研究で取り上げた2校では、国内の教員免許を必須とせず、同等の資格やIBプログラムの経験を考慮するとしていた。また、IBの教育理念を理解している、豊かな体験を提供できる、学習を楽しく興味深いものにすることができる、などの資質を重視していた。雇用市場は国際学校と同じであり、予算に限りのある公立学校では、提供できる給与の面で不利な立場にある。そこで就職後の研修を充実させ、DP科目を教える上での支援を行ったり、教職員間で相談やフィードバックが行えるような環境を整えたりなど、魅力的な職場づくりに努めていた。しかし、育て上げた教員が私立や国際学校に転職するケースもあり、教員の獲得と維持は引き続きDPを提供する公立学校にとって課題である。

第3に、学力による選抜制で少数の選ばれた生徒のみに学習の機会が限られている点があげられる。事例研究で取り上げたケント州以外の学校で選抜を行っているかどうかは不明であるが、学力による選抜は教育機会の均等に反する危険性をはらんでいる。特にグラマースクールの進学者では社会・経済的に恵まれた家庭の子どもが大半を占める[38]ことを考慮すればなおさらである。DPについては、「学術的に要求が高く、すべての生徒には適さない」などの意見もある[39]。しかし、そのことは意欲のある生徒が優れた教育プログラムの学習機会を奪われることの言い訳にはならない。現在、ケント州では、グラマースクールに進学できない生徒にもIBを学ぶ機会を提供すべく、IBCC導入の準備が進められているという。教育機会の均等という視点から、今後、イギリスの公立学校でDPと並行してIBCCがどのような発展を遂げるのか、注目したいところである。

イギリスではますます公立学校の市場化が進んでいる。学校の業績が教育水準局の監査で評価され、その報告書がウェブサイト上で公開されるという厳しい現実の前に、各校はさまざまな対策を講じて教育水準の向上にしのぎを削っている。このような状況にあって、DPを提供することは、他校との差別化を図り、より優秀な生徒を獲得し、学校全体の評価を上げるためのインセンティ

65

第Ⅱ章　諸外国の公立学校への導入の試み

ブになっていると考えられる。しかし上述したように、公立学校がDPを提供するにはさまざまな困難があり、その継続にはより戦略的な学校経営が要求される。DPを提供する公立学校の数は2006年から2009年のバブル期を経て、2010年から2012年にかけて淘汰され、現在は約60校となっている。肯定的にみれば、DGSやTGSのように、さまざまな困難を乗り越えてまでもDPを提供しようという熱意や情熱があり、優れた経営手腕のある学校が生き残ったとも解釈できる。今後、これらの公立学校がどのような展開を見せるのか興味深い。

【注】

(1)　IBO, The IB Diploma Statistical Bulletin: May 2014 Examination Session, 2014, p.14.
(2)　イギリスはイングランド、スコットランド、ウェールズおよび北アイルランドからなるが、学校教育は各地域の議会にその権限が委譲されている。ここでは主に人口の8割を占めるイングランドの教育について、便宜上「イギリス」として述べる。
(3)　5〜11歳までが初等教育、12〜16歳までが中等教育にあたる。
(4)　学校理事会は、保護者、教職員、地方教育当局の職員、地域住民、運営母体の代表からなる。校長は理事会の意思決定に参加し、学校運営の全責任を負う立場にある。
(5)　継続教育カレッジは、さらに一般継続教育カレッジ（General FE）や高等専門学校（Tertiary Colleges）、専門カレッジ（Specialist Colleges、主に農業・園芸・演劇・ダンスなどの専門学校）と、成人教育機関に分類される。
(6)　初等教育終了時の11歳で行われる学力テスト、イレブンプラス（Eleven Plus）によって選抜された児童にのみ、11〜18歳の生徒を対象に大学進学準備の教育を行うグラマースクールへの進学が認められた。イレブンプラスに合格しなかった生徒の多くは、実用科目を重視した11〜15歳を対象とする中等学校モダンスクール（Modern School）に進学した。工業・技芸教育に重点を置いた11〜16歳を対象とするテクニカルスクール（Technical School）は実際にはあまり設置されず、全体の15〜20％にとどまった。
(7)　特色のある中等学校とは、特定の1〜2科目（サイエンス、数学＆コンピューティング、人文科目、言語、ビジネス＆エンタープライズ、工学、音楽、芸術、スポ

Ⅱ-1　イギリス：公立学校における教育改革とIBディプロマの導入

ーツなど）を専門として提供する学校のことで、教育省によって特別学校
（Special School）として認定される。

(8) Exley, S. 'More colleges are saying "I do" to the Pre-U', FE news, *TES magazine*, 13 April 2012.

(9) Cambridge International Examinations, *Cambridge Pre-U: A guide for schools*, May 2013, p.24.

(10) インディペンデント紙（*The Independent*），2012年8月14日の掲載記事。Garner, R., 'State schools lead the way in uptake of International Baccalaureate', *The Independent*, 14 August 2012.

(11) IBOのIB Answersチームから直接入手したデータ「UK IB DP Schools from 1971-2014」による。

(12) IBOウェブサイトで、「Country: United Kingdom」「Programme: DP」および「Type: State School」で検索した結果（http://www.ibo.org/en/programmes/find-an-ib-school/?SearchFields.Country=GB&SearchFields.ProgrammeDP=true）〔2014/12/13付アクセス〕。

(13) ①コミュニティスクール（Community Schools）：地方自治体が入学基準を設定、教職員を雇用し、学校の敷地や校舎を所有する。②ファンデーション／トラストスクール（Foundation and Trust Schools）：学校理事会が入学基準の設定、教職員の雇用などの運営を担い、学校理事会または慈善団体が土地・建物を所有する。トラストスクールでは一般企業や慈善団体などの外部団体と教育基金（Education Trust）を設立して運営を行う。③有志団体立補助学校（Voluntary-aided schools）：宗教学校（Religious Schools）または信仰学校（Faith Schools）のことで、学校理事会が教職員を雇用し、入学基準を設定する。校舎と土地は慈善団体や教会が所有していることが多い。④有志団体管理学校（Voluntary-controlled schools）：コミュニティスクールと有志団体立補助学校の中間で、地方自治体が教職員を雇用、入学基準を設定するが、土地と建物は慈善団体（多くの場合は教会）が所有し、学校理事の数人は慈善団体が指名する。

(14) アカデミーはすべての能力の児童・生徒を対象とし、国から予算を得て運営する「独立した」（independent）公立学校。アカデミープログラムは成績不良校を改革する政策として2000年3月に導入され、多くのケースでは社会・経済的に最も恵まれない地域の学校が対象となり、外部のスポンサーを入れることで教育成果を改善することが図られた。2010年のアカデミー法で適用範囲が拡大され、すべての公立小中学校および特殊学校がアカデミーに申請（新設または従来の形態からの転換）できるようになった。当初は教育水準局の前回の視察で「良い」

（good）または「より良い」（better）と評価された学校に限られていたが、現在は条件が取り払われ、すべての公立学校が申請できるようになっている。2014年の時点では、イングランドの公立小学校の9％（1万6,799校中の1,522校）と、公立中学校の54％（3,326校中の1,798校）がアカデミーとなっている。Ofsted, *Ofsted Annual Report 2012/13: Schools*, 2013, p.19.

(15) Bolton, P., *Grammar School Statistics*. House of Commons Library, SN/SG/1398, 17 December 2013, p.9.

(16) GOV.UK, *Funding education for 16 to 19-year-olds, Schools and colleges – collection*（https://www.gov.uk/government/collections/funding-education-for-16-to-19-year-olds）［2014/10/16付アクセス］。

(17) Education Funding Agency, EFA funding rates and formula: 2013 to 2014 academic year, July 2014, p.3.

(18) 1ポンド＝185円で換算。

(19) 図表2−1−6はUCASウェブサイト上のAレベルに関するページ（http://www.ucas.com/how-it-all-works/explore-your-options/entry-requirements/tariff-tables/gce-a）をもとに作成。

(20) 図表2−1−7（1）および図表2−1−7（2）はUCAS発行の資料『International Qualifications 2013』をもとに作成。

(21) UCAS, UCAS Tariff tables: New tariff points for entry to higher education from 2017, September 2014.

(22) UCASの2012年のデータによる（http://www.ucas.com/news-events/news/2013/ucas-end-cycle-report-2012）。

(23) インディペンデント紙（*The Independent*）2012年8月14日付記事から抜粋。Haydon, C., 'Why the Bacc is the way forward', *The Independent*, 18 September 2008.

(24) トンブリッジグラマースクールのシックスフォーム入学案内（Tonbridge Grammar School, Entry To The Sixth Form）から抜粋。

(25) Business Intelligence, Research & Evaluation, *2011 Census Key Statistics Table 2001: Ethnic group*, Kent County Council, 2011.

(26) 事例研究で取り上げるダートフォードグラマースクールの所在するダートフォード地区の住民の週平均所得は544.00ポンド、トンブリッジグラマースクールの所在するトンブリッジ・モーリン地区は600.00ポンドで、さらに裕福な地域である。Business Intelligence, Research & Evaluation, *Business Intelligence Statistical Bulletin: January 2014, Earnings in Kent 2013*, Kent County Council, 2014.

Ⅱ－1　イギリス：公立学校における教育改革とIBディプロマの導入

(27) ケント州でDPを提供する公立学校の一覧表は、以下の資料を参考に作成した。①2013年度にケント州でDPを提供した学校のリストは、教育省の資格・アセスメント課（Qualifications and Assessment Division）のMarian Quingley氏から入手した資料『Number of students entered for an International Baccalaureate Diploma by institution, subject and grade achieved』をもとにした。この資料は2013年度にDPを実際に提供した公立学校のリストで、合計66校が記載されている。②DP登録日のデータはIBOウェブサイト（http://www.ibo.org/en/programmes/find-an-ib-school/?SearchFields.Country=GB&SearchFields.ProgrammeDP=true）を参照［2014/12/13付アクセス］。③アカデミーへの登録日および入学方針のデータについては、教育省の学校情報ウェブサイト「EduBase2」（http://www.education.gov.uk/edubase/home.xhtml）から入手［2014/10/22付アクセス］。④Aレベルとの併設状況および特記事項については、各学校のウェブサイトから入手。ダートフォードグラマースクール（http://www.dartfordgrammarschool.org.uk/）、トンブリッジグラマースクール（http://www.tgs.kent.sch.uk/）、ノートンノッチブルスクール（http://www.nks.kent.sch.uk/）、バートンコートグラマースクール（http://www.bartoncourt.org/）およびデーンコートグラマースクール（http://danecourt.kent.sch.uk/）。すべて［2014/10/22付アクセス］。

(28) 教育省ウェブサイトEduBase2のダートフォードグラマースクールのデータによる（http://www.education.gov.uk/edubase/establishment/summary.xhtml?urn=136359）［2014/11/20付アクセス］。

(29) 教育省ウェブサイトEduBase2のトンブリッジグラマースクールのデータによる（http://www.education.gov.uk/edubase/establishment/summary.xhtml?urn=136417）［2014/11/20付アクセス］。

(30) 教育省ウェブサイトSchool Performance Table, 2012-13（2013/12/11付更新）をもとに作成（http://www.education.gov.uk/cgi-bin/schools/performance/school.pl?urn=136417）［2014/11/20付アクセス］。

(31) 教育省ウェブサイトの教職に関する情報ページ（http://www.education.gov.uk/get-into-teaching/about-teaching/salary）を参照　［2014/12/19付アクセス］。

(32) 教育省ウェブサイトSchool Performance Table, 2012-13 Pupil characteristics data、School characteristics: Pupil population（2013/12/11付更新）（http://www.education.gov.uk/cgi-bin/schools/performance/group.pl?qtype=LA&superview=sec&view=cqs&sort=&ord=&no=886&pg=1）を参照［2014/11/20付アクセス］。

(33) 教育省ウェブサイトSchool Performance Table, KS4 2013 Results: Cohort

69

第Ⅱ章　諸外国の公立学校への導入の試み

Information（2013/12/11付更新）（http://www.education.gov.uk/cgi-bin/schools/performance/group.pl?qtype=LA&superview=sec&view=aat&set=10&sort=&ord=&tab=94&no=886&pg=1；http://www.education.gov.uk/cgi-bin/schools/performance/group.pl?qtype=LA&superview=sec&view=aat&set=1&sort=&ord=&tab=149&no=886&pg=1）を参照［2014/11/20付アクセス］。

(34) サンデータイムズ紙（*The Sunday Times*）ウェブサイト上の「The Sunday Times School Guide」（http://www.thesundaytimes.co.uk/sto/Parent_Power/）を参照。

(35) ラッセルグループ（Russell Group）は1994年に形成された17の研究大学からなるグループ。バーミンガム大学、ブリストル大学、ケンブリッジ大学、エジンバラ大学、グラスゴー大学、インペリアルカレッジロンドン、リーズ大学、リバプール大学、ロンドン・スクール・オブ・エコノミックス（LSE）、マンチェスター大学、ニューカッスル大学、ノッティンガム大学、オックスフォード大学、シェフィールド大学、サウザンプトン大学、ロンドン大学ユニバーシティカレッジ（UCL）、およびウォリック大学からなる（アルファベット順）。

(36) 大学などに進学する前に1年間の休業期間を取って社会経験などを積むことをギャップイヤー（Gap Year）という。

(37) インディペンデント紙（*The Independent*）2008/9/18付記事から抜粋。Haydon, C., 'Why the Bacc is the way forward', *The Independent*, 18 September 2008.

(38) Bolton, P., *Grammar School Statistics*, House of Commons Library, SN/SG/1398, 17 December 2013, p.5.

(39) ガーディアン紙（*The Guardian*）2010/9/7付記事から抜粋。Davis, R., 'International baccalaureate gaining ground in state schools', *The Guardian*, 7 September 2010.

【参考文献・資料】

Barton Court Grammar Schoolホームページ, http://www.bartoncourt.org/［2014/10/22付アクセス］。

Bolton, P., *Grammar School Statistics*, House of Commons Library, SN/SG/1398, 17 December 2013.

Business Intelligence, Research & Evaluation, *2011 Census Key Statistics Table 2001: Ethnic group*, Kent County Council, 2011.

Business Intelligence, Research & Evaluation, Business Intelligence Statistical Bulletin: January 2014, Earnings in Kent 2013, Kent County Council, 2014.

Ⅱ－1　イギリス：公立学校における教育改革とIBディプロマの導入

Cambridge International Examinations, *Cambridge Pre-U: A guide for schools*, May 2013.

Dane Court Grammar Schoolホームページ, http://danecourt.kent.sch.uk/［2014/10/22付アクセス］。

Dartford Grammar Schoolホームページ, http://www.dartfordgrammarschool.org.uk/［2014/10/22付アクセス］。

Davis, R., 'International baccalaureate gaining ground in state schools', *The Guardian*, 7 September 2010.

Department for Educationホームページ, *Get into Teaching: Teacher salaries*, http://www.education.gov.uk/get-into-teaching/about-teaching/salary［2014/12/19付アクセス］。

Department for Educationホームページ, *School Performance Table, 2012-13*, http://www.education.gov.uk/cgi-bin/schools/performance/school.pl?urn=136417［2014/11/20付アクセス］。

Department for Educationホームページ, *School Performance Table, KS4 2013 Results: Cohort Information*, http://www.education.gov.uk/cgi-bin/schools/performance/group.pl?qtype=LA&superview=sec&view=aat&set=10&sort=&ord=&tab=94&no=886&pg=1およびhttp://www.education.gov.uk/cgi-bin/schools/performance/group.pl?qtype=LA&superview=sec&view=aat&set=1&sort=&ord=&tab=149&no=886&pg=1［2014/11/20付アクセス］。

Department for Educationホームページ, *School Performance Table, 2012-13 Pupil characteristics data, School characteristics: Pupil population*, http://www.education.gov.uk/cgi-bin/schools/performance/group.pl?qtype=LA&superview=sec&view=cqs&sort=&ord=&no=886&pg=1［2014/11/20付アクセス］。

EduBase2ホームページ, http://www.education.gov.uk/edubase/home.xhtml［2014/10/22付アクセス］。

EduBase2ホームページ, *Establishment: Dartford Grammar School*, http://www.education.gov.uk/edubase/establishment/summary.xhtml?urn=136359［2014/11/20付アクセス］。

EduBase2ホームページ, *Establishment: Tonbridge Grammar School*, http://www.education.gov.uk/edubase/establishment/summary.xhtml?urn=136417［2014/11/20付アクセス］。

Education Funding Agency, EFA funding rates and formula: 2013 to 2014 academic year, July 2014.

第Ⅱ章　諸外国の公立学校への導入の試み

Exley, S. 'More colleges are saying "I do" to the Pre-U', FE news, *TES magazine*, 13 April 2012.

Garner, R., 'State schools lead the way in uptake of International Baccalaureate', *The Independent*, 14 August 2012.

GOV.UKホームページ, *Funding education for 16 to 19-year-olds, Schools and colleges – collection*, https://www.gov.uk/government/collections/funding-education-for-16-to-19-year-olds［2014/10/16付アクセス］。

Haydon, C., 'Why the Bacc is the way forward', *The Independent*, 18 September 2008.

IB Answers, *UK IB DP Schools from 1971-2014*［2012/4/9付Eメールによる回答］

International Baccalaureate Organization, The IB Diploma Statistical Bulletin: May 2014 Examination Session, 2014.

International Baccalaureate Organizationホームページ, *Find an IB School*, http://www.ibo.org/en/programmes/find-an-ib-school/?SearchFields.Country=GB&SearchFields.ProgrammeDP=true［2014/12/13付アクセス］。

Ofsted, *Ofsted Annual Report 2012/13: Schools*, 2013.

Quingley, M., Number of students entered for an International Baccalaureate Diploma by institution, subject and grade achieved, Qualifications and Assessment Division, Department for Education［2014/9/12付会議資料］。

UCAS, International Qualifications 2013, 2012.

UCAS, UCAS Tariff tables: New tariff points for entry to higher education from 2017, September 2014.

UCASホームページ, *UCAS End of Cycle Report 2012*, http://www.ucas.com/news-events/news/2013/ucas-end-cycle-report-2012［2013/7/10付アクセス］。

UCASホームページ, *Entry Requirements: Tariff Tables: GCE-A Level*, http://www.ucas.com/how-it-all-works/explore-your-options/entry-requirements/tariff-tables/gce-a［2014/12/19付アクセス］。

The Norton Knatchbull Schoolホームページ, http://www.nks.kent.sch.uk/［2014/10/22付アクセス］。

The Sunday Timesホームページ, *The Sunday Times School Guide*, http://www.thesundaytimes.co.uk/sto/Parent_Power/［2014/10/22付アクセス］。

Tonbridge Grammar Schoolホームページ, http://www.tgs.kent.sch.uk/［2014/10/22付アクセス］。

Tonbridge Grammar School, *Entry to the Sixth Form*, 2014.

Ⅱ－2

アメリカ：公教育の質の保証について

奥出 桂子

はじめに

　平成26年12月現在、IB校として認定を受けている学校は145か国、3,963校あるが、学校数で見ると、国別ではアメリカが1,573校と約4割を占めている。2番目はカナダであり、その数347校を加えると、北米2か国だけで5割近くとなる。以下、3番目のオーストラリア155校、4番目のエクアドル[1]150校、5番目のイギリス142校、6番目のインド113校となっている。大学準備課程であるディプロマプログラム（DP）認定校数を見ると、全2,641校のうち、アメリカは830校で3割を占めており、2位カナダ155校、3位エクアドル150校、4位イギリス134校、5位インド100校、以下、スペイン74校、中国67校、メキシコ65校、オーストラリア63校と続く。また、アメリカはIB導入校の数が多いだけでなく、そのほとんどが公立校であることに注目すべきであろう。全830校のうち、727校と9割弱が公立校である。

　ここでは、平成24年9月に行った首都ワシントン郊外の公立高校における訪問調査をもとに、アメリカではIBを公教育の選択肢としてどのように取り入れているのかを大学進学準備ディプロマプログラム（DP）を中心に考察してみたい。

第Ⅱ章　諸外国の公立学校への導入の試み

1 ｜ アメリカの教育制度の概要

（1）地方分権型の公教育

　アメリカの教育について特筆すべきことは、教育行政が地方分権型で、国（連邦政府）レベルでなく、各州がそれぞれの州憲法や州教育法のもとに行われていることである。義務教育も州によって異なり、18歳までが一般的とされるが、イリノイ州のように州によっては16歳までのところもある。公立学校の運営は市（city）や郡（county）の教育委員会が管轄しており、一部、州や連邦政府からの補助金はあるが、学区内の教育費は基本的には市内、郡内の税金でまかなわれ、公立学校の授業料は無償である。

　図表2－2－1は今回の調査で訪問したワシントンD.C.郊外の四つの高校を所轄している市、郡の概要をまとめたものだが、教育費が総予算の46%から53%を占めており、生徒一人当たりの公教育支出は日本円に換算して年間135万円から167万円（調査時レート：1ドル＝100円換算）となっている。教育予算源を見ると、連邦政府からの補助金が1%から3%、市、または郡が65%から82%、州が8%から27%であり、地域の経済力により、予算源の内訳は多少異なっている。

図表2－2－1　訪問した市、郡の概要

州	バージニア	バージニア	メリーランド
市、郡	フォールズチャーチ市	フェアファックス郡	モンゴメリー郡
公立学校システム	FCCPS	FCPS	MCPS
市、郡面積	5.7平方キロメートル	1,054平方キロメートル	1,313平方キロメートル
市、郡人口	1.1万人（2013年現在）	111.9万人（2012年現在）	97.2万人（2010年現在）
市、郡予算総額	約7,500万ドル	約36億ドル	約48億ドル
学区教育費予算総額	約4,000万ドル	約19億ドル	約22億ドル（2015年度）
教育予算源割合	市　82.3% 州　8.1% 連邦政府　1.2%	郡　71.9% 州　14.9% 連邦政府　1.7%	郡　65.0% 州　27.0% 連邦政府　3.0%
市、郡内公立学校生徒数	2,415人 （2013年9月現在）	187,994人 （2015年度予想数）	154,178人 （2015年度予想数）
生徒一人当たり公教育支出	16,670ドル	13,472ドル	14,142ドル
公立高校数	1校	31校	24校
IB DP導入学校数	1校	8校	8校

Ⅱ-2 アメリカ：公教育の質の保証について

(2) 多様な学校制度

　アメリカでは、K-12とよばれる幼稚園から12年生（日本の高校3年生に当たる）の初等中等教育を修了すると、4年制大学、2年制大学（コミュニティーカレッジ、短大）、専門学校などの高等教育に進むことができる。全米には、幼稚園から高校までの初等中等教育の公立学校が約9万6,000校、高等教育機関は約4,200校ある[2]。

　K-12とよばれる幼稚園から12年生までの課程の学校形態はさまざまであり、初等教育では幼稚園から6年生まで（5歳から12歳）と幼稚園から5年生まで（5歳から11歳）の二つのタイプが、また、中等教育としては、ミドルスクール＋ハイスクールとセカンダリースクール（ミドルスクールとハイスクールの一貫校）の二つのタイプがある。たとえば今回調査を実施したワシントンD.C.郊外のバージニア州フェアファックス（Fairfax）郡には、小学校は139校あるが、幼稚園から6年生まで（5歳から12歳）と幼稚園から5年生まで（5歳から11歳）が混在している。また、中等教育については、ミドルスクールが23校あるが、初等教育との接続に関連し、7年生から8年生（13歳から14歳まで）のミドルスクールが19校、6年生から8年生（12歳から14歳まで）のミドルスクールが4校である。ミドルスクールから進学する9年生から12年生（15歳から18歳まで）のハイスクールは28校となる。このほか、初等教育から接続する7年生から12年生（13歳から18歳まで）のセカンダリースクール（ミドルスクールとハイスクールの一貫校）が3校ある。このように、同郡では、6-2-4制（小学校6年＋ミドルスクール2年＋ハイスクール4年）で学ぶ生徒が多いと考えられるが、5-3-4制（小学校5年＋ミドルスクール3年＋ハイスクール4年）、6-6制（小学校6年＋セカンダリースクール6年）という選択肢もあるということになる。

(3) 教育委員会と公立学校の関係

　先に述べたようにアメリカの教育行政は各学区すなわち、市または郡レベルで行われるため、教育委員会も市または郡ごとにあり、州の法律の下、公立学校の運営、教育カリキュラムの選択、教員採用などを行っている。ここでは、教育委員会と公立学校との関係について、今回の調査を実施したバージニア州

75

第Ⅱ章　諸外国の公立学校への導入の試み

図表２−２−２　調査訪問校

調査訪問校	George Mason High School	George Marshall High School	Richard Montgomery High School	Rockville High School
所在地	バージニア州フォールズチャーチ市	バージニア州フェアファックス郡	メリーランド州モンゴメリー郡ロックビル	メリーランド州モンゴメリー郡ロックビル
ランキング　全米	19位	55位	187位	356位
州内	2位	3位	7位	18位
学校の特徴	高学歴・高収入保護者が多い狭い学区域にある	国際色ゆたかな生徒	IBマグネットプログラム（G9−G10）とMYP併設	DP導入によって荒れていた学校を立て直した
	州内全米トップ公立高校	州内トップ	学区域が広いマンモス校	
	DPを初期から導入			
生徒数	833人	1,458人	2,049人	1,219人
9年生	170人	395人	525人	284人
10年生	175人	386人	519人	320人
11年生	142人	352人	477人	342人
12年生	172人	325人	528人	273人
低所得家庭比率	8%	22%	18%	25%
マイノリティー比率	27%	43%	61%	58%
白人	73%	53%	39%	42%
黒人	6%	7%	17%	18%
アジア系	11%	20%	26%	13%
ヒスパニック	10%	15%	18%	27%
IB　DP導入年	1981年	1999年	1987年	2007年
IB履修生徒比率	100%	99%	48%	26%
IB履修生のIB試験合格率	88%	83%	96%	97%
2012年DP試験結果				
平均点	不明	32	不明	30
最高点	不明	42	不明	40
SATテストスコア	2011年度卒業生平均	2011年度卒業生平均	2012年度卒業生のうちDP生徒の平均	
SAT Critical Reading	599	562	780	不明
SAT Math	592	575	760	不明
SAT Writing	583	553	720	不明

フェアファックス郡の例を紹介する（4校の基礎データは図表2－2－2参照）。

　平成24年9月バージニア州フェアファックス郡のジョージ・マーシャル高校（George C. Marshall High School）を訪問した際にフェアファックス郡教育委員会FCPS（Fairfax County Public School）から同郡でのIBの取り組みについてのプレゼンテーションを受けた。フェアファックス郡の人口は約110万人で、同郡は合計18万1,536人（平成24年9月現在）の生徒を有する全米11位の学区である。学区内すべての公立学校を管轄しているのがFCPSである。FCPSは住民の直接選挙で選ばれた理事で構成される郡学校理事会（County School Board）が指名した教育長（Division Superintendent）を頂点とする郡内の公立学校の運営組織である。

　郡学校理事会は、バージニア州法とバージニア州教育委員会（Virginia Board of Education）規則に沿って郡の公立学校の教育理念やガイドラインを設定している。FCPSのホームページ（www.fcps.edu）に掲載されたStrategic Governance Manualによると、理事の任期は4年、年俸は2万ドルである。FCPSの理事は12人で、うち3人は全郡からの代表、9人は九つの各郡からの代表で、議長と副議長は12人の理事の中から選出される。マニュアルには郡学校理事会が定めた信条、理念、ミッション、役割、生徒の学力目標などが細かく記載されている。ちなみに、FCPSのミッションは「生徒が高い学力水準を達成し、倫理的な生活を送り、責任ある革新的なグローバル市民となるよう、動機付け、励ますこと」となっている。

2 ｜ IB導入の目的

（1）社会的背景

　アメリカには日本のような国が制定した共通カリキュラムは存在しない。民間機関が開発したカリキュラムを各学校が地域のニーズや目的、学校の特色に合わせて選択し、使用する教科書を決めている。

　現在、ほとんどの州で州テストとよばれる学力テストを実施しており、高校卒業要件として州テストを課しているところも増えている[3]。しかし、州テストはあくまでも高校卒業要件としての扱いで、大学入学審査の評価対象ではない。

第Ⅱ章　諸外国の公立学校への導入の試み

　数あるカリキュラムの中でIBは難易度の高い選択肢の一つとして扱われている。IBをアメリカで最初に取り入れた公立学校はニューヨーク市クイーンズ区にあるフランシス・ルイス高校（Francis Lewis High School）で、1977年のことである。当時のメル・セリスキー校長（Serisky, M.）がアメリカで最初にIB校となったユナイテッド・ネイションズ・インターナショナルスクール（UNIS）でのIB授業を見学して、公立高校に来ている優秀な生徒が良い大学に進学するための絶好のプログラムだと導入を決めたという[4]。当時のフランシス・ルイス高校には特定のエスニックグループや読み書き能力に問題がある生徒のためのプログラムなどはあったが、学力が高い生徒や可能性のある生徒のためのプログラムがなかった。

　フランシス・ルイス高校のように文化の多様性が顕著なこともアメリカの公立学校の特徴である。今回調査した地域でも、さまざまなエスニックグループや文化背景、経済的背景を持った生徒が集まっていることがわかった。たとえばFCPSの資料によれば、フェアファックス郡の公立学校の生徒のエスニックグループは、白人43％、黒人10％、ヒスパニック22％、アジア太平洋諸島19％、その他6％となっている。家庭の収入が一定水準以下ということを意味する無料または減額のランチの提供を受けている生徒は25％、特別教育支援を受けている生徒は14％で、英語母語話者は13％しかいない。

(2) 選抜アカデミック・プログラム（AAP）としてのIB

　こうした多様な児童・生徒が通う公立学校により良い教育サービスを提供するのがFCPSの「選抜アカデミック・プログラム」（Advanced Academic Programs, AAP）であり、小学校、ミドルスクール、ハイスクールにそれぞれ複数のプログラムが用意されている。この中等教育レベルでの選抜アカデミック・プログラムとしては、習熟度別の上級クラスである「オナーズ・クラス」（Honors）、「アドバンスト・プレスメント・プログラム」（Advanced Placement Program, AP）、国際バカロレア（IB）があり、これらのプログラムは、通常のコースに比べて内容が高度で難しく、生徒に相当の学習時間と努力が要求されるものであるが、すべての生徒に門戸が開かれている。そのほか、理数系に優れた生徒を対象に入学選抜を行う、理系の特別校トーマス・ジェファーソン理工高校（Thomas Jefferson School of Science and Technology）が

78

ある。「オナーズ・クラス」プログラムは大学準備コース、APとIBは大学レベルのコースとされている。FCPSは、「選抜アカデミック・プログラム」（AAP）に学校が参加する利点として、①生徒の読み書き、批判的思考能力を高め、分析や問題解決能力や21世紀に生きるためのスキルを身につけさせることができる、②IBとAPは学業成績を強化し、大学合格率を上げることができる、③IBとAPの最終成績で一定以上を獲得した生徒には大学によっては単位が付与される、などを挙げている。

（3）APとIBの比較

これまで、アメリカでは大学入学準備プログラムの難易度の高いコースとしてはAPのカリキュラムが主流であったが、最近IBへの興味も高まっているとされる。

APとIBを比べてみよう。

①運営団体

APは、大学受験に用いられる共通テストであるSAT（Scholastic Assessment Test）を運営・実施している非営利団体カレッジ・ボード（College Board）が、IBは国際バカロレア機構が管理・運営している。どちらも最終試験が課され、その結果はアメリカの大学での単位認定の基準としても使われる。

②カリキュラム

APでは英語、世界の言語、社会科学、理科、数学と芸術の六つの教科領域の大学レベルの難易度の高いコースを個別に履修することができる。一方、IBは、一部の科目を個別に履修してサーティフィケートを取得することも可能だが、IBフルディプロマを取得するためには、六つの教科領域、すなわち言語A（英語）、言語B（習得言語）、歴史／社会科学、自然科学、数学、芸術あるいは選択科目で1科目ずつを履修・合格し、さらに知の理論（TOK）、創造性・活動・奉仕（CAS）、課題論文（EE）が課される。履修科目にはスタンダードレベル（SL）とハイレベル（HL）があり、IBフルディプロマを取得するには、6科目のうちHLを少なくとも3科目または最大で4科目取らなければならない。サーティフィケートとしてIB科目を履修する場合は、履修科目数

第Ⅱ章　諸外国の公立学校への導入の試み

の制限はなく、好きなだけ履修することが可能である。

③評価

　APのシラバスは「カレッジ・ボード」（College Board）が監査し、最終試験は外部で採点されるが、IBの試験には学内採点と学外採点があり、IBによる抽出評価（モデレーション）と審査も行われる。

　フェアファックス郡では16校がAPを8校がIB（DP）をカリキュラムとして採用している。さらに2012/13年度から4校がIBの新しい「キャリア関連サーティフィケート」（IBCC）コースを導入した。IBCCでは、ディプロマコースから2科目、キャリア関連コースから2科目を履修し、生徒のキャリア関連分野に関するReflective Projectを行い、実社会に必要な応用可能なスキルに焦点を当てたApproaches to LearningコースとCAS、言語習得が課せられている。

3 ｜ 経費

　IBプログラムには郡の予算が使われており、FCPSがIBの研修費用を負担している。中等課程プログラム（MYP）の研修費用は、FCPSの「選抜アカデミック・プログラム」（Advanced Academic Programs, AAP）予算であるが、DPの研修費用は各学校のIBコーディネーターが管理している。IBプログラムの年会費、IB認定にかかる費用は学区持ちで、生徒のIB試験登録費、テスト代金、郵便料金はすべて学区が一括して支払っている。このほか、学区のサポートとしては、年1回のIBサミット、FCPSアカデミーコース、FCPS教員によるワークショップなどが行われている。郡の教育予算は、2012/13年度、約17億ドルで、郡予算の50％近くを占めている。今回調査した別の地域であるメリーランド州モンゴメリー郡（Montgomery County）の場合は、IB試験登録費については保護者が負担することになっている。どこまでを無償とするかは、市、郡または州によって異なっている。

Ⅱ-2　アメリカ：公教育の質の保証について

4 ┃ 教員の採用方法と研修

　今回調査したバージニア州フェアファックス郡、バージニア州フォールズチャーチ（Falls Church）市、メリーランド州モンゴメリー郡におけるIB教員の採用と研修は以下のとおりである。

（1）教員の採用

　公立学校では、市または郡の教育委員会が教員を採用し、各学校に任命・配置する。原則として学校が直接採用することはできないが、校長が候補者を推薦することはできる。今回の調査校では、IBコースを受講し優秀な成績であった卒業生を、IB科目を教えることのできる教員として採用した例もあり（ジョージメイソン高校）、実際には、校長の裁量での採用が行われていると思われる。採用条件としては、州の教員免許を持っていることが必須である。したがって、別の州で教職に就くためには、あらためてその州の教員免許を取得する必要があるといえよう。

（2）IB研修

　IBでは公式ワークショップに参加することがIB科目を教えるための条件であるが、予算上、全教員を毎年、公式ワークショップに派遣することは難しい。そこで、必要最低限のワークショップに参加させ、参加した教員が他の教員に自主ワークショップを開くことで研修の一助としている。このような自主ワークショップは学校内だけでなく、近隣の学校や郡教育委員会で開催されることも多い。また、今回訪問した学校は、バージニア大学、メリーランド大学というIB教育に関心の高い州立大学に隣接しているため、大学との交流が盛んで、教員には大学での再教育（特別研修コースを受ける、大学院の修士課程を履修するなど）の機会を設け奨励している。

（3）教員の処遇（給与・手当／授業時間数）

　教員の給与は、学位、経験年数などで決まっており、IB科目を教えるということにより特別な手当を受けることはない。ただし、IBコーディネーター

第Ⅱ章　諸外国の公立学校への導入の試み

は役職手当がつく。

(4) 異動（国内システム、特別）

　市、郡の教育委員会が人事権を持っているため、市、郡内での異動の可能性はある が、教員が勤務先の希望を出すこともできる。実績があり評判の良い教員は他の自治体（市、郡、州）からのヘッドハンティングを受けることもある。ただし、前出のように州が異なる場合は、その州の教育免許を取得しなければならない。

5 ｜ 生徒、保護者

(1) 選抜方法

　基本的にDPを履修するための選抜は行っていないが、既習科目などの制限はある。また、DPに進むために8年生の段階で選抜を行い、合格した生徒のみが特別コースに入ることができるマグネットスクール方式を採っているところもある（後述、6「IBマグネットプログラム（選抜IB準備コース）の例」を参照のこと）。

(2) 保護者の意識

　今回調査した4校のうち、ジョージメイソン高校は、人口1万2,000人ほどのフォールズチャーチ市にある唯一の公立高校で、場所柄ワシントンD.C.やその周辺にある官公庁、政府機関、研究所、大学、大手企業などに勤務する高学歴・高収入の保護者が多く、子女の教育に非常に熱心で、この学校に子どもを通わせるためにわざわざ市内に引っ越してくる家庭も多いという。US News & World Reportの2012年度のランキングによるとジョージメイソン高校は全米19位、バージニア州内2位となっている（ちなみに州内1位はトーマス・ジェファーソン理工高校）。公立学校は地域企業や住民の税金でまかなわれているため、ステークホルダーとしての保護者の存在は大きく、学校運営やカリキュラム内容、授業の教え方まで保護者の意見を無視できず、対応を迫られていると学校関係者は話していた。

　他の3校の場合は、学区域が広範囲にわたり、郡内には低所得者層やマイノ

Ⅱ-2　アメリカ：公教育の質の保証について

ジョージメイソン高校物理学教室

リティグループも多く、英語母語話者以外の保護者も多い。IB教育を受けることによる生徒のメリットなどを保護者に説明する機会を多くもうけ、意識を高めようとしているが、経費がかかり勉強も大変とされるIBディプロマコースを取らなくとも、多くの大学ですでに大学レベルの科目として広く認定され、大学の単位が取りやすい既存のAP科目をいくつか取った方が手っ取り早いと考える保護者も依然として多いという。そのような背景から、今回の調査地域に関しては、IB校がこれ以上、増えることはないのではないかと各学校関係者は述べていた。

(3) ドロップアウトの処遇

　仮にフルディプロマが取得できなくても、科目ごとのサーティフィケートを出すことが可能である。また、高校卒業には、州で決められた要件と規定の単位数を満たせばよいので問題はない。

第Ⅱ章 諸外国の公立学校への導入の試み

(4) 自国大学入試や単位認定などの状況

　アメリカの大学に入学するには出願期間内に志望理由書やエッセイ、教員の
推薦状、課外活動記録などの書類の他に、学校の成績表やSAT、ACT
（American College Test）といった大学入試のための共通試験の点数、IBの
予想点などを提出する。各大学のアドミッションオフィスでは、毎年、膨大な
量の出願書類を手分けして読み、審査委員会に送り、複数の審査員でその大学
やプログラムに相応しい候補者を絞り込んでいく。成績だけでなく人物像やそ
の生徒が入学後、大学でどのように貢献してくれるかといった見地から総合的
に判断する。SATなど共通テストの点数や学校での成績（GPA）、クラスでの
順位なども考慮されるが、単に点数が高いということだけで評価されるわけで
なく、どのくらい難易度の高い科目に挑戦しているかということも重視され
る。IBはAPと同じように高校のカリキュラムとして最も難しいプログラムと
して認知されている。

　DPの一部の科目は大学で学ぶ入門レベルの科目としても認知されており、
APの科目と同等の扱いを受けている。大学のコースや専攻によっては、IBの
特定の科目を高校卒業までに履修していなければならないという指定がある場
合もある（特に理工学部系）。どの科目で何点以上を取れば大学の単位として
認めるかは各大学によって異なる。単位を認められれば、学士号を取るまでの
年月を短縮（4年間のところを3年から3年半で卒業することも可能）でき、
学費も節約できるという利点もある。

6 ┃ IBマグネットプログラム（選抜IB準備コース）の例

(1) リチャードモンゴメリー高校（Richard Montgomery High School）

　今回調査した公立高校4校のうち、1校のみがIB DPコースに進むために8
年生時での選抜を伴う9年生からの特別な準備コース（International
Baccalaureate Magnet Program）を用意していた。以下、調査時に入手した
資料をもとにその詳細を紹介する。

　リチャードモンゴメリー高校はメリーランド州モンゴメリー郡にある9年生
から12年生、1学年500人、全校生徒2,000人規模のマンモス校である。2012

Ⅱ-2 アメリカ：公教育の質の保証について

リチャードモンゴメリー高校校舎内

年のUS News & World Reportの高校ランキングによると、全米187位、メリーランド州にある232校のうち7位（2014年のランキングでは全米163位、州内4位とランキングが上がっている）。同校の2010年度、2011年度、2012年度卒業のDP取得生徒の大学合格・進学先リストによると、毎年、イェール大学、プリンストン大学、スタンフォード大学、シカゴ大学など超難関校に複数の生徒が合格し、各校に1人から3人が進学している。最も人数の多い進学先は地元の州立大学であるメリーランド大学カレッジパーク校であり、100人が合格、42人が進学、同大学ボルチモア校には15人合格し6人が進学している。

　リチャードモンゴメリー高校の位置するロックビル（Rockville）学区はワシントンD.C.の北側に隣接しており、学区の人口は97万1,600人（2012年）である。モンゴメリー郡の公立学校は郡のスクールシステム（Montgomery County Public Schools, MCPS）が統括し、アメリカで最も優秀な公立学校システムの一つであると資料に明記されている。

　リチャードモンゴメリー高校のIBマグネットプログラムは、難易度が高い

第Ⅱ章　諸外国の公立学校への導入の試み

DPを履修する生徒のための9年生から2年間の特別準備コースとして、1987年に始まった同郡唯一の特別プログラムである。郡全域に住む生徒を対象としているが、8年生時に選抜試験が行われ、合格した生徒のみが受けられる。定員約110人のところに、毎年、800人から900人の応募があるという。ちなみに2008年には700人の応募があり、115人が合格したそうだ。数字を見る限り、かなり狭き門であることがわかる。

　同校はMYPも提供しており、MYPからDPに進むこともできるが、同校の担当者の説明によると、MYPからDPに進む生徒は毎年50人弱で、マグネットプログラムからの進学者を合わせてDP履修者は約150人なので、MYPからの進学者とマグネットプログラムからの進学者の比率は1対2ということになる。

（2）カリキュラム構成

　マグネットプログラムの具体的なカリキュラムは次のとおりである。

　科目はDPの教科グループと同じようにグループ1（英語）、グループ2（外国語）、グループ3（個人と社会）、グループ4（サイエンス）、グループ5（数学）と6科目目の選択科目群となっている。9年生では英語（IB Magnet English 9）、外国語（IB Magnet Level 2またはLevel 3）、個人と社会（IB Magnet Government）、サイエンス（IB Magnet Biology）と数学（中学での数学レベルにあわせてIB Magnet Geometry、IB Magnet AAF、IB Pre-Calculusから選択）を履修し、10年生では、英語（IB Magnet English 10）、外国語（IB Magnet Lever 3またはLevel 4）、個人と社会（IB Magnet U.S. History）、サイエンス（IB Magnet Chemistry）、数学（進度別コース）と6科目の選択科目として、IB Magnet Arts & Culture、IB Magnet Production & Performance、AP Music Theory（10年生から11年生）、Computer programming（1 and/or 2）が履修できる。外国語としては中国語、フランス語、スペイン語が受講可能である。

（3）対象とする生徒および選抜方法

　同校のパンフレットによるとマグネットプログラムに応募する8年生は次の条件を満たすことが必要とされている。

Ⅱ-2 アメリカ：公教育の質の保証について

- モンゴメリー郡学区内に住んでいること。
- 数学はAlgebra 1以上の課程を履修済みであること。
- 外国語はスペイン語、フランス語、イタリア語、中国語のうち少なくとも一つの言語のLevel 1を履修しているか、バイリンガルであること。
- 少なくとも二つ以上のHonorまたはAdvancedレベルコースを履修中または修了していること。

(4) DPとの接続

リチャードモンゴメリー高校の2012年度のマグネット・プログラムガイドブックによると、11年生から始まるDP科目は、図表2-2-3のようになっている。

図表2-2-3 リチャードモンゴメリー高校DP科目

	提供科目	レベル
Group 1	English	HL
Group 2	Chinese, French, Spanish	SL or HL
Group 3	History	HL
Group 4	Biology Chemistry Physics Environmental-Systems & Societies	HL SL SL or HL SL
Group 5	Mathematics Studies (Math Studies and Calculus w/Application or Calculus AB) Mathematics (Calculus AB or BC) Mathematics (HL Mathematics)	SL SL HL
Group 6	Art and Design Computer Science Theater Film Studies Music Psychology Economics Sociology Philosophy a second science	SL or HL SL or HL SL or HL SL or HL SL or HL SL SL SL SL SL

　EnglishとHistoryは全員がHLを受けなくてはならない。HLの試験は12年生の5月にしか受験できないが、SL科目については11年生の5月に2科目まで試験を受けることができる。つまり、SLに関しては本来2年間のプログラムを1年間で終わらせることができる。

　図表2-2-4は、同校から入手したIB DP生徒の具体例である。9年生から

87

第Ⅱ章　諸外国の公立学校への導入の試み

図表２－２－４　科目選択の例　リチャードモンゴメリー高校

	9年生	10年生	11年生	12年生	卒業までに受けるAP試験科目	卒業までに受けるIB試験科目	主な課外活動（4年間）
生徒A（女子17歳）	Pre-IB English 9	Pre-IB English 10	IB English 1	IB English 2	AP Gov't	IB Enviro. SL	Fine Lines Literary Mag
	Pre-IB Givernment	AP US History	IB History 1	IB History 2	AP US Hist.	IB Fernch SL	Black Maskers Drama
	Pre-IB Biology	IB Math Studies	AP AB Calculus	AP Statistics	AP French Lang.	IB Math SL	Quizmaster Challenge
	Pre-IB AAF	Pre-IB Chemistry	IB Enviroment	IB Anthropology	AP Enviro.	IB Hist. HL	National Art Honors Society
	Foundations of Art	Pre-IB Art	IB Art 1	IB Art 2	AP AB Calc.	IB Eng. HL	Smithsonian Internships
	Pre-IB French 3	IB French 4	IB French 5	IB TOK/ Office aide	AP Eng. Lit.	IB Art HL	Vounteer at The Ohillips Collection
	Physical Education	Concert Choir	IB TOK	Law/East Asian His.	AP Statistics		
生徒B（男子18歳）	Pre-IB English 9	Pre-IB English 10	IB English 1	IB English 2	AP Calculus BC	IB Chemistry SL	Boys Varsity Tennis Team Captain
	IB AN/APP Func	IB Precalculus	AP BC Calculus	IB HL Math	AP Chemistry	IB Spanish B SL	Young artists Award Pianist
	Pre-IB Biology	Pre-IB Chemistry	IB Physics	IB Physics	AP English Lit.	IB Math HL	Science and Engineering Internship
	Pre-IB Government	AP US History	IB History 1	IB History 2	AP European His.	IB English HL	Madrigals Singer and Accompanist
	Chamber Singers	Chamber Singers	IB Chemistry	Chamber Singers	AP Physics C	IB Physics HL	Peer-to-Peer Executive tutor
	Pre-IB Spanish 3	Pre-IB Spanish 4	IB TOK	AP Music Theory	AP Statistics		Science National Honor Society
	General P.E.	Intro. Engin. Design	IB Spanish 5	IB Economics	AP US History		
生徒C（女子17歳）	Pre-IB AAF	IB Precalculus	AP AB Calculus	IB Anthropology	AP Gov't	IB Chemistry SL	Black Maskers Drama
	Pre-IB English 9	Pre-IB English 10	IB English 1	IB English 2	AP US Hist.	IB Math SL	Piano,Flute, Voice Lessons
	AP Government	AP US History	IB History 1	IB History 2	AP Music Theory	IB English HL	National Honors Society
	Pre-IB French 3	IB French 4	IB French 5	IB French 6	AP AB Calc	IB History HL	National English Honors Society
	Pre-IB Biology	Pre-IB Chemistry	IB Chemistry	IB Music		IB French HL	Poetry Out Loud
	Physical Education	AP Music Theory	IB TOK	IB TOK/ Office Aide		IB Theatre HL	Community/ Professional Theatre
	Wind Ensemble	Software Apps	IB Theratre 1	IB Theatre 2			

88

生徒D (男子17歳)	Pre-IB AAF	IB Precalculus	AP BC Calculus	IB HL Math	AP Gov't	IB CompSci SL	Fine Lines Literary Mazazine
	Pre-IB English 9	Pre-IB English 10	IB English 1	IB English 2	AP US Hist.	IB Physics SL	The Tide- Editor
	AP Government	AP US History	IB History 1	IB History 2	AP Comp. Progrm.	IB English HL	Black Maskers Drama
	Photography 1	IB Spanish 4	IB Spanish 5	IB Spanish 7	AP BC Calc.	IB History HL	National Honor Society
	Pre-IB Biology	Pre-IB Chemistry	IB Physics 1	IB Physics 2	AP Eur. His.	IB Math HL	Spanish Honor Society
	Physical Education	Photography 2	IB TOK	IB TOK/ Photo Aide	AP Span. Lang.	IB Spanish A2	Math Honor Society
	Computer Programming 1	Computer Programming 2	Computer Programming 3	Photography 3	AP Span. Lit.		Photography
					AP Eng. Lit.		

12年生まで、どのような科目選択や課外活動を行ってきたかがわかる。残念ながらDPの最終成績や大学進学先などは不明だが、おそらくトップクラスの生徒であろう。4人の生徒に共通するのは、9年生からPre-IB科目とAP科目を選択していて、最終学年までにIBだけでなく複数のAP科目試験を受けていることである。また、IBのHL科目をディプロマ取得規定の3科目でなく、さらに1科目増やして4科目受験している生徒がいることも注目すべきだろう。

おわりに：課題と今後の展望

このように、アメリカではIB、特にDPを大学入学準備の最も難易度の高いプログラムとして積極的に公立学校が導入してきた。最後に今回訪問した学校や教育委員会への聞き取り調査から浮かび上がった課題と今後の展望について触れたい。

（1）公立の公平性と国内教育制度への位置

事前調査で、ニューハンプシャー州州議会からIBを公立学校で教えることについての妥当性を調査する法案が提出され通過したとの情報を得ていたため、アメリカ以外の団体が運営しているカリキュラムを公立学校に導入することに対する疑義について、調査先で学校関係者の意見を聞いてみた。しかし、

第Ⅱ章　諸外国の公立学校への導入の試み

特に問題視することもなく、イギリスやオーストラリアのプログラムなど、いろいろなプログラムを比較・検討した上で自分の学校に合ったものとしてIBを導入したとの説明がなされた。これからのアメリカ市民にはより国際的視野が求められており、IBを導入する意義は大きいとのことであった。首都ワシントンD.C.近郊の国際色豊かな地域で、地方や田舎の保守的な地域とは考え方が異なるのかもしれない。

(2) 国内カリキュラムとの軋轢

　アメリカではIBはAPと同レベルの難易度の高い科目として多くの公立学校で導入されるようになり、最近ではほとんどの大学が入学後に単位認定を行うようになるなど、APと同じ扱いをされている。しかし、APに比べて、IBは、科目数が少ない、授業時間数や勉強量が多い、試験料金が高い、教える教員の研修にコストがかかるなど、生徒、保護者、教員、学校への負担が大きいことへの関係者の言及もあった。今回調査した地域では、すでにIBは飽和状態で、これ以上は増えないだろうという意見が多かった。とはいえ、IBの導入が地域内での学校のランクの向上や人気挽回のツールとなってきたのは確かである。アメリカでの公立学校におけるIB教育の導入や認知度の高まりが国際化を求められる公教育の質の保証に貢献してきたことは否定できない事実といえよう。

【注】

(1)　近年、南米、特にエクアドルへのIB進出が際立っている。前年の約倍に増え150校すべてがDPのみである。平成24年9月のアメリカ調査の際に立ち寄ったIB Americasの担当者は、「北米にはすでにかなり浸透してきたので、今後は南米に力を入れていく」と言及している。

(2)　アメリカ大使館レファレンス資料室／アメリカンセンター・レファレンス資料室「早わかり『米国教育』」2010。(https://americancenterjapan.com/aboutusa/translations/3327/)［2017/05/08付アクセス］。

(3)　北野秋男「アメリカにおける学力向上政策」大桃敏行・上杉孝實・井ノ口淳三・植田健男（編）『教育改革の国際比較』ミネルヴァ書房, 2007年, p.111.

(4)　Jay Mathews, Ian Hill, *SUPER test*, 2005, p.108.

Ⅱ−3

ドイツ：ヨーロッパ化に向けて

吉田　孝

はじめに：ドイツの教育制度の特色

　ドイツの教育制度では、伝統的に、小学校に相当する4年制の基礎学校（グルントシューレ：Grundschule。BerlinとBrandenburgは6年制）修了後、大学進学コースで8年制あるいは9年制のギムナジウム（Gymnasium）、事務・専門職に就くための実技学校である主に6年制の実科学校（レアルシューレ：Realschule）、職人を養成するための6年制、州によっては5年制の基幹学校（ハウプトシューレ：Hauptschule）のいずれかへ進学する。しかし、基礎学校4年修了後に、ギムナジウム、実科学校あるいは基幹学校へ振り分けるのは時期尚早との考えから、ギムナジウム、実科学校、基幹学校を合体した総合制中等学校（ゲザムトシューレ：Gesamtschule）が30年前に導入された。この学校は10学年で修了可能だが、大学進学を目指す生徒は引き続き11学年から大学入学資格試験であるアビトゥア（Abitur）取得を目指すことができる。そして実科学校と基幹学校へのコース選択は、9学年および10学年の数学と英語HL（上級）レベルによってなされる。また、総合制中等学校とは別に、実科学校と基幹学校を合体したセカンド・スクール（ゼクンダーシューレ：Sekundarschule）の新しい試みも見られる。

　これらの学校の組み合わせは州の政権政党の方針による（図表2−3−1）。南のバイエルン州（Bayern）、バーデン＝ヴュルテンベルク州（Baden-Württemberg）では、ギムナジウム、実科学校、基幹学校の3分枝型の伝統的かつ保守的な学校体系を採用している。一方、ノルトライン＝ヴェストファー

91

第Ⅱ章　諸外国の公立学校への導入の試み

レン州（Nordrhein-Westfalen）では、この3校に加え、総合制中等学校、ザクセン州（Sachsen）ではセカンド・スクールとギムナジウム、ブランデンブルク州（Brandenburg）ではセカンド・スクール、総合制中等学校とギムナジウムといった具合である。州により学校体系が異なりわかりづらいが、南の州に比し北の州ほど社会民主的な教育制度を採用しているといえる。

図表2－3－1　ドイツ各州の教育制度

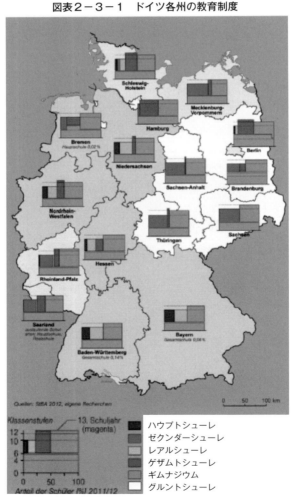

一方、旧東ドイツでは10学年まで全生徒が共に学習し、大学進学を目指す生徒はその後、上級高等学校（エルヴァイテルテ・オーバーシューレ：Erweiterte Oberschule）へ進学する学校制度を採用していた。つまり総合制中等学校を10年で修了後、引き続き大学進学を目指すコースである。現在、ドイツでは、生徒が共に学習する、このような総合的な学校制度が主流となりつつある。

1　ドイツにおけるIB・DP

(1) IB・DP学校数の推移

2014年、ドイツ国内でIBに認定されている学校は57校ある。その内訳は公立学校（ギムナジウム）が22校、私立学校（主にインターナショナルスクール）が35校である。

公立学校と私立学校のIB・DP導入時期は図表2－3－2のとおりである。ドイツで最初にIBを導入したのは、1971年のフランクフルト国際学校（Frankfurt International School）である。一方、公立学校では、1972年のゲーテ・ギムナジウム（Goethe Gymnasium）となっている。

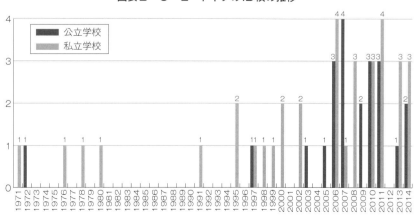

図表2－3－2　ドイツのIB校の推移

出典：IBOのホームページより作成

第Ⅱ章　諸外国の公立学校への導入の試み

(2) DPコース増加の背景

　図表2－3－2に示されるように、公立学校、私立学校ともにDPコースの導入は2000年以降に増加している。この背景として考えられるのが世界経済のグローバル化といった社会的動向、そしてドイツ国内でIBディプロマを取得した場合にあっても、ドイツの大学への進学が可能になったことがある。

　ただし、ドイツの大学進学資格として IBディプロマを提出する場合は、次の科目選択の規定があるため注意をする必要がある。

- 言語Aもしくは言語Bで2言語を選択し、言語BはHLのみ。
- 科学は生物、化学、物理の3科目から選択する。
- 数学のうち、数学スタディは認めない。
- 社会科学は歴史、地理、経済の3科目から選択する。

　上記の科目に加え、第6科目は次の中から選択する。

　　美術、音楽、シアター、フィルム、文学と演劇、外国語、ラテン語、古典ギリシャ語、一般化学、適応化学、環境システム、コンピュータ科学、デザインテクノロジー、世界宗教、哲学、心理学、文化人類学、ビジネスとオーガニゼーション、スポーツ科学と健康科学

【要件】

- ディプロマ上級レベル3教科のうちの一つは、数学あるいは科学3科目の中から選択すること。
- 全教科をDPコース2年間で履修すること。
- 6教科の最低点は4以上であること。3があった場合は、他の同レベル（標準レベルあるいは上級レベル）の教科が5以上であり、合計点は24以上であること。
- ドイツ人のIBディプロマ取得者で、教科にドイツ語がない国外の学校で学習した場合は、ドイツ語運用能力の証明書を提出すること。

　2000年3月の大学入学資格認定改正まで、ドイツ国内でIBディプロマを取得したドイツ人生徒はドイツの大学へ進学はできなかった。これはディプロマ

Ⅱ-3　ドイツ：ヨーロッパ化に向けて

をアビトゥアの代用とする際の学習レベルの互換性、また、ギムナジウムの修了が13学年であるのに対し私立学校＝インターナショナルスクールは12学年であるなど、検討すべき課題があったためだ。だが経済のグローバル化により急速にモバイル化が進み、大学入学資格、教育制度も国際標準に基づいたものにする必要が生じた。こうして大学は学士を出すようになり、またギムナジウムも9年制から8年制へと移行しつつある。こうした制度改革を背景に近年DPを導入する公立学校、私立学校が増加した。

(3) 授業料

　公立学校の授業料は無償である。一方、私立学校（デュッセルドルフ国際学校の場合）の授業料は年額1万9,000ユーロである。そこで、筆者が勤務するデュッセルドルフ国際学校のような私立学校においてドイツ人生徒でディプロマを取得することができるのは、富裕層の子弟に限られることになる。そのため本校では奨学制度を設け、6人の生徒を公立学校から受け入れるようにしている。

(4) カリキュラム（国内カリキュラムとの構成）

　今回調査を行った公立学校のゲーテシューレ（Goetheschule Essen）のカリキュラムを用い、アビトゥアコースとDPコースとのカリキュラム上の相関性を検討したい。

　図表2-3-3あるいは図表2-3-4からわかるように、アビトゥアコースにはDPコースと同じく教科ごとにLK（HL上級）とGK（SL標準）がある。アビトゥアコースでは社会2科目（たとえば地理と歴史）が必修だが、DPコースではいずれか1科目を選択し、HLの場合はその科目の未習個所を補習授業（最終学年で週2時間）で学習することになる。数学と理科についても同様である。そして知の理論（TOK）と課題論文（Extended Essay）はアビトゥアコースのPhilosophie（哲学）とFacharbeit（論文）で置き換えが可能である。このようにギムナジウムではアビトゥアコースのカリキュラムを基に、DPコースで求められる特定の課題や範囲を容易に補うことができる。

　ではアビトゥアコースとDPコースとの相違だが、アビトゥアコースに比しDPコースで特徴的なのが大学での学習方法との継続性である。大学では自ら

95

第Ⅱ章　諸外国の公立学校への導入の試み

課題を見つけ、資料・情報を収集し、分析する力が必要になるが、DPコースではこのような探究型（Independent Study）の学習スタイルを普段の授業に採用している。このためDPコースを履修するには学習意欲と学習習慣が重要になる。

　生徒はすべての授業が終了した後（2014年度は4月11日）、アビトゥアの試験（4月14日から4月27日まで）を受け、IBディプロマの試験を5月に受ける。

図表2－3－3　物理を履修した場合の科目選択例

Wahlzettel für IB Diploma-Programm

Modell：PHYSIK　物理

Diploma Programme Groups	IB Kurs (HL=Higher Level：SL=Standard Level)	Abiturkurs	Muss	Kann
Group 1：Language A1				
	DEUTSCH HL	GK D+WL	×	
Group 2：Language B	ENGLISCH HL	LK E	×	
Language B	FRANZ. SL	GK F		X*
Language ab initio	SPAN./ITAL：SL	GK S oder I		X*
Classical languages				
Group 3：Individuals and societies				
	GESCHICHTE SL	GK GE	×	
Group 4：Experimental sciences	BIOLOGIE SL	GK BIO		X*
	CHEMIE SL	GK CH		X*
	PHYSIK HL	LK PH		
Group 5：Mathematics and computer Science				
	MATHEMATIK SL	GK M	×	
Group 6：The arts	MUSIK SL	GK MUS		X*
Theory of Knowledge	TOK	GK PL	×	
Sport		GK Sport	×	

GK SWZ wird ersetzt durch GE IB Z
*Group 6：Die SchülerInnen können Spanisch,Italienisch,Französisch,Biologie,Chemie oder Musik wählen.

Die SchülerInnen werden gebeten, die von ihnen ausgewählten Kurse zu markieren.

●Abiturkursはアビトゥアコースの教科
●MussはDPコースで必修
●KannはDPコースで選択可
●GKはGrundkursの略でSL、LKはLeistungskursの略でHLの意

Ⅱ−3 ドイツ：ヨーロッパ化に向けて

図表２−３−４ 歴史を履修した場合の科目選択例

Wahlzettel für IB Diploma-Programm

Modell：GESCHICHTE 歴史

Diploma Programme Groups	IB Kurs（HL=Higher Level: SL= Standard Level）	Abiturkurs	Muss	Kann
Group 1：Language A1				
	DEUTSCH HL	GK D+WL	×	
Group 2：Language B	ENGLISCH HL	LK E	×	
Language B	FRANZ. SL	GK F		X**
Language ab initio	SPAN./ITAL：SL	GK S oder I		X**
Classical languages				
Group 3：Individuals and societies				
	GESCHICHTE HL	LK GE	×	
Group 4：Experimental sciences	BIOLOGIE SL	GK BIO		X*
	CHEMIE SL	GK CH		X*
Group 5： Mathematics and computer Science	MATHEMATIK SL	GK M	×	
Group 6：The arts	MUSIK SL	GK MUS		X**
Theory of Knowledge	TOK	GK PL	×	
Sport		GK Sport	×	

GK SWZ wird ersetzt durch GE IB Z
* Group 4：Die SchülerInnen können Biologie oder Chemie wählen.
**Group 6：Die SchülerInnen können Spanisch,Italienisch,Französisch,Biologie,Chemie oder Musik
　　　　wählen.

Die SchülerInnen werden gebeten, die von ihnen ausgewählten Kurse zu markieren.

　試験日程の組み立ては、アビトゥア（図表２−３−５）とIBディプロマ（図表２−３−６）を比較するとわかるようにほぼ同じだ。ただしアビトゥアの試験は4科目で、2科目は数学、ドイツ語、外国語から選択する必要がある。また他の2科目は筆記試験と口頭試験で、HLが2科目、SLが2科目だが、口頭試験はSLで実施される。HLの筆記試験は4時間15分、SLは3時間、口頭試験は30分である。試験の最高点は300点で、学校成績（11年と12年）の最高点は600点である。つまりアビトゥアの得点は試験成績と学校成績により総合的に算出される。このようにアビトゥアは学校成績の比重が高いのに対し、DPは、たとえば言語A-HLの場合、外部評価が70％（最終試験45％、世界文学25％）、

第Ⅱ章　諸外国の公立学校への導入の試み

内部評価が30％（口頭試験＝外部モデレーションがなされる）と、得点は外部評価のみで算出されるわけではないが、アビトゥアに比し外部評価の比重が高い。

図表２－３－５　アビトゥア試験日程

Fachprüfungstermine schriftliche Abiturprüfungen 2015

Datum	Fach	HL LK	SL GK
Dienstag,14.04.2015	Deutsch	X	X
Mittwoch,15.04.2015	Informatik,Technik,Ernährungslehre	X	X
Donnerstag,16.04.2015	Englisch	X	X
Freitag,17.04.2015	Kunst,Musik	X	
	Geographie	X	
	Erziehungswissenschaft	X	
	Geschichte,Geschichte/Sozialwissensch	X	
	Philosophie	X	
	Psychologie	X	
	Recht	X	
	Sozialwissenschaften(mitSW/Wirtschaft)	X	
	Soziologie		
	Volkswirtschaftslehre	X	
	Ev.,Kath.Religionslehre	X	
	Sport	X	
Montag,20.04.2015	Spanisch,Portugiesisch	X	X
Dienstag,21.04.2015	Mathematik	X	X
Mittwoch,22.04.2015	Französisch	X	X
Donnerstag,23.04.2015	Biologie,Chemie,Physik	X	X
Freitag,24.04.2015	Chinesisch,Japanisch		X
	Hebräisch		X
	Kunst,Musik		X
	Geographie		X
	Erziehungswissenschaft		X
	Geschichte,Geschichte/Sozialwissensch		X
	Philosophie		X
	Psychologie		X
	Recht		X
	Sozialwissenschaften(mitSW/Wirtschaft)		X
	Soziologie		X
	Volkswirtschaftslehre		X
	Ev.,Kath.und Jüd.Religionslehre		X
Montag,27.04.2015	Griechisch(einschl.Erw.pr.)	X	X
	Lateinisch(einschl.Erw.pr.)	X	X
	Italienisch	X	X
	Niederländisch	X	X
	Russisch	X	X
	Türkisch	X	X

Ⅱ-3　ドイツ：ヨーロッパ化に向けて

図表２-３-６　IBディプロマ試験日程

IB Diploma Program
May 2015 examination schedule 　　＊４月30日から５月７日の日程のみ掲載

DATE	MORNING	HL	SL	AFTERNOON	HL	SL
Thursday 30 April	School-based syllabus paper I		X			
	School based syllabus paper 2		X			
Monday 4 May	English A Literature paper I	X	X	Economics paper I	X	X
	English A Language & Literature paper I	X	X	Latin paper1	X	X
	English B paper I	X	X			
	English ab initio paper I	X				
	Literature & performance paper I	X				
Tuesday 5 May	Economics paper 2	X	X	English A Literature paper 2	X	X
	Latin paper2	X	X	English A Language & Literature paper 2	X	X
				English B paper 2	X	X
				English ab initio paper 2		X
				Literature & performance paper 2		X
Wednesday 6 May	Biology paper I	X	X	Philosophy paper 1	X	X
	Biology paper 2	X	X	Psychology paper I	X	X
				World religions paper I		
Thursday 7 May	Philosophy paper 2	X	X	Biology paper 3	X	
	Philosophy paper 3	X				
	Psychology paper 2	X	X			
	Psychology paper 3	X				
	World religions paper 2	X				

　ところでこの試験日程からわかるように、アビトゥアの試験期間とIBディプロマの試験期間が重なる時がある。このような場合は州教育省が日程の調整を行い、IBディプロマの試験に支障をきたさないよう配慮している。

　補足だが、IBディプロマでは歴史と生物の２科目はドイツ語での受験が可能である。しかし、興味深いことに、これら２科目をドイツ語で受験しているのはすべて国外の生徒である。たとえばドイツ語による生物の試験は2002年に開始され、受験生は毎年110人ほどいるが、生徒の在住国はコロンビア、メキシコ、トルコ、エチオピア、エルサルバドルなどである。また、この歴史と生物の２科目がドイツ語で受験可能となった経緯には、ノルトライン＝ヴェストファーレン州の公立学校で歴史と生物のバイリンガル授業を開始したことがある。

99

第Ⅱ章　諸外国の公立学校への導入の試み

2 ｜ IB導入の目的：ゲーテシューレの例

（1）ゲーテシューレにおけるIB

　ドイツの公立学校でDPを導入しているのは22校、2012/13年度の統計によるとギムナジウムは3,122校あるため、そのうちのわずか0.7%である。そこでグローバル化が公立学校にどのような改革をさらに促したかについて触れることにしたい。

　ドイツでDPコースを導入している公立学校22校のうち、ノルトライン＝ヴェストファーレン州にはザンクト・レオナード・ギムナジウム（St. Leonhard Gymnasium）、フリードリッヒ・エーベルト・ギムナジウム（Friedrich-Ebert-Gymnasium）、ライプニッツ・ギムナジウム（Leibniz-Gymnasium）、フリードリッヒ・ヴィルヘルム・ギムナジウム（Friedrich-Wilhelm-Gymnasium）、レッシン・ギムナジウム（Lessing-Gymnasium）、ヴェルナー・ハイゼンベルグ・ギムナジウム（Werner-Heisenberg-Gymnasium）、ゲーテシューレ（Goetheschule）、エヴァンゲリッシュ・シュティフティッシェス・ギムナジウム・グータスロー（Evangelisch Stiftisches Gymnasium Guetersloh）、ヘルムホルツ・ギムナジウム・ボン（Helmholtz-Gymnasium Bonn）の9校がある。このうちの一つであるゲーテシューレはエッセン市にあり、ギムナジウムの中でも名門校として知られている。創立は1899年。100年以上の歴史を持ち、常に時代の動向を踏まえた革新的なカリキュラムを組んでいる。そして、理科教育、音楽教育、国際教育をその柱に据えている。また、環境意識が高く、エネルギー関係のトピックにも取り組んでいる。

　ゲーテシューレがDPコースを開始したのは2007年だが、導入の主な理由は他のギムナジウムとの差異化であった。EUでは経済力強化と加盟国間の結合促進のため、エラスムス・プログラム（ERASMUS）により大学生の流動化と人的資源の養成・確保を図っており、中等教育課程でもコメニウス・プログラム（COMENIUS）をはじめ、多くの交換留学プログラムを実施している。そしてノルトライン＝ヴェストファーレン州には将来の国外での教育と就職に備え、バイリンガル教育を行っている学校が252校ある。また、二つの外国語とアビトゥアレベルの社会科あるいは理科のバイリンガル授業を履修し、ヨーロ

Ⅱ－3　ドイツ：ヨーロッパ化に向けて

ッパ人としての国際感覚を習得した生徒には、ツェルティリングア（CertiLingua）という証書を授与している（ドイツほか18か国が加盟）。州教育省よりこの証書の授与を認可されている学校は83校である。また、アビバック（AbiBac）というドイツのアビトゥアとフランスのバカロレア（Baccalaureat＝フランス大学入学資格）のダブル・ディプロマ（二重学位）もあり、その授与が認可されている学校は10校ある。こうした状況に鑑みゲーテシューレではDPコース導入を決定した（図表2－3－7参照）。

図表2－3－7　ゲーテシューレが設けているDPコースの全教科

ドイツ語 Deutsch Higher Level (Grundkurs+Weltliteratur)
英語 Englisch English Higher Level (Leistungskurs)
スペイン語 Spanisch Spanish ab initio
イタリア語 Italienische Italian ab initio
フランス語 Franzoesisch Standard Level (Grundkurs)
歴史 Geschichte Higher Level (Leistungskurs)
歴史 Geschichte Standard Level (Grundkurs)
地理 Geographie Higher Level (Leistungskurs)
生物 Biologie Standard Level (Grundkurs)
化学 Chemie Standard Level (Grundkurs)
物理 Physik Higher Level (Leistungskurs)
物理 Physik Standard Level (Grundkurs)
数学 Mathematik Standard Level (Grundkurs)
数学 Mathematik Higher Level (Leistungskurs)
TOK, Extended Essay, CAS
音楽 Musik Standard (Grundkurs)

101

第Ⅱ章　諸外国の公立学校への導入の試み

　このエラスムス・プログラムであるが、2014年、EU議会はエラスムスプラスと名称を改め、エラスムス、コメニウス、レオナルド・ダ・ビンチ（Leonardo da Vinci＝外国で職業訓練を行うプログラム）、そしてユーゲント・イン・アクション（Jugend in Aktion）を一つ傘の下に置くことを決定した。そして、これまで10億ユーロであった予算を40%増やし15億ユーロにした。そこで、2020年までにドイツからは27万5,000人の大学生、15万人の研修生、13万人の生徒がこのモバイルプログラム（Mobilitätsprogramme）に参加することが期待されている。

　エラスムス・プログラムがエラスムスプラスとして強化されたのは、さらに多くの若者がこのモバイルプログラムを通し、外国語を習得するのみならず、異文化体験を積むことで、将来の移動を容易にするためである。つまり、若者の就職の機会の拡張、異文化に対する寛容な精神の涵養が目的となっている。

　現在、ドイツの大学生の留学先として人気が高い国は、スペイン、次がフランス、そしてイギリスである。また、研修生に人気が高い国は、イギリス、そしてイタリア、フィンランド、オーストリア、アイルランドである。

(2) 経費

　ゲーテシューレでのDP履修者の補習授業料は月100ユーロで、それに試験料が加算され、年額3,000ユーロとなっている。

　DPコースの導入はエッセン市の要請に応えたものだが、公的資金は受けていない。しかし、ゲーテシューレはインスコラ（INSCOLA）という公立学校の国際教育に関し資金援助を行う団体から金銭的援助の必要な生徒への奨学金を得ており、また、教師のDPコースのワークショップへの参加費もここが支給している。

　インスコラの設立はエッセン市（Essen）とデュッセルドルフ市（Düsseldorf）にある州行政府が推進し、エッセン市、ミュールハイム市（Mülheim）、オーバーハウゼン市（Oberhausen）の国際商工会議所が協力している。そして事業化にあたっては、各市の企業が資金を拠出している。団体の目的は公立学校の国際教育の振興であるが、地域の経済活性化もねらいとしており、企業はインスコラを支援することで自社のイメージアップを図っている。

102

（3）教員

　ドイツ（ノルトライン＝ヴェストファーレン州）で教員になるにはアビトゥ
ア取得後、大学で教員養成コース（4年間＝修士資格）を履修し、州の教員資
格認定試験を受ける。その後、18か月の教員研修を行い、再び州の教員資格
認定試験を受ける。この教員資格認定試験には小学校教員資格、中等教育教員
資格1（10年生まで）、中等教育教員資格2（13年生まで）がある。

　公立学校の教員となるには、州教育省のウェブサイトの求人欄で学校と教科
を確認し、履歴書およびそのコピーを学校と州教育省に送付し、それを学校の
選考委員会が審査し採用するのが通常である。

　教員の給与は、公務員俸給表（図表2－3－8）のA12（小学校教員）～
A14（中等教育教員資格2）に示されるとおりである。

図表2－3－8　公務員俸給表

BesoldungsordnungA 給与表A		Grungehaltssätze（Monatsbeträge in Euro） 基本給（月額／ユーロ）								Gültig ab1.Januar 2013 2013年1月より有効		
BesGr.	2-Jahres-Rhythmus					3-Jahres-Rhythmus				4-Jahres-Rhythmus		
									(Erfhrungs) -Stufe			
	1	2	3	4	5	6	7	8	9	10	11	12
A2	1.718,78	1.759,33	1.799,90	1.840,44	1.880,99	1.921,58	1.962,13					
A3	1.788,83	1.831,98	1.875,12	1.918,27	1.961,44	2.004,60	2.047,75					
A4	1.828,56	1.879,38	1.930,15	1.980,98	2.031,78	2.082,58	2.133,36					
A5	1.843,01	1.908,06	1.958,61	2.009,14	2.059,69	2.110,23	2.160,78	2.211,34				
A6	1.885,72	1.941,21	1.996,71	2.052,21	2.107,70	2.163,22	2.218,71	2.274,21	2.329,69			
A7	1.966,85	2.016,73	2.086,56	2.156,39	2.226,23	2.296,05	2.415,71	2.415,75	2.465,64	2.515,54		
A8		2.087,59	2.147,25	2.236,73	2.326,24	2.415,71	2.505,25	2.564,90	2.624,54	2.684,23	2.743,88	
A9		2.221,56	2.280,26	2.375,77	2.471,29	2.566,80	2.662,32	2.727,96	2.793,66	2.859,31	2.924,97	
A10		2.390,67	2.472,25	2.594,60	2.717,00	2.839,38	2.961,76	3.043,34	3.124,92	3.206,50	3.288,07	
A11		2.705,57	2.828,94	2.952,32	3.075,70	3.199,08	3.281,33	3.363,58	3.445,85	3.528,10	3.610,36	
A12		2.906,78	3.053,88	3.200,97	3.348,07	3.495,16	3.593,22	3.691,29	3.789,35	3.887,42	3.985,47	
A13		3.234,59	3.391,86	3.549,14	3.706,40	3.863,66	3.968,51	4.073,35	4.178,20	4.283,06	4.387,91	
A14		3.364,87	3.368,85	3.772,78	3.976,72	4.180,64	4.316,60	4.452,57	4.588,53	4.724,49	4.860,46	
A15					4.369,26	4.593,48	4.772,86	4.952,23	5.131,63	5.311,01	5.490,39	
A16					4.821,68	5.080,98	5.288,47	5.495,93	5.703,37	5.910,85	6.118,30	

＊ノルトライン＝ヴェストファーレン州のギムナジウムの教員の場合、初任給はA13＝3.234,59ユーロで、始
めは2年ごと、後に3年、4年ごとの昇給となる。

　ゲーテシューレの場合であるが、DPコースについては希望があればどの教
員も担当できる。給与・手当、授業時間数などの処遇は一般教員と同じであ
る。

（4）生徒・保護者

　ゲーテシューレがDPコースを導入した初年度は選考基準がなく、履修した生徒には学力の低い者もいたが、2009年5月の最初の試験では全員がIBディプロマを取得した。現在はDPコース履修には2.5（6段階評価の最高点は1）、つまり平均以上の成績が応募資格として必要になっている。また当校は公立学校でありアビトゥア取得が必須であるため、IBディプロマを取得するには学習量が増加する。そこで当然ながらDPコースを履修するにはアカデミックな力だけでなく、学習意欲と学習習慣が重要となる。

　ゲーテシューレではアビトゥアとIBディプロマの二重学位を取得させることで、国内の大学への進学を確保し、同時に国外の大学への進学も可能にしている。この二重学位という点は先述のアビバックと同じようであるが、アビバックはあくまでもドイツとフランスの大学への入学資格で、IBディプロマとは世界各国で大学入学資格として認可されている点で異なる。ちなみにゲーテシューレではDPコース履修者の半数以上が国外の大学への進学を考えており、外国語の習得と新たな文化体験を積むことを目指している。このように生徒の多くが国内の大学に限らず、国外の大学をも視野に入れる背景には、前述したEU圏内の人的流動の活発化がある。

（5）身につく力：DP履修者に実施した質問紙の回答結果の比較

　ここでゲーテシューレとデュッセルドルフ国際学校（ドイツ人生徒）のDPコース履修者に行った質問紙の回答結果（図表2-3-9）を見ることにする。

　ゲーテシューレで「そう思う」の回答が多いのは、「新しい知識を身につけようとする力」「情報を収集する力」「状況の変化に柔軟に対応する力」「タイムマネジメント」であるが、これらが指し示すのは探究型の学習力である。これは教室での学習アプローチが教師による知識注入型ではなく、生徒自らが課題を見いだし、解決する力が求められるということである。つまり、解答記憶型の学習ではない。そして、この力が端的に発揮されるのが課題論文（EE）である。この課題は授業の枠外で行うため、教科を自分で選択し、課題に主体的に取り組む必要がある。こうして身につけた力が大学の学習に生きてくるのはいうまでもない。

Ⅱ-3　ドイツ：ヨーロッパ化に向けて

　この探究型の学習であるが、デュッセルドルフ国際学校12年のドイツ人生徒の回答結果（図表2-3-9）でも、「新しい知識を身につけようとする力」「情報を収集する力」「課題解決能力」に「そう思う」と回答している生徒が多い。

図表2-3-9　国際バカロレアで身についた能力

	ゲーテシューレ（回答者31人）			デュッセルドルフ国際学校（回答者19人）		
	あてはまる	どちらともいえない	あてはまらない	あてはまる	どちらともいえない	あてはまらない
1）課題を発見する力*	16 (51.6%)	11 (35.5%)	3 (9.7%)	13 (68.4%)	5 (26.3%)	1 (5.3%)
2）論理的に考える力	18 (58.1%)	8 (25.8%)	5 (16.1%)	13 (68.4%)	4 (21.1%)	2 (10.5%)
3）新しい知識を身につけようとする力**	28 (90.3%)	2 (6.5%)	1 (3.2%)	17 (89.5%)	1 (5.3%)	0 (0.0%)
4）情報を収集する力	26 (83.9%)	5 (16.1%)	0 (0.0%)	14 (73.7%)	4 (21.1%)	1 (5.3%)
5）人間関係を円滑にする力	7 (22.6%)	19 (61.3%)	5 (16.1%)	4 (21.1%)	10 (52.6%)	5 (26.3%)
6）自己を表現する力	15 (48.4%)	11 (35.5%)	5 (16.1%)	11 (57.9%)	3 (15.8%)	5 (26.3%)
7）交渉する力	15 (48.4%)	14 (45.2%)	2 (6.5%)	5 (26.3%)	8 (42.1%)	6 (31.6%)
8）状況の変化に柔軟に対応する力*	22 (71.0%)	6 (19.4%)	2 (6.5%)	9 (47.4%)	6 (31.6%)	4 (21.1%)
9）異文化を受容する力	6 (19.4%)	17 (54.8%)	8 (25.8%)	13 (68.4%)	3 (15.8%)	3 (15.8%)
10）語学力	16 (51.6%)	8 (25.8%)	7 (22.6%)	15 (78.9%)	2 (10.5%)	2 (10.5%)
11）コンピュータを活用する力	13 (41.9%)	8 (25.8%)	10 (32.3%)	10 (52.6%)	5 (26.3%)	4 (21.1%)
12）熱意・意欲を維持する力	9 (29.0%)	10 (32.3%)	12 (38.7%)	3 (15.8%)	8 (42.1%)	8 (42.1%)
13）行動力・実行力	10 (32.3%)	16 (51.6%)	5 (16.1%)	7 (36.8%)	9 (47.4%)	3 (15.8%)
14）意見や利害の対立を調整する力	11 (35.5%)	18 (58.1%)	2 (6.5%)	12 (63.2%)	6 (31.6%)	1 (5.3%)
15）専門能力	15 (48.4%)	12 (38.7%)	4 (12.9%)	3 (15.8%)	12 (63.2%)	4 (21.1%)
16）タイムマネジメント	20 (64.5%)	4 (12.9%)	7 (22.6%)	10 (52.6%)	6 (31.6%)	3 (15.8%)
17）課題解決能力*	18 (58.1%)	12 (38.7%)	0 (0.0%)	15 (78.9%)	2 (10.5%)	2 (10.5%)
18）国籍をベースとしたグローバルな感覚・視点	10 (32.3%)	15 (48.4%)	6 (19.4%)	10 (52.6%)	3 (15.8%)	6 (31.6%)

*1．8．17：ゲーテシューレ無回答が1
**3：デュッセルドルフ国際学校無回答が1

第Ⅱ章　諸外国の公立学校への導入の試み

このようにDPコースでは探究型の学習がいかに重要であるかがわかる。

　ところでゲーテシューレではデュッセルドルフ国際学校に比し「状況の変化に柔軟に対応する力」「タイムマネジメント」に「そう思う」の回答が多いが、これはアビトゥアコースに加えDPコースを学習するためと思われる。また、デュッセルドルフ国際学校では「異文化を受容する力」に「そう思う」が多いが、これはゲーテシューレに比し生徒が多様な国籍と文化背景を持っているためであろう。そして両校ともに「語学力」に「そう思う」の回答が多いが、ゲーテシューレの場合はDPコースの授業は英語でなされ、課題（エッセイなど）も英語を使用するからであり、デュッセルドルフ国際学校の場合は授業の指導言語が英語であるため当然ながら英語の高い運用能力が求められるからであると考えられる。

(6) 進路（国内・海外）

　アビトゥアとIBディプロマのドイツ国内での大学入学資格としての取り扱いの違いだが、私立学校からドイツの大学へ進学するには高校卒業証書だけでは入学資格としては認められない。そこでIBディプロマの取得が必須となるが、先述のとおり科目選択には注意を払う必要がある。

　一方、ギムナジウムの生徒が自国の大学を志願する際に、IBディプロマをアビトゥアの代用として提出することは少ないと考えられる。IBディプロマの得点がアビトゥアの得点にどのように換算されるかは図表2－3－10を参照してもらいたい。IBディプロマの最高点45はアビトゥアの1.0に換算されているが、この図表からは明らかでないが、実はアビトゥアには1.0よりさらに高い得点がある。そこで、たとえばドイツの大学の医学部を目指した場合、IBディプロマの得点では不利になる可能性が高い。そのため、ギムナジウムでIBディプロマも取得した生徒が自国の難関学部へ応募する場合は、アビトゥアを提出するということになる。

　では、なぜギムナジウムの生徒がIBディプロマを取得するかだが、まずは二重資格を取得したという実績を示すためである。そして、イギリスではIBディプロマの評価が高いなど、国外の大学進学のために取得するのが主な動機である。

106

Ⅱ-3 ドイツ：ヨーロッパ化に向けて

図表２－３－１０ IBディプロマ得点のアビトゥア評点への換算表

Tabellarische Notenübersicht 評価一覧表
Notenumrechnung vom Internationalen Baccalaureat ins deutsche Notensystem:

IB Punkte：IB得点	Deutsche Note：ドイツ評点
45	1.0
44	1.0
43	1.0
42	1.0
41	1.1
40	1.3
39	1.5
38	1.6
37	1.8
36	2.0
35	2.1
34	2.3
33	2.5
32	2.6
31	2.8
30	3.0
29	3.1
28	3.3
27	3.5
26	3.6
25	3.8
24	4.0

　ただし、ヨーロッパ内そしてアメリカの大学へもIBディプロマ同様にアビトゥアでも志願でき、アビトゥアだけで十分と考える生徒がいるのも事実である。

　ゲーテシューレでDPコースを導入した当初、一般生の間にDPコースを履修している生徒へのやっかみもあったが、理解が進むにつれ解消したとのことである。

　ここで断っておきたいのは、IBディプロマがアビトゥアに比し大学入学資格として低いということではない。前述の内容と重複するが、たとえばアメリカの高校あるいは日本の高校を卒業した生徒が自国の卒業証書でドイツの大学を志願した場合、ドイツの大学はこれらを大学入試資格とは認めていない。そのため、ドイツの大学へ進学するには、自国の大学へ一度入学するなどの手続きが必要になる。しかし、IBディプロマを取得していればドイツの大学への入学が可能である。

第Ⅱ章　諸外国の公立学校への導入の試み

おわりに：課題と今後の展望

　ゲーテシューレで12学年に在籍している生徒にアビトゥアコースとDPコースの相違について意見を求めたところ、次の点を指摘した。

　DPコースはアビトゥアコースに比しトピックが多岐にわたり広く学習するのに対し、アビトゥアではトピックを絞り、それを深く学習する。たとえば世界史だが、ディプロマでは世界の歴史に焦点を当て幅広いトピックを学習するが、アビトゥアではドイツとヨーロッパの歴史に焦点を当て、それをドイツの視点から学習するとのことであった。

　また学習アプローチとしてDPコースはアビトゥアコースに比し、自ら課題を見つけ解決策を練る探究型の学習であるため、大学での学習の準備になるとのことであった。

　この点はデュッセルドルフ国際学校のDPコーディネーターも指摘しており、生徒にDPコースを履修させる主眼は、何よりもその学習理念と指導法にあるとのことであった。

　IBのミッション・ステートメント（使命）は次のとおりである。

「国際バカロレアは（IB）は、多様な文化の理解と尊重の精神を通じて、より良い、より平和な世界を築くことに貢献する、探究心、知識、思いやりに富んだ若者の育成を目的としています。（中略）IBのプログラムは、世界各地で学ぶ児童生徒に、人がもつ違いを違いとして理解し、自分と異なる考えの人々にもそれぞれの正しさがあり得ると認めることのできる人として、積極的に、そして共感する心をもって生涯にわたって学び続けるよう働きかけています。」

　DPコースではこの使命に基づき、生徒の柔軟な知性の育成と国際理解教育の促進を図っている。これはまた、EU議会のヨーロッパの未来はエラスムスプラスの成功にあるとの考えにも通じる。

　今回、公立学校へのDPコース導入を調査し明らかとなったのは、ディプロマとアビトゥア、その名称は異なるが、相違よりむしろ共通項が多く、経済のグローバル化、モバイル化が進む現在、それぞれの教育プログラムが目指すも

のは非常に近いということである。

ゲーテシューレ・エッセン（Goetheschule Essen）で行われた国際バカロレアに関するミーティング風景

【参考文献・資料】

Recognition-Association of German International School（http://www.agis-schools.org/recognition）2017/05/08付アクセス。

Vereinbarung über die Anerkennung des "International Baccalaureate Diploma/Diplôme du Baccalauréat International"（http://www.kmk.org/fileadmin/veroeffentlichungen_beschluesse/1986/1986_03_10-Vereinbarung-Baccalaureate-Dipl.pdf）

IB-Worldschool|Goetheschule Essen（http://www.goetheshule-essen.de）

N aktuell 7（07.2013）6 Leibniz-Institut für Länderkunde（https://www.finanzverwaltung.nrw.de/de/besoldungstabellen-fuer-beamtinnen-und-beamte）

INTERNATIONALE SCHULBILDUNG IN NORDRHEIN-WESTFALEN（https://www.schulministerium.nrw.de/）

Ⅱ－4

中国：欧米大学進学熱に応えて

黄　丹青

はじめに

　1991年に中国でIBが導入されてから、IB校は2014年12月時点で82校に達する[1]。その拡大は量的なものにとどまらず、導入校の学校形態も当初のインターナショナルスクールから現地校へと広がり、IBは、生徒とその保護者の学校選択肢の一つと考えられるようになってきている。

　中国でIBを導入する学校がなぜ拡大し、それを可能にした要因は何か。IBの高い教育クオリティを実現するために導入校は入学者選抜基準をどのように設定し、卒業生の進路選択がどのようなものなのか。

　本稿では、このような問いに対し、主に現地公立高校のDP導入に焦点を当て、教育政策と学校制度から中国におけるIB導入の歩みを振り返り、IB導入の拡大を可能にした要因を分析し、さらに卒業生の進路から導入校の性格を明らかにすることで、IB導入の中国的メカニズムの究明を試みるものである。

1 ｜ IB導入校の拡大とその背景

（1）IB導入校の概要

　中国でIBプログラムが最初に導入されたのは、1991年5月であり、インターナショナルスクール[2] の北京順義国際学校におけるDPの設置であった。それ以降、しばらく動きはなかったが、1995年に現地私立校と公立校にも導入され、その後、1996年を除き毎年、新たな導入校が現れ、2014年12月現在82

第Ⅱ章　諸外国の公立学校への導入の試み

校となる（図表2－4－1）。プログラム別の内訳では、ディプロマプログラム（以下、DP）が最も多く65、次いで初等教育プログラム（以下、PYP）が32、中等教育プログラム（以下、MYP）が23、IBキャリア関連資格（以下、CC）が2で、合計122プログラム[3] が行われている。

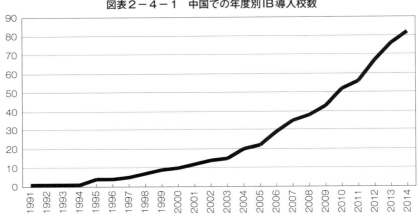

図表2－4－1　中国での年度別IB導入校数

出典：注1参照。

IB導入校を地域別で見てみると、図表2－4－2の通り、上海市が最も多く26校に上り、2位の北京の15校を大きく離している。全体的には、西より東、北より南の方がより多く導入され、中でも揚子江金三角と称される上海、江蘇、浙江の3地域の合計は41校に達し、全体の半分を占める。そのほか、香港に近い広東が4番目に多く、計10校が導入している[4]。つまり、経済がより進み、世界により開かれている地域ほど、IBの導入校数が多いということになる。

図表2－4－2　地域別IB導入校数

地域	北京	上海	天津	広東	福建	浙江	江蘇	山東	吉林	湖南	湖北	陝西	四川
校数	15	26	3	10	2	4	11	1	2	1	1	2	4

出典：注1参照。

中国では、学校教育の授業体系や評価システムがIBとはまったく異なる。では、IBを導入しているのは、IBと親和性の高い国際学校か、あるいは、導

Ⅱ-4　中国：欧米大学進学熱に応えて

入に多くの障壁があると推察される現地校か、その中でも特にハードルが高い公立学校であろうか。図表2-4-3は、中国における学校形態別コース別のIB導入状況である。

図表2-4-3　学校形態別コース別導入数

	国際学校	現地私立校	現地公立校
学校数	47	18	17
PYP	24	8	0
MYP	14	5	4
DP	37	13	15
CC	2	0	0
合計	77	26	19

出典：注1参照。

　IBを導入する82校の中で、国際学校が47校と約6割を占め最も多いが、現地私立校の18校に対して現地公立校が17校と、その差は1校にすぎない。プログラム別の場合、いずれもDPが最も多い。PYPとMYPについて見れば、現地公立校の場合、PYPはないが、国際学校と現地私立校では、MYPは少なく、DPに次いでPYPを開設するところが多い。国際学校と現地私立校は同様の傾向を見せている(5)。

　導入プログラムに関して、なぜ現地公立校が国際学校や現地私立校と異なるのか。そもそも現地校、中でも公立学校がなぜIBを導入できるようになったのか。次節では、学校制度の側面から中国でのIB導入の経緯をたどることとする。

2　国際学校ならびに国際部による現地校でのIB導入

（1）国際学校

　中国の国際学校の歴史は、1970年代に遡る。1972年に日本、そして1979年にアメリカとの国交正常化により、大使館勤務者の子弟・子女教育に対応するため設置された各国の大使館付属学校がその始まりである。その後の改革開放政策のもと、中国で長期滞在する外国人が増えるに従い、大使館員に加え、商社や報道関係駐在員などの子弟・子女も受け入れる必要が生じ、大使館付属学校が国際学校へと発展的に変化した(6)。2012年11月現在、その数は116校に上る(7)。

113

第Ⅱ章　諸外国の公立学校への導入の試み

（2）現地校国際部

　現地校におかれる国際部は、外国人子弟を対象とし[8]、国際学校の役割を担う現地校の特別セクターである。その始まりも国際学校と同様、大使館員子弟の教育ニーズに応じるためのもので、1975年に、大使館付属学校を持たない国の大使館員子弟を受け入れる国際部が北京第55中学[9]に設置された。その後、1993年に上海中学、次いで、1994年に天津実験中学に国際部が設置された。これによって、三つの直轄市のすべてに外国人子弟を対象とする公立学校国際部が揃うようになる。

　1990年代以降の急激な経済成長ならびに経済のグローバル化により、増加する外国人子弟だけでなく、中国語学習や中国の大学への進学を求める香港、マカオ、台湾（以下、港澳台）や海外の中国人子弟の教育ニーズも生まれ、今までの英文を教育言語とする英文部とともに、中国語を教育言語とする中文部も併設する国際部がほかの公立学校、そして私立学校にも拡大していった。外国人や港澳台、在外中国人子弟を対象にするとはいえ、国際部という存在により、教育内容や評価などの点で従来の学校システムと異なる制度的枠組みが出来上がったのである。

（3）上海の国際学校と国際部

　国際部に関する中国全体のデータが見当たらないため、ここでIB導入校が最も多い上海市を取り上げて見てみよう。2006年の大和とBrayの調査[10]によると、上海における国際学校の最初の雛形は、各国が設置した上海領事館付属学校とされる。たとえば、日本は1976年に、アメリカは1980年に領事館付属学校を設置した。その後、これらの各国学校は、国際学校として登録される。たとえば、アメリカンスクールは1989年、上海日本人学校は1993年に国際学校として登録された。同じ性格の上海ドイツ学校と上海フランス学校はそれぞれ1995年と1996年に、また、韓国学校は韓国商会により1999年に設立される。そのほか、90年代に4校、2000年から2004年の間に5校の国際学校が新設されたが、いずれも教育団体か宗教団体によるものであった。大使館員と商社やマスコミ関係の駐在員の子弟に対する教育という初期段階が過ぎ、増加し続ける外国人子弟を対象とした国際学校が教育市場として注目されるようにな

114

ったと思われる。

　このような社会的動向は、国際部にも影響を与えた。1993年に国際部が設立された上海中学以外に、1999年から2004年の間に4校の公立中学に国際部の新設があった[11]。国際部は、中学校までしかない日本人学校の卒業生とその保護者を対象に説明会を開いたり、日本で発行される中国語新聞に広告を出したりと、教育市場での生徒獲得に有利になるような対策が取られていた。

　現地公立学校国際部が国際学校と異なる点の一つは、港澳台をはじめ、主に韓国人や日本人および在外中国人子弟に中国語教育を実施することにある。前述したように、それは国際部が英文部と中文部の両方から構成される所以である。

　2012年時点で上海市教育委員会に正式に登録された現地校国際部5校はすべて公立中学である[12]。上海では早くも2004年4月の時点で、市教育委員会の許可により、外国人子弟を受け入れる資格を有する幼稚園や小・中学校が150校（園）[13]になるが、正式な登録をしていない「国際部」も多く存在すると推察される[14]。

　このように、国際学校や国際部が器となり、アメリカのAP、イギリスのAーレベルなどの国際教育プログラムと併行してIBも選択されるようになり[15]、その導入校が2014年11月現在82校となり、さらに増加していくのであった。

3　教育のグローバル化と政策による促進

　それでは、中国でのIB導入校の拡大を可能にした理由はどこにあるのか。ここでは、教育のグローバル化およびそれに関連する政策による推進の2点から見てみよう。

　1970年代の末から、中国では改革開放政策が打ち出され、教育もその例外ではなかった。閉鎖状態にあり独自路線を歩んできた教育が世界に開かれ、制度的な整備も一歩ずつ進められてきた。その一つは上述した国際学校や現地校国際部の開設であり、外国人子弟や在外中国人子弟の教育ニーズに応えるためであった。

　もしそれが世界から中国教育へのアクセスであるとすれば、中国教育から世界へのアクセス、いわゆる教育のグローバル化はより多面的で勢いのよいもの

第Ⅱ章　諸外国の公立学校への導入の試み

であった。ここでは、IBの導入と特に関連の深い教育機関や教育プログラムの外国との共同運営、「お雇い外国人」教員の招聘と留学に関して見てみよう。

　外国の教育資源を利用するケースの一つは教育機関や教育プログラムの外国との共同運営である。その始まりは南京大学－ジョンズ・ホプキンス大学中米文化研究センター（The Johns Hopkins University－Nanjing University Center for Chinese American Studies）の設立（1986年）に遡ることができる。最初は1年の研修で両大学共同の修了書が発行されるという形をとっていたが、2006年から修士課程が設けられるようになった。以降、教育機関や教育プログラムの外国との共同運営が、高等教育機関の学部や学科、研究センターにとどまらず、職業教育や幼児教育の領域まで拡大し、学歴や職業資格、修了書の交付など、多様な形態がとられるようになった。その中で、最も規模が大きくレベルが高いのは、法人資格を有する大学の運営である。現在、中国には、寧波ノッティンガム大学（2004年～）、西安交通リバプール大学（2006年～）、上海ニューヨーク大学（2011年～）の三つの大学があり、これらの大学では双方の学歴（ダブル・ディグリー）が交付され、入学対象も中国人には限らない。

　共同運営の教育機関に関しては、2012年の上海の状況を取り上げてみよう。教育機関の共同運営は39、それに対してプログラムは181である。39機関の内訳は、大学院2、学部6、専門学校1、中等職業学校2、幼稚園6、非学歴教育22であり、181のプログラムの内訳は大学院レベル28、学部レベル57、専門学校レベル42、中等職業学校レベル22、非学歴教育32である[16]。専門分野は、文学、管理学、工学、経済学、医学、教育学、法学、農学など多岐にわたり、共同運営の相手も欧米諸国から日本、台湾、香港まで17の国と地域にわたる。

　このように、幼児教育、職業教育と高等教育の領域では、外国との共同運営が広く実施されており、それは小・中・高の学校教育への影響がたとえ直接でなくても、外国の教育プログラムへの心理的な抵抗を消去するのに、大きく貢献したと推測できる。同時に、それは教育機関での外国人教員の増加およびその受け入れにもつながる。無論、改革開放の当初から最先端の知識と技術を導入するため、「お雇い外国人」が高等教育機関に配置されてきたが、教育機関の共同運営が一層その拡大を促進し、国際部の設置で小・中・高まで広がった。また、外国人求職者の増加に従い、その雇用過程も管轄機関の招聘から使用機関からの募集、審査、採用という流れに変わった。いずれにしろ、外国人

116

教員は「外国人専門家」として、政府の「専門家局」による書類の審査と許可が必要である。

　教育のグローバル化のもう一つの側面は留学である。近代化促進に必要な人材を育てるため、1978年から国費留学生が派遣されるようになり、その数も学ぶ専門領域も増えていったが、後に私費留学が可能となり、留学の段階も大学院から大学へ、そして高校へと低年齢化してきた。

　さて、その留学準備教育であるが、ほぼ大学院留学であった初期には、学校教育とは無関係であったのに対して、学部段階の留学が増えてくると、高校が生徒の要望に応えざるをえなくなり、SATやA－レベルなどをカリキュラムに取り入れるようになるのは、むしろ自然の流れである。その実態を見るため、ここでもう一度、上海の例を取り上げよう。上海の場合、2012年現在、私立8校と公立13校の国際部において、3,128人の生徒が国際教育プログラムの学習に取り組んでいる。最も多いA－レベルは1,200人（2校）、次いで、IBが892人（5校）で2番目に多く、英語以外にドイツのDSD（州文部大臣会議により定められたドイツ語ディプローム）も130人（3校）に上る[17]。これらのデータから、現地高校においては、IB教育はその価値が認められ単独で取り入れられるよりも、複数の外国教育プログラムの中の一つとして導入されるようになったことが分かる。

　ただ、学校教育におけるこれらの外国教育プログラムの法的な位置づけに関しては、国レベルの規定がなく、必ずしも明確とは言えない。国際学校に関しては、外交部・国家教育委員会から「中国駐在外国大使館員子女学校の開設に関する暫定規定」（1987年9月施行）、そして1995年4月に国家教育委員会から「外国人子女学校の開設に関する暫定管理弁法」が制定されたが、国際学校に準じて設立された現地校国際部に関する規定は見当たらない。そのため、国際学校と同じく外国人子弟しか受け入れない学校と、現地生徒のニーズに応え中国人子弟を受け入れる学校の両方が見られる。

　IB教育を支持する国の政策として、「国家中長期教育改革と発展に関する計画綱要（2010－2020）」（以下、「中長期計画綱要」）がよく取り上げられる。2012年から2014年ごろまで現地校国際部のホームページを閲覧すると、IBプログラム募集要項にこの「中長期計画綱要」に言及するものが少なくなかった。関連する内容を見てみると、「中長期計画綱要」の第16章では「教育開放

の拡大」というタイトルの下、「国際交流と国際協力の強化」（第48節）、「優良な教育資源の導入」（第49節）、「国際協力・国際交流の質的向上」（第50節）」の３点に分けて教育グローバル化の今後の方向性を明確に打ち出している。「国の経済社会における対外開放というニーズに応じ、国際的視野を有し、国際ルールに通じ、国際的実務と国際競争に参加できる国際的人材を数多く養成する」という目標のもと、IB関連で特に注目されるのは、第49節の「国外の知名な学校、教育と研究機関及び企業とともに、教学・実地訓練・研究の機構あるいはプログラムを合同で開設する。各段階各種類の学校における多様な国際交流と協力を奨励し、若干の中外合同設置校およびプログラムをモデルとして運営し、多様な方法で国外の優質な教育資源の利用を模索する」という個所である。

では、このような教育政策が教育現場にどのような影響を与えるのか。ここでは、まず学校類型別年度別のIB導入状況を見てみよう（図表２−４−４参照）。

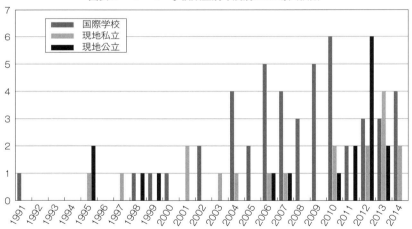

図表２−４−４　学校類型別年度別のIB導入校数

図表２−４−４からわかることは、IBの導入校数の中で、国際学校が最も多く、次いで現地私立校であるが、いずれも継続的に導入校が増加してきた。それに対し、現地公立校は2011年までは、1995年を除き１校程度の導入にとどまっていたが、2012年前後に導入が相次ぎ、特に2012年は６校が導入されて

Ⅱ－4　中国：欧米大学進学熱に応えて

いる。2008年から「中長期計画綱要」についての公開討論が始まったことを
考えると、公立学校でのIB導入の急増はその影響と無関係ではないと推測さ
れる。

　このように、ニーズの広がりにより外国人子弟や在外中国人子弟の教育要望
に応じ生まれた国際学校の亜種として現地学校に国際部が設立され、中国の大
学に進学するための中文教育と英語を使用言語とする国際教育の両方が実施さ
れる。同時に、中国人生徒を対象に、留学準備教育の一環としてアメリカの
APやイギリスのA－レベルなどとともに、国際部に導入されたIBが、政府の
「中長期計画綱要」をバックに拡大してきた。次はIB教育の実施にかかわる側
面に目を向けてみよう。

4　IB導入の実施にかかわる諸要因

（1）現地公立IB導入校の概要

　言語の違いにとどまらず、教育内容や方法、その評価体系まで、IB教育は
今までの学校教育とまったく異なる。では、そのプログラムがどのように実施
されているのか。ここでは、主にIBDPの現地公立導入校に焦点を当て、その
ホームページにある資料[18]に基づき、IBの導入を可能にした諸要因を分析す
ることとする。

　2014年現在、17校ある現地公立IB導入校の中、MYPだけの導入が2校、
MYPとDPの両方の導入の2校を除くと、DPのみの導入は13校となってい
る。地域別に見ると、東北1校、北京・天津地区4校、上海・江蘇・浙江の揚
子江地区10校、中部と西南部にそれぞれ1校ずつである。以下、公立DP導入
校15校を分析対象とし、まずその全体状況を見てみよう（図表2－4－5）。

図表2－4－5　公立DP導入校の状況

国籍	入試			教員	授業料		併設課程		
中国籍	現地入試	筆記	面接	外国籍	最低	最高	IBのみ	APなど	留学生
12	7	12	10	14	6.5	12.7	2	10	7

注1：2013年と2014年のデータ。
注2：「入試」は1校無記載のため、14校のデータから。「現地入試」は当該市の高校入試の成績を指す。
注3：「教員」は1校無記載のため、14校のデータから。
注4：「授業料」は2校無記載のため、13校のデータから。単位は万元。

119

第Ⅱ章　諸外国の公立学校への導入の試み

①入学試験

　まず生徒の属性を見てみると、中国籍を有資格者とする導入校が12校である。上述の国際部の由来や規定からすると、当初の性格から大きく変わったが、2010年の「中長期計画綱要」の制定以来、国際人材の育成という政策目標を変化の根拠にしている傾向が見られる。複数の学校の国際部ホームページの冒頭に、「国際人材の育成という政策を実施するため」という一文があるのはそのことを物語っている。中国では「義務教育法」はあるものの、「学校教育法」が制定されていないため、その時々の政策に学校運営が左右されかねない。優れた国際的カリキュラムを行う実験校として市や省に指定され、IBを導入したという学校も複数見られる。

　政策的な背景以外に、教員や設備が整い多くの子弟が入学を希望する大規模校を除き、一定以上の高い学力を有する外国籍生徒の確保が難しいという現実問題もある。IBのスムーズな実施を目指すなら、国内の優秀な生徒を確保することが必要である。現在入手できる資料では、従来の導入校がいつどのような経緯で募集生徒の国籍を変更したのかは不明であるが、現地公立校の大半を占める2012年以降の導入校の中では、最初から現地生徒の募集を目標とする学校が多く、特に外国人住民の少ない地方都市にその傾向が強く見られる。結果的に、現在、外国籍の生徒に入学を限定するのは、北京55中学、上海中学、復旦大学付属中学の3校のみである。

　選抜試験は生徒の国籍との関連が見られる。外国籍のみを受け入れる3校のうち、ホームページには、北京55中学は無記載、復旦大学付属中学は簡単な試験と掲載されている。規模が大きく、有名校とされる上海中学は数学、国語、英語、科学の試験を行っている。

　ほかの12校のうち、筆記試験を課するのは11校である。その中で、数学と英語を試験科目とするのが最も多く8校となるが、うち国語や科学の試験も併行するのが5校ある。そのほかに英語のみを課する学校が2校、英語と中国語の自薦書を求めるのが1校という状況である。

　残りの1校は学校独自の試験をしないが、選抜は当該地区の高校統一入試結果を利用する。中国の高校入試制度は、希望者が当該市や地区の統一試験を受け、公私立を問わず成績順で応募者から合格者を出していく仕組みである。現在、入学に際し、高校統一入試の結果を取り入れる公立導入校が8校に上り、

120

Ⅱ－4　中国：欧米大学進学熱に応えて

成績順か満点の8割、もしくは9割以上のいずれかを合格ラインとしている。そのほか、市内の希望者には高校統一入試結果の成績を提出させ、市外の応募者にだけ筆記試験を課すという学校が1校見られる。

　書類や筆記試験、高校統一入試の成績で合格した者に、面接を行う学校は10校であり、英語と中国語の両言語による面接が多い。募集要項に面接を明記していない5校のうちの3校は、入試情報のない北京55中学以外、1校は入学時から高い英語力を求める外国語学校で、もう1校は英文の自己推薦書の提出が条件となっている。

②教員

　外国籍教員と教科の使用言語に関しては、各校ともホームページにその詳細が明記されているわけではないが、無記載の1校を除き、外国籍教員が14校すべてに採用されている。ただ、教員全体に占める割合は、中国人の教員が大多数の学校（NS校）から、中国語以外の授業がほぼ外国籍教員の担当という学校まで様々である。ここでJF校を例に見てみると、21人の教員の国籍の内訳は、中国6人、イギリス8人、カナダ4人、アメリカ1人、ニュージーランド1人、インド1人となっているが、ニュージーランド籍の数学担当者は中国出身で、中国の大学を卒業したのち90年代に海外に留学した教員である。また、中国籍教員6人については、5人までが中国語の担当者であり、残り1人は数学の教員で専門科目を担当する唯一の中国籍教員である。

　教員の教育歴に関しては、中国籍教員は1年から6年であるが、外国籍教員は4年から18年が多く、海外で経験を積んできた者が多い。外国籍教員の教育歴を5年区切りで見てみると、5年以下が1人、6年から10年が7人、11年から15年が6人、16年以上が1人という状況である。

　また、出身校と学歴を見ると、中国籍教員は復旦大学2人、華東師範大学3人、広西大学1人であり、全員修士号の取得者である。外国籍教員の出身校および担当科目（括弧内）は以下の通りであり、その中で修士の学位を持つ教員は4人のみにとどまる。

- **イギリス**：Uni. of Stirling（商学）、Durham Uni.（化学）、Uni. of Edinburgh（物理）、Uni. of Birmingham（物理）、Uni. of Exeter（数学）、The Uni. of Nottingham（数学）、The Uni. of Sheffield（英語）、Uni. of East Anglia（英語）

121

第Ⅱ章　諸外国の公立学校への導入の試み

- **カナダ**：The Uni. of Melbourne（経済学）、Uni. of Calgary（生物）、Saint Mary's Uni. Canada（英語）、Ryerson Uni.（英語）
- **アメリカ**：West Chester Uni. of Pennsylvania（芸術・音楽）
- **インド**：Madural Kamaraj Uni.（数学、図書館管理員、IBコーディネーター）
- **ニュージーランド**：中国山東大学（数学）

　中国では、IBDPは高2と高3にあたるが、高1ではその基礎としてイギリスのIGCSEを取り入れる学校が多く、イギリス出身の教員が多いのも自然なことであろう。

　これ以外に写真と履歴つき教員リストがホームページで公開されるRF校を見てみよう。RF校の国際部外国教育プログラムではIBと並んでAPやA－レベルクラスも開設されており、教員の併用も見られる。掲載されている60人の教員のうち、外国籍教員は34人である。イギリス13人、アメリカ9人、フィリピン2人以外に、カナダ、オーストラリア、ニュージーランド、デンマーク、ネパール、スリランカ、インド、シンガポール、ケニア、ルワンダから各1人である。中国籍教員は全体の約4割の26人になるが、中国語以外の、ほぼすべての科目を担当する点において、JF校と大きく異なる。教科別の中国籍教員数は中国語6人、英語1人、数学4人、物理2人、化学4人、生物2人、経済2人、情報3人、美術1人、音楽1人という構成である。学歴に関しては、26人のうち博士号を有する教員が10人で、残り16人は全員修士である。出身校を見ると、北京師範大学10人、北京大学7人、清華大学3人、中国人民大学2人、北京航天航空大学と中国科学院がそれぞれ1人、経済学の担当者2人の出身校はスタンフォードとニューヨーク大学である。ほかに北京航天航空大学とPurdue Universityおよび清華大学とMITとのジョイントデグリーによる博士がそれぞれ1人、Georgia Institute of Technologyでの客員研究員1人の計3人の教員がアメリカでの研究経験を持つ。さらに長期の外国での研究経験がなくても、博士号を有し国際的な雑誌に英文の論文が掲載されている教員も複数見られる。

　このように、教員の出身国や履歴からある程度教科の使用言語をうかがえるが、上述の2校以外に、募集要項に「授業言語は英語」（BW校）、「すべての教科は国語を除き全部外国人教員の担当」（DS校）、「外国籍の学術校長が教学

管理、教学計画の制定および教学の質を監督……すべて外国人教員の授業」
（WD校）等の文が書かれている学校が5校になる。

このような外国籍教員の雇用に当たり、資格などに関する規定があるのか。
中国の場合、専門職の外国人に就労許可を出すのは「外国専門家局」という管
轄部署であり、教員に関しては学歴と教育歴が主な審査項目となる。基準を満
たせば「外国専門家証書」と「教育資格証書」が交付される。一方、学校側に
も外国専門家局から発行される「外国専門家の招聘に関する資格認可証書」が
必要である。逆に、IBをはじめ外国の教育プログラムに携わるのであれば、
中国の教員免許は特に必要とされず、それ以上にIB関連の研修の有無や所有
する資格の中味が問われることになる。

外国籍教員の数などは学校によって差が見られるが、どの導入校にとっても
不可欠な存在である。これと関連して、授業料は図表2－4－5の通り、無記
載の2校を除き年間6.5万元から12.7万元の間にある。12.7万元は、寮費やス
クールバスなどの雑費を含むもので、雑費を除いた授業料は多くの学校とそれほ
ど差がなく、10万元前後となる。それに対して、一般の高校の授業料は年間2
千元に満たない。学校の授業料は所在地の物価局の許可が必要であるから、50
倍の差も決して違法なものではない。国際部という特別なセクターでの欧米教
育プログラムの実施、それに対応する授業料に対して特に疑問視する向きはな
いように見える。

このように、国際部を受け皿に高いハードルをクリアした一部の現地校生徒
が、高額な授業料で複数の外国籍教員の指導下に、IBという国際プログラム
を学習することは、まだ少数ではあるが、すでに中国の学校教育の一風景とな
ってきたと言えよう[19]。

（2）教育エージェントとIBパッケージ

ここでは、IB教育の実施を可能にした要因について、考えてみたい。

中国でのIBの導入に関しては、教育言語や内容は言うまでもなく、教育方
法と評価方法から教員とスタッフの高い力量が求められる。国際部が設立され
たとはいえ、IBの導入においては、まだ初期段階にある現地公立校では、ど
のようにプログラムが運営されるのであろうか。

第Ⅱ章　諸外国の公立学校への導入の試み

①運営を一任されるタイプ

　15校のホームページを調べると、2校のIBプログラムは学校単独ではなく、留学・訓練・移民エージェントや教育関連会社が大きく関与していることがみとめられる。

　その中の一つCS校は、学校とエージェントの共同投資により設置され、国際部のホームページは学校ではなく、エージェントの一部として開設されており、トップページに国際部唯一の公式ホームページと書かれている。もう1校のZX校は、大規模な開発区でIB導入の国際学校を運営する教育関連会社と現地教育局の合弁によるものである。そこは国際部ではなく外国語学校であり、中・英・韓を教育言語とし、幼稚園から12年生までIB流の教育システムを採用するが、現在IBOに認可されているのはDPのみである。

　上述のCS校のエージェント[20]（以下、エージェントAとする）は1992年に設立、最初は日本向け研修者の訓練センターであったが、1996年からカナダ移民、1997年から欧米諸国への留学、2000年から留学先でのサマーキャンプなどの業務を展開するようになった。CS校と共同で国際部を開設したのは2002年であり、同じ年にアメリカで開発された海外の大学入学プログラムであるGAC（Global Assessment Certificate）を開始したのち、2004年にオーストラリアのVCE（ビクトリア州学校修了資格）を取り入れ、2008年にはSATの訓練プログラムも始めた。IB校になったのは2012年であり、現在DPとともにVCEとAPが同国際部に開講されている。ホームページには「留学、国際教育、外国語、移民、遊学、キャリア・プランを一体化する教育サービス専門機構である」と紹介されている。国際教育に関しては、CS校が主要なサービス提供校のようで、国際部のホームページには募集の知らせからコースの紹介、写真つきの教員と進学相談スタッフの紹介や進学先などの各項目が設けられ、中には奨学金のお知らせも掲載されている。

　ZX校の設立に参与した教育関連会社は、中国とシンガポール両政府の協定により1994年に始めた開発区にあるもので、そこでの開発業務を目的とする親会社が設置した蘇州シンガポール国際学校を諮問・管理するため2006年に設立された。その後、シンガポール資本のWES教育グループと業務を提携し、湖南省長沙経済技術開発区や江西省南昌市教育局との合弁で2009年に長沙WES国際学校と南昌WES国際学校を設立し、さらに2010年に開発区で中

124

国籍生徒を対象とするWES外国語学校、2012年に南通国際学校を設立した。この会社のIB提携業務は以下のようなスタイルを取る。つまり、土地や校舎、資金を提供する地方政府のパートナーとして、教員やプログラムの実施をはじめ寮や食堂の運営まで総務も一手に請け負う。

ほかのIB導入校に関しては、合弁という直接な方法を取らなくても、教育エージェントの提供するサービスを受ける学校が多い。もう一つのエージェント（以下、エージェントB）を例に見てみよう。

②教学とその管理を引き受けるタイプ

エージェントB[21]は1990年にオーストラリアに設立され、1994年に広東省深圳での登録をはじめ中国国内に進出するが、現在、本部は上海にあり、中国国内18の都市に支所を持つとともにアメリカとカナダにも事務所がおかれている。業務は高校段階の国際教育、教育文化交流と海外進学指導に分けられるが、2014年現在、中国籍教員とスタッフ500人、外国籍教員470人を擁する。エージェントBが国際教育に携わるようになったのは2002年からであり、2014年に28の中学にAP、A－レベル、IBの三つの国際教育プログラム計37コースを提供し、そこで学ぶ生徒数は6,000人あまりに上る。

提携校のニーズを満たすため、エージェントBは「国際プログラム品質管理センター」という組織における教員と教育活動に対する評価・管理により品質を高めようとしている。それは教育総監督1人に経済学と商学、数学と統計学、英語の3分野に教学品質監督1人ずつ、ならびにヒューマン・リソース総監督1人と人事関連スタッフ5人から構成されるグループで、外国籍教員の採用・評価とサポートに当たる。教員は教育校長と一般教員の2種類に分かれ、教育校長は提携校へ派遣される教員グループの責任者である。教員と教育校長はそれぞれ次のステップで就職前の事前研修と事後のサポート・管理を受ける。

- 教員：①面接。②中国の関連法律、生活習慣、学校での習慣、学生の特徴に関する3日間の研修。③7週間の試用期間。④該当分野の教学品質監督と教育校長による4回の授業見学とその評価。⑤教育校長とともに目標を立てる。⑥教学品質監督が本エージェントの実施する年度試験の成績と進学状況に関する学校間の比較を行い、それを参考材料として教員に提供する。

第Ⅱ章　諸外国の公立学校への導入の試み

- **教育校長**：①教育総監督が年度の目標と照らし合わせ評価する。②派遣グループ内の教員の評価。③提携校国際部担当責任者からの評価。

　経験を蓄積しさらなる改善を図るため、2010年から毎年、エージェントと学校側の双方が参加する「教育プログラム運営交流会議」「教育校長大会」「外国籍教員年度大会」、在学生と卒業生の参加する「サマーキャンプ」が開かれている。

　同時に、AP、A－レベルなど教育プログラムを運営・管理する学校側として、卒業生を受け入れる大学側とも関係を結び、関連情報の収集分析や進学予定者とその保護者に大学を紹介する教育フェアなどを主催している。

　業務提供のスタイルであるが、学校側の要望に応じ教育プログラムを提案し、必要な教員グループと彼らの仕事と生活を支えるスタッフとともに学校に派遣する。サービスを受ける学校にとって学校側と派遣される教員グループ側との意見交換や調整ができれば、学校に最初からそのプログラムに熟知する教員やスタッフがいなくてもプログラムの実施が可能になる。

　なお、エージェントBの提携校28校の中に、本章で取り上げる現地公立IB導入校15校中の7校が含まれる。

　このように、IB教育及びその周辺の業務あるいはIB教育プログラムそのものの運営を引き受けるサービスを筆者は「IB教育パッケージ」と名づける。中国のDP導入公立校15校の中、「IB教育パッケージ」を利用する学校は9校に上る。ほかの学校についても、そのホームページから教員の募集をエージェントに依頼していることも十分考えられる。

5 IB導入の目標と卒業生の進路

（1）募集要項から見る養成目標

　現地公立校の国際部はどのような養成目標のもとでIBDPを導入するのか。その入り口でどのようなタイプの生徒を望むのか。主に2014年の募集要項（3校は2013年）からその意図を推論してみよう。

　前置きと教育目標において、「中長期計画綱要」に言及し、国際的な人材の養成および国際精神、地球を守る責任感、世界平和などIBの教育理念を掲げ

126

Ⅱ－4　中国：欧米大学進学熱に応えて

る学校がほとんどであるが、募集条件になると、特に書かないタイプ、国籍を規定するタイプ、それ以外の条件をつけるタイプの三つが見られる。上述したように3校は外国籍の生徒しか受け入れない。外国語学校のZX校と北京の超有名校RF校および自前の力で導入し始めたNS校は特に条件をつけていない。残りの9校は何らかの条件を書き出している。その条件を五つに分類すると、複数回答であるが、「学業優秀、特に英語の学力が高い」への言及が9校、「海外有名校への進学を目指す」は8校、成績だけでなく「全面的な発展」は5校、「健康である」は2校、授業料を支払う「経済力のある家庭」の文言を盛り込む学校も3校ある。この9校のすべてに海外留学の言葉があり、その中の1校は「国内の大学受験をしない」と明言する。同時に、英語の学力を強調する学校も8校に上った。

　では、具体的にどのような書き方であるのか。TS校の応募条件を例に見てみよう。

　　「IBの理念と養成目標に従い、本市各区県の中学校卒業予定者及び外国籍、港澳台出身者のうち、次の条件に合う者ならだれでも応募できる。9年生の学業を終える。心身とも健康である。学業成績が優秀。英語力が突出している。海外への留学意向を持つ。家庭に学費の支払いに十分な経済力を有する。2014年の中学校卒業予定者は統一の卒業進学試験に必ず参加する上、総合的な素質評価により順次合格者を出す。」

　また、SW校は募集要項に必要最低限な情報以外に、設問とその回答という形で学校がIBDPを設置する理由、その方法、卒業後の進路およびIBDPの理念、外国での位置づけ、APやA－レベルとの違い等をかなりのスペースを割いて説明している。「募集説明」は「上海市と他の省市の中学校卒業予定者を募集し、戸籍と学籍を問わない」という一文のあと、以下の6項目に分けて書いてあった。
　　1）IBDPに応募する学生は海外留学希望者で、努力の精神を有し、英語の成績が良好で数学物理化学の基礎が確実であり、健全な心身を有し、家庭は十分な経済力を持つ。
　　2）入学生は全員海外の大学（香港地区を含む）に応募すること。国内の大学受

127

第Ⅱ章　諸外国の公立学校への導入の試み

験はしない。

3）学制は3年で、1年の予備課程と2年の本課程からなる。世界共通の試験に合格後フル・ディプロマを取得する。国内の高校卒業証書は出ない。

4）IBDP課程は本校国際部の管理と実施下にあり、寄宿制をとりSW校の施設・設備・教育資源を享受する。

5）海外留学においては、国によっては大学受験時にITES/TOFEL/SATの成績が必要である。

6）留学ビザの取得は現地の政策と申請材料の準備如何に依拠する。

また、要項最後には次のように書かれている。

「世界の名門大学への入学を志す優秀な中学校卒業予定者の応募を歓迎する！」

● 権威ある課程の設置。グローバル的に認可される国際プログラムの開設。

● 優良な学習環境。高レベルの国際教員の英語による授業。

● 忘れ難い成長過程。豊かで多彩な、個性的で自主的なエリートの養成方式。

● 効率的な海外への道。グローバルな著名大学への直行便。

つまり、海外大学への進学を強く意識し、その目標に達することができる生徒の入学を求めることとなる。

（2）卒業生の進路

募集説明に特に条件をつけていない3校は卒業生の進路に関しても、ホームページに情報を載せていない。もう1校は2013年のIBDP導入で、まだ卒業生を出していない。

ほかの11校はいずれも進学情報を公開しているが、その方法は三つに分かれる。第一は大学名とその合格通知数を示すもので、国別ですべての大学リストを公開するタイプと、世界ランキングで1～30、30～60、あるいは総合大学、リベラル・アーツ別に知名度の高い順に一部の大学のみを公開するタイプの二つに分けられる。このタイプは合計6校で最も多い。

第二は名字あるいは名前の中国語表音記号ピンイン、もしくは英文の名前で卒業生別に受け取った合格通知の大学名が示されるもので、全部で3校。その

中のCS校は全体的には第一に属するグループであるが、特に有名校に合格した数人に関しては、名字だけを公開している。もう1校は速報でピンインでの公開である。残りの1校は英文名で1月初頭に学生の受け取ったすべての合格通知書の学校名がリストとなっている。

　第三は実名によるもので、全部で4校になるが、そのうちの3校は写真付きの公開である。ただし、写真付きの3校は一部の知名度が特に高い大学の合格者のように見え、その中の1校は第二グループのピンインで速報を出すCS校である。残りの1校はAPとA－レベルとの合計であるが、15頁にわたり147人の卒業生の名前、専攻、大学名、同大学の合格通知書を受け取った卒業生数、大学の特徴と奨学金の項目で公開されている。募集人数からおそらく全卒業生のリストだと推測される。たとえば次のような具合である（図表2－4－6）。

図表2－4－6　卒業生の進路

	専攻	国	大学名	人数	備考
名前（略）	物理	イギリス	Imperial College London	5	科学技術と医学にすぐれ、MITと同等の名声。
		アメリカ	UCLA	23	アメリカ商業金融、ハイテク産業、映画等専攻の人材養成所。全米で最も広い領域にわたり先端人材を養成する大学。
		ドイツ	Jacobs Uni. Bremen	1	奨学金1万ユーロ／年。米式大学。ドイツで直接中国からの高卒者を受け入れる唯一の総合大学。

　公表の形式に違いはあるが、進学先での共通点は明らかである。つまり、ほぼすべて欧米の大学であり、特にアメリカ、イギリス、カナダに集中し、若干オーストラリアやヨーロッパ大陸への進学が見られる。アジアは僅少でシンガポールと香港に限られ、日本の進学先が1、2校で、中国本土の大学に至っては、皆無である。

　たとえば、TS校の2014年12月19日にアップされた2015年度の卒業生進路に関するデータは以下のとおりである。

　国別の進学先としては、アメリカ52校、イギリス24校、カナダ27校に、オーストラリア2校、スイス1校、日本1校、香港4校である。

第Ⅱ章　諸外国の公立学校への導入の試み

　次は比較的にデータの揃うSW校の状況から経年変化を見てみよう（図表2
－4－7参照）。

図表2－4－7　SW校卒業生進路先の国別学校数

年度	統計日	卒業生数	合格者数	米	イギリス	カナダ	オースト ラリア	欧州他	香港
2013	5.5	18	91	37	3	11	2	0	0
2014	4.22	39	162	51	12	15	7	3	0
2015	4.20	42	199	74	20	11	3	3	1

　在学生数が多くなるに従い、合格通知書数も増え、元々多いアメリカとイギ
リスでの進学先が広がっていくと同時にアジアの大学も選択肢に入ってきてい
ることがわかる。しかし、カナダ、オーストラリアやヨーロッパの大学数は増
えていない。

　多くの場合、合格状況だけが公開され、実際の進学先が不明であるが、NW
校の2014年のIBDP卒業生の進学先は次のような状況である。卒業生56人の
うち、アメリカの大学が47人、イギリス3人、残りはカナダとオーストラリア
へそれぞれ2人であるが、あと2人は進学を遅らせている。合格段階では、
IBDPだけのデータがなく、A－レベルと合計で105人の卒業生が全員海外の
大学に合格し、その中の84人がアメリカの大学を申請し、延べ総合大学300通
とリベラル・アーツ22通の合格書を獲得したとされている。そのほかにイギ
リスの大学20人、オーストラリア、カナダ、香港の大学に16人が申請したと
いう。明らかにアメリカの大学は絶対的な優勢を保ち、そこへの進学者が突出
して多いことがわかる[22]。

　大学卒業生の進路に関しては、現在のところ、IBDP卒業生に関する情報は
少ない。NW校はA－レベルの卒業生23人の進路を公開しており、その中の
19人は2008年の卒業生である。参考までに内訳を見てみると、アメリカの大
学15人、イギリス3人、カナダ1人である。そのうちの13人が大学院へ進み、
まだ在学中の学生もいるが、すでに就職している卒業生11人のうち、アメリ
カ5人、イギリス3人、カナダと香港と中国にはそれぞれ1人ずつ就職している。

　欧米の大学へ進学する者は、卒業後、外国に留まることも十分に考えられる。

130

Ⅱ－4　中国：欧米大学進学熱に応えて

おわりに

　中国は、1970年代の末まで長い間世界から隔絶されていたが、改革開放以降、国際化・グローバル化に向け足早で歩み続けている。それは教育の分野においても変わらず、「お雇い外国人」の招聘や国費留学生の派遣から始まり、私費留学生への制限撤廃、国際学校や国際部の設立、専門学校や大学等教育機関の外国との共同運営等で、世界とのつながりは深まる一方である。IB導入校の拡大はその現れの一つである。

　では、中国のIB導入にどのような特徴が見られるのか。簡単ではあるが、次のようにまとめることができる。

　1）　導入校は経済開発の進む地区に集中し、徐々に内陸部に広がって行く傾向を示す。

　2）　現地公立校での導入といっても、IB教育は国際部という別組織により実施され、現地校の20〜40倍の授業料を請求する。公立校の施設の利用で教員の一部も公立校の所属であるが、私的な性格を帯びることを否定できない。それと関連して、民間のエージェントの活躍する余地が大きければ大きいほど、公立校で導入する意味がどこにあるのか、それを明確にする必要がある。

　3）　香港を除くと、卒業生は海外の大学へ進学し、自国の大学で学習するものはいない。生徒やその保護者にとって、欧米有名大学への進学が大きな目標となる。公立導入校はIB教育の理念に共感を覚えながらも、海外大学への進学準備機関としての機能を負わされている。

　2017年11月に中国で初めてIBOによる教育フォーラムが開かれ、そのテーマは全人教育の実現とIBプログラムの中国での融合、発展と応用であった。基調講演とレポートから、IB教育に関する情報を集めそれを理解しプログラムをこなす段階が過ぎ、本土の教育とIB教育がいかに融合するかということに関心がシフトし、中国でのIB教育は新しい段階を迎えたと強く印象づけられた。

第Ⅱ章　諸外国の公立学校への導入の試み

【注】

(1)　本文のIB導入校に関する基本データ（学校数、地域配置、コースなど）はIBOの
　　ホームページ「Find an IB World School」によるものである。
　　http://www.ibo.org/en/programmes/find-an-ib-school/?SearchFields.Region
　　=&SearchFields.Country=CN&SearchFields.Keywords=&SearchFields.
　　Language=&SearchFields.BoardingFacilities=&SearchFields.SchoolGender=
　　［2015/02/18付アクセス］。
　　2017年11月現在のIB導入校が118校に上る。

(2)　法的には「外国人子女学校」（原語：外籍人員子女学校）であるが、本文におい
　　ては通称の「国際学校」とする。

(3)　2017年11月現在、導入校118校のコース別数はそれぞれDP（96）、MYP（35）、
　　PYP（53）、CC（2）で、合計186プログラムである。

(4)　2017年11月現在、最も多いのは上海市であることが変わらず31校であり、2から
　　4位はそれぞれ北京市21校、広東省20校、江蘇省16校の順である。この4直轄
　　市省で計88校となり、全体の7割以上を占める。残りの東部の直轄市省である天
　　津市、吉林省、山東省、浙江省、福建省には2～4校が導入され、中部では四川
　　省の8校、陝西省の2校を除くと、河南省、湖北省、湖南省、安徽省、江西省、
　　重慶市はそれぞれ1校のみで、他の省・自治区には導入されていない。

(5)　2017年11月現在、現地公立校の場合、22校のうちDPが導入されているのが20
　　校であり、そのうち4校がMYPを併設する。ほかにそれぞれMYPかPYPだけを
　　もつ学校が1校ずつある。国際学校と現地私立校はDP以外にMYPとPYPを持つ
　　学校が少なくないが、現地公立学校はほぼDPしか導入しないという傾向は変わ
　　らない。

(6)　その制度的経緯については、平成15年度文部科学省『「外国人教育に関する調査
　　研究」委託研究報告書』（黄丹青・一見真理子「中国における外国人学校」国際
　　カリキュラム研究会『諸外国における外国人学校の位置づけ等に関する調査研
　　究』平成16年3月）を参照されたい。

(7)　中国教育部ホームページ「許可された外国人子弟学校リストの公布　2012年11月
　　21日 116校」http://www.moe.gov.cn/jyb_sjzl/moe_166/moe_344/moe_506/
　　tnull_6243.html［2017/12/03付アクセス］。
　　その後全国的な統計が見られていない。

(8)　香港、マカオ、台湾及び華僑を含む。現在一部の地域において対象が現地の生徒
　　まで広がった傾向がある。

(9)　中国語では、中学校と高校がそれぞれ「初級中学」と「高級中学」、略して「初

132

中」と「高中」と言われるが、校名は中高一貫校も含め、特に区別なく「○○中学」となる。

(10) Yoko Yamato and Mark Bray, 'Economic development and the market place for education: Dynamics of the international school sector in Shanghai, China', *Journal of research in international education*, vol.5（1）, 57-82, 2006.

(11) 王纾然「公立中学国際部的教育環境研究」『中国教育：教育与評論　第8缉』2005年4月、p.118。

(12) 上海市教育委員会『上海市教育国際化工程十二五行動計画』p.8。

(13) 同書。

(14) たとえば、上海市立W中学のパンフレットに2002年には国際部が設立と書いてあるが、その名が市教育委員会のリストにはない。

(15) 以下の論文を参照されたい。
　　黄丹青「中国における国際バカロレア導入の概況及びその背景について」『国立教育政策研究所紀要　第142集』平成25年3月、p.157。
　　黄丹青「中国の公立高校における国際教育プログラムの導入とその位置づけ」『目白大学総合科学研究　第10号』平成26年3月、p.89。

(16) 上海市教育委員会、前掲書、p.2。

(17) 上海市教育委員会、前掲書、p.7。

(18) 文中15校のIBDP公立導入校の資料は以下の各校ホームページの国際部関連部分から［2015/05/19付アクセス］。
　　BS校　：http://www.bndsedu.com/fsmcms2.8/html/main/col1/column_1_1.html
　　BW校：http://www.bj55iss.com
　　CS校　：http://sdgj.cdhuaying.com/StaticPage.aspx?id=12
　　DS校　：http://www.msannu.cn/48/list.htm
　　FF校　：http://www.fdis.net.cn/en/About/Principals
　　JF校　：http://www.jdfz.sh.cn/gjb/index.htm
　　NS校　：http://58.213.145.148/Press/Default.aspx
　　NW校：http://www.nfls.com.cn/s/2/t/2/p/41/c/30/list.htm
　　RF校　：http://icc.rdfz.cn
　　SW校：http://www.weiyu.sh.cn/cms/index.php?m=content&c=index&a=lists&catid=14
　　SZ校　：http://www.shsid.org/interCN.action?method=list&single=1&sideNav=1401

第Ⅱ章　諸外国の公立学校への導入の試み

　　　TS校 ：http://www.tjsyzx.cn/index.php/Detail/Getdetail/forefatherid/8/
　　　　　　secondid/134
　　　XS校 ：http://www.nbxiaoshi.net/xsic_ch/
　　　WD校：http://www.wxyzedu.net/Category_4/Index.aspx
　　　ZX校 ：http://www.zjgzsis.com/about/?108_5.html

(19) 李霞・中島悠久『グローバル化時代におけるアジアの教育戦略：日本・中国・カタールにおけるIBの実態を手掛かりに』（平成26年8月）という報告書の中で、RF校について言及している。それによると、2013年秋ごろ、2013年に始めたIBDPコースの生徒35名、1999年に始めたA-levelコース120名、APコース60名全員が中国籍である（p.18、p.20）。A-LevelとAPの卒業生全員が海外の大学へ進学し、その内訳はアメリカ75％、イギリス20％、ほか5％となっている（p.20）。また、DPの合格ラインは北京市の高校統一入試の満点570点のうち545点に達し、そのうえ学校による面接と筆記試験の結果、中学校の推薦書が求められる（pp.19-20）。

(20) CS校と同じホームページである。

(21) 資料は以下のホームページによる［2015/05/19付アクセス］。
　　　http://www.dipo

(22) Moosung Lee et al.,'A Study of the International Baccalaureate Diploma in China: Program's Impact on Student Preparation for University Studies Abroad'（http://www.ibo.org/contentassets/d1c0accb5b804676ae9e782b78c8bc1c/ibchinafullreportenglish.pdf）［2018年1月22日アクセス］によると、中国における2002〜2012年のIBDP卒業生の72％が世界トップ500の大学に進学した（p.1）。ただし、報告書調査の結論の一つは、IBDPコース在学生の大多数は中国系で外国籍である。生徒の60.89％は欧米の国籍であり、28.19％は他のアジアの国の国籍である（p.76）。

Ⅱ-5

香港：なぜ公立校でIBを導入しないのか

大和 洋子

はじめに

　香港の公立校では小・中・高校のどの段階においてもIB教育課程を導入していない。公立校ではIB教育課程が提供されることはないが、私立学校部門で需要がますます高まっており、IB教育課程を提供する学校の総数は、年々、増えている。

　本稿では、なぜ香港でIB教育課程の導入が広まっており、しかもそれが私立学校に限られるのかを歴史的背景から考察する。

1 ｜ 香港の歴史的背景および国際学校の需要

　香港はイギリス統治時代に、中国が混乱状態になるたびに大陸からの避難先、さらに海外への出国出口として機能していた。1984年に中英共同声明が締結され、1997年に香港の主権が中華人民共和国に返還されることが決まると、海外移住ブームが始まり、1987年には3万人、1988年には4万5,800人もの香港人が、海外へ移住した（図表2－5－1参照）。そんな中1989年に天安門事件が起こり、中国返還への不安を覚えた香港人の出国ブームに拍車がかかった。1992年には移民のピークを迎え6万6,200人の香港人が海外へ移住していった。1990年から1994年までの5年間に、30万人以上もの香港人が海外移住し、頭脳流出が問題視されるほどであった。子どもを連れての海外移住には、子どもが海外の教育に馴染めるよう、まず飛び発つ前の英語への慣らし教育と

第Ⅱ章　諸外国の公立学校への導入の試み

して、国際学校の需要が高まった（Bray and Ieong, 1996）。そして1990年代後半には、移住先で外国パスポートやグリーンカードなどの海外永住権を取得した香港人の帰国が始まっている。海外移住先からの帰国は、海外で受けていた教育を継続させるための国際学校の需要をもたらした（Yamato, 2003）。

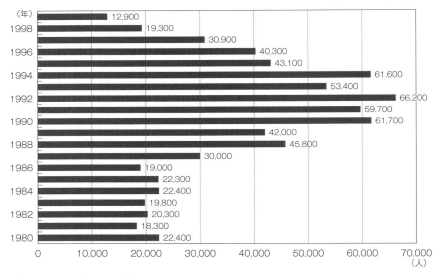

図表2－5－1　香港からの海外移住人口の推移

出典：Yamato（2003）より再掲。

　返還を前にした海外移住組の帰国ラッシュと、中国投資窓口として外国企業が積極的に香港に進出したことにより、国際学校の需要はますます高まった。香港政府は返還前からすでに国際学校の需要の高まりを見越しており、1995年7月に発表した「国際学校入学者枠予備調査委員会報告書（原語：Report of the Working Group on the Provision of International School Places）」では、2000年までに新たに5校の国際学校が必要になると試算している（大和, 2005, p.135）。この試算に基づき、既存の国際学校の規模拡充や、新しい国際学校の誘致等、国際教育機関の規模拡大に向け積極的に動いていた。上述のように、香港における国際学校は、外国人や香港在住の中国語（広東語）が母語ではない香港人のためだけのものではなく、香港人自身のためのものでもある。前出

Ⅱ-5　香港：なぜ公立校でIBを導入しないのか

の報告書によれば、1994年の調査時に、国際学校在籍者の内訳は外国人子弟
47％、帰国者子弟26％、地元・香港人子弟27％であった。

2　香港の教育を概観する

（1）香港の学校の分類

　前述のような経緯から、香港にある学校は国際学校も含めてすべてが香港人
のための学校ということになる。香港の中等学校は現地校と現地システム外に
大きく区分される（図表2-5-2参照）。現地校は、日本の国立に相当する官
立校（31校）、政府助成金で運営される民設民営校（362校）、そして私立校
（83校）に分類される。一方、現地システム外の学校には、イギリス統治時代
の名残であるイギリス学校群（English Schools Foundation Schools: ESFスク
ール5校[1]）と、インターナショナル・スクールおよび日本人学校のような外
国人学校（25校）が分類される。香港には、世界中の主要な教育制度の外国
人学校が揃っており、国際学校の数も初等学校も含めた学校数で見ると、官立
校とほぼ同じく学校全体の約6%[2]を占めている。これらの現地システム外の
学校の運営は各学校に任せるものの、歴史的な経緯から現地校と同等の位置づ
けになり、日本のような各種学校といった扱いはない。香港特別行政区政府
は、香港人[3]の学校選択に関して何ら制約を設けていない。そのため、子ど
もを持つ香港人家庭は、個人の責任で現地システム外の学校にも自由に子ども
を入学させることができる。香港にある国際学校を含むすべての学校が香港人
の教育を担っているのである。

　図表2-5-2で示すように、厳密な意味での公立校（原語：官立校、
Government School）は31校と数が少なく、学校全体の6%ほどしかない。香
港の学校の多くがキリスト教や仏教などの宗教団体、慈善団体、個人などが設
立した民設民営の学校なのである。これらの学校へ、学校運営に十分な助成を
行うことにより、授業料を徴収させないことで、公立の扱いにしている。民設
民営の学校は、原語で資助學校、Aided School（本稿では「政府助成校」とい
う名称を使うことにする）と称し、助成を受ける代わりに政府が学校教育に関
して示す細則に従わなくてはならない。このように、香港における公立校と
は、数少ない官立校と大多数の民設民営の政府助成校で構成され、中等学校で

137

第Ⅱ章　諸外国の公立学校への導入の試み

は全体の約8割を占める。現地校の私立DSS校は、政府からの細則の縛りが緩やかで、独自の学校運営が許されている。

図表2−5−2　香港の中等学校（2015/16年）

全日制中等学校　506校（特殊学校を除く）生徒数　352,609人（2015年9月15日現在）					
現地校　476校				現地システム外の学校　30校	
官立校 Government 31校（6%）	民設民営（政府助成校） Aided／Caput 360校／2校（72%）	私立校 DSS　　　　PIS 61校（12%）22校（4%）		英国学校群 ESF 5校（1%）	国際学校・外国人学校 International / Foreign 25校（5%）

DSS：Diret Subsidy Scheme（直接資助計劃）
PIS：Private Independent School
ESF：English Schools Foundation（英基學校協會）
Caput：民設民営校の中に政府が必要在籍枠を買い上げている学校
各学校の%は全中等学校在籍者における生徒数の割合

出典：教育局學校教育統計組「2015/16學年學生人數統計」（2016年6月）及び教育局資料から筆者作成
大和（2017a）より微修正して再掲。

　世界の多くの国で公立校におけるIBカリキュラムの導入が検討され、実際に導入されていく中、なぜ香港では公立校で現地の教育課程のみが提供されるのか、歴史的背景と高大接続を軸に考察していく。

（2）香港の高大接続の構造

　まず、香港の大学入試の仕組みを見てみよう。香港には現在8校の公立大学がある。この8校の公立大学の他に、私立大学や学位授与のない高等教育機関は27校あるが、後者はいずれも今世紀に入ってできた教育機関であり規模が小さい。香港には1980年代初めまで、1910年創立の香港大学と1963年創立の香港中文大学の2校しかなく、入学枠は当該人口の3%ほどしかなかった。1980年代に入って新設大学の開校、既存の教育機関の公立大学への昇格、教

員養成カレッジの統合等が進み、1990年代から現在の公立大学8校の体制になった。これら8校の公立大学を「大學教育資助委員會」（University Grants Committee, UGC）が統括し、公的資金を効率的かつ有効に活用している。つまり、香港の高等教育は公立大学を中心に発展しており、大学教育の中核をなしている。その公立大学と規模の小さな私立大学が学位プログラムを持ち、この受け入れ枠は、すべてを合計しても2万人分程度しかない。その枠を7万人前後の中等教育修了者が海外からの留学生をも含めて競うのが香港の大学入試の構図である。大学の数が増えたといっても、地域内にはまだまだ大学入学希望者全員を受け入れるだけの枠はなく、以前ほどではないにしても、香港では大学生はエリートなのである。

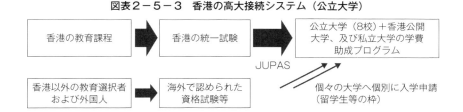

図表2－5－3　香港の高大接続システム（公立大学）

公立大学学費　2014/2015年度　学士課程

香港人学生	HK$　　42,100（8大学共通）
外国人学生	HK$　146,000（HKU） HK$　120,000（e.g. CUHK、HKUST）

JUPAS: Joint University Programmes Admissions System
1）香港人生徒が学費負担の軽い公立大学に入学するには、原則JUPASを経由しなければならない。そしてJUPASに大学入学申請するには香港の統一試験結果が必須。
2）JUPASに公立大学の入学申請をする際に、最終的に希望大学・学科を六つまで提出できるが、大学からの入学オファーは、原則そのうち1か所のみ。
3）JUPAS経由の2014年度学士課程入学者は、申請者数63,915人のうち16,083人。准学位コース入学者を含めると19,657人で申請者の3割になる。
4）HKU：香港大学、CUHK: 香港中文大学、HKUST:香港科技大学

出典：JUPAS公式サイトおよび各大学公式サイトより筆者作成
大和（2017 b）より再掲。

　そして、公立大学の限られた大学入学者枠に、有効に進学希望者を割り振るために、香港大学振り分けシステム（原語：大學聯合招生辦法、Joint

第Ⅱ章　諸外国の公立学校への導入の試み

University Programmes Admissions System, JUPAS）が1990年に作られた。以降、香港人の公立大学進学希望者は、基本的にすべてJUPAS経由で大学入学申請を行わなければならない。進学希望先の順に6大学・学科まで提出できるが、大学の枠が限られているため、最終的に大学から出される入学オファーは1人1大学・学科となり、過不足なく大学の入学者定員枠が埋まる仕組みになっている。そしてこのJUPASに必ず提出しなければならないのが、香港の統一試験の結果なのである。その統一テストは次世代を担う「香港人」の人材育成[4] をかけて、政府当局が力を入れて開発したものであるため、汎用性のあるIBディプロマや（I）GCE[5] といった代替試験を認めていない。

　ここで言う統一試験とは、2012年から旧試験に代わって実施されている「香港中等教育修了証書試験」（原語：香港中學文憑考試、Hong Kong Diploma of Secondary Education, HKDSE[6]、以下「証書試験」）である。この統一試験改革は、香港政府が中国返還を経て、段階を踏んで確実に行ってきた大幅な教育改革の一つの柱になっている。そしてこの証書試験はIBディプロマにどこか似ているところがある。

（3）香港の統一試験

　香港の旧統一試験は、イギリスのGeneral Certificate of Education; GCEのA-Levelsをモデルにした、香港Aレベル試験（原語：Hong Kong Advanced Level Examination, HKALE）だった。香港Aレベル試験はイギリスのA-Levelsと仕組みが同じであったことと、試験言語が中国語および中国関連の教科を除きすべて英語であった[7] ため、英語圏ではイギリスのA-Levelsと同等の認知を得ていた。つまり、香港Aレベル試験の結果を持って、イギリスはもとより英語圏への留学が可能だった。地域内の大学進学枠が限られる香港では、海外進学の道も開かれることは統一試験の必須の条件でもある。そんな便利な試験であったにもかかわらず、改革をするからには、新しい統一試験が旧試験以上にメリットがあるものでなくてはならない。そして、海外留学にも通用する試験であることは、香港の状況から、決して落とすこのできない条件だった。新試験の試験科目は図表2－5－4のようになる。

　それでは証書試験がどのような試験なのかを、IBディプロマ試験と比較しながら論じていきたい。証書試験はIBディプロマと同じく、校内成績評価も試験

140

Ⅱ−5　香港：なぜ公立校でIBを導入しないのか

図表２−５−４　香港中等教育修了試験　試験科目一覧

カテゴリーA	**＜必修科目＞** 中国語、　英語、　数学（必修部分＋展開部分：オプション）、　リベラルス・タディーズ **＜選択科目＞**		
	中文学	生物	ビジネス・会計および財務概論
	英文学	化学	デザイン・応用工学
	中国史	物理	健康管理・社会福祉
	経済	科学：一般科学	通信科学技術（ICT）
	倫理・宗教	科学：統合科学	科学技術と生活
	地理		音楽
	歴史		美術
	観光・接待業		体育
カテゴリーB 応用科目	**＜創意学習＞**		
	コンピュータゲームとアニメデザイン	ファッションとイメージデザイン	インテリアデザイン
	宝石デザイン ＃	宝飾品デザイン ＊	商業漫画デザイン＃
	ダンス	粤劇入門	演劇芸術基礎
	＜メディア・コミュニケーション＞		
	映画・映像研究	フィルム・ビデオ ＊	ラジオ番組制作＃
	雑誌編集と制作	ニューメディア通信機能	
	＜ビジネス・管理・法規＞		
	金融と管理＃	実用コンピュータ会計＃	実用会計 ＊
	応用商業研究＃	中小企業の起業	マーケティングとオンライン広告
	香港の法規制強化		
	＜サービス＞		
	食品・飲料の取り扱い＃	パティシエとカフェ営業＊	西洋料理
	ホテルサービス実務	ホテル運営	幼児保育・教育
	美容基礎		
	＜応用科学＞		
	動物ケア＊	中医学基礎	健康管理基礎＃
	健康管理実務	医療実験科学	応用心理学
	心理学探索 ＃	実用心理学	運動科学と健康管理
	スポーツとフィットネス管理		
	＜工学・生産＞		
	車両技術	電気とエネルギー工学	
	コンピュータ鑑識技術	携帯とオンラインアプリ開発＃	航空学
	建築工学		
	＜（非中国語母語話者のための）応用中国語＞		
	サービス業の中国語	接客業の実用中国語	
カテゴリーC	フランス語 日本語	ドイツ語 スペイン語	ヒンドゥー語 ウルドゥー語

＃2017年の試験まで。　　＊2018年の試験より導入
（大和　2017a　よりアップデートして再掲）

結果に加えられるため、高校での教育課程を履修せずに試験だけを受けることはできない。必修科目は、英語、中国語、数学、そして「リベラル・スタディーズ」（原語：通識教育、Liberal Studies）という新しい教科の4科目で、この他に選択科目を2ないし3科目履修する。証書試験が英語と中国語、そして数学

141

第Ⅱ章　諸外国の公立学校への導入の試み

を必修とする点は、IBディプロマが二つの言語の履修が必要で、数学が必修になっているという点と共通する。違いは、証書試験の英語と中国語が、どちらも第1言語としての科目であり、文学も含めた高度な学力を求める点である。

　これはIBディプロマのバイリンガル・プログラムに相当する。そして、証書試験のリベラル・スタディーズは、IBディプロマの知の理論（Theory of Knowledge, TOK）と課題論文（Extended Essay, EE）を合わせたような教科である。それは、リベラル・スタディーズには教科書がなく、座学にとどまらず実社会から広く学ぶことを目指す教科であり、高校最後の2年間で、自分で定めたテーマで論文を書くことが課された教科だからである。このように受験生への要求が高い教科・試験が、香港の中等教育修了者全員に課せられる。

　一方、選択科目は、アカデミックな教科群と、職業に直結するような応用科目群とに分かれている。進学希望者はアカデミックな教科のA群（とC群）から科目を選択し、就職希望者や職業訓練系の高等教育を目指す者は応用科目のB群から選択する[8]。就職希望者のコースは、国際バカロレアが2006年に新しく開発したIB Career-related Certificate: IBCCコースに共通点が見られる。IBCCはIBディプロマ・コースの六つのコア教科から二つを選択し、その他を職業訓練系の科目を履修すればよい。香港の証書試験の方は、たとえ選択科目を応用科目群から選んだとしても、四つの必修科目は落とせない。この4科目のうち二つが多くの香港人の母語[9]ではない英語と中国語（聴解・口頭試験は普通話）であるため、相当に厳しいものであろうことは想像に難くない。さすがに母語レベルの中国語を非中国語母語話者にまで求めるのは厳しいと判断し、2015年から、非中国語母語話者用の代替試験としてカテゴリーBに「応用中国語」を新たに2科目設置したが、母語が中国語でなければ誰でも応用中国語に変更できるわけではない。証書試験は「5」から「1」の段階評価、IBディプロマは「7」から「1」の段階評価である。証書試験は5段階評価であるものの、「5」の上に特に優秀な場合に5*、さらにきわめて優秀な場合に5**が付けられるので、結果的にはIBディプロマと同じ7段階評価になる。

　ここで、香港政府にとって一番の問題は、新試験が海外で承認されるものでなくてはならない点であった。新試験導入の過程で、当局はイギリス入試機構（Universities and Colleges Admissions Service, UCAS）及び教育部と折衝を続け、新試験開始（2012年）前の2010年に証書試験の認証を得ることに成功

142

Ⅱ－5　香港：なぜ公立校でIBを導入しないのか

した。その後、UCAS評点は何度か見直しされているが、2017年現在の証書
試験のUCAS評点（UCAS Tariff）は図表2－5－5①、②の示すとおり、
HKDSEの最高評価はIBディプロマのHLの最高評価と同等の評点を得ている。

図表2－5－5　①　証書試験のUCAS評点と他の国際的試験との比較

2017年 UCAS Tariff	HKDSE （証書試験）	GCE A Level （イギリスAレベル）	IB Higherレベル	AP （アメリカ）
56	5**	A*	7	
52	5*			
48	5	A	6	
44				
40		B		
36				
32	4	C	5	
28				5
24		D	4	4
20				3
16	3	E		2
12			3	1

A-Levelsはイギリスの統一試験
AP（Advanced Placement）は、アメリカの教科単位の上級試験
なお、HKDSEの数学は、必修部分のみでは他の国際試験の数学と同等とみなされず、選択の展開部分と合わせ
て数学1科目として計算される。

図表2－5－5　②　証書試験のUCAS評点　数学

HKDSE　選択A 教科	評価	2017年　新UCAS Tariff
数学必修部分	5**	28
	5*	26
	5	24
	4	16
	3	8
数学発展部分（M1/M2）	5**	28
	5*	26
	5	24
	4	16
	3	8

出典：図表2－5－5①、②ともに香港考試及評核局　UCAS Tariffより筆者作成　http://www.hkeaa.edu.
hk/en/recognition/benchmarking/hkdse/ucas/　大和（2017b）より再掲。

　以上のように、改革後も香港の現地教育を受け、現地の統一試験を受験すれ
ば、香港内の公立大学への入学が可能であるばかりか、海外留学も旧試験に引
き続き可能になった。

143

第Ⅱ章　諸外国の公立学校への導入の試み

3 ┃ 香港のIBスクール

　このように香港の現地制度にはIBディプロマプログラムに似た教育課程および統一試験が導入されたのだが、現地教育システム外の学校群で、IBプログラムの導入が急速に広まっている。IBプログラムには、初等教育プログラム（Primary Years Programme, PYP）、中等教育プログラム（Middle Years Programme, MYP）、そして、ディプロマプログラム（Diploma Programme, DP、以下IBディプロマ）、同じくIBキャリア関連教育サーティフィケート（IB Career-Related Certificate, IBCC、以下IBCC）があり、これらのいずれか、あるいは組み合わせを提供し、国際バカロレアからWorld IB Schoolの認証を得ている学校が、2015年5月現在54校[10]も存在する。2002年の段階で、IBのいずれかのプログラムを導入する学校は、3校しかなかったことを考えると、IBプログラムの普及には目を見張るものがある。

　それではここで、香港の学校でIBディプロマ・コースを提供している学校の種類を見てみたい。公立校ではIBを導入できないが、本稿の最初に提示した図表2-5-2の現地教育システムの私立（DSS）校と国際学校に分類される学校群の学校は、学校独自の教育課程を提供することができる。提供するIBカリキュラムの種類により学校数を計上すると、図表2-5-6のようになる。

図表2-5-6　香港のIBスクールの種類と数

香港のワールドIBスクールの種類と数

幼稚園・ナーサリー	小学校	中学校	高校	
PYP	9校			
	PYP	14校		
PYP	PYP	MYP	IBD	4校（全て一貫教育校）＊
		MYP	IBD	4校
			IBD	20校
	PYP	MYP	IBD / IBCC	1校（一貫教育校）

＊幼稚園課程もある一貫教育校は、幼稚園からPYP

出典：IBOホームページおよび香港の各学校ホームページより筆者作成（2015年5月）

Ⅱ-5 香港：なぜ公立校でIBを導入しないのか

就学前教育の幼稚園やナーサリーで、PYP提供校に名を連ねる学校（園）が9校もあるが、幼稚園が小学校課程も運営しているのではない。IB・PYPは対象年齢が3歳からになっており、PYPは就学前の3年間をも含んだ9年間の幼小一貫教育を考えた課程であることを確認しておきたい。したがって、PYPコースを提供する幼稚園やナーサリーを卒園すれば、PYPを提供する小学校への進学がスムーズであろうことが推測できる。本考察ではIBディプロマがテーマであるので、IBディプロマ・コースを提供する29校に絞って見ていくことにする。

（1）ESFスクール

ESFスクールとは、イギリス統治時代に元来イギリス人子弟の教育を担うために設立されたイギリス学校に起源を持つ。そのため、2000年までは、授業料の徴収はあるものの香港の公立校に分類[11]されていた。ESFスクール群は現在、幼稚園5校、初等学校9校、中等学校5校、初中等一貫校2校、特殊教育一貫校1校の合計22校を数える。特殊教育一貫校1校を除くすべての学校が、IB校として国際バカロレア機構より認証されている。

中等教育校ではそれまでのイギリスのGCE（General Certificate of Education）A-Levelsと並行してIBディプロマ・コースが開設されている。ESFスクールでのIBディプロマ・コースは、中等教育最後の12年次と13年次での履修となる。また、イギリスの職業系のコースであるBTEC（Business and Technology Education Council）も4校で提供される。特に返還後に起きた香港での国際学校の異常なほどの需要の高まりを受けて、ESF基金は、初中等一貫教育校を2校（図表2-5-7の7と8：図表2-5-2では現地私立校PISの中に含む）開校した。この2校は初等教育から一貫してすべてIBプログラムのみ（PYP、MYP、IBD）を組む完全なIB校である。2校のうちRenaissance Collegeが、世界でもまだ少ない職業訓練系のコースであるIBCCコースも併設するという事実からは、古くからあるESF中等学校がイギリスのBTECを提供していることを考えると、ESFが今後、IB重視の傾向にあることが見て取れる。なお、2017年現在、ESFのSouth Island School（図表2-5-7の5）でもIBCC課程を提供している。

145

第Ⅱ章　諸外国の公立学校への導入の試み

図表２－５－７　IBディプロマ提供校一覧

	種類／設立	学校名
1	DSS	Li Po Chung United World College
2	ESF	Island School
3		King Geiorge V School
4		Sha Tin College
5		Sounth Island School
6		West Island School
7	ESF-PIS	Discovery College
8		Renaissance College
9	FS	Australian International School　（オーストラリア：NSW州）
10	FS	Canadian International School　（カナダ：オンタリオ州）
11	ICS*	Carmel School　（アメリカ／ヘブライ語）
12	FS	Singapore International School　（シンガポール）
13	CSF	Chinese International School　（英・中バイリンガル）
14	FS	French International　School　（フランス）
15	FS	German-Swiss International School　（ドイツ）
16	YCF	Yew Chung International School - Hong Kong　（国際）
17	PIS	Hong Kong Academy　（国際）
18	PIS	International College Hong Kong　（国際）
19	PIS*	Kiangsu-Chekiang College, International Section　（国際）
20	PIS	Po Leung Kuk Choi Kai Yau School　（国際）
21	PIS	The Independent Schools Foundation Academy　（国際）
22	VSF	Victoria Shanghai Academy　（国際）
23	DSS 現地システム、 私立学校	Creative Secondary School
24		Diocesan Boys' School
25		ELCHK Lutheran Academy
26		Po Leung Kuk Ngan Po Ling School
27		St Paul's Co-educational College
28		St. Stephen's College
29		The Hong Kong Chinese Christian Churches Union Logos Academy

DSS：Direct Subsidy Scheme（現地システムの政府助成ありの私立学校）
ESF：English Schools Foundation（英基學校協會）
PIS ：Private Independent Schools（2000年代初頭からの新しい国際学校の区分）
ICS ：Independent (Jewish) Commmunity School
CSF：Chinese Schools Foundation（漢基學校）
YCF：Yew Cheung Foundation（香港、中国、アメリカで国際学校を展開）
VSF：Victoria Schools Foundation（香港、中国で国際学校を展開）

注：
1) 上記のうち、Li Po Chung UWC、Discovery College、Renaissance College 以外はIB以外の教育課程も併設。UWCはIBディプロマコースのみを持つ寄宿制学校。香港教育局の学校区分では、DSS校の学校名簿に挙げられているが、香港の教育課程の提供はない。Discovery College と Renaissance College は初中等教育一貫校で、PYP, MYPも提供。
2) 19 のKiangsu-Chekiang College は香港教育セクションでは現地私立校のDSSであるが、インターナショナルセクションではPISで、国際学校の区分に入る。
3) Carmel Schoolは、ユダヤ人のコミュニティースクールで、ヘブライ語の履修ができ、宗教の授業もあるが、入学をユダヤ人に限らないため宗教科目は必修ではない。
出典：香港教育局資料、各学校資料より筆者作成（2015年5月）
大和（2014）より一部修正して再掲。

146

（2）国際学校・外国人学校

　香港には日本人学校を含む外国人学校が多く開校されているが、その多くが「国際」という名称を冠している。それは本国の教育課程を提供するセクションと、英語を教授言語とする国際セクションとを開講する一校二制度を採るからである。日本人学校タイポ校は英語名Japanese International Schoolとなり、日本の教育課程を採るジャパニーズ・セクションと、英語が教授言語のイングリッシュ・セクションがあり、敷地は共有するが、香港の学校統計には、学制も教育課程も異なる別個の学校として計上される。タイポ校は小学部のみであり、イングリッシュ・セクションは現在PYPを採用している。フランス人学校のリセの中にもインターナショナル・セクションが併設されており、インターナショナル・セクションでは2000年代初頭に既にIBディプロマを提供していた。

　国際学校および外国人学校の国際部でIBディプロマを提供する学校は14校を数える。ESF系の7校と合わせ、国際学校に括られる中等学校29校のうち、21校もがIBディプロマを提供していることになる[12]。これらの国際学校の多くは、それまでイギリス、カナダ、オーストラリア、シンガポールの教育課程を採っていた[13]が、在学生の希望進学先の多様化により、より汎用性の高いIBディプロマを併設したと考えられる。カナディアン・インターナショナル・スクールは、オンタリオ州の教育課程も満たしており、2014年度の卒業生は、98%がIBディプロマを獲得した上、全卒業生がオンタリオ州ディプロマも修得している。チャイニーズ・インターナショナル・スクールは、1983年創立の中国語と英語のバイリンガル教育を謳う国際学校である。まだIBディプロマ・コースが普及していなかった1992年にIGCEと並行してIBディプロマ教育課程を採用し、2002年には、香港で最も早くMYPを取り入れた学校である。現在は7年生から13年生まではMYPとIBディプロマのみを提供する。初等教育課程では中国語教育に力を入れるため、PYPは導入していない。卒業生の多くがIBバイリンガル・ディプロマ獲得に成功している。

　ちなみにIBディプロマを提供していない他の国際学校の多くはアメリカないしカナダの教育課程を採用する学校で、国際学校としての創立が香港で一番古く、かつ規模が最も大きいHong Kong International Schoolは、アメリカの

学校認証機構の一つ Western Association of Schools and Colleges（WASC）の認証を得ており、APコースを含んだアメリカ式教育課程を展開している。

(3) 現地システム校の私立学校

　香港の公立校では香港の教育課程しか提供できないが、現地校の私立DSS校は、政府当局が教育改革を推し進める中で新たに作られたカテゴリーの私立学校である。新設校および政府助成校からDSS校へ鞍替えした主に伝統校から構成される。入学者選抜方法や提供する教育課程に学校の自由裁量が認められるため、政府助成校の伝統校の中には、大々的な教育改革の過程で、DSS校に鞍替えしたエリート校が多い。DSS校は中等学校だけでも61校あるが、多くが香港の教育課程のみを提供する現地校である。IBディプロマを提供する学校は7校を数えるが、すべて香港の教育課程との併設である。DSS校の学費は、2015年現在、後期中等教育課程で年間HK\$3,000（≒43,000円）のところから国際学校並みのHK\$99,000（≒1,433,000円）まで桁違いの幅があり、最も学費が高いDSS校は、IBプログラムの提供を目玉に新設された国際学校のような私立校である。一般的にIBディプロマが提供されるDSS校は、学費の設定が高めになる。証書試験の教育課程とIBディプロマの両方を提供する場合、履修する教育課程により授業料が異なることが多い。DSS校の中には、香港の市街地の雑踏を避け、自然の残る地域に学舎と寮を作って移転した伝統校や新設の学校があり、国際学校に比べると学費は低めだが、寮費と学費を合わせるとこれらの私立校は国際学校に少しも引けを取らない。

(4) 新しい国際学校（Private Independent School, PIS）

　香港の国際学校のニーズの高まりを見越した政府は、積極的に国際学校の設立を後押ししたが、その時にできたのが、PISという新しい学校のカテゴリーである。2000年以降に建設された国際学校はすべてこのPIS校になる。学校敷地の斡旋等で便宜を図る代わりに、国際学校であっても香港人の入学枠を最低70％以上求める[14]もので、香港人の国際学校のニーズに応えるための規定である。図表2－5－7の17 ～ 21の学校がこのPIS校である。Po Leung Kuk Choi Kai Yau School（保良局蔡繼有學校）は、学校名だけを目にしたら完全な現地校と勘違いしてしまいそうだが、初等教育から教授言語は英語を用い、

Ⅱ-5　香港：なぜ公立校でIBを導入しないのか

9年生と10年生でIGCSE、その後の11年生と12年生でIBディプロマを提供する国際学校である。2002年に小学校の1年生と2年生のクラスのみで開校し、2012年には中等教育修了まで提供する一貫校に成長している。児童・生徒数も、開校時は123人から始まっているが、2013/14年度には1,679人を数えるまで規模が拡大した（Po Leung Kuk Choi Kai Yau Schoolホームページ）。イギリス式学制を採るESFスクールでは12年生と13年生でIBディプロマを履修するが、香港の学制を採る保良局蔡繼有学校では11年生と12年生でIBディプロマを履修する点にも注目したい。ただし、イギリスの学制では小学校入学が5歳となるが、香港の学制では小学校入学は6歳という違いがある。

4　なぜ国際学校やIB提供校の需要が高まるのか

　前述のとおり、香港の統一試験が国際的に認知されているため、現地の教育課程を修了しても、そのまま海外留学が可能であり、しかも高校卒業まで授業料が無償の教育を受けることができる。その先には公立大学の入学申請の窓口も開かれている。小学校から一貫して現地の教育を受け、香港の公立大学への道が約束されているのが現地教育制度の学校であるにもかかわらず、現地制度外の学校に括られるESFスクールや国際学校、現地校の中でもIB課程の提供がある学費が高いDSS校の人気は高まるばかりである。それは、皮肉にも香港が威信をかけて取り組んできた教育改革にも一因があるようだ。なぜなら、この改革には、①学校での教授言語の強制的な変更[15]、②入学者選抜方法の変更[16]、③試験制度変更に伴う教育課程の変更[17]、④生活言語が広東語であるのにもかかわらず、新統一試験では、本人の出自にかかわらず英語と中国語が必修でしかも比重が重い、といったことが挙げられる。

　しかも統一試験そのものの改革が発表された当時は、まだその試験が海外で認知される保証もなかったのである。改革の各段階で、不満や不安を抱える経済的に余裕のある親は、子どもに落ち着いた環境で勉強に集中させたいという思いで、早い段階から海外留学させたり、教育改革の及ばない学校群（有償の教育）へ入学・転学させたりしている。香港の改革は、2015年に旧教育制度上で入学した大学生が卒業した時点で完結したが、証書試験の試験科目や試験方法、学内試験評価の証書試験への反映方法等、微調整は続けられている。

149

第Ⅱ章　諸外国の公立学校への導入の試み

　また、証書試験の大学入学資格としての最低基準は、必修の英語、中国語、数学、リベラル・スタディーズがそれぞれ順に「3・3・2・2」[18] 以上となっており、一つでもこの基準に達しないと、どんなに特定教科の成績が秀でていても、JUPAS経由の公立大学への入学申請ができないことになる。教育改革の目的の一つにアカデミックな教科だけでなく「全人的発達」を目指すことが挙げられているためだが、この必修の4科目で規定以上の成績を取るのは容易なことではないようだ。

　これまではアメリカやカナダ、イギリスやオーストラリアといった英語圏の移住先から香港に戻る香港人が多かったため、学校の運営母体の属する国の教育課程を提供する学校があることで、市民のニーズに応えていた。そのようなニーズにも応えつつ、さらに汎用性のある国際カリキュラムを採用することで、現地のHKDSEに対抗するかのような現象が起こっている。国際学校で教育を受けた香港人卒業生が海外留学を目指すのではなく、香港の公立大学に進学する例が、まだ少ないとはいえ確実に増えてきている[19] のである。このようなケースではJUPAS経由ではなく、個々人がそれぞれの大学に直接入学申請を行うのだが、香港人のアイデンティティを持つ学生は、JUPAS経由でなくとも香港人学生として、図表2－5－3に示したとおり、授業料は一部公費負担になる（入学申請は外国人留学生と同じ手続き、授業料負担は香港人学生の扱い）。

　折しも地元紙の一つ、南華早報（2015年4月18日）の記者の意見コラム欄に、香港の証書試験と国際学校等で提供されるIBディプロマ試験を比較するものがあった。HKDSEは自己啓発の理想は高いが、実際には生徒の負担が大きいため、詰め込み教育にならざるを得ない。経済力があれば国際学校やDSS校で提供されているIBプログラムを履修し、真の自己啓発を探求することができるが、一般人にはかなわない夢である、というものだ。記者のコラムはIBディプロマが真の自己啓発を求めるものであるとしているが、IBディプロマは要求が高く、国際学校に行っているからといって、簡単にIBディプロマが獲得できるわけではない。IBディプロマの履修を選択制ではなく選抜制にする学校もあるほどである。記者のコラムは「隣の芝生」の感がぬぐえないが、UCAS Tariffの比較表を見ると、HKDSEの方が全体的にIBDより高い評点が与えられるように見えることを考えると、確かにHKDSEの方が履修者にとって負担が大きいものなのかもしれない。

150

Ⅱ－5　香港：なぜ公立校でIBを導入しないのか

おわりに：IBOとの協働によるリーダーシップ研究課程の開講

　2015年、教員養成を専門とする香港教育学院（現、香港教育大学）が、IB機構（International Baccalaureate Organization）とアジアパシフィックリーダーシップ・変革研究センター（Asia Pacific Centre for Leadership and Change、亞太領導興變革研究中心）との協働で、2種類のIBリーダーシップ教育課程の開講を開始した。オンラインコースであるため、受講者は香港在住者に限らない。世界で開講されているIB教師教育課程は「IB教員認定」（IB Certificate in teaching and Learning）や「IB上級認定」（IB Advanced certificate in teaching and learning research）[20] であり、それぞれ世界の23大学、14大学で開講されているが、香港で新たに開講された講座は、「IBリーダーシップ認定」（IB Certificate in Leadership Practice）と、「IB上級認定：リーダーシップ研究」（IB Advanced Certificate in Leadership Research）[21] であり、まだ世界でオーストラリア、カナダ、香港の3大学[22] でしか開講されていない。対象は、前者がIBコーディネーターやその希望者、新規参入IBスクールの管理職などで、後者はすでにIBスクールの校長やコーディネーターなどの管理職にある現職教員としている。

　このように、公立校での国際バカロレアの普及はないものの、国際学校を含めた私立学校群でのIB課程の急速な普及により、IB教員の養成やリーダーシップ研究者講座を公立大学である香港教育大学で開講しているのが香港である。小さい地域社会ながら、IB教育・研究においては世界をリードする位置にあると言ってもいいのではないだろうか。

【注】

(1)　このうち2校は中国返還後にできた新しいカテゴリーの学校で、他の5校とは学校運営形態が異なる。

(2)　2014年現在、就学前では9.7％、小学校は7.6％、中等学校は5.2％になる。

(3)　香港人とは「香港永久居民証」を持つ香港に在住する人のことで、パスポートの発給国は問わない。海外のパスポートないし永住権を持つ人が少なくない。

(4)　「『中国』の一員として、民族・文化的アイデンティティを育みつつも、香港とい

151

第Ⅱ章　諸外国の公立学校への導入の試み

う特殊な歴史背景からくる東西文明を結ぶ架け橋としての人材育成」を改革の
blue print に明記している。

(5)　(International) General Certificate of Education。イギリスの大学入学資格試験
であるGCE A-Levels およびその国際版。

(6)　詳しくは、拙著「香港の大学入学資格統一試験改革：新試験（2012）が目指す人
材育成」『国立教育政策所紀要』第143号、2014年、pp.117-133を参照されたい。

(7)　香港Ａレベル試験も、最後の数年間は改革の過程で英語に加えて中国語による試
験問題も作成されており、受験生は試験言語を選択できるようになっていた。

(8)　B群から選択科目を選んでも進学できないことはないが、成績を点数化する際に
不利になる。

(9)　多くの香港人の母語は広東語であり、普通話は学習しなければ身に付かない言語
である。また、主に南アジアや東南アジアを出自とする中国語を母語としない民
族的少数者も少なくない。

(10)　IBO ホームページ IB Schools 一覧
http://www.ibo.org/en/programmes/find-an-ib-school/?SearchFields.
Region=&SearchFields.Country=HK&SearchFields.

(11)　Enrolment Statistics 2001, Education Department Statistics Section, 2002 による。

(12)　図表2-5-2の学校統計と図表2-5-7のIB校リストは統計年が異なるため、
数字が一致しない。

(13)　香港の国際学校の発展・教育課程に関しては、Yamato（2003）"Education in the
Market Place - Hong Kong's International Schools and their Mode of Operation"
CERC, the University of Hong Kong を参照されたい。

(14)　Insider's Perspective: Increased Provision of International School Places（21
Apr. 2014）EDB ホームページより、プレスリリース。
http://www.edb.gov.hk/en/about-edb/press/insiderperspective/insiderperspec
tive20140421.html［2015/04/25付アクセス］。

(15)　1998年より開始された「母語教育政策」。これにより、多くの中等教育学校の教
授言語が母語の広東語に指定され、一部エリート校のみが徹底した英語教育校に
なった。紆余曲折を経て、その区分は緩やかなものになり、現在はそれぞれの学
校が教科によって教授言語を申請し、認定を受ければ英語を教授言語にすること
もできるようになった。

(16)　小学校と中学校入学時の選考方法が、それまでの学校ごとの入学者決定方式から
大部分をコンピュータによる中央分配方式（Central Allocation System）に変更
された。この中央分配方式が導入された当時は、学校裁量で決められる入学者の

割合が10％までと大きく制限されていたが、数度にわたる調整の後、2015年以降は学校裁量枠が30％にまで引き上げられている。

（17）新教育課程で新たに「リベラル・スタディーズ」が設けられた。教科書がなく、しかも必修教科とあり、教師の負担が大きく、かつ学校ごとに独自の取り組みが必要とされる。

（18）各教科の成績は、5から最低の1までの5段階評価。特別に優秀な場合に5*、きわめて優秀な場合に5**が付けられる。1の下に評価不能がある。

（19）Legislative Council Panel on Education.

（20）http://www.ibo.org/globalassets/digital-tookit/pd/ib-educator-certificate-en.pdf ［2015/04/25付アクセス］。

（21）http://www.ibo.org/globalassets/digital-tookit/pd/ib-leadership-certificates-uni-en.pdf ［2015/04/25付アクセス］。

（22）Flinders University, Adelaide, Australia; Royal Roads University, Victoria, Canada; Hong Kong University of Education, Hong Kong.

【参考文献】

［日本語］

文部科学省（2014年4月）「国際バカロレア日本アドバイザリー委員会 参考資料集」http://www.mext.go.jp/a_menu/kokusai/ib/__icsFiles/afieldfile/2014/04/15/1326221_06_1_1.pdf ［2015/04/25付アクセス］。

大和洋子（2005）「香港の外国人学校と国際学校－中国返還後の新たな動きに注目して－」福田誠治・末藤美津子（編著）『世界の外国人学校』pp. 125-148、東信堂

大和洋子（2014）「連載・国際バカロレアの現在㊱　香港におけるIB校の事例」『文部科学 教育通信』2014年12月8日号、pp. 28-31、ジアース教育新社

大和洋子（2015）「連載・グローバル化とアジアの教育戦略3 香港のコンテクストから見るグローバル人材育成」『東亜』No.576、2015年6月号、pp. 98-106、霞山会

大和洋子（2017 a）「香港の大学入試における格差是正措置－教育機会の拡大と能力主義の徹底－」小川佳万（編）『アジアの大学入試における格差是正措置』高等教育研究叢書135、pp. 39-55、広島大学高等教育研究開発センター

大和洋子（2017 b）「香港における入試の種類と地域外進学先の多様化－大学進学枠が小さい香港の対策－」研究代表者：小川佳万『アジアにおける大学入試の多様化と高大接続プログラムの標準化に関する国際比較研究』平成27〜29年度科学研究費補助金（基盤研究（B））中間報告書、pp.114-126

第Ⅱ章　諸外国の公立学校への導入の試み

［英語］

香港特別行政区政府教育局ホームページ　http://www.edb.gov.hk/en/index.html
　　［2015/04/25付アクセス］。

香港教育学院（現、香港教育大学）ホームページ
　　http://www.ied.edu.hk/fehd/en/programmes.php?id=38［2015/04/25付アクセス］。
　　http://www.ied.edu.hk/iema/ibcertificates.html［2015/04/25付アクセス］。
　　https://www.ied.edu.hk/web/highlights_allan_walker_speeches.html［2015/04/25
　　付アクセス］。

香港考試及評核局（HKEAA）Subject information
　　http://www.hkeaa.edu.hk/en/hkdse/assessment/subject_information［2017/11/
　　23付アクセス］

Bray, Mark and Pedro Ieong (1996) 'Education and Social Change: the Growth and
　　Diversification of the International Schools Sector in Hong Kong'. *International
　　Education*, Vol. 25, No.2, pp.49-73.

Education Commission (1999) "Education Blueprint for the 21st Century: Review of
　　Academic System AIMS of Education Consultation Document", January 1999.

IBO (2014) "IB Teaching and Learning Certificate: University directory 2015" IB
　　Professional Development: Developing Leaders in International Education
　　retrieved from http://www.ibo.org/globalassets/digital-tookit/pd/ ib-educator-
　　certificate-uni-en.pdf.

IBO (2015) "IB Leadership Certificate: University directory 2015" IB Professional
　　Development: Developing Leaders in International Education retrieved from http://
　　www.ibo.org/globalassets/digital-tookit/pd/ib-leadership-certificates-uni-en.pdf.

Legislative Council Panel on Education (2014) "Admission to University Grants
　　Committee-funded undergraduate and research postgraduate programmes"(For
　　discussion on 10 February 2014)

Yamato, Yoko (2003) Education in the Market Place: Hong Kong's International
　　Schools and their Mode of Operation. CERC Monograph Series No. 1
　　Comparative Education Research Centre, the University of Hong Kong.

［中国語］

南華早報（2015年4月19日）「香港中学生选课程也"拼爹"」http://www.nanzao.com/
　　sc/h-macau-tw/14cc705b4e6739b/mytake-xiang-gang-zhong-xue-sheng-xuan-ke-
　　cheng-ye-pin-die-［2015/04/25付アクセス］。

Ⅱ－6

日本：グローバル化とカリキュラム改革

岩崎　久美子

はじめに

　日本政府が国際的要請を受けて、国際バカロレア機構へ資金を拠出することを決定したのは1979（昭和54）年のことである。日本政府は同じく同年、「スイス民法典に基づく財団法人である国際バカロレア事務局が授与する国際バカロレア資格を有する者で18歳に達した者」について、「高等学校を卒業した者と同等以上の学力があると認められる者」として大学入学資格を認定している（昭和54年4月25日付け文部省告示第70号）。

　国際バカロレアは、日本国内では主にインターナショナルスクールが提供する教育プログラムとして存在し、表立って教育政策の舞台で取り上げられることはなかった。しかし、そのような中で、2000（平成12）年に、日本の学校制度に則る加藤学園暁秀高等学校が先駆的に国際バカロレアの認定校となると、しばらくして2009（平成21）年に玉川学園高等部、AICJ高等学校、立命館宇治高等学校の3校が相次いで国際バカロレアの認定校になった。このように、2000年代に入ってから日本の私立学校において若干であるが国際バカロレアの導入が散見されるようになっていく。

コラム：国際バカロレア機構への拠出

　1976（昭和51）年に15か国の文部大臣などによる政府間会議がオランダ・ハーグで開かれ、参加国に対し国際バカロレア機構に各年1万

第Ⅱ章　諸外国の公立学校への導入の試み

5,000米ドルを3年にわたって拠出する旨の財政支援が要請された。この国際的要請を受けて、日本政府は、1979（昭和54）年に国際バカロレア機構へ拠出金を出すことを決定する。

　拠出額は、1979（昭和54）年度から1981（昭和56）年度まで、年額1万5,000米ドルで、当時の支出官レートを1米ドル＝217円とすると、日本円で約320万円（3,255千円）であった。1982（昭和57）年度以降は年額5万スイスフランで、1998（平成10）年度からは3万スイスフランに減額されている。支出官レートによるが、2005（平成17）年度、1スイスフラン＝83円とすると約250万円（2,490千円）[1]である。

　このように、1979（昭和54）年に、国際バカロレア機構への財政支援を含む日本政府の協力、併せて国際バカロレア資格の大学入学資格認定が決定された。当時の日本社会を振り返ると、企業の国際進出などを背景に、外国で暮らす子どもたちの教育問題と国内での受け皿が政策や政治問題として議論された時代であった[2]。「国際化」という言葉が大きくクローズアップされ、日本経済の問題と抱き合わせで海外子女の教育問題が表面化し制度整備がなされた時代と言える。

　たとえば、高校については、1976（昭和51）年から、東京学芸大学附属高等学校で海外在学経験者（定員15人）の特別枠受け入れが始まるとともに、文部省は1977（昭和52）年度から帰国子女受け入れを主目的とする高等学校設置に特別助成を開始した。これによって、1978（昭和53）年度に国際基督教大学高等学校、1979（昭和54）年度に暁星国際高等学校、1980（昭和55）年度には同志社国際高等学校が開校する。また、大学については、1976（昭和51）年、文部省（当時の名称）は省令を改正し9月入学を可能にし、国際基督教大学に加え、筑波大学が1978（昭和53）年に9月入学制度を始める。次いで、1979（昭和54）年度、慶應大学が外国の高校卒業者に対して別枠（入学定員の5％程度）の特別選抜を実施、1982（昭和57）年度、京都大学の法学部・経済学部で帰国子女入試が始まる。

　日本企業の海外進出に伴う帰国子女問題の解決と国際バカロレア機構への拠出金支出の議論が積極的になされた昭和50年代は、経済発展とともに国際化が進展、帰国子女問題への制度的受け皿の整備という問題が浮上

Ⅱ-6　日本：グローバル化とカリキュラム改革

した時代と符号する。

①：文部科学省国際課資料。
②：たとえば、1976年2月『国際教育交流の諸問題』（日本経済調査協議会）、1979年10月『多様化への挑戦』（経済同友会・教育問題委員会）で、帰国子女対策が提言されている。

　しかし、日本の教育界で本格的に国際バカロレアに注目が集まるようになったのは、国際競争力の基盤となるグローバル人材育成の観点から、いくつかの政策文書に取り上げられるようになってからである。たとえば、政府の「グローバル人材育成推進会議」が2012（平成24）年6月に出した「グローバル人材育成戦略（グローバル人材育成推進会議　審議まとめ）」では、グローバル人材の要素として、要素Ⅰ：学力・コミュニケーション能力、要素Ⅱ：主体性・積極性、チャレンジ精神、協調性・柔軟性、責任感・使命感、要素Ⅲ：異文化に対する理解と日本人としてのアイデンティティを挙げ、高校レベルでのグローバル人材育成のため、「高校卒業時に国際バカロレア資格を取得可能な、又はそれに準じた教育を行う学校を5年以内に200校程度へ増加させる」[1]という数値目標が提出された。当時、国際バカロレア・ディプロマプログラム（DP）の認定校は、インターナショナルスクール10校と日本の高校（1条校）5校[2]であったことを考えると、200校というのは、非常に大きな数値目標であったことが推察される。

　その後、2013（平成25）年には、日本経済団体連合会「世界を舞台に活躍できる人づくりのために－グローバル人材育成に向けたフォローアップ提言－」（平成25年6月13日）[3]、教育再生実行会議第3次提言「これからの大学教育等のあり方について」（平成25年5月28日）[4]、「日本再興戦略－JAPAN is BACK－」（平成25年6月14日　閣議決定）[5]など、相次いで政財界から国際バカロレアに言及する提言や戦略に関わる方針が提出された。

　文部科学省では、このような政府方針に連動し、平成24年度に初等中等教育局教育課程課が「国際バカロレアの趣旨を踏まえた教育の推進に関する調査研究」を公募し、応募のあった15校のうちの5校に調査を委託した[6]。また、大臣官房国際課の所掌として、2013（平成25）年度から国際バカロレアを現実的に日本で普及できるようにするために、国際バカロレア機構と連携し、

157

第Ⅱ章　諸外国の公立学校への導入の試み

IBの科目の一部(7)を日本語で実施する「デュアルランゲージ・ディプロマプログラム（日本語DP）」の開発が始まった。

このように、国際バカロレアは、大きく見れば、新たな学びを求める学習指導要領改訂（幼稚園・小学校・中学校は平成28年度改訂、高等学校は平成29年度改訂）を視野に入れた新しいカリキュラムのモデルとして、そして、経済のグローバル化に伴うグローバル人材育成という二つの流れから注目されるようになった。前者については、知識基盤社会、生涯学習社会における学習者の主体的で探究型の新たな学び、教えることから学びへの転換、知識活用型のカリキュラム、などに対応するモデルとして、また、後者については、グローバル人材育成のモデルカリキュラムの一つとして関心が持たれるようになったのである。グローバル化がアングロサクソン化の例えであるならば、国際バカロレアは、知識活用型のアングロサクソン文化を発祥とした英語のプログラムではあったが、同時に、国際的教養人を育成するとして母国語やナショナル・アイデンティティに配慮するものでもあった。

日本における国際バカロレアは、2013（平成25）年に政策的にアクセルが踏まれると、行政的な支援もあって認定校が徐々に増加していくことになった（図表2－6－1参照）。

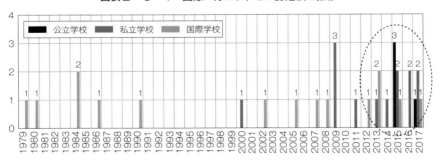

図表2－6－1　国際バカロレアDP認定校の推移

注：学芸大学附属国際中等教育学校については同学校資料に基づきDP認定を2015年として表記した（MYPの認定が2010年）。
出典：IBO Find IB Schools＜http://www.ibo.org/＞［2017/06/29付アクセス］

Ⅱ-6 日本：グローバル化とカリキュラム改革

1 | 国際バカロレアの公立学校への導入

　私立学校は、元来、経営理念から、国際バカロレアの導入に関心を持つ場合が多かった。たとえば、2009（平成21）年に国際バカロレアを導入した立命館宇治高等学校は、それまでイマージョンコースと呼ばれる国語以外の教科をすべて英語で実施するクラスを擁し、英語教育に特化した教育を行ってきており、外国人教員も多く、国際バカロレアを導入する素地がもともとあったとされる[8]。

　しかし、公立学校における国際バカロレアの導入は、日本においてはモデルのない、まったく新たな教育を導入するといった大きな挑戦を意味した。たとえば、公立学校が国際バカロレアの導入を考える場合、どのような要因が検討されなければならないのだろうか。ここでは、経営戦略を策定し判断する際に用いられるSWOT分析[9]により、それらを整理してみたい（図表2-6-2参照）。

図表2-6-2　国際バカロレアの公立学校への導入についてのSWOT分析

【強み・長所】（Strengths）	【弱み・欠点】（Weaknesses）
・先駆的改革といったイメージアップ ・改革の一定の方向性を保証（"パッケージ"） ・卓越性の確保 ・国際的標準カリキュラムの導入による他の公立学校への波及効果（学校改善の準拠枠）	・財政負担 ・公平性：特定生徒への税金の加重分配 ・国内法規の縛り ・外国人教員の確保（採用基準の弾力化、福利厚生） ・日本人教員の養成 ・保護者の正確な理解（情報格差）
【機会】（Opportunities）	【脅威】（Threats）
・グローバル人材育成への政財界の動き ・大学のグローバル化戦略との呼応 ・教育再生実行会議における大学制度改革 ・近隣国立大学との高大連携	・国内大学進学の容易さ ・日本語DPの内容と国際的認知 ・学校の不易思想（旧態依然の価値観） ・私立学校やインターナショナルスクールとの競合 ・議会の反対

出典：筆者作成。

（1）強み・長所（Strengths）

　国際バカロレアを導入した際の強みとしてまず挙げられるのは、国際的標準カリキュラム導入により、グローバル化に対応した授業が実施できる点がある。そして、それゆえに教育改革において時代を先取りした先駆的対応といったイメージアップが可能である。この場合、すでにある教育パッケージを導入

159

第Ⅱ章　諸外国の公立学校への導入の試み

するという点で、一定の方向性と卓越性を伴う質の高いカリキュラムが保証され、迅速に改革を実現できる。

　加えて、国際バカロレア導入校に、研究拠点の機能を持たせることができ、これを学校改善の準拠枠として活用することにより、他の公立学校への波及効果が期待できる。

(2) 弱み・欠点（Weaknesses）

　最も大きな課題は、国際バカロレアの導入に伴う施設・設備投資、教員研修、ディプロマ認定等の受験料等にかかわる財政負担である。また、特定生徒への税金の加重分配という公的事業における公平性の問題も生じる。そのため、公立学校に国際バカロレアを導入する必然性についての説明責任も求められる。

　外国人教員については、インターナショナルスクールと比べた場合、給与、福利厚生面で十分でないことが多く、優秀な人材の確保が課題となる。なお、採用に関わる規定や基準の弾力化といった法規面の整備や外国の休暇制度に則った福利厚生などの特別待遇の考慮などが前提となる。また、国際バカロレアに従事する日本人教員の養成も十分ではない。

　公立学校に進学を希望する保護者層において情報格差が生じる恐れもあり、国際バカロレアに対する正確な理解が受益者に広く行きわたる必要がある。

(3) 機会（Opportunities）

　グローバル人材育成に対する政財界の動きは追い風である。国際競争力強化のため、政財界のグローバル人材育成に対する要請は強く、これは大学生の労働市場を左右する要因となることから、大学のグローバル化戦略や教育再生実行会議における大学制度改革に影響を及ぼす。

　また、国際バカロレアが研究型大学との接続が容易なことから、近隣国立大学との高大連携の動きに連動する方向性もある。

(4) 脅威（Threats）

　脅威としては、国際バカロレアのディプロマの認知度、とりわけ国際バカロレアを用いての国内大学への進学がどの程度可能かということがある。文部科学省の働きかけにより、入試において国際バカロレア・ディプロマを認める大

Ⅱ-6 日本：グローバル化とカリキュラム改革

学は格段に増加しているが、すべての大学で一般入試と同等に扱われているわけではない。また、英米の大学に進学する場合、入学判定はそれぞれの大学の判断に委ねられているため、日本での国際バカロレアの普及のため行われている日本語デュアルランゲージ・ディプロマプログラム（日本語DP）の場合、別途、英語能力の証明を求められる可能性もある。また、英語で行われる国際バカロレアと日本語デュアルランゲージ・ディプロマプログラム（日本語DP）が同等の扱いがされるかどうかも不明である。また別の脅威としては、日本の教育界で根強い不易思想は、日本のこれまでの教育方針の良さを強調するものであり、学校内部には変化を好まない文化もある。

公立学校で国際バカロレアを行う上では、国際バカロレアを掲げて授業料を徴収する私立学校やインターナショナルスクールとの対比において授業料が安いため、民業圧迫との意見が提出される恐れもある。もし議会において反対がなされれば、新規に導入計画を立てることは基本的に難しい。これらの状況を俯瞰した上で、国際バカロレアの公立学校への導入を考慮することになる。

ここでは、そのような状況を背景に、国際バカロレアを公立学校に導入することを決定した東京都と北海道札幌市の事例を紹介する。この二つの自治体は、公立学校への国際バカロレアの導入において、対照的な目的や背景を持っている（図表2-6-3参照）。たとえば、東京都は教育のグローバル化が目的であるのに対し、北海道札幌市は高校教育改革の一環における導入である。また、前者は英語によるディプロマプログラム（DP）を導入したが、後者は中等教育プログラム（MYP）を最初に導入し、DPは日本語デュアルランゲージ・ディプロマ（日本語DP）プログラムである。

図表2-6-3　都立国際高等学校と市立札幌開成中等教育学校の比較

	東京都	北海道札幌市
1. 国際バカロレア導入理由	海外企業誘致	高校教育改革（特色化）
2. 導入学校形態	高校	中等教育学校
3. 学科	国際科	普通科
4. 主な対象生徒	日本籍・外国籍	日本籍
5. 主な生徒の進路	海外の大学	日本の大学
6. 国際バカロレア種類	DP	MYP、（DP）
7. 国際バカロレア言語	英語	日本語・英語 （デュアルランゲージ・プログラム）

161

第Ⅱ章　諸外国の公立学校への導入の試み

次にこの二つの事例を詳しく紹介したい。

2 グローバル化：都立国際高等学校

東京都教育委員会では、2015（平成27）年度に国際バカロレアの教育プログラムを受講する生徒を選抜し、2016（平成28）年度から、東京都立国際高等学校において、原則、英語によるディプロマプログラム（DP）（国語、日本史などを除く）を開始した。

（1）海外企業誘致

東京都における国際バカロレアの導入の検討は、国の動きとは異なる形で始まった。

東京都では、都市戦略構想の一環として、10年間で取り組む重点課題解決のための12のプロジェクトからなる「2020年の東京」を策定した。その中の一つのプロジェクトが、アジア地域の拠点となる外国企業の誘致を目指す「アジアヘッドクォーター特区構想」である。国際バカロレアは、対日投資拡大のための外国企業誘致を目的に、外国人子女の教育環境の整備という観点から考慮されたのである。

「アジアヘッドクォーター特区構想」の文書によれば、「欧米のエリート層は最高水準の教育を求めており、外国企業従事者に対し、インターナショナルスクールの充実や国際バカロレア認定校の増加が必要」[10] と記されている。つまり、東京都が国際バカロレアを検討した目的は、主に外国企業の子弟の教育環境の整備を想定したものであり、国際バカロレアは、国際的に認知された水準の高い教育環境の指標として考えられていた。しかし、それに付随して日本人の高校生を対象に、トップリーダーとなるようなグローバル人材育成の目的も掲げられた。

日本人の高校生については、東京都では、2012（平成24）年2月に策定した「都立高校改革推進計画第一次実施計画」の中のグローバル人材の育成の目的において、「都立高校卒業後に、生徒が海外の大学に円滑に進学することを可能とするため、外国語により行われる授業を中心とした独自のカリキュラムを開発・実施するとともに、海外大学への進学資格を取得可能とする都立高校初

の国際バカロレア認定校を目指す」としている。

　このように、東京都では、外国企業の子弟と海外大学への進学を希望する日本人を対象に、公立のインターナショナルスクールのイメージで英語によるコースを創設することが企図された。

　東京都では、国際バカロレアの導入に向け、2012（平成24）年度に「国際バカロレア検討委員会」を設置し、教育課程、入学選抜、人材確保、学校経営、施設・設備等の全般について、東京都教育委員会の各部署の代表が1年にわたって検討・議論を重ね、2013（平成25）年度3月に『国際バカロレアの導入に向けた検討委員会報告書』がまとめられた。

　同報告書の最初には、国際バカロレアの導入の背景や理由が、次のように述べられている。

　　「東京都では、アジアをはじめとする世界の都市間競争を勝ち抜くために、東京への外国企業の誘致を目指すアジアヘッドクォーター特区構想を推進しており、海外から来日する外国人の子弟の就学環境を整備していく必要があった。また、平成24年2月に策定した『都立高校改革推進計画第一次実施計画』において、都立高校卒業後に、生徒が海外の大学に円滑に進学することを可能とするため、外国語により行われる授業を中心とした独自のカリキュラムを開発・実施するとともに、海外大学への進学資格を取得できる都立高校初となる国際バカロレアの認定を目指すこととした。」[11]

　そして、そこでは、具体的な目標としては、「国際社会の様々な場面で自信と誇りをもって外国人と英語で対等に渡り合い、リーダーとして活躍し得る人間を計画的に育成していく必要」や「海外大学進学を目指す強い意欲と高い資質を有する生徒を、都立高校の中で鍛え、海外大学に送り出し、世界各国から集まってくる優秀な学生と厳しい環境の中で切磋琢磨させる必要」が挙げられた[12]。

（2）導入の基本的枠組み

　東京都は当初、中高一貫校なども視野に入れ検討した結果、導入する学校を都立国際高等学校に決定した。都立国際高等学校は、平成元年4月に開校した国際学科専科の学校である。各学年1学級40人の6学級（計720人）のうち、

第Ⅱ章　諸外国の公立学校への導入の試み

約3分の1は海外帰国生徒や在京外国人生徒である。東京都が国際バカロレアコースを都立国際高等学校に設置するにあたり、三つのターゲット層が推察される。第一に海外企業誘致を目的とした外国籍の生徒である。ここには質の高い教育の提供が必要であり、また英語圏の生徒であれば日本人生徒の教育資源・人材としての活用も期待できる。第二に日本人の帰国子女の生徒である。数は限られているが、その中には国際バカロレアを海外で受講している者もいる可能性がある。かつて筆者は海外のインターナショナルスクールで保護者の帰国に伴い国際バカロレアを中断する生徒に会ったことがある。その生徒は国際バカロレアを継続しうる学校への転校を希望していたが、当時はそれが難しかった。都立国際高等学校で柔軟な対応が可能かどうかは不明であるが、このような生徒のニーズは少ないが存在する。第三に日本人で海外大学へ進学を希望する生徒である。日本人生徒の多様な進学ニーズの一つとして、国際バカロレアによる海外大学進学の道を開くことが必要である。この場合、海外大学の授業料などの経費が高額であることを想定すると、奨学金などの確保が課題となることであろう。

　都立国際高等学校の国際バカロレアコースの定員は、4月募集は20人、9月募集は5人の合計25人とされた[13]。入学選抜は、①英語運用能力検査筆記試験［60分］（リスニング、リーディング、ライティング）、面接試験［10分］（スピーキング）、②数学活用能力検査［50分］、③小論文［50分］、④個人面接［15〜20分］、⑤集団討論［35分程度］、⑥調査書（成績証明書）からなる。①英語運用能力検査筆記試験と、②数学活用能力検査は適・不適の判定のみであり、総合判定は、③から⑥、つまり、小論文、個人面接、集団討論、調査書から行うとしている。つまり、学力以上に生徒の意欲を評価する意図がうかがえる[14]。

　教育課程では、1年次は日本のカリキュラムに則り、2年次、3年次に国際バカロレアDPを履修する。授業は、日本人教員とネイティブの教育スタッフによる少人数のティームティーチング（TT）指導とされた。通常の学級よりも人数が25人と少ないが、これは国際バカロレアが1クラス25人以下としていることによる。国際バカロレアは、科目選択の自由度が高いものであり、生徒の科目選択によっては、25人の定員の中で6、7人単位での授業を行うことも想定される。施設も、国際バカロレアの基準に従い、新たに実験室など所定の

164

整備が必要となる。加えて、英語で授業を行う教員の確保など、新たな対応も求められた。

公立学校に国際バカロレアを導入することをめぐっては、税金に依拠する都立高校の一部に予算を傾斜配分することに対する公平の原則との兼ね合いといった論点、同時に、公立学校において良い教育を誰しもがアクセス可能であるといった機会均等の保証といった論点があり、いずれにしても議論を呼ぶものであったことが推察される。

3 カリキュラム改革：市立札幌開成中等教育学校

経済のグローバル化戦略の一環における国際的教育プログラムとしての国際バカロレアの導入であった東京都に対し、札幌市の例は高校教育改革によるものである。

札幌市は、2015（平成27）年に、中高一貫教育校として、市立札幌開成中等教育学校を開校し、全生徒対象に国際バカロレア中等課程プログラム（MYP）、さらに、5・6学年（高校2・3年生に相当）の生徒のうち希望者を対象に、国際バカロレア・デュアルランゲージ・ディプロマプログラム（日本語DP）の導入を検討することにした。札幌市がこのような柔軟なカリキュラムで実施するに至った中等教育学校設立の背景や経過を紹介したい。

（1）高校再編に伴う改革

北海道の出生者数は、1974（昭和49）年の2万4,545人をピークに減少の一途をたどるようになり[15]、少子化に伴う高等学校進学者数の将来推定の下、高等学校の再編・整備が課題として浮上していた。北海道教育委員会が北海道内の学校統廃合や学級数削減を検討した結果、2000（平成12）年6月、「公立高等学校配置の基本指針と見直し」を策定、2007（平成19）年度までに1学年9学級以上の大規模高等学校を解消するとの方針が、公私協調により出された[16]。このことを受け、北海道内では、1学年4～8学級を適正規模とし、それに応じた募集停止や学級減が実行に移され、地方部を中心に高校の統廃合が進められた。

札幌市は、普通科7校、商業科1校の合計八つの高等学校を有しており、「全

第Ⅱ章　諸外国の公立学校への導入の試み

国の政令指定都市のうち、市立高校を２校しかもたない千葉市を除けば普通科
比率が最も高く、市民は市立高校と道立高校の区別をしていない」(17)状況に
あった。そのため、道内の高等学校の統合・再編の動きを踏まえ、市立高等学
校８校の将来像を検討し、市立であることの特色化と存在意義を明示する必要
性が喫緊の課題として生じた。札幌市教育委員会は、2003（平成15）年２月７
日「札幌市立高等学校教育改革推進計画」を制定し、札幌市内の８校は図表２
－６－４のとおり、特色化を打ち出した。国際バカロレアをその後、導入する
ことになる開成高等学校には、「コズモサイエンス科」２学級が設置され、国
際化、科学技術の進展に対応することが強調された。

図表２－６－４　札幌市立高等学校の特色化

高等学校名	課程	学科	特色化
旭丘高等学校 昭和33年４月７日開校	全日制	普通科	単位制の導入
開成高等学校 昭和37年４月１日開校	全日制	普通科	コズモサイエンス科２学級設置 （国際化、科学技術の進展に対応）
藻岩高等学校 昭和48年４月１日開校	全日制	普通科	環境教育
清田高等学校 昭和50年４月８日開校	全日制	普通科	グローバルコース１学級設置 （英語を中心としたコミュニケーション、 国際理解教育　16単位程度）
新川高等学校 昭和54年４月10日開校	全日制	普通科	フロンティア・エリア制
	定時制	普通科	
平岸高等学校 昭和55年４月９日開校	全日制	普通科	デザインアートコース１学級設置 （デザイン、絵画・彫刻に関する専門的 科目10―16単位）
	定時制	普通科	
啓北商業高等学校 昭和16年４月19日開校	全日制	商業科	未来商学科（２年生から「会計コース」 「情報コース」「国際コース」）
	定時制	商業科	
星園高等学校 大正14年３月25日開校	定時制	普通科	

出所：筆者作成。

〈再編統合〉
市立札幌大通高等学校（三部制・単位制）
平成20（2008）年開校
平成22（2010）年定時制課程合併

Ⅱ－6　日本：グローバル化とカリキュラム改革

　同時に、この2003（平成15）年に策定された「札幌市立高等学校教育改革推進計画」、並びに2004（平成16）年に策定された「札幌市教育推進計画」の二つの推進計画において、中高一貫教育校設置の検討が必要とされた。その後、これらの推進計画を受けて、「札幌市中高一貫教育検討協議会」が設置され、中高一貫教育に関する検討が行われる。この答申を受けて、2011（平成23）年に「札幌市中高一貫教育校設置基本構想」が策定された。

　中高一貫教育校への改編対象校としては、コズモサイエンス科を有する開成高等学校が選定された。コズモサイエンス科は、先の高等学校教育改革推進計画にあって、コズモス（cosmos, 宇宙）とコズモポリタン（cosmopolitan, 国際人）を合わせた造語として、「実験・観察・体験を重視した学習を通して豊かな科学的教養や論理的思考力、発信型の英語力を身に付け、将来の札幌を支え国際社会で活躍する人材の育成を目指す」[18] という目的で設置された。対象校としての選定理由は、コズモサイエンス科を土台に中高一貫教育校へ改編することで、「自然科学のみならず、社会科学・人文科学を表す広い意味の「サイエンス」を、より深くバランスよく学ぶことが可能となる」[19] という観点からであった。改編にあたって、教育内容の特徴として、「課題探究的な学習」と「発信型の英語力の活用」が中心に据えられた。

　中高一貫教育校の設立決定に至る過程は、時間をかけて手順を踏み、幅広いアクターを巻き込んだ議論の後、最終的に導入が判断されるというきめの細かい手続きを踏むものであった。このようなボトムアップの意思決定は、時間を要し手間暇がかかるものである。実際に「札幌市立高等学校教育改革推進協議会」が中高一貫校の検討を示唆した2002（平成14）年の答申から2011（平成23）年の決定まで、足かけ10年以上の年月が経っている。担当者は、「中高一貫校の導入に至るまで時間がかかったゆえに、その間にさまざまな状況の変化が良い形で作用し、国際バカロレアの導入推進などの時流に乗ることができた」と語っている[20]。

　2011（平成23）年3月に中高一貫教育校として中等教育学校の設置が決定された後、同年4月から中学校と高等学校教員から構成されるプロジェクトチームが作られ、中等教育学校における課題探究型学習の具体的な教育内容枠組みの検討が始まった。課題探究型学習の構想が先にあったが、2年間のプロジェクトとして結論を出す最終段階であった2013（平成25）年1月から国際バカロ

167

第Ⅱ章　諸外国の公立学校への導入の試み

レアについて検討し始め、国際バカロレアが札幌市の掲げる課題探究型学習の枠組みに合致しているとの感触から、プロジェクトチーム全員が「国際バカロレアをやってみたい」と考えるようになった。折しも国の政策として国際バカロレアの導入が推進されることになり、国の支援や国際バカロレア・デュアルランゲージ・ディプロマプログラム（日本語DP）の創設により導入への動きが加速され、現実的なものとなった。

　国際バカロレアの導入については、札幌市がキャリア教育、課題探究型学習を重視し、実践してきた実績もあったが、最終的には、「教育においては生涯にわたって学ぶ力の育成が重要」との持論を掲げる市長のリーダーシップと教育長の決断の力が大きかった。また、最終決定に向けて手続きを踏み始める過程で、教育委員会委員が慎重に検討を行い、時間をかけて合意形成を図ったことも支えになった。札幌市の場合は、教育委員会委員制度が十分に機能しており、それゆえに結論が出ずに議案が長引く場合も多いが、市議会も教育委員会委員の決定を尊重し、また、教育委員会委員が施策推進の後ろ盾となっている。

　最終的に、札幌市議会文教委員会での審議を経て、正式に2013（平成25）年9月20日に市立札幌開成中等教育学校への国際バカロレア導入を公表するに至った。

　札幌市教育委員会が高校教育改革を推進するにあたっては、市の高等学校が8校と限られた数であったため迅速な対応が可能であったこと、市教育委員会担当者が仕事を重ねていく上で培われた人的ネットワークや、良好で円滑な人間関係があったことが、改革が軌道に乗った要因として挙げられる。

　2015（平成27）年度の中等教育学校開校準備のため、2013（平成25）年4月から、札幌開成高校内に中等教育学校担当課を設置している。構成員は次のとおりである。

- 課長2人（行政出身1人、教員出身1人）
- 係長7人（行政出身1人、中学校教員出身3人、高等学校教員出身3人）
- 一般行政2人
- 学校事務1人
- 開成高校関係者7人（週2日半日）

　中等教育学校担当課は、行政出身者のほか、中学校と高等学校の教員出身者

168

Ⅱ－6　日本：グローバル化とカリキュラム改革

を構成員としている。関係者によれば、設置に向けて2年間行われたプロジェクトチームの検討を通じて、中学校と高等学校教員の教員文化の相違が表面化したが、国際バカロレアの導入は、この二つの異なる文化的背景を持つ教員が新たな目標に向けてゼロから協働するのに有効であり、双方が融合する方途としても有益であったとのことである。

　現段階の案では、中等教育学校4学年在籍者全員が国際バカロレアの中等課程プログラム（MYP）を受講する。中等課程プログラム（MYP）では、すべての教科等を英語で実施することは考えてはいないが、段階的にディプロマプログラム（DP）につながるように、一部教科において、英語による授業を実施する予定である。ディプロマプログラム（DP）は、希望者のみを対象とするが、ディプロマプログラム（DP）以外の生徒も、可能な範囲で国際バカロレアの科目を受けられるように配慮したいとのことである。

（2）今後の展望

　札幌市が国際バカロレアを導入した新たな教育プログラムを実施するに当たって考慮すべき点として挙げられていることとしては、第一に教員給与および人事の面がある。中学校にあたる前期課程の給与負担は、県費負担教職員として北海道教育委員会（高等学校は市立なので市の給与体系）となるが、人事異動は前期課程、後期課程ともに札幌市での異動となる。また、教員免許状の授与も北海道教育委員会に権限がある。そのため、中等教育学校の設置にあっては、北海道教育委員会との綿密な調整が必要である。

　第二にプログラムの運営費負担の問題がある。国際バカロレアの加盟費と教員研修費を合わせると、年間200万円ほどの予算が必要である。試験経費は受益者負担にするとしても、最も大きな負担は、外国人講師の採用・雇用にかかわる人件費である。JETプログラム（The Japan Exchange and Teaching Program）で札幌市に在籍する外国人講師が35人程度おり、できる限り活用したいが、この場合、外国人講師が、授業の補助ではなく、単独で授業ができるように制度整備を行うことも課題となる。

　第三に公立学校ゆえに公費負担の公平性、資源配分についての議論がある。札幌市教育委員会としては、開成中等教育学校に国際バカロレアを導入することで蓄積しうる知見や経験は、教員研修や教員異動などを通じて、他の市立

第Ⅱ章　諸外国の公立学校への導入の試み

中・高等学校に有効に伝えうるものであり、また、市全体の教育改善に資することで、市の教育全体に還元されうるものと考えている。

　国際バカロレアの導入は、10年あまり議論を尽くし、機が熟した中で合意された中等教育学校新設に対する市の教育方針と、国際バカロレアの理念が合致したことによる帰結である。2015（平成27）年に入学する最初の1年生のうちの希望者がディプロマプログラム（DP）を受講するのは5年後である。国際バカロレアの導入発表は時宜を得たものであるが、実際の導入はしばらく先のことであり、この間、先行する他の公立学校の国際バカロレア導入の成果を咀嚼し、時間をかけてより良い方途を検討しうる状況にある。市立札幌開成中等教育学校の新設に伴う国際バカロレア導入は、このような後発効果の長所を最大限に生かせる点においても、改革案にあって、丁寧な議論に裏付けられた安定性を感じさせるものである(21)。

おわりに

　以上、日本における国際バカロレア導入の例を、これまでの経緯を踏まえた上で、東京都立国際高等学校と北海道札幌市立札幌開成高等学校の事例を対比して見てきた。

　日本の中での動きを見ると、インターナショナルスクールに限られていた国際バカロレアが、私立学校で実施されるようになり、その後、国公立学校へと、拡大してきている。そこには、グローバル人材、そして生涯学習時代を見据えた自発性や学習意欲を持った人材の育成という二つの内容が、高校教育改革として取り込まれていることがわかる。

　日本国内の公立高等学校での導入は、財源の確保などの問題も多く、目立った増加は現段階では認められない。しかし、国際バカロレアの公立学校での導入により、そこで得られた知見は広く波及し、国内の高等学校でのカリキュラムや授業内容を徐々に変革していく起爆剤になると思われる。

Ⅱ−6 日本：グローバル化とカリキュラム改革

【注】

(1) グローバル人材育成推進会議「グローバル人材育成戦略（グローバル人材育成推進会議　審議まとめ）」2012（平成24）年6月4日，p.8，p.13.

(2) 加藤学園暁秀高等学校（2000年認定）、玉川学園高等部（2009年）、AICJ高等学校（2009年）、立命館宇治高校（2009年）、ぐんま国際アカデミー（2011年）の5校であった。

(3) 日本経済団体連合会「世界を舞台に活躍できる人づくりのために−グローバル人材育成に向けたフォローアップ提言−」（平成25年6月13日）p.7.

　　「語学力のみでなく、コミュニケーション能力や異文化を受容する力、論理的思考力、課題発見力などが身に付くIBディプロマ課程（16〜19歳対象）は、グローバル人材を育成する上で有効な手段の一つである。

　　高校卒業時にIBディプロマ資格が取得可能な学校（認定校）を国内で増やすことは、日本人学生のグローバル化を促すとともに、優秀な高度外国人人材の日本への受入れ促進にも寄与する。文部科学省は、IB認定校を現在の16校から5年以内に200校まで増やす方針を打ち出しているが、国内におけるIB課程への認知度はまだまだ低く、政府や地方自治体はIB課程の周知・普及に努め、目標達成に向けて一層、努力すべきである。同時に、国内でIB課程を教授できる人材の育成・確保も不可欠である。また、現在、IBディプロマ課程は、原則的に、英語、フランス語、スペイン語のいずれかで授業・試験とも実施することになっているが、IBの教科の中には母国語で学習することがより効率的なものもあるため、国際バカロレア機構では日本政府と連携して同課程の一部を日本語で実施するプログラム（日本語デュアルランゲージ・ディプロマプログラム、日本語DP）の開発に着手しているところであり、日本語DPを活用することも一考に値する。また、ディプロマ取得者に対する社会における適切な評価も重要であり、大学入試における活用や、企業も採用時や人材活用において適切に評価することなどが重要である。」(pp.7-8)

(4) 教育再生実行会議第3次提言「これからの大学教育等のあり方について」（平成25年5月28日）

　　「国は、グローバル・リーダーを育成する先進的な高校（「スーパーグローバルハイスクール」（仮称））を指定し、外国語、特に英語を使う機会の拡大、幅広い教養や問題解決力等の国際的素養の育成を支援する。国は、国際バカロレア認定校について、一部日本語によるディプロマ・プログラムの開発・導入を進め、大幅な増加（16校→200校）を図る。国及び地方公共団体は、高校生の海外交流事業や短期留学への参加を積極的に支援する。日本人学校等の在外教育施設において、現地の子どもを積極的に受け入れ、日本語教育や日本文化理解の促進に努める。」(p.4)

171

第Ⅱ章　諸外国の公立学校への導入の試み

(5) 「日本再興戦略－JAPAN is BACK－」（平成25年6月14日 閣議決定）
「一部日本語による国際バカロレアの教育プログラムの開発・導入等を通じ、国際バカロレア認定校等の大幅な増加を目指す（2018年までに200校）。」（p.38）

(6) 名古屋大学教育学部附属中・高等学校（国立）、愛知県立旭丘高等学校（公立）、京都市立堀川高等学校（公立）、札幌聖心女子学院高等学校（私立）、関西学院千里国際高等部（私立）の5校が指定された。

(7) 日本語で実施可能となる科目等は、「経済、地理、歴史、生物、化学、物理、数学、数学スタディーズ、音楽、美術、知の理論（TOK）、課題論文（EE）、創造性・活動・奉仕（CAS）（ただし、日本語DPでも、6科目中2科目（通常、グループ2（外国語）に加えて更に1科目）は、英語等で履修することが必要。）」文部科学省国際バカロレアについて5. 我が国における取組等＜http://www.mext.go.jp/a_menu/kokusai/ib/1352960.htm＞［2017/6/6付アクセス］

(8) 立命館宇治高等学校担当者に対するインタビューによる（2012年8月6日）。

(9) 資源の最適活用を図るため、所与の環境を、強み・長所（Strengths）、弱み・欠点（Weaknesses）、機会（Opportunities）、脅威（Threats）のカテゴリーに類型化し要因分析することで戦略策定を行う手法。

(10) 東京都「アジアヘッドクォーター特区域内ビジョン」p.32.

(11) 東京都教育委員会『国際バカロレアの導入に向けた検討委員会報告書』（平成26年3月）, p.5.

(12) 東京都「国際バカロレア検討委員会」資料

(13) 東京都教育委員会『国際バカロレアの導入に向けた検討委員会報告書』

(14) 東京都立国際高等学校国際バカロレアコース入試情報＜http://www.kokusai-h.metro.tokyo.jp/ib/exam/index.html＞［2017/06/29付アクセス］

(15) 札幌市の出生実数は、2011（平成23）年には、1万4,491人と、ピーク時の1974（昭和49）年の2万4,525人と比べて約10,000人の出生数の減少となっている（「札幌市公表の人口動態統計調査結果」（平成23年統計）＜http://www.city.sapporo.jp/hokenjo/f9sonota/toukeihyou.html＞［2014/11/14付アクセス］

(16) 札幌市教育委員会「個性を伸ばし、豊かな人間性をはぐくむ教育を目指して―札幌市立高等学校教育改革推進計画―」平成15年2月, pp.12-13.

(17) 横井敏郎「資料　新世紀を展望した魅力ある札幌市立高等学校のあり方について　第1次答申（札幌市立高等学校教育改革推進協議会）平成13年5月」『公教育システム研究』第2号, 2001年7月, p.179.

(18) 札幌市教育委員会「札幌市中高一貫教育校設置基本構想」平成23年3月, p.7.

(19) 同書, p.7.

172

Ⅱ－6　日本：グローバル化とカリキュラム改革

(20) 札幌市教育委員会での聴取（2013年11月7日）
(21) 市立札幌開成中等教育学校については、国立教育政策研究所プロジェクト研究
　　「高等学校政策全般の検証に基づく高等学校に関する総合的研究」（平成24～25
　　年度）報告書の一部を抜粋し加筆修正した。

Ⅱ－7

国際バカロレア導入の国際比較

岩崎　久美子

はじめに

　国際バカロレアは、創設当初、インターナショナルスクールやユナイテッド・ワールド・カレッジ（United World College, 以下 UWC）を中心に展開されてきたが、近年では、英語圏のみならず英語圏以外の私立学校や公立学校での導入も拡大してきている。

　国際バカロレアは、大学の先取り学習の様相を持つことから、研究を志向する大学との接続が容易であり、高大連携が可能なカリキュラムである。また、標準化された評価により、国際バカロレアによるディプロマの点数で事前に大学の合否予測や条件付入学が可能といった利点もある。当初、ディプロマプログラムの創設目的が、各国の大学入学資格と代替可能な大学入試のための国際的なパスポートとして想定されていたことを考えれば、その存在が英米の大学入試と関連して議論されてきたことは当然のことであろう。しかし、同時に、近年では、国際バカロレアが有する、自国のアイデンティティを中核に据えたグローバル性、そして生涯にわたって求められる学び方のスキルや学習の習慣づけといった学習態度や学習技能の形成の観点からの国際バカロレアにおけるカリキュラム内容の卓越性にも注目が置かれているように思われる。

　本節では、国際バカロレアの発足当時の状況を振り返るとともに、その後、公立学校に導入が図られてきている近年の各国の動きを俯瞰し比較することで、あらためて脚光を浴びている国際バカロレアの現在の状況について、第Ⅱ章全体をまとめてみたい。

175

第Ⅱ章　諸外国の公立学校への導入の試み

1 国際バカロレアの発足

　まずは、国際バカロレアの歴史を簡単に見てみよう。

　国際バカロレアの原点には二つの舞台がある。その一つは、イギリスの UWC、そしてもう一つはスイスのジュネーブ国際学校である。この二つの舞台をつないだのは、後に初代IBOの事務総長となったピーターソン（Peterson, Alec, 1908-1988）である。

　最初の舞台であるUWCは、1962年、世界各国から高校生を選抜して2年間の寄宿舎生活によって教育を行う学校として、イギリスのサウス・ウェールズで始まった。このアトランティック・カレッジ（Atlantic college）と呼ばれる実験的学校は、ドイツ人（後にイギリス国籍取得）教育者であるハーン（Hahn, Kurt, 1886-1974）が「人は平和に共存するため、互いに知り合う必要がある」との理想を掲げ、空軍中将ダーボル卿（Darvall, Lawrance, 1898-1968）とともに設立した。ロンドンタイムスが「第二次世界大戦後、最も興奮を呼び起こす教育における試み」と称賛したように[1]、冷戦期にあった当時、教育に国際理解や平和の理念を求める機運があったのであろう。

　このUWCを設立したハーンとはどのような人物で、国際バカロレアとどのような関係にあるのだろうか。

　ハーンは、ユダヤ人の両親のもとベルリンに生を受けた。オックスフォード大学、そしてハイデルベルク、ベルリン、フライブルク、ゲッティンゲンなどのドイツ国内の各大学で学問を積み、ドイツ帝国最後の宰相であったマックス・フォン・バーデン公（von Baden, Max, 1867-1929）の私設秘書を務めた。ハーンは、青少年教育が重要であるとの信念をバーデン公と共有し、バーデン公の支援のもと、社会のリーダーとなるべき人材の人格形成を目指す全寮制のザーレム・スクール（Schule Schloss Salem）をドイツのボーデン湖畔に創設し、1920年から1933年までの間校長を務めた。この学校は1930年代になるとヨーロッパでは名が通った学校に成長した。しかし、ハーンは、第一次世界大戦後のドイツのナチスの台頭に対し、反ナチスを掲げ投獄される。その後、バーデン公の働きかけや、時のイギリス首相のマクドナルド（MacDonald, Ramsay）の介入で、釈放と同時に国外追放となりイギリスに渡

176

ることになった。

　イギリスに渡ったハーンは、1934年にスコットランドに全寮制のゴードンストウン・スクール（Gordonstoun school）を設立する。この学校は、設立当初は私塾のようなもので財政難などに見舞われるが、現在では、イギリス王室関係者が進学し、卒業生にはエジンバラ公（Duke of Edinburgh）や現皇太子（Prince of Wales）などの名前が挙がる名門校に発展している。ハーンは、この学校で、彼の持つ教育理念を次々と具現化する。たとえば、1941年にアウトワード・バウンド（Outward Bound）と呼ばれるアウトドア活動の短期講習（学校）を始め、また、ラウンド・スクエア（Round Square）という学生同士の国際会議などの交流を試みるようになる[2]。このように、ハーンは、野外教育などの体験を通じた人格形成を柱とした、ドイツのザーレム・スクール、スコットランドのゴードンストウン・スクール、そしてUWCといった全寮制の学校を構想し、自身の教育への理想と強い信念を実現していくのである。

　一方、初代国際バカロレア機構（International Baccalaureate Organization,以下IBO）の事務総長となり、IBのカリキュラム構築に尽力したピーターソンは、1957年、NATO（North Atlantic Treaty Organization）主催の国際教育に関する会議でハーンと知り合い、ハーンの依頼でUWCアトランティック・カレッジのカリキュラムの策定を手掛けることになる。ピーターソンは、イギリスのドーバー・カレッジ（Dover College）の校長として、シックス・フォーム（Sixth Form）（大学進学希望者のための中等教育の最後の2年間）用の国際的なカリキュラムを策定した経験を有していた。しかし、UWCのカリキュラムの策定に際しては、UWC側からの要望として、単に学力をつけるだけではなく、芸術、スポーツ、社会活動などを通じて全人格的発達を可能にするカリキュラムの開発を強く求められ、また期待されたという。そしてハーン自身からは、高校生は知的発露（ハーンの言葉では"grand passion"）の機会が重要なため、生徒個人が研究を行うような学習をカリキュラムに入れることへの強い希望があったという[3]。ピーターソンは、当時ハーンは最も優れた教育者であり、注目されていた教育者であったと述懐している[4]。

　ハーンの考えはピーターソンに大きな影響を与え、ピーターソンが国際バカロレアのカリキュラムを構想する際、国際バカロレアのカリキュラムの原型、特にCAS（「創造性・活動・奉仕」）や「課題論文」（Extended Essay）などに

第Ⅱ章　諸外国の公立学校への導入の試み

反映されていく[5]。

　国際バカロレアの原点となるもう一つの舞台は、ジュネーブ国際学校である。

　ジュネーブ国際学校は、国際連盟やILOなどの国際機関に勤務する者の子弟のために1924年に創設された最も古いインターナショナルスクールである。前述の初代IBO事務総長となったピーターソンは、1964年にジュネーブ国際学校を初めて訪問するのだが、そこで見たのは、スイス（maturité fédérale）、イギリス（GCE Aレベル）、フランス（baccalauréat）、アメリカ（College Board Advanced Palcement test）といった四つの大学進学資格別のグループに分かれて学習している生徒の姿であった。つまり、ここでは、国籍の異なる生徒たちの希望に応じ、進学先の教育制度に倣った大学入学準備に個別に対応していた。当時のバルカン半島をめぐる国際情勢に例えて「バルカン化」と表現される分化したカリキュラムごとにグループ化された内部の状況は、リソースの無駄という学校経営上の問題とともに、国籍の異なる生徒たちが一緒に学ぶというインターナショナルスクールの理念に反するものでもあった。そのため、国籍の異なる子どもたちが大学に進学する際、どの国にも通用する大学入学試験に代わる評価尺度が求められ、各国の教育制度から独立した国際的共通カリキュラムの創設が模索されることになったのである[6]。

　「国際バカロレア」（International Baccalaureate）の名称が初めて世の中に出たのは、1962年、「国際学校協会」（International Schools Association, ISA）によるジュネーブでの社会科教師たちの小さな会合でのことである。大学への国際的パスポートの創設が提言されたこの会合は、ジュネーブ国際学校の社会科主任教師のリーチ（Leach, Robert J., 1930-1998）が議長を務めた。リーチは、国際学校協会の仕事にも精力的にかかわっていた。国際学校協会は、1951年にジュネーブ国際学校やニューヨークやパリにあるインターナショナルスクールの保護者によって設立されたものであり、当初から保護者の関心の中心は子どもの大学進学にあった。そのため、国際学校協会の懸案事項の第一は、大学進学率が高まる中で、変化していく大学入学制度への対応にあった[7]。

　第一次世界大戦と第二次世界大戦の間に海外に滞在した外国籍の子どもたちは、フランス人学校からフランスのバカロレア、イギリスの教育制度に則った学校から海外滞在者用のGCE、アメリカ人であれば大学入学試験協会（college

Ⅱ－7　国際バカロレア導入の国際比較

entrance examination board）のテストの利用など、それぞれ自国の教育制度
に基づく学校から母国の大学に進学する独自のルートがあった。また、大学進
学者が限られ、海外に滞在する者はいわば特権階級ともいえる者たちであり、
大学進学は学力よりも保護者の経済力や社会的地位に依拠したため、保護者は
子どもたちの進路について心配することはなかった[8]。国際バカロレアの登場
は、戦後の経済成長の中で、海外で働く保護者の帯同によるインターナショナ
ルスクールで学ぶ子どもの増加や自国での高等教育への進学率の高まりに伴う
競争的学力試験の激化、といった当時の社会的状況と無縁ではない。

　その後、ピーターソンは、国際学校協会から独立してインターナショナルス
クールのカリキュラムや試験の開発を行う「国際学校試験委員会」
（International Schools Examination Syndicate, ISES）の創設に伴い、その委
員会の委員長となり、国際バカロレアの原型となるカリキュラムや試験制度を
検討することになる。この国際学校試験委員会が発展し、1968年にスイス民
法典に基づいた非営利団体として、国際バカロレア機構（International
Baccalaureate Organization, IBO）の設立に至るのである。ピーターソンは、
オックスフォード大学に籍を残しながら、国際バカロレア機構の初代事務総長
になった。

　振り返れば、国際バカロレア機構の創設は、国際教育の理念を共有する人々
がつながり、その想いを統合し具現化していった壮大なプロジェクトであった
と言えよう。

コラム：国際バカロレア機構の成立

　国際バカロレアの構想が現実に動き出したのは、1962年にUNESCO
の資金援助のもと、インターナショナルスクールのネットワーク機関であ
った国際学校協会①が行った社会科カリキュラムに関する会議からであ
る。そこでは、共通の社会科試験についての議論がなされ、1964年には
共通の現代史のシラバスと試験の原案がスイスのインターナショナルスク
ールで試行されるようになった。それと前後し、1963年、20世紀財団
（the Twentieth Century Fund）が7万5,000ドルの助成金を提供し、国
際学校協会は国際的な共通試験の可能性を模索するための検討委員会、国

179

第Ⅱ章　諸外国の公立学校への導入の試み

際学校試験委員会②を設置することになった。この委員会は1965年に国際学校協会から分離し、スイス民法典に基づいた非営利団体としての法的地位を持つに至る。この国際学校試験委員会により、その後、ジュネーブ国際学校で試験的に歴史の共通試験の開発が行われるようになり、その後、言語教授法研究へと発展していく。この国際学校試験委員会が、後の1968年、スイス民法典に基づく財団法人登録を行い、正式に国際バカロレア機構となるのである。

①：　1951年創設。インターナショナルスクールが加盟する組織で、スイスのジュネーブに本部を置く。
②：　ピーターソンは、隠語的に用いられた「シンジケート」について、「おそらく不幸な名称であった」（the perhaps unfortunate name of the 'International Schools Examination Syndicate'）と言っている（Peterson, Alec D.C., *The International Baccalaureate*, George G. Harrap & Co.Ltd., 1977, p.11）。ここでは、いくつかの先行研究から「委員会」の訳を採用した。

2 ｜ 国際バカロレアの拡大

　国際バカロレアの歴史を見れば、二つの世界大戦とその後の冷戦の時代にあって、教育に理想や未来を求めた教育者たちの情熱が、UWCや国際バカロレアに結実していったことがわかる。国際バカロレアの半世紀近い歴史の中で、国際バカロレアは拡大の一途をたどる。

　1970年に最初の国際バカロレア試験が実施された。当時の参加学校数は11校、生徒数は約300人であった。2016年5月の試験の参加学校数は2,487校、生徒数は14万9,446人[9]である（図表2－7－1参照）。

　この拡大の過程を、現在の時点で、①1990年まで、②1990年代、③2000年代以降の三つの時期に区分して大枠でくくり、類型化してみたい。

　第1期は、国際バカロレア機構の創設から1990年までの時期である。この時期は、UWCが主な国際バカロレアプログラムの実施機関であった。生徒層は、国際機関や企業などの海外赴任者の子ども、あるいは選抜された留学生など、家庭の文化資本や教育力がある一定階層の者であり、社会的背景や学力などが等質と推測される集団である。

180

その後、1980年代になると、インターナショナルスクールやUWC以外に北米（アメリカ、カナダ）の進学志向が強い高校において国際バカロレアの導入拡大を見ることになる。

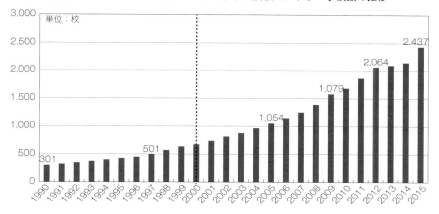

図表2－7－1　IBディプロマプログラム試験エントリー学校数の推移

出典：International Baccalaureate, *The IB Diploma Programme Statistical Bulletin*, May 2015 Examination Session, p.11のデータより筆者が作成。

アメリカの公立学校に国際バカロレアプログラムが最初に導入されたのは、ニューヨークのフランシス・ルイス高校（Francis Lewis High School）であり、1978年のことである。当時のセルスキー校長（Serisky, Mel）は、有名大学を目指す優秀な生徒のためのプログラムを求めて、国際バカロレアを導入していた国際連合国際学校（United Nations International School, UNIS）に視察に行き、このプログラムの導入を決定したとのことである[10]。

北米地域（アメリカ、カナダ）での拡大の推移を見れば、1977年の段階で10校であったのが、1980年に40校（うちカナダが12校）、1982年に65校（うちカナダが22校）、1984年に126校（うちカナダ36校）に増加した[11]。

第2期は、国際バカロレアのカリキュラムの卓越性を認める英語圏の私立学校や、北米地域（アメリカ、カナダ）の公立学校でさらに導入されるようになった1990年代の時期である。社会情勢としては、1989年の冷戦の終結、ベルリンの壁の崩壊を経て、1990年の東西ドイツの再統一という大きな社会変動

181

第Ⅱ章　諸外国の公立学校への導入の試み

が見られた時期であり、アメリカを中心に、経済のグローバル化が進展してい
った時期でもある。

　アメリカの公立学校では、国際バカロレアプログラムは優秀な生徒のための
特別プログラムの意味合いを持ち、国際バカロレアの評価が高まるにつれ、英
語圏の私立学校や公立学校の一部の選抜クラス、あるいは学校全体に国際バカ
ロレアを導入し優秀な生徒を獲得したり、学校のイメージやレベルをアップさ
せるという学校経営上の起死回生策として導入されるようになった。このこと
は、学校のシステムを国際バカロレアプログラムで総入れ替えし、まったく新
しい学校として再生することを意味した。たとえば、1994年にIB校になった
バージニア州のマウント・バーノン高校（Mount Vernon High School）がそ
の例である[12]。

　第3期は、2000年代に入ってからである。この時期は、国際バカロレアが拡
大路線化し、教育産業として興隆し、経済や政治の動きとともに英語圏の公立
学校や非英語圏でも顕著に導入が試みられた。1999年1月にユーロが導入され
るなど、経済のグローバル化が一層進み、教育のグローバル化も連動して意識
されるようになる。英語圏の大学への留学志向や、西欧的な論理・合理性を求
める教育内容への関心、そして国際バカロレア機構（IBO）の働きかけもあ
り、アジアや中南米など、非英語圏の現地校での導入が増加する。たとえば、
中国では、富裕層の英語圏の大学・大学院への留学志向の高まりから、それに
接続しうる国際バカロレアに対する関心が非常に高くなった。

　日本では、経済団体連合会（経団連）により、2000年に報告書「グローバ
ル化時代の人材育成について」が出され、経済のグローバル化や情報化に対応
した人材育成が重要であるとの提言がなされた。このような産業界の動きもあ
り、グローバル化に対応する教育プログラムのモデルとして、日本でも国際バ
カロレアが注目され、一部の私立学校では経営上の観点から、そして、公立学
校においては新たな学習方法や学習内容の改革モデルとして導入が意図された
のである[13]。

182

コラム：初代国際バカロレア機構事務総長

　初代国際バカロレア機構事務総長（任期1968 - 1977）となったピーターソン（1908 - 1988）の経歴には興味深いものがある。ピーターソンは、第二次世界大戦中、東南アジア連合国軍心理戦副長官（Deputy-director of psychological warfare for South-East Asia Command）であり、戦後はグラマースクールなどの校長、オックスフォード大学教育学部長を歴任、教育界のみならず、政治・外交筋に太いパイプがあったと言われている。

　ピーターソンは、ユナイテッド・ワールド・カレッジ（UWC）アトランティック・カレッジ（1962年創設）の総合的カリキュラム開発を手がけ、その後、1966年、国際バカロレア機構の前身である「国際学校試験委員会」の委員長（オックスフォード大学の教育研究学部長（head of the department of educational studies）との兼業）として、国際的なカリキュラムや試験の作成に従事する。国際学校試験委員会委員長の折、ピーターソンは頻繁にジュネーブを訪問していた。ピーターソンの教育理念に基づいて開発された試験や方法論は、ジュネーブ国際学校を舞台に、ジュネーブ国際学校のスタッフの手で実施された。その内容は、生徒自身の想像性をかきたてる選択科目、個別の研究、学問と地域サービスのバランス、批判的思考と知識の理論の役割といったものであり、現在のIBカリキュラムの中核になったものである。

　ピーターソンは、1967年1月から約6か月、オックスフォード大学からの研究休暇をもらいジュネーブに滞在する。ピーターソンの住居は、国際バカロレア機構の最初のオフィスの場所から200メートルの距離であったという[1]。ピーターソンは研究休暇の後、オックスフォード大学に戻るのであるが、イギリスに居を構えながら同時に国際バカロレア機構の初代事務総長（1968年〜 1977年7月）を兼職することになる。

[1]： Mathews, J. & Hill, I. (2005), *Super Test: How the International Baccalaureate can Strengthen Our Schools*, Open Court, p.45.

第Ⅱ章　諸外国の公立学校への導入の試み

3 ｜ 国際バカロレア導入における各国の動き

　ここまで国際バカロレアの拡大の過程を振り返ってきたが、第Ⅱ章で国ごとに記述されている公立学校への国際バカロレア導入の動きについて、簡単に要約してみたい。

（1）イギリス

　イギリスでは1971年、国際バカロレアのカリキュラム開発の一つの原点となったUWCアトランティック・カレッジに導入されたのが始まりである。2017年5月現在、国際バカロレアを導入している学校数は、PYP13校、MYP14校、DP115校、キャリア関連プログラム（Careers Related Certificate, IBCC）20校である。DPを提供している115校中、公立学校は44校であり[14]、公立学校が占める割合は38.3％である。

　イギリスでは、労働党政権下の2006年、当時のブレア政権が「すべての地域にDPを提供する学校を少なくとも1校は設置する」と宣言し、公立学校を対象に2006年から2009年にかけて財政措置を行ったことで、国際バカロレアを導入する公立学校が増加した。ブレア政権は政治的課題の優先順位に教育を掲げたことで有名であるが、教育において新自由主義的な合理性による改革を目指した。IB校はブレア政権時に急増するが、その後、財政措置がなくなると、公立学校での数は減少している。

（2）アメリカ

　国際バカロレアが最初に導入されたのは、1971年の国際連合国際高校（United Nations International School, UNIS）である。2017年5月現在、国際バカロレアの学校数は、PYP533校、MYP649校、DP916校、IBCC85校である。

　DPを提供している916校中、公立学校は798校であり公立学校が占める割合は87.1％と高い。国際バカロレアはアメリカの公立学校の中で、難易度の高いカリキュラムとして認知されており、優秀な生徒の大学進学プログラムの一つとして、学校の一部クラスに選抜クラスとして置かれることが多い。国際バ

184

カロレアは公教育の優れた教育の一部として制度的に位置づけられている。

　アメリカの教育行政は地方分権であり、公立学校は各州政府の権限下にある。税収入の良い地域では良い教育システムが整備されており、教育は市や郡の納税者の関心事の一つとなっている。国際バカロレアは公立学校の質の保証の一つの指標であり、学校再生の切り札として、教育パッケージの形で学校全体の仕組みを総入れ替えする場合に用いられることも多い。アメリカで公立学校に国際バカロレアが導入されている意義は、経済的に困難ながらも優秀な子どもに対し、優れた教育機会を提供することにある。

(3) ドイツ

　国際バカロレアの国内導入は、アメリカやイギリスと同じ1971年からであり、フランクフルト国際学校（Frankfurt International School）が最初である。翌年1972年に、同じくフランクフルトにある公立学校ゲーテギムナジウム（Goethe Gymnasium）が導入している。2017年5月現在、PYP45校、MYP33校、DP91校、IBCC2校である。DPを提供している91校中、公立学校は27校であり、公立学校が占める割合は29.7％、約3割である。

　ドイツ国内で、国際バカロレアが近年若干増加した要因は、2000年3月、国内大学進学資格としてIBディプロマによりドイツの大学への進学が可能になったことが大きい。それまでは、IBディプロマをアビトゥーア（高校卒業・大学入学資格試験）の代用とする際の学習レベルの互換性ができず、またギムナジウム修了が13学年であるのに対し、私立校＝インターナショナルスクールは12学年であるなど、教育年限の差異があり、IBディプロマを取得したドイツ人生徒はドイツの大学へ進学できなかった。しかし、経済のグローバル化により、急速に世界レベルで人的移動が行われる状況となり、加えて、ヨーロッパ高等教育圏として、ヨーロッパ圏内での学生の移動を可能にするため、大学入学資格や大学教育制度を、ヨーロッパ圏内で共通にする必要が生じた。これによって、ドイツの大学で学士の資格を出すようになり、またギムナジウムも9年制から8年制へと移行した。こうした教育制度の改革やヨーロッパの人的移動を背景に、近年、国際バカロレアを導入する公立学校、私立学校＝インターナショナルスクールが増加したとされる。

第Ⅱ章　諸外国の公立学校への導入の試み

(4) 中国（本土）

　中国に国際バカロレアが導入されたのは1991年であり、北京国際学校
（International School of Beijing）が最初である。1990年代の中国の経済成長
やグローバル化に伴って、国際バカロレアを導入する学校数が急激に増加して
いる。教育の市場化が進む中国では、富裕層の子弟を海外に進学させるニーズ
が高く、2010年代以降、海外の大学進学のためのルートや種類が多様化し拡
大している。国際バカロレアもその一つである。2017年5月現在、国際バカロ
レアを導入している学校数は、PYP13校、MYP14校、DP115校、IBCC20校
である。DPを提供している115校中、公立学校は19校であり、公立学校が占
める割合は16.5％である。

　中国では、経済が発展するにつれ富裕層が拡大し、その子弟の中に英米の大
学への進学を希望する者が増加した。英米の大学による中国の優秀な学生の争
奪戦といったプル要因と、英米の大学に留学を希望する中国人のニーズという
プッシュ要因により、資格として国際バカロレアが注目されるようになっている。

(5) 中国（香港）

　香港で最初に国際バカロレアを導入したのは、香港で最初のインターナショ
ナルスクールとして1964年に創設されたフランス国際学校（French
International School）である。1988年、フランス国際学校の一部に国際バカ
ロレアが導入された。2017年5月現在、国際バカロレアを導入している学校数
は、PYP34校、MYP9校、DP29校、IBCC2校である。DPを提供している29
校中、公立学校は5校であり、公立学校が占める割合は17.2％である。

　香港では、現地の統一試験の結果が国際的に認知されており、香港で教育課
程を修了することで海外留学が可能であったこと、また、高校卒業まで授業料
が無償であることから、従来、海外留学を目的とした国際バカロレアを公立学
校で導入するニーズは高いものではなかった。しかし、イギリス統治を経て
1997年に主権が中国に返還されることが決まると、中国本土化に向かう政策
に不安を覚えた人々の海外移住が加速し、また、香港の中にいても早い段階で
子どもの海外留学の準備を志向する者が増えている。教育改革の一環として、
統一試験の内容の厳格化が進み詰め込み教育になっていることからも、自己啓

Ⅱ－7　国際バカロレア導入の国際比較

発を探求できる点で富裕層において国際バカロレアが志向される傾向が現れてきている。

(6) 日本

　国際バカロレアの最初の導入は、1979年、男子校であるセント・メアリー国際学校（St. Mary's International School）である。2017年5月現在、国際バカロレアを導入している学校数は、PYP22校、MYP13校、DP32校であり、IBCCの実施校はない。DPを提供している32校中、公立学校は4校であり、公立学校が占める割合は12.5％である。

　日本では、国際バカロレアは、主にインターナショナルスクールで導入されており、「学校教育法」第1条で規定する学校（1条校と呼称）が、国際バカロレアを実施することは、日本の学習指導要領の要件を同時に満たす必要から難しいとされてきた。そのような中で、カリキュラム編成の弾力化によって、2000年に1条校である私立学校の加藤学園暁秀高等学校が国際バカロレア校として初めて認定され、次いで、2009年に玉川学園高等部、AICJ高等学校、立命館宇治高等学校が認定された。その後、グローバル化で激化する国際競争の中で、2013年に政府、日本経済団体連合会によって相次いで国際バカロレアの導入への積極的な提言がなされ、国際バカロレアの導入は政策的な推進力を持つようになる。特に政府の「日本再興戦略－JAPAN is BACK－」（平成25年6月14日 閣議決定）で、2018年度までにIB認定校を200校とする目標を掲げたこともあり、官民一体となって国際バカロレアの導入を目指すようになった。

図表２－７－２　国際バカロレア導入の国際比較

	英語圏			非英語圏		
	イギリス	アメリカ	中国（香港）	ドイツ	中国（本土）	日本
公立学校が占める割合（2017年5月）	38.3％	87.1％	17.2％	29.7％	16.5％	12.5％
中等教育改革のモデル	●（ブレア政権財政措置）	●（学校改善のパッケージ）				●（自立的学習者養成モデル）
大学との接続	●（Aレベル批判）	●（AP・IBの大学での単位認定）	●	●（入試改革）		
教育のグローバル化			●	●（国内外進学機会拡大）	●（欧米大学進学）	●（欧米大学進学）

注：中国（香港）は英語が公用語であるため、ここでは英語圏に入れてある。

187

第Ⅱ章　諸外国の公立学校への導入の試み

おわりに

　これまで述べてきたように、各国で国際バカロレアは拡大・普及し、発展の一途にあることがわかる。しかし、拡大することは、その対象集団の質の変容、多様化をもたらす。国際バカロレアの発足時から現在までを振り返ると、そのターゲット層は、国際機関職員、外交官、国際的ビジネスマンの子弟といった等質集団の生徒から、拡大に伴い、学校の種類、地域、生徒の社会経済的背景において多様性を内包するようになってきており、創設時の国際バカロレア（特に大学入学にかかわるディプロマプログラム）が意味していたものと、現在の国際バカロレアの間に差異が生じてきている。このことは時代とともに国際バカロレアが発展してきた証左でもあるが、同時に生徒層の多様化は、創設当時と異なり、カリキュラムの改編や指導の変容を求めるものであろう。2012年にIBCCが創設されたのは、生徒層の多様化への対応の面もある。

　それでは、あらためて、国際バカロレアのうち、ディプロマプログラムが有効な生徒とはどのような層かを考えてみたい。

　その生徒層とは、第一に学習意欲がある者である。国際バカロレアの学習活動の多くは、生徒の主体性に依拠し、生徒自身が学習習慣、学び方のスキルといった学習レディネスを持ち、主体性や能動性が求められる学習環境にすぐに適応する必要がある。国際バカロレアを受講する前提として、学習意欲や学習習慣、そして相応の知識の蓄積があることが求められるのである。これは、カリキュラム開発時に想定された生徒像が、保護者の知的関心が高く教育力があり、家庭に蔵書や教育的な資源が多くある、一定の文化資本を持つ家庭背景の子どもたちであったことに由来する。

　学習の成熟度は人によって違いがある。かつてグロウ（Grow, Gerald O.）という研究者が、成人学習者を4段階に類型化した。それによれば、①自己決定性が低く、何をすべきか教えてくれる権威的な人物を必要とする段階、②自己決定性はあり、動機づけも自信もあるが、学ぼうとする内容について知らない段階、③学習者が学習スキルや基礎的知識を持っているが、指導者がいれば特定の科目を深く学べる段階、④自己決定性が高く、学習者が自分の学習プロセスを計画・実行・評価できる段階、の四つである。この中の④の段階が理想

Ⅱ－7　国際バカロレア導入の国際比較

であり、生涯にわたって学習を自己決定的に行える者とされる[15]。

　このように、学習の成熟度によって、学習への指導や支援の度合いは異なる。国際バカロレアにどのような生徒が適しているかといった議論において、このグロウの理論は援用できるのではないだろうか。つまり、生涯にわたって自律して学習ができる④の段階の生徒を前提とし、あるいはそれを目指して育成するプログラムと言えよう。

　将来予測として、今後数十年で、新しい職種とスキルが登場し、労働市場は変化し、学び直しとスキルの再習得に投資することが必然になるとの指摘がなされている[16]。自律的で自由な学習者であることは労働市場の変化に対応し、雇用の維持、確保につながる優位性を持つことである。将来、学び直しやスキルの再習得を可能にするためには、学習への意欲・スキル、そして、自分で学習を計画・実施・評価できる自己決定性を持つことが重要であり、このことは、国際バカロレアプログラムの目標と同じベクトルである。ただし、学習者として最終的に成熟させるためには、学習者の学習速度や適性を判断し、最適な環境を提供することが重要である。国際バカロレアが適する生徒もいれば、適さない生徒もいるであろう。

　国際バカロレアの拡大によるその性質の変容は、同一年齢層の大学進学率の高まりや大学が大衆化の動きに連動し、内実が多様化していく過程でもある。アメリカの高校では、優秀な生徒を対象として大学1年次相当の講義を行うアドバンスト・プレスメント（AP）が行われているが、それと同様に国際バカロレアは、大学の先取り学習の位置づけもなされている。欧米の一部の大学で、大学の入門科目を国際バカロレアで取得した科目で読み替えることが可能なのは、国際バカロレアがこのような研究志向の大学との接続が良いことの例であろう。このように、大学大衆化の中で、国際バカロレア受講者が接続すべきは、一定の研究型の大学であることを念頭に置かなければならない。

　国際バカロレアは、インターナショナルスクールのみならず、国内の教育制度に位置づけられた学校においても各国で導入が試みられ拡大してきている。しかし、単純に拡大を推進するのではなく、そのカリキュラム特性に沿った導入のありようが、接続する大学との関係において丁寧に議論される時期を迎えているように思われる。

189

第Ⅱ章　諸外国の公立学校への導入の試み

【注】

(1) UWC History & Founding Ideas＜http://www.uwc.org/news/?pid=22&nid=23＞
［2017/6/27付アクセス］

(2) ハーンについては、下記を参照されたい。

　　・Sutcliffe, D., Kurt Hahn and the United World Colleges with other Founding
Figures. 2012.

　　・Knoll, Michael. "School reform through experiential therapy: Kurt Hahn - an
efficious educator".＜http://mi-knoll.de/117401.html＞［2017/5/27付アクセス］

　　・Peterson, Alec D.C.（1987）, *Schools Across Frontiers: The Story of the
International Baccalaureate and the United World Colleges*, Open Court, pp.
1-3.

(3) Mathews, J. & Hill, I.（2005）, *Super Test: How the International Baccalaureate
can Strengthen Our Schools*, Open Court, pp. 48-49.

(4) ピーターソンは、1957年、NATOが主催したブルージュ（Bruges）における国
際会議でハーンと出会った。Peterson, Alec D.C., 前掲書, p.1.

(5) Mathews, J. & Hill, I., 前掲書, pp. 49-51

(6) Peterson, Alec D.C., 前掲書, p.16-17.

(7) Jay Mathews and Ian Hill, 前掲書, p.18.

(8) Peterson, Alec D.C., 前掲書, p.16.

(9) International Baccalaureate, The IB Diploma Programme Statistical Bulletin,
May 2016 Examination Session.

(10) Jay Mathews and Ian Hill, 前掲書, p.108.

(11) Peterson, Alec D.C.（1987）, 前掲書, p.131.

(12) Jay Mathews and Ian Hill, 前掲書.

(13) 岩崎久美子「国際バカロレアの今後の展開」『文部科学教育通信』No.402、12月
26日号、pp.18-19。

(14) イギリスの学校数等の数字は下記により、2017年5月現在である。
The IB by country＜www.ibo.org/country/GB＞［2017/5/28付アクセス］
アメリカ、ドイツ、中国、香港、日本も同様に検索。

(15) Gerald O. Grow（1991）, "Teaching Learners to be Self-directed", *Adult
Education Quarterly*, Volume 41, Number 3, Spring, pp.125-149.

(16) リンダ・グラットン，アンドリュー・スコット（池村千秋訳）『ライフシフト：100
年時代の人生戦略』東洋経済新報社、2016年、pp.23-24。

第Ⅲ章

国際バカロレアを教える
日本人教師とは

Ⅲ－1

日本人教師の実態

橋本　八重子

はじめに

　ここでは、「国際バカロレアを教える日本人教師」（以下IB日本人教師）の実態に迫る。どんな人がIBを教えているのか、その背景を見てみたい。また、現在、どんなことに喜びを見いだし、何に悩んでいるか。そして、現場からの声、提言を掲載する。

　資料にするのは49通のアンケート[(1)] 回答である。これは主にメーリングリスト[(2)] に登録する人に質問用紙を送り、回収した数である。登録を200人とすると、回答率は24.5％となる。内訳は次のとおり。日本はアジアだが、独立して表した。何か特徴が見いだせるかと思ったからだ。日本を入れると回答者は58％。半分以上がアジアからとなる。

　以下、あくまでこの49人の回答から言えることである。しかしながら、ある傾向は見いだせると思う。さらに、筆者自身の勤める学校での体験、知識も　一言メモ　や「コラム」として入れていく。そこに現場の者が執筆する意義があると思うからだ。なお、「コラム」は『国際バカロレア：世界が認める卓越した教育プログラム』（明石書店、2007年）からの再掲である。

1 ｜ 調査者の属性

（1）回答者居住国（問24）

　質問票に回答してくれたIB教員の居住国は、図表3－1－1のとおりである。

第Ⅲ章　国際バカロレアを教える日本人教師とは

(2) 性別 (問23)

　IB日本人教師は、女性の職場であるとの認識があるが、実際に回答者を見ても男性は1割である（図表3－1－2参照）。しかし、男性は全員フルタイムとなっている。雇用形態に関しては次に述べる。

図表3－1－1　回答者の居住国

教えている国	人数（人）	全体の割合（%）
【北米】	3人	6%
アメリカ合衆国	3	
【ヨーロッパ】	17人	36%
オランダ	2	
ベルギー	1	
フランス	2	
イタリア	2	
スイス	3	
イギリス	2	
ドイツ	5	
【アジア】ただし、日本を除く	14人	28%
マレーシア	1	
インドネシア	1	
シンガポール	3	
タイ	2	
韓国	1	
ベトナム	1	
中国	4	
台湾	1	
【日本】	15人	30%
合　　計	49人	100%

注：人数は学校数を表さない。同一学校から複数が回答している場合がある。

図表3－1－2　回答者性別

性　別	人数（人）	割合（%）
男　性	5	10.0
女　性	44	90.0
合　計	49	100.0

（3）雇用形態（問4）

図表3－1－3のグラフでわかるように、正規雇用は全体の88%（43人）。このうち、約70%（30人）がフルタイムだ。男性は前述したように全員フルタイムである。残りの30%はパートタイムだが、このうち80%のパートタイムが一番多く（3人）、以下、60%、50%、33%、25%、12%がそれぞれ1人である。クラス数でいうと、基本的にフルタイムで5クラスを受け持つ。ただしDPのHLコースは1.5で計算する。授業数がSLより多いからだ。

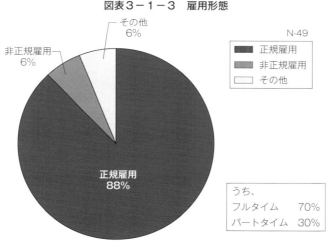

図表3－1－3　雇用形態

また、パートタイムや非常勤で教えている人の教科を見ると（問5）、ほとんどがDPコース（DP Japanese A、B、Ab initio）である。たとえば、フルタイムの12%分のパートタイムで、DP Ab initio（SLのみ）1クラスを教えている人が1人いる（担当コース詳細は後述）。すなわち、高校最終学年2年間のディプロマだけの日本語教師が学校は欲しいのだろう。

<u>一言メモ</u>　労働者と雇用主に関して

オランダの場合、一般的に言って労働者は法的に守られている。パートタイムもフルタイムと同じ雇用条件だ。年金の掛け金もフルタイムと同じように本

第Ⅲ章　国際バカロレアを教える日本人教師とは

人と学校が半々に出す。また、フルタイムの場合は自分の生活状態でパーセントを変えられる。例えば、子どもが生まれた場合。夫として妻と育児を分かち合いたいので、3年間は60%のパートタイムで、といった具合にだ。

| 一言メモ | 教員の異動に関して

　一般的に、インターナショナルスクールでは日本の公立学校のような公的異動は無く、本人の希望で行われる。より雇用条件の良いアジアのインターナショナル・スクールへとか、また、キャリア向上を目指している人は役職募集に応募する。若い人は頻繁に異動し、家族を持つと定着型になることが多い。また、オランダに関していえば、海外採用の場合は10年税率特別扱い制度が適用され、どんなに高所得でも10年間は30%税率と優遇されている。地元採用者はオランダの税制に従う（税率は個人所得の34%～52%で3段階の累進課税）。そのため、海外採用組のほとんどが10年目近くになると、別の国のインターを探して移っていく。インターナショナルスクールは狭い社会で、異動先で元の同僚と一緒になることがある。また、数年後に元の学校に戻ってくる人もいる。

| 一言メモ | 採用のされ方

　一番大規模な採用は世界的リクルート・フェアにおいてである。私の知る限り、年に2回あり、まずクリスマス前にロンドンで、次に1月に入ってニューヨークで行われる。これに参加するのは校長、副校長の大事な仕事だ。よりよい人材を獲得したいのはどの学校も同じ。だから、異動、または、退職希望者は遅くとも12月上旬までに報告のこと、と言われている。早めの通知には引越し費用を学校が持つなどのいろいろな特典がある。一般的に世界的に不景気であるほど、良い人材が集まると聞く。また、その学校の知名度で人気のある学校には希望者が殺到する。海外での採用では、夫婦で教えられる、また、できれば国際バカロレア教師の経験者、などが優先される。

　普段の職探しの場合は、履歴書（CV）を各学校のHuman Resources課に送っておく。需要と供給の問題で、いつ、空きができるかは分からない。最初は産休補助で入り、次に正規のパートタイムになり、やがてフルタイムになる場合もある。学校のホームページにも一般募集のコーナーがある。

コラム：アムステルダム国際学校（ISA）における教員募集方法

　アムステルダム国際学校（ISA）の場合、教員募集はインターネットで行っている。人事課（Human Resources）によると、本校は人気があり、一つの空きに、応募が殺到する。なかなか立派な履歴書（CV）で、ほとんどが最低、修士号（MA）は持っているという。ただ、外国語だけは例外で、しかもマイナーな言語の場合、適任者探しは必ずしも容易ではないらしい。Japaneseの場合もこれにあたる。そして、国文学を専攻していても英語が使えない者より、専門は他教科であっても「英語も可」の者を優遇する（加えて、教師の経験有の者）。これは学校の事務上、そうならざるを得ないといえる。会議、文書、メール、通知表所見等、校内の公的使用言語は英語だからである。

出典：『国際バカロレア：世界が認める卓越した教育プログラム』明石書店、2007年、180〜181頁。

（4）どんな学校で教えているか（問2）

　では、49人はどんな学校で教えているのだろうか（図表3－1－4参照）。

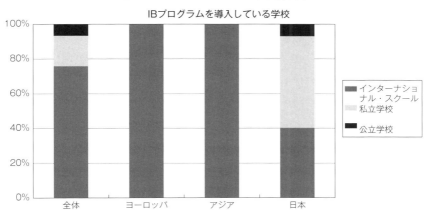

図表3－1－4　地域別設置者別勤務学校
IBプログラムを導入している学校

　全体的に見て、49人のうち71％がインターナショナルスクールで教えている。ヨーロッパとアジアでは100％だ。日本に関していえば、15人のうち、イ

第Ⅲ章　国際バカロレアを教える日本人教師とは

ンターナショナル・スクール組は半分以下の6人（40％）で、私立（1条校、また半官半民も含む）の方が多い（8人＝53％）。日本においては、最近の傾向として、特に私立でIB導入が進められている証といえようか。全体として公立は3人。うち、2人はアメリカで教えている。日本の1人はこれから始まる学校に勤める。

　各国、それぞれ独自のカリキュラム、試験制度がある。それが、インターナショナルスクールだとどの国にも属さないわけで、国を跨いでのカリキュラムが必要となってくる。その一つがIBプログラムである。したがって、インターナショナルスクールでの採用が多いというのは当然だといえる。ただ、このIB校の認定を受けるのはかなり難しく、さまざまな条件をクリアしていかなければならない。しかも一度認可を受ければそれで良し、ではなく、継続して質の向上発展に努めなければ認可取り消しとなる。教育の場としてはこれまた当然といえば、当然なことではある。

　その国際的IBカリキュラムをドイツや中国などでは国のカリキュラムと並行して採用している。日本もそれに加わることになる。

（5）総教職年数とIB経験年数（問1）

　次に、総教職年数とIB経験年数を見ていこう。

　以前、IB日本人教師の年齢に関して、「高齢化の波が押しよせている」と書いた[3]。

　約10年後の今、その懸念は薄らいでいる。新しくIB日本人教師になっている者が増加しているのであろう。年齢（問25）を見てみると、36〜40歳が一番多く16人（全体の33％）、それに続くのが41〜45歳の9人で、両方合わせると51％となる。半分以上が働き盛りの年齢だ。ここでも、ゆっくりとではあるが、世代の交代が進んでいるといえようか。

　次に、総教職年数とIB経験年数に注目する（図表3－1－5参照のこと。横軸は年数、縦軸は人数である）。総教職年数で多いのは5年、6年、そして15年、16年だ。一方、IB日本人教師としての経験年数は3年以下が依然として多く、19人、約39％だ。次に多いのが4〜10年（図表3－1－6参照のこと）。大まかに言えば、全体的に山が2、3年ずつ左にずれている。ほとんどの教師がIBは後で学んだといえる。日本においては、今後この層はもっと増えるこ

198

とが予測される。換言すれば、IB経験0～3年の研修が急務ということである。

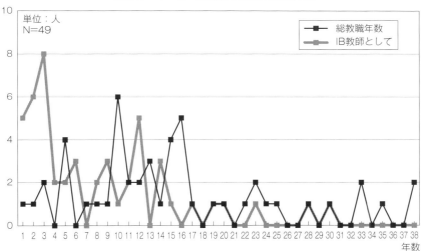

図表3－1－5　総教職年数とIB経験年数

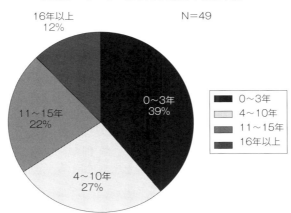

図表3－1－6　IB日本人教師の経験年数

(6) 担当しているコース（問5）

では、実際にどんなコースを教えているのか。ここでは、IB経験年数ごとにフルタイムに限って見ていこう（図表3－1－7参照のこと）。

第Ⅲ章　国際バカロレアを教える日本人教師とは

図表３−１−７　IB経験年数別担当しているコース

	担当コース、その他役割	IB経験0～3年 （10人）	IB経験4～10年 （11人）	IB経験11～15年 （5人）	IB経験16年以上 （4人）
1	DPのみ	2	5	2	1
2	DP+MYP	4	1	2	2
3	DP+MYP+PYP	0	2	1	1
4	DP+MYP+他のプログラム	1	0	0	0
5	DP+他のプログラム	3	0	0	0
6	MYP+他のプログラム	0	1	0	0
7	PYPのみ	0	1	0	0
8	ホームルーム担任	3	8	3	1
9	TOK	1	1	0	1
10	Extended Essayアドバイザー	3	4	3	4
11	Duty（昼休みの見回り、試験監督など）	3	4	2	2
12	その他（リエゾン、進路・進学相談）	0	1	1	2
13	記載なし		1		

略字の説明：
DP=Diploma Program（2年コース。11，12年生が履修）ここでは次の教科を含む。Japanese A（HL/SL），Japanese B（HL/SL），Japanese Ab initio（SLのみ）。HL=Higher Level, SL=Standard Level。
MYP=Middle Years Program（5年コース。6～10年生が履修）
PYP=Primary Years Program（3歳～5年生が履修）
以上、DP+MYP+PYP=IB（International Baccalaureate）。すなわち、「国際バカロレア」という。TOK，Extended Essayに関しては他の章を参照のこと。

　一般的に言って、IB校の場合、生徒指導で時間を取られることはあまりない。また、部活動指導もない。運動の課外活動は普通、学校外のエキスパートに依頼するからだ。では、日本の学校の教師に比べて楽かというと、そうでもない。①カリキュラムの作成、②何種類もの授業準備、③合同クラス、④1回きりの授業といった、授業準備が大変なのだ。具体的に説明しよう。

①カリキュラムの作成

　IBには決まった「教科書」が存在しない。IBOが出しているのは「到達目標」と「評価とその方法」のみなので、学校が地域、自校に合わせて独自に年間カリキュラを作成しなければならない。日本の場合は良くも悪くも文部科学

省認定の「教科書」があり、それに依拠した指導書がある。IBを教える場合は、すべて手作りということだ。大変であり、面白さもそこにある。

②何種類もの授業準備

　例えば、前ページ表の3と4の先生は大変ではないかと思う。3種類の違ったプログラムの授業だからだ。また、1のDPのみの場合、一見、楽そうだが、フルの場合はA（第一言語としての日本語）、B（第二言語としての日本語）、そして、Ab initio（初めての日本語）とこれまた3種類。しかもDPは結果が進路に関係してくるので、よけい気を使う。2のDPとMYPの両方も、学年ごとだとこれまた、それだけの種類の準備が必要だ。

③合同クラス

　日本語を取る生徒は概して少ない（これは海外の場合であるが）。しかも、経済の動向で増減する。1クラスの人数が少ないと複式、複複式となる（アムステルダム国際学校の場合は1クラス最低8人。しかし、DPは除く）。IBプログラムの特徴の一つに母語教育重視がある。すなわち、学校とすれば、マイナーな言語の母語を存続させようとすると、この方法しかないのである。しかし、教師は大変である。例えば、MYPのコースで6、7、8年生が1クラスになった場合、精神年齢がかなり違う。DPの場合、これまた人数の関係でHLとSLが一緒になることがある。今回の回答で驚いたのは、全く違うレベル、Japanese AとJapanese Ab initioが一緒というケースだ。高校レベルと初めて日本語に接する生徒の合同授業をどういう具合にやっているのだろう。

④1回きりの授業

　これまた人数の関係で、1学年1クラスが多い。すなわち、次のクラスで改善を、というわけにいかない。一期一会の授業となる。

　さらに、Extended Essayアドバイザー、Duty、その他（図表3－1－7の10～12までの仕事）もある。Dutyは普通、全職員が分担する。まさに'duty'＝義務である。その他の仕事は学校によっては特別手当がついたり、パーセンテージに加算される場合がある。

201

第Ⅲ章　国際バカロレアを教える日本人教師とは

2 ｜ IB日本人教師のキャリア

（1）国際バカロレア教師になったきっかけ（問13、自由記述）

　では、49人はどんな経緯でIBを教えることになったのだろう。

　自由記述を読むと、なかなか興味深い。現在の職にたどり着くまで各自ストーリーを持っており、それぞれ一冊の本が書けるだろう。回答を大きく分けると次のようになろうか。

　①学校がIB校になった　　　　　　　　　　　　9人
　②職探し、応募し、採用　　　　　　　　　　　21人
　③依頼され、引き受ける　　　　　　　　　　　9人
　④横滑りで　　　　　　　　　　　　　　　　　7人
　⑤海外インターナショナル・スクールからの招聘　1人
　⑥コメントなし　　　　　　　　　　　　　　　2人

　今回のアンケート回答者の中には、リクルート・フェアで採用された人はいない。⑤は珍しいケースだと思う。②の自ら求めてなった人も、最初からIBを知っていた、もしくは、IBゆえにというのは7人で、あとは採用されてからこのプログラムを知っている。③の依頼されて、というのは、保護者から、または、日本語の個人レッスンをしていた人からとか、補習校の先生からなどだ。依頼の場合は最初からIBを教えるという前提が多い。保護者からの依頼は、保護者が教師を見つけてくれば開講してもよい、というのが学校の条件の場合だ。DPで日本語Aがなければ、日本人生徒はEnglish Aで取らざるを得ない。ということで、親は必死に教師を探すことになる。④の「横滑りで」というのは、他校からIB校に移ったケースだ。①の「教えていた学校がIB校になったので」という以外、ほとんどが口コミなどで、個人的にというケースだ。

　海外組では「結婚のため」（9人）、や「夫の仕事」（6人）で海外に来て、仕事を探す。一方、IB校はそうしたパートタイマーを探しており、ここで需要・供給が一致するといえる。日本語をはじめ、マイナーな言語は生徒数も少なく、かつ、毎年不安定で、学校経営者としては、個人に頼らざるを得ないのかもしれない。また、海外の場合は文学を専門としていなくても、英語ができる

202

Ⅲ-1　日本人教師の実態

ことが優先される場合がある。公的文書のほとんどが英語（またはフランス語、スペイン語）だからだ。国内の場合は、また事情が違ってくるだろう。

（2）最終学歴はどうか（問10）

　49人のうち2人が不明。47人のうち45人が大学に行っており、さらにこのうち20人が大学院に進学し、MAを取得している。47人の40％に当たる。さらに1人は博士号を持っている。

　大学では文学を16人が専攻し、「国語」関係を含めると20人。これにさらに「教育」を加えると27人、となる。社会科（歴史、法学、法律、社会学）関係専攻は7人。医学部保健学科卒の人もいる。一方、高校から日本語教師養成学校に行った人、また、大学を卒業してからこの資格を取った人もいる。

　大学院での専攻になると、4人が英語教授法TESOL（Teaching English to Speakers of Other Languages）をアメリカやオーストラリアで履修。後は「教育工学」「教育哲学」「国語教育学」「教育学」（アメリカ）「日本語教育」「幼児教育」などなど。

（3）過去の経験が今、役に立っているか（問19、自由記述）

　では、そうした大学、大学院での勉強体験が、IBを教える時に役に立っているのだろうか。

　自由記述をまとめながら見ていこう。カッコのidの後に書かれている国名は現在の居住国である。

　まずは、文学、語学を専攻した人の声だ。

　「英語を専門にしたので、当校のIBカリキュラムの言語である英語の資料や情報は理解しやすい」（id 01、フランス）

　「ワタクシは大学ではドイツ文学を専攻しました。卒業後、英語教師として日本とドイツで長く日本人の中高生達に英語を教えてきましたが、IB-Japanese A1、さらに新コースのAで文学作品を取り扱うことになり、大学で文学を専攻しておいて良かったと折に触れ、思うことがあります。殊に文学を趣味ではなく、どう学問として扱うかに於いてです」（id 02、ドイツ）

　「大学では語学専攻だったので、日本語の他にESOL、フランス語とドイツ語も

203

第Ⅲ章　国際バカロレアを教える日本人教師とは

教えてきた。多言語、二重国籍、多文化と、よく移動する人たちが自分のアイデンティティをどのように受け止め、開発しているのかに常時興味があるので、博士号修士論文では『よく移動する多言語の人達』のアイデンティティを研究した」（id 05、マレーシア）

「大学で日本語教育、文学、言語を学んだこと」（id 12、日本）

「大学で文学専門に勉強していたので、生徒にも自信をもって臨めること」（id 14、日本）

「大学のゼミ（日本文学科）」（id 17）

「420時間の日本語教師養成講座の実践。日本語がわからない生徒に分からせるための創意工夫が、授業やクラス運営に役立っている」（id 26、日本）

「大学で文学を読み、論文を書いたこと」（id 29、イギリス）

「大学で英文学を専攻したこと」（id 33、イタリア）

「国文学科であったこと。歌舞伎研究会、表千家茶道研究会に所属し、子どもの頃から生田流を習っていたことなど、日本文化についての知識。海外に住む日本人としてIBを教える時、そういったことが役立っている」（id 44、中国）

その他の声として、

「大学での日本史専攻。大学が教養学部だったので広く学ぶことができたこと」（id 07、日本）

「大学がミッション系だったので、聖書になじんでいたこと。文学を読むときキリスト教の知識は必須。また、コーラス部に属していたので、発声法が身についていたこと。朗読指導に使えた」（id 13、オランダ）

「大学院時代の猛勉強＋学部生時代の自主講座」（id 21、ドイツ）

「学生時代の経験は、学生のおかれている状況や気持ちを理解できること」（id 35、イギリス）

「学生時代の専攻は教育学、特に国際教育であったので、柔軟に教育を考え、相対的、批判的にとらえていると思う」（id 41、日本）

「大学時代、海外で教職を取ったので、ゆくゆくは留学を経験するであろう、教え子たちに経験を通して伝えることが多い」（id 45、シンガポール）

Ⅲ－1　日本人教師の実態

　一方、次のような意見もある。

　「日本の大学で学習したことはあまり今の仕事に役立っているとは思えません。ただ、米国での修士課程で学習したことは、非常に役立っていると思います。ただ、学習内容というよりは、授業でしたアクティビティ、授業の形態（自由に意見を言える環境の設定）は、今の自分の授業の形式にも反映していると思います」（id 37、タイ）

　また、幾人かが海外留学、海外旅行、海外ボランティア活動の体験が今の自分を助けてくれている、という（id 16、ドイツ）（id 23、シンガポール）（id 25、日本）（id 31、日本）（id 46、スイス）。
　もちろん、今までの職歴、特に日本での国語の教師としての体験は大いに役立っている。「予備校講師時代の教材研究と"商品"としての授業構成」（id 21、ドイツ）は大いに示唆的だ。「420時間の日本語教師養成講座の実践」（id 26、日本）を挙げる人もいる。
　「ディスカッションが中心の授業が多くあったことが役立っている」（id 24、日本）と自身の高校時代を振り返る人もいる。
　まとめると、文学を学んだ人、また、外国語としての日本語教授法を学んだ人は直接的に授業に、その他の分野を専門にした人は生徒理解、クラス運営などで間接的に役に立っているといえるようである。要は今までの人生経験すべてが役に立っているのである。当たり前といえば、当たり前であるが。
　また、IB日本人教師になるまでの職歴では、ほとんどが教職の経験者である。

3 ┃ 授業・研修について

（1）教えていて楽しいこと（問17、自由記述）
　自由記述を大別すると次のようになろうか。
　①自分も生徒と共に成長していることを実感できること
　②文学の楽しさを生徒と共有できること
　③正解は一つでないと教えられること

205

第Ⅲ章　国際バカロレアを教える日本人教師とは

④授業をいろいろ工夫できること

⑤IBの理念が実践できること

⑥Learner profileで学びの指針が明快であるので、教えることにぶれがないこと

⑦他の先生たちと出会えること

⑧日本では「国語」嫌いだった生徒が、IBプログラムで文学に目覚めること

（2）教えていて大変なこと（問18、自由記述）

では、大変なことは何か。この項目でも、自由記述を大きくまとめてみる。

①シラバスの理解（10人）

②常に自分自身のスキル・アップ（5人）

③サポート教材が少ないこと（4人）

④仕事量が多い（4人）

⑤周りに話し合う人がいないこと（4人）

⑥シラバスの変更があっても、それに対処できるワークショップがないこと（2人）

⑦保護者にプログラムを理解させること（2人）

⑧授業時間が少なすぎること（2人）

⑨他の教員の理解を求めること

⑩職員間の英語でのコミュニケーション

⑪DPが試験対策になっていること

⑫DPの試験形態に慣れさせること

⑬DPの試験に向けての「傾向と対策」

⑭「国語」とIBの授業の2種類の授業準備

⑮「文学」になじみの少ない生徒に「文学」の面白さを教えること

⑯日本の文化・歴史を知らない生徒に「日本文学」を教えること

⑰自国の文化・言葉に劣等感を持っている生徒にそれを払拭させること

⑱生徒数が少ないこと

⑲他の教師との連携プレーの準備に時間がとられること

⑳日本の教育システムと違うこと

㉑漢字を教えること

Ⅲ－1　日本人教師の実態

　IBの公文書や書類のほとんどは、英語かフランス語、またはスペイン語で書かれ、その学校の授業で使っている言語のものを使う。とにかく、日本語ではないので、文書理解に時間がかかる人が多い。シラバスはおよそ10年に一度大きく変わるが、マイナーな変更等はすべて、IBOのホームページで確認する。原則的には変更があった場合はIB主催の教科ごとのワークショップが持たれ、説明される。ヨーロッパ・アフリカに関していえば、以前は、日本語は独立してあったものだが最近はそれもない。そこで、仕方なく、Generic（言語A一般）に参加するか、言語の独自性もあり、最終的には夏の自主勉強会に頼ることになる。その点、アジアは日本でこまめに行われているようだ。残念ながら、ヨーロッパ組は日程の関係で参加できない。

　⑤の「話し合う人がいない」は海外の場合だ。たいていの場合は、日本人教師は一人だ。個人的にメールでやり取りするほかない。その点、最近はメーリングリストがあり、すぐに質問でき、誰かが答えてくれる。これがなかったときは大変だった。特にDPは2年コースであり、成績が明快に出るので緊張する。ましてやその成績が大学進学に直結している場合、保護者も注目しているわけで、教師の責任は重い。⑪〜⑬のDPの試験というのは、そういうことである。

　人間関係で大変なのは、対同僚、対生徒、対保護者。IBとは何かを、毎年、日本人保護者に「IB説明会」を行っている人もいる。また、日本語で話せるということで、親から相談を受けることもある。対生徒は教師の腕の見せどころだが、いろいろな背景の生徒がいてその多様さを楽しみつつも苦労は尽きない。⑨の対同僚は、主に日本の私立で教えている場合だ。同じ国語科で、普通の「国語」を教える人とIB Japanese Aを教える人の相互理解が必要だ。また、一人で両方を担当している人は、これまた教え方が違い、2種類の準備をしなければならない大変さがある。

　教材に関して言えば、③「サポート教材が少ない」。特に海外にいると、教材はもとより、普通の本もすぐには手に入らないもどかしさがある。MYP（6〜10年生）の教材に関していえば、日本の国語教科書は最近、限りなくMYPに近づいてきており、これを使っている人もいる。中学の教科書を中心にしてMYPの要求を満たしていくわけだ。途中で日本の中学校に転出したり、高校受験をする生徒もいるので、さらに都合がよい。MYPにはない文法、漢字、古典など、日本語独自のものを補うこともできるからである。

207

第Ⅲ章　国際バカロレアを教える日本人教師とは

コラム：教えていて楽しいこと・教えていて大変なこと

　―「教えていて楽しい」のは、「生徒の意外な反応」「柔軟な感性」に触れられることで、生徒と共に文学を勉強できる幸せを感じるときである。授業を通して生徒が自己表現力をつけ変容していくのを見るのは教師として最大の喜びである。生徒と同時に教師も変容しているのである。

　―「教えていて大変」なのは、日本の文化、歴史的知識に疎い者、語彙力のおそろしく貧困な生徒が往々にして存在し、文学を楽しむ、その前の段階で問題があること。また、時に、変に凝り固まった考えの生徒がいて、こういう生徒を相手にするのも疲れることである。

　思うに、文学鑑賞に必要なのは素直な心であり、想像力であろう。それがバランスの取れた見方を可能にし、自己変容へとつながるのではないか。また、漢字力、読解力、表現力は、母語の第2次習得期である小学校3，4，5年生ごろの勉強・読書量に左右されるように思う。読むセンス、書くセンスというのはそのころできあがり、DPコース、日本式にいえば、高校2，3年生で指導というのは遅すぎる気がする。

　では、私たち教師にできることは何か。それは、生徒がもっているものをいかに出させるか、すなわちアウトプットの方法を示すことではなかろうか。水路の造り方を教えると驚くほど伸びる生徒がいるのである。

　そして、もう一つは文学を読む楽しみを伝えること。虚構の世界でなければ表現しにくい真実がある。それを知るのと知らないとでは、人生の味わいが違ってくるように思う。「理系で文学を軽視する者がいる」と回答にあるが、数学者・藤原正彦の言葉を思い出す。彼は『遥かなるケンブリッジ』という本の中で次のような意味のことをいっている。「理系の者こそ‘情緒’が必要不可欠で、これには文学作品を読むことだ」（「一方」と続き、「文系の者には論理的思考が必要」。今、手元に作品がなく、直接引用できないが）。

　「教えていて大変」なことの一つに手軽に文献資料が手に入らない、というのがある。海外の学校ならではの悩みであろう。

出典：『国際バカロレア：世界が認める卓越した教育プログラム』明石書店、2007年、183頁。

（3）研修（問8、問9）

　IBプログラム導入の成否は教員の質にかかっている。言葉を換えていえ
ば、いかに研修を充実させるかである。校内外の研修はIB要綱に明記されて
いる。このプランニング・実践は学校のヘッドの重要な仕事の一つであり、教
職員はこれを受講する義務と権利がある。

　研修は主に校内研修と校外研修に分けられる。後者にはさらにIBO（IB機
構）が主催する公的なものと、私的／有志の勉強会の二つがある。IBO主催の
ものは、普通、四つの地域（region）ごとに独自の企画で実施している印象が
ある。地域の大学と提携しての開催もあるようだ。

　筆者が属するヨーロッパ・アフリカ地域のワークショップと、出身である日
本の属するIBAP（IB Asia-Pacific）以外はよくわからない。また、アンケー
ト記入に主催者が明記されていなかったり、校内研修か公的なものかもはっき
りしない回答があったりで、回答集計からわかる傾向は大ざっぱであるが、了
解してほしい。

　ふつうIB主催のワークショップは週末、金・土・日の3日間である。ま
た、ワークショップとは別にコンファレンスもある。ワークショップが主に教
科ごとの実践的研修とすると、コンファレンスは総括的、かつ、学年を取り払
い、領域ごとに紹介・深化を図る研修といえようか。たとえば、「IT機器導入
はどうあるべきか」をトピックに縦割りで分科会（ワークショップ）を持つ。

　では、実際に今までどんな研修を受けたか、また、今後どんな研修を望んで
いるかを見ていこう。

　ここでは、便宜上、IB経験年数で分けてまとめた。

【今まで受けた研修】

①0〜3年のIB経験年数者（19人）

　19人のうち14人が何らかの公的ワークショップを受講している。教科を明
記している場合はDP（Language A, B, Ab initio）が多い。アメリカ（id 34、
アメリカ）の研修トピックはユニークだ。校内研修だろうか。また、何人かは
有志の勉強会や個人的企画のミニ・ワークショップにも参加している。これは
日本語で、かつ、内容が具体的・実践的という魅力のせいだろう。広島大学で

の「多言語対話評価法ワークショップ（id 31、日本）」とはなんだろう。面白そうだ。オンライン受講経験者も2人いる。オンライン・ワークショップは1コース終了に約4週間を要する。かなり集中力が要ると聞く。（id 31、日本）の人はPYPコースを、また、（id 46、スイス）の人は実際に教えている教科・レベル（カテゴリー）以外を四つもオンラインで受講している。

　一方、校内研修のみの人が1人、また、無記人、もしくはゼロが4人いる（「これから開講するので」も含める）。気になるところだ。

②4～10年のIB経験年数者（13人）

　この経験者層も13人のうち10人が何らかの公的ワークショップに参加しているが、個人差がある。（id 32、日本）は羨ましいケースだ。すべて、アジア・パシフィック主催のものだ。筑波言語主催の「言語技術研修7日間」（id 39、日本）も、前述の広島大学での研修同様、興味がわく。

　また、この層から、MYPワークショップへの参加者も出てくる。「Interdisciplinary learning」（id 27、日本）、「Differentiation、その他」（id 03、タイ）は校内研修かもしれない。オンラインでPYPを受講した人もいる。

　3人が無記載であるが、うち1人は「覚えていない」と回答している。

③11～15年のIB経験年数者（11人）

　この経験層では全員が公的ワークショップに参加している。特に、ヨーロッパ・中東・アフリカ地域IBOが定期的に開催していたDP Japanese A1の参加者が3人いる（id 02、ドイツ）（id 18、シンガポール）（id 29、イギリス）。筆者が記憶しているのはスペインのマラガ開催からで、もう15、16年前になる。以下、リスボン、ジュネーブ、アテネ、カイロ、ブダペストときて、その後、途絶えている。

　校内研修で1人、「ESL Mainstream」受講者がいる（id 12、日本）。このプログラムの目的は、一言でいえば、教師のESL（＝English as Second Language）レベルの生徒理解である。第二言語習得がいかに大変であるか生徒になって体験し、日々の授業改善、クラス運営に役立てるプログラムである。たいていはESL Departmentが主催するようだ。

Ⅲ−1　日本人教師の実態

| 一言メモ | Mainstream研修

　アムステルダム国際学校（ISA）では、Lower SchoolとUpper SchoolそれぞれのEAL[4] Departmentのチーフが計画し、希望者を募る。1か月ほどのコース。この研修に出るときは、学校が授業の代行を用意してくれる。さて、コース1時間目の授業。最初の20分はマイナーな言語（例えば、ヘブライ語とか日本語）の先生が授業をする。生徒は同僚だ。主催者側との打ち合わせ通り、冒頭は補助教材は一切なく、話すスピードも普通に、かつ、顔の表情もフレンドリーでなく進める。「生徒」は隣同士、顔を見合わせ、沈黙。教師はかまわず進める。次に何か見せる物を準備し、ゆっくりと話し、時に繰り返し、笑顔も入れていく。クラスが急に和やかになる、といった具合だ。一般的にモノリンガルの教師にはこの研修は非常に効果的だと思う。

④16年以上のIB経験年数者（6人）

　6人のうち1人が記載なし。5人全員が公的ワークショップに参加。このうち4人が上記のヨーロッパ・中東・アフリカ地域の定期的ワークショップ組だ。1人（id 05、マレーシア）、アジア・パシフィック地域主催のワークショップにTOKとCASで参加している。この人はTOKを教えてもいる。他の研修はすべて校内研修かもしれない。K（幼稚園）から12年生まで包括的だ。すべて今年度の実施である。試験官研修受講者も1人いる（id 20、フランス）。

　以上をまとめると、全体の約82％が、過去、何らかの公的ワークショップに参加している。DP Japanese Aワークショップ開催に関していえば、ヨーロッパ・中東・アフリカ地域は沈滞気味で、一方、アジア・パシフィック地域が活発だ。そして、ヨーロッパ組は仕方なく自己防衛的に自主的に勉強会を開き研修しているといえる。夏休み中で、しかも、参加費用も妥当。学ぶところ大。ただ、この勉強会はDP Japanese A Literatureが中心で、プログラム全部はカバーしていない。

　前述したように職員研修は学校運営の重要な部分だ。そのため、学校はワークショップ参加費用を予算化している。希望者全員は無理なので、順番にとか、デパートメントのチーフが出席し、その知識を持ち帰りメンバーと共有する場合もある。また、校内研修が頻繁に行われる。普通は週1回、放課後にミ

211

第Ⅲ章　国際バカロレアを教える日本人教師とは

ーティングの時間を設定している。

　では、今後、どんな研修を希望しているのだろうか。

【今後受けたい研修】

　大ざっぱにいえば、IB経験年数が3年以下の人はコースの内容が具体的にわかるワークショップを望んでいる。指導法、評価の仕方なども含めてだ。前述の「大変なこと」と通じる。現在Language & Literatureを教えている人はこのコースのワークショップを希望している。

　経験年数が長く、特に在ヨーロッパの教師は、IB主催のオフィシャルなワークショップが地元で開かれることを切望している。前述したように、以前は2年に1度くらいの割合で開かれていた。8月中旬からヨーロッパのインターナショナル・スクールは始まるので、アジアでのワークショップには参加できないのだ。また、費用の問題もある。IB主催のワークショップは自分の地域でないと学校はお金を出してくれない。そのため自費でとなるわけだが、これが非常に高い。DPは大幅にシラバスが変わったのにもかかわらず、ワークショップの開催、特にマイナーな言語の場合は非常に消極的だ。

　再び資料に戻ると、ワークショップはあるもののgeneric（一般）であり、日本語で受けてみたいというのがポイントだ。もっともこれは、ヨーロッパ・アフリカ・中近東エリアの話だけかもしれない。最近、DP、MYPガイドの日本語訳が出た。少しはワークショップの代わりになるかもしれない。期待したい。

　また、教科だけでなくTOKと「文学」の関連性、CASに関して、また、カリキュラムの作成の仕方、さらに、もっと本質的、かつ、総合的なとらえ方についても知りたいという希望、「思考能力と統合的学習法に関するワークショップ」を、という声もある。「現在の経済、政治状況そして社会と環境問題に実践的に取り組める問題解決策方式を重視した指導法を扱うワークショップ」ということである。

Ⅲ－1　日本人教師の実態

4 ｜ 要望

（1）国際バカロレア機構に対して（問20、自由記述）

　問20の国際バカロレア機構に対する要望の自由記述を大きくまとめれば、次のようになる（図表3－1－8参照）。

図表3－1－8　国際バカロレア機構への要望

	要望項目	IB経験0～3年	IB経験4～10年	IB経験11～15年	IB経験16年以上
1	情報提供の平等化と共有 ・主要言語以外の言語での過去試験問題の評価、採点、マークスキームなど	1	2	1	
2	研修の充実（オンラインを含む） ・規模、公認・非公認を問わず	5	1	7	2
3	日本語による文書提示 ・文書、ガイド、Teacher Support Materials	2	2	1	1
4	日本語で書かれたものの作成 ・指導案、年間カリキュラム ・参考文献リスト ・関連教材 ・Japanese A資料 ・日本語での教科書、関連教材の出版（A,B）	6			
5	IB第二、第三言語の考え方、特にJapanese Bの内容	1			
6	教師へのサポート ・IBとは何か、インターナショナルとは何かを教師が理解して指導できるようなサポート ・ワークショップ参加料をもっと下げて	2			
7	ウェブサイト ・検索をもっと容易に ・アクセスフリーに ・OCCの Japaneseページの更新をもっと早く	2	1		
8	その他 ・日本のクラブ活動をCASで認証 ・日本の認定校での英語による授業実施 ・担当授業数の上限設定 ・ガイドによる細かな教師への要求の改善 ・プログラム変更通知の迅速化 ・常に教育の大切さと可能性を考えていってほしい ・官僚的な態度の改善	2	3		2

注：回答者数は44人。

213

第Ⅲ章　国際バカロレアを教える日本人教師とは

①研修の充実

　特に、日本語での研修、ワークショップである。現実的という意味では、現在、行われている有志による勉強会の公認であろう。すなわち、現在のIB公認のワークショップは地域においてであるが、この地域の枠を取り払って、集まりやすい時期・場所をIBが認めればよいのである。たとえばJapanese Aであれば、「夏休み、日本で」という具合で、その方が費用も安上がりだ。それを現在は、IBは認めていない。「官僚的な対応」がここにも現れているように思う。

　さらに、教材研究に関してだけでなく、年間カリキュラムの作成、IB日本人教師の在り方の研修などの希望もある。

②日本語の文書化

　OCC[5]から出される資料、文書、情報は英語、フランス語、スペイン語のものが多く、日本語のものはない。最近の朗報は、先ほど触れたように、言語Aガイド（DP、MYPともに）の日本語訳が出たことだ。ただ、文書全部ではない。また、現存の翻訳だけでなく、新たに補助資料、参考文献リストなどをIBOが出版してくれればという要請である。図表3－1－8の2の研修が充実してくれば、この3に関しても情報交換ができるわけで、IB教師の不安は軽減できるかもしれない。

③IBOの民主化

　IBOは今や巨大な機構である。そのため小回りが利かなくなった気がする。ワークショップ開催の認可問題などでも保守的な印象を否めない。質問しても返信が極端に遅いなど、サイトの制限、使いにくさなどを挙げる人もいる。しかし、考慮してくれる場合も多く、「原稿用紙の採用に関してはすばらしい決定」（id 18、フランス）である。OCCはIB本部と現場を結ぶ唯一の手段ゆえ、「情報提供の平等化と共有」を含めて改善の声も挙がるわけである。

（2）日本からの公的支援について（問21、自由記述）

　公的支援の要望を簡単にまとめたものが図表3－1－9である。主に三つの点が挙がっている。

Ⅲ－1　日本人教師の実態

図表３－１－９　公的支援の要望

	公的支援	IB経験 0～3年	IB経験 4～10年	IB経験 11～15年	IB経験 16年以上
1	研修会の質の向上、参加へのサポート	3	3	4	4
2	オンライン研修の充実（研修に参加したいが、費用の関係で無理なので）	1			
3	定期的出版物・ニュースレターの発行（生徒の体験談）	1			
4	IBプログラムの認知度を上げる（対大学、政府、企業）	1	1		
5	CASボランティア活動の資金援助や受け入れ	1			
6	資料の充実化、日本語化	1			2
7	保護者への啓蒙				
8	教材費への支援（個人指導者）	1			
9	教員養成、指導	2		1	
10	その他 ・教科書を「認定」することの問題点に気づくこと ・IB日本人教師として認定してほしい ・生徒・教師用参考文献 ・英語力強化のコースの設置 ・他校見学	3	1		

注：回答者数は30人。

①研修参加への支援

　時間的保障、費用面での援助である。公的なワークショップであればもちろん学校が負担する。ヨーロッパでの公的開催が希望されるゆえんだ。資金援助に関してはCASのボランティア活動に対しても希望がある（id 23、シンガポール）。

②資料、文書類の充実と日本語化

　IBOへの要望と重なるが、「ガイド」日本語翻訳には「日本政府の文部科学省から多大なご支援をいただいた」[6]と最初に謝辞が載っている。今後、IB校を200に増やすなら、こうした翻訳、教材・資料の充実が、さらに求められよう。

215

第Ⅲ章　国際バカロレアを教える日本人教師とは

③IBについての啓発

　最近は日本のメディアにおいて「グローバル人材」とともに「国際バカロレア」がたびたび取り上げられるようになった。また、大学においても「国際バカロレア入試」が私立はもとより国立大学でも実施されてきており、一昔前に比べると知名度は格段に上がったといえる。しかしながら、（id 27、シンガポール）が述べているように、大学側がIBのプログラムを本当に理解しているかどうかは疑わしい。

　現在、「グローバル人材」の必要性を痛切に感じているのは産業界だ。それを政府が後押しする形になっている。大学入試の在り方が問われている。また、海外でのディプロマ取得者とほとんどの教科を日本語で取得する日本国内での取得者とを同等に扱うのかどうか、興味深いところである。

5 ┃ 日本の教育、入試制度、学校全般について

　最後に、教育全般についての回答者の声である。「問22、自由記述」をじっくり読んでいただきたい。示唆に富む。
　一部意訳し、経験年数の四つのカテゴリーでまとめたのが下記だ。

①IB日本人教師経験0～3年

　まず、海外で教えている人からの声。

　「遅くIB校に編入した場合、英語の力からフルIB（＝DP＝ディプロマコース）でなく、サーティフィケートを取らざるを得ないことになる。日本でIBを導入しても同じことが起こらないか、英語教育に早く慣れさせておく必要があるのでは」（id 08、中国）

　日本の教育の良さに注目する人もいる。「日本の教育は北欧では好意的。問題はあるにせよ、現行を行くしかない。秋入学、IB導入はマイナーチェインジにすぎない」（id 09、韓国）また、「日本の教育の良さは認めるけれども、一方、教師の人間性の硬直化が進んで」（id 41、日本）という意見。「思考力を育てるのではなくテクニックやスキル向上に重きを置く傾向がある」（id

216

Ⅲ－1　日本人教師の実態

41、日本）というのだ。

　「日本でIBを取り入れれば財政が破綻」（id 14、日本）。また、日本の教師の多忙さを挙げる人もいる。「1クラス40人では丁寧な作文添削や個人プレゼンは無理。生徒指導に時間がかかりすぎ」（id 17、ベルギー）、「普通の授業にIB授業、担任、それに部活」（id 38、日本）という日本の現場からの声である。一方、IB導入に期待する人もいる。「英語力の発達」（id 23、シンガポール）、「入試の方法見直しのチャンス」（id 25、日本）ととらえる。

　しかしながら、「入試が変わらなければ日本の教育は変わらない」（id 34、アメリカ）。また、「IBの理念と日本の受験はかけ離れている」（id 34、アメリカ）という指摘がある。「デュアルディプロマ」に対する懸念である。

　さらに現入試制度に関して「IB Diplomaをとっても日本の大学入試ではまた受験しなければならない」（id 40、中国）という受験生への同情。一方、「帰国生に甘すぎる」（id 43、ベトナム）という指摘もある。「IBとセンター試験は両立しない」（id 24、日本）、「4月入学と帰国生入試のタイミングを改善する必要あり。グローバルといわれる割には、まだドメスティック」（id 44、中国）、「IBの点数で入学できる大学が増えると良い。何点で入れるか明確化を。IBのことがわかる出版物があるとよい」（id 45、シンガポール）など。

　また、「多文化や英語を理解すると同様に日本語の力や日本的な心情の育成も大事」（id 31、日本）という声。日本の現状として「偏差値で学校を評価しがち。もっといろいろな学校を、例えば、職業の専門教育を評価すべき」（id 42、スイス）多様な学校があっていいという意見だ。

②IB日本人教師経験4～10年

　「日本の小学校教育は素晴らしい、そうした基礎の上に訓練すれば、話す力もついていく、内気な生徒はどの国の子供にもいる」（id 49、日本）。「受け身の教育のプラス面を挙げ、しかしながら現入試制度、また、英語教育に関しての疑問」（id 35、イギリス）という人もいる。また、「内申書はいらない、成績はすべてtransparentに、答えのない教育も、電卓を使う授業も、卒業基準も厳しく、教授会の居眠り言語道断」（id 36、インドネシア）というのもある。具体的改善点になっている。

　この教師層では2人が日本でのIB導入に期待を寄せている（id 04、台湾）

217

第Ⅲ章　国際バカロレアを教える日本人教師とは

(id 26、日本)。IBの良い点として「そのまま生きる力、国際社会で必要な力になっている」(id 06、日本)、「IB Japanese Aはダイナミック。日本の受験は'暗記中心'」(id 27、日本)。また、日本のIB導入に対し、「デュアルディプロマで、日本はどうなっていくのか」(id 39、日本) との懸念の声もある。

③IB日本人教師経験11～15年

　日本人生徒の問題点は英語力という人が2人。「日本語による日本でのIB Diploma取得と海外での取得とでは、海外の大学入学に関して問題はないのか」(id 01、フランス)。もう一つ、2週間の青少年国際交流の体験談から。「世界から集まってきた若者の中で、英語でまとまったことが言える者を探すのに苦労した。日本の英語教育はどうなっているのかと聞かれた」(id 07、日本)という。また、たった2週間のプログラムに部活動などで参加がままならないと、日本の夏休みの実情を訴える。

　「誰もが大学という風潮は好ましくない」(id 19、オランダ)。「日本の社会全体が変わらなければ、教育上の問題点は改善されない」(id 19、オランダ)。また、「家族や地域社会とのコンタクトの積み重ねが大事で、こうしてこそ、社会に目を向け、解決していこうとする態度がやしなわれる」(id 15、ドイツ) という意見。

　「大学の教育内容、教授の教え方の改善、研修を徹底すべし」(id 12、日本) との意見もある。日本の学校も変わってきていると聞く。特に大学で徐々に国際化が進んでいる、というコメントもある。

　「日本での教師は多忙で、教科以外の指導で時間を取られる。ただ、担任が生徒をよく把握しているのは評価できる。また、掃除などは教育の一部と今では思える。現役時代はトイレ掃除の監督はいやだったが」(id 16、ドイツ)、という。

　日本の国語教材に関しての意見。「心情を考えさせる教材が多い。批判的にとらえる目を養う学習が少ない。教材を肯定的にとらえる傾向がある」(id 29、イギリス)。

　IB導入に期待 (id 28、日本) (id 37、タイ)。また、一つの提言として、IB Math (HL) /Science (HL) の内容についてがある。「日本の理系で求められているレベルの相関図、表などの公式サイトがあれば、インター在学中に生徒

は準備できる」（id 02、ドイツ）。これは貴重な提案だと思う。

④IB日本人教師経験16年以上

「IB導入は非常に良いことと思うが、IBだけに頼らず、独自の教育法開発を」（id 05、マレーシア）というのは新鮮だ。「大学入試制度改革や教員研修に関する費用・時間への投資の必要性」と続く。

以下順に並べる。大学への要望として「IB Diplomaは大学入学資格との認識を持つ」（id 13、オランダ）。また、「一団を組んで海外のインターなどの学校を回って説明会を開いてほしい」（id 13、オランダ）。高校への要望として「海外のインターから日本の高校入試をする場合、中学卒業資格の証明を求められることがある。だから、途中で日本人学校に転出し、そこで卒業資格を得ることになる。IB認定校であれば、そこは信頼して、そうした証明書をいらないようにしてほしい」（id 13、オランダ）。

次は大学入試の改善で「学生に求めている能力と世界が必要としている能力に懸隔あり。IBカリキュラム、評価方法から学ぶところ大でないか」（id 20、フランス）、「教員養成が急務。中央集権ではダメ。学習形態の自由化」（id 21、ドイツ）。

最後に「大学教育の改革」として「問題意識を持つ、解決法、思考力、コミュニケーション力をつける。世界に対等に向かい合えるよう、グローバルな世界への対応が必要」（id 30、イタリア）。

おわりに

「教えていて楽しいこと」の自由記述でIBプログラムの魅力をほとんどの人が述べている。IBを教えることによって教師と生徒が変わる。Learner profile、日本語でいうと「望ましき生徒像」だが、この中にRisk takerが入っている。教師にもそれが要求されている。授業準備は大変で日々の研鑽が要求されるが、それが生徒の反応、変容によって報われる。教師にとって、これ以上の喜びはない。一番根本に位置するIB理念は壮大で理想にあふれ、まさに「教育の力を信じられる」（id 13、オランダ）のは幸いである。

第Ⅲ章　国際バカロレアを教える日本人教師とは

【注】

(1) 調査票・単純集計は、章末の「Ⅲ−資料：国際バカロレア教員調査結果」（2014年学年度末現在）を参照のこと。アンケートの番号は調査票と対応している。

(2) メーリングリストは、もともとはDP Japanese A1の情報交換のためにフランクフルト（FIS）の佐藤先生が創設した。先生逝去の後、パリの石村先生（ISP）が引き継ぎ、現在に至る。最近はJapanese B、Ab initioも加わり、メンバー総数約200人を超える。

(3) 2005年9月末に13人の国際バカロレア日本語教師に回答を求め分析した結果、教員の年齢と「経験年数」について、「日本国内同様、ここにも高齢化の波がおしよせている。20代はおらず、50代が7人。これに60代をあわせると62％になる。中堅層40代2人、30代3人に期待できるが、なんといっても人数が少ない。上記62％が退職した場合を考えると、危機感が募る。すなわち、若手の育成が急務となる。ここ10年くらいかけて、若い教師を育てる必要がある」と結論した（橋本八重子「IB Japanese A1教師像−アンケート実態調査から−」相良憲昭・岩崎久美子編『国際バカロレア：世界が認める卓越した教育プログラム』明石書店、2007年、p.178）。

(4) EAL=English as an Additional Language。英語が3番目、4番目の言語である場合もある。

(5) OCC=Online Curriculum Centre

(6) 中等課程プログラム（MYP）『言語Aガイド』2010年10月発行。

Ⅲ－2

日本人教師としてのやりがいやストレス

金藤　ふゆ子

はじめに

　本節では、海外のIB校で日本語や日本文学を教える49人の教師（以下、IB日本人教師とする）に対する質問紙調査（「国際バカロレアを教える日本人教師に関する調査」）の結果[1]を基に、教員としてのやりがい感や仕事負担感、さらには仕事を含めた生活満足度を検討する。なお、ここでは筆者らが2012年に日本の全国公立小学校教員を対象に実施した調査結果[2]のデータと比較しながら、国際バカロレアのカリキュラムを海外で教える教員の職務上の意識の特徴を明らかにしたい。

1 ｜ IB日本人教師の職務に対する肯定的意識：日本の公立小学校教員との比較を通じて

（1）IB日本人教師の職務に対する肯定的意識

　海外のIB校で日本語を指導する教員として勤務するIB日本人教師は、どのような職務に対して肯定的意識を持っているだろうか。前節での調査結果における自由記述の検討からも、IB日本人教師は、教えていて楽しいことがあり、教員としての研修についても具体的な希望があり、さらに、IB機構への要望にも研修の充実を求めるなど、職務に対する大変意欲的な態度が浮かび上がっている。では、より詳細に見ると、海外のIB校に勤務するIB日本人教師は、職務遂行上、どのような意識を有しているのか。ここではその肯定的な面につ

第Ⅲ章　国際バカロレアを教える日本人教師とは

いて明らかにしたい。

　本研究では、職務遂行上の肯定的意識を計10項目設定し、各項目別に「とても感じる」「やや感じる」「どちらともいえない」「あまり感じない」「全く感じない」の5段階尺度でデータを収集した。図表3-2-1は、職務上の肯定的意識10項目について、「とても感じる」「やや感じる」と回答をした者の割合が高い順に示したものである。

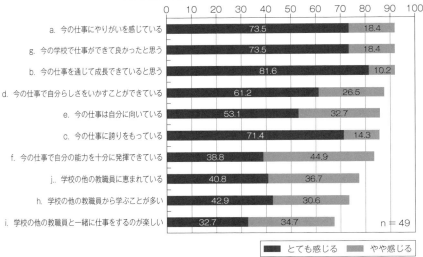

図表3-2-1　IB日本人教師の職務上のやりがい感
－「とても感じる」「やや感じる」の肯定的回答率－

項目	とても感じる	やや感じる
a. 今の仕事にやりがいを感じている	73.5	18.4
g. 今の学校で仕事ができて良かったと思う	73.5	18.4
b. 今の仕事を通じて成長できていると思う	81.6	10.2
d. 今の仕事で自分らしさをいかすことができている	61.2	26.5
e. 今の仕事は自分に向いている	53.1	32.7
c. 今の仕事に誇りをもっている	71.4	14.3
f. 今の仕事で自分の能力を十分に発揮できている	38.8	44.9
j. 学校の他の教職員に恵まれている	40.8	36.7
h. 学校の他の教職員から学ぶことが多い	42.9	30.6
i. 学校の他の教職員と一緒に仕事をするのが楽しい	32.7	34.7

n＝49

　総じて、IB日本人教師は、ここで取り上げた職務に対する肯定的意識のいずれの項目についても、「とても感じる」「やや感じる」といった肯定的な回答率が高い。10項目中7項目は、その肯定的回答率が80％を上回っている。「今の仕事にやりがいを感じている」「今の仕事を通じて成長できていると思う」「今の学校で仕事ができて良かったと思う」の上位3項目は、いずれも肯定的回答率が90％を超えた。本調査の対象となったほとんどのIB日本人教師は、現在の職務や職場に対して強いやりがい感、高い自己成長感、満足感を得ている様子がうかがえる。

(2) IB日本人教師と日本の公立小学校教員の職務に対する肯定的意識の比較

　図表3－2－2は、職務上の肯定的意識に関する10項目について、筆者らが2012年に同項目を用いて実施した日本全国の計3,000人を対象とする全国小学校教員調査の結果と比較を試みたものである。設問中のa～gの7項目は、いずれも日本の公立小学校教員よりもIB日本人教師の方が「とても感じる」という強い肯定的回答の割合が高い。その割合の差は大きく、いずれも30～40ポイントにのぼる。特にその中でも「今の仕事を通じて成長できていると思う」の項目は、40ポイント強の差が認められた。その結果によれば、IB日本人教師は日本の公立小学校教員に比べて職務上のやりがい感、職務への誇り、職務を通じた成長などを強く感じる者が多いと言えよう。両者間の差は、統計的検定においても有意差（p<.01）が認められた。

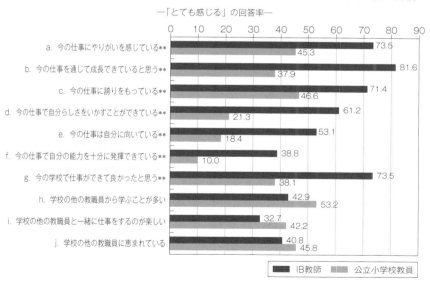

図表3－2－2　IB日本人教師と日本の公立小学校教員の職務上のやりがい感の比較
―「とても感じる」の回答率―

注：項目に付される＊＊は、IB日本人教師と全国公立小学校教員の平均値の差の検定結果 p<.01 を意味する。
　　h,i,j の項目は n.s.、IB教師は n=49、公立小学校教員は n=1,213。

　他方、「学校の他の教職員から学ぶことが多い」「学校の他の教職員と一緒に

第Ⅲ章 国際バカロレアを教える日本人教師とは

仕事をするのが楽しい」「学校の他の教職員に恵まれている」などの同僚に対する肯定感とも考えられる教員の意識項目（h、i、j項目）では、IB日本人教師と日本の公立小学校教員の違いは見られない。IB日本人教師と日本の公立小学校教員との平均値の差の検定においても、統計的有意差は認められず、どちらがより高いという判断は下せなかった。

2 | IB日本人教師の職務に対する否定的意識：日本の公立小学校教員との比較を通じて

（1）IB日本人教師の職務に対する否定的意識

　教員としての職務に対する否定的意識について、ここでは計12項目を設定し現況を問うた。図表3-2-3は、各項目について「とても感じる」「やや感じる」の肯定的な回答者の割合を示したものである。肯定的回答率が60％を超える値を示した事項は、「仕事を自宅に持ち帰ることが多い」「書類作成が日本語でないため時間を取られる」「仕事が忙しすぎて、殆ど仕事だけの生活になってしまっている」の3項目であった。IB日本人教師の仕事が忙しく、勤務時間内のみですべての仕事をこなすことは難しい状況が浮かび上がっている。「勤務時間後も仕事のために残ることが多い」という項目も肯定的回答率が約60％である。IB日本人教師は、日本の公立学校教員と同様に仕事の負担は決して軽いものではないと認識している。

　他方、IB日本人教師の場合に特徴的だと感じられるのは、仕事の負担を感じながらも、決して「同じような仕事の繰り返しでマンネリ感を感じている」や「今の仕事は単調で手応えが感じられない」といった、仕事自体へのマイナス思考が少ない傾向である。それら2項目は、共に肯定的回答率が10％前後に留まっている。さらに、「職場の人間関係に悩むことが多い」という事項も、肯定的回答率は10％未満であった。IB日本人教師は、仕事の負担を決して軽いものではないと感じているが、仕事自体にはやりがいや手応えを感じており、さらに職場の人間関係に悩む者も少ないと考えられる。

　筆者はこれまでに、本調査にご協力を頂いた海外のIB校で勤務する日本人教師の方々に日本で実施された研修でお話しをさせて頂く機会を得た。それらの個別面談で感じてきた印象から、上記の調査結果の理由を検討すれば、以下

Ⅲ-2 日本人教師としてのやりがいやストレス

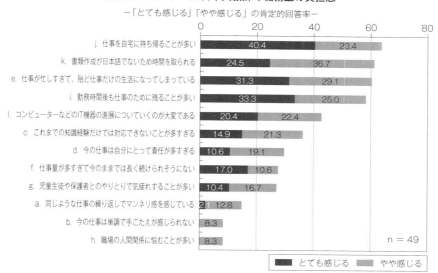

図表3-2-3 IB日本人教師の職務上の負担感
－「とても感じる」「やや感じる」の肯定的回答率－

のような事項を挙げることができるであろう。

　まず、IB校に勤務する先生方は、極めてご自身の取り組む教育指導への意欲が強く、また、指導への喜びを感じている方が多いという点が挙げられる。第二に上記の結果が出たのは、本調査に協力をしてくれたIB日本人教師には、指導内容・指導方法について夏期に日本で実施される研修に自ら参加して、より指導力を高めたいという強い自己研鑽の意識を有する方が多く含まれることが挙げられよう。すなわち、もともと自己研鑽への意識が高い人材の集まりであったということも考えられる。前掲の本調査の自由記述の結果からも、研修への高い意識が浮かび上がっており、この解釈を傍証している。第三に、自らの職務にやりがいと意欲を有するIB日本人教師は、同時に自分に対する自信を有し、かつ自立性やレジリエンスも高いと考えられる。そのような理由から、日本の公立小学校教員ほど、職場の人間関係に悩まされる者は少ないという結果につながっているのではないだろうか。

(2) IB日本人教師と日本の公立小学校教員の職務に対する否定的意識の比較

　職務に対する否定的な意識については、肯定的意識と同様にIB日本人教師

第Ⅲ章　国際バカロレアを教える日本人教師とは

と日本の公立小学校教員との比較を行った（図表3-2-4）。ここでは「全く感じない」という強い否定的回答を行った教員の割合を比較した。

10項目中9項目において、IB日本人教師と日本の公立小学校教員の回答率には、統計的な有意差が認められた。いずれも有意差の見られた結果では、IB日本人教師において、各項目に「全く感じない」という強い否定的回答を行った者が多い。換言すれば、日本の公立小学校教員の方が、IB日本人教師に比べて職務に対する否定的意識を持つ傾向が認められる。

特に否定的回答率の差が大きいのは、「同じような仕事の繰り返しでマンネリ感を感じている」や「今の仕事は単調で手ごたえが感じられない」「今の仕事は自分にとって責任が多すぎる」「児童生徒や保護者とのやりとりで気疲れすることが多い」などの項目であった。それらの項目に対するIB日本人教師の「全く感じない」とする割合は、日本の公立小学校教員に比して20～30ポイント高い結果である。IB日本人教師の職務上の負担感やストレスは、日本の公立小学校教員と比してみればかなり低いことが明らかとなった。

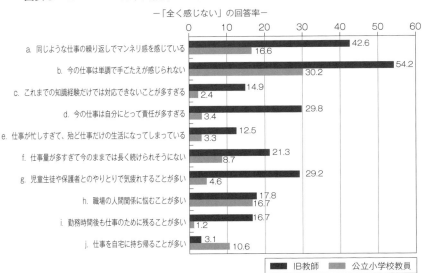

図表3-2-4　IB日本人教師と日本の公立小学校教員の職務上の負担感の比較
－「全く感じない」の回答率－

注：図表中のa～c, e, g, i, jの7項目はχ^2検定、及び残差分析の結果、p＜.01であった。他方、d, f, hの3項目は統計的有意差なし。IB教師はn＝49、公立小学校教員はn＝1,213。

Ⅲ－2　日本人教師としてのやりがいやストレス

3 ｜ IB日本人教師と日本の公立小学校教員の職務上の意識の構造

　前節までのIB日本人教師の調査結果と日本の公立小学校の教員の調査結果を単純に比較したのみでも、かなり両者には職務上の意識に違いがあることが浮かび上った。ここではさらにIB日本人教師と日本の公立小学校の教員調査データを用いて、職務上の意識の構造を探ることにしよう。

　図表3－2－5は、職務上の意識に関する20項目に対する両者の調査データを用いて、最尤法、プロマックス回転による因子分析を行った結果を示している。

図表3－2－5　教員の職務上の意識に関する因子分析結果（最尤法，プロマックス回転）

	a	因子			
		第1因子 やりがい感	第2因子 仕事負担感	第3因子 同僚肯定感	第4因子 マンネリ感
今の仕事で自分らしさをいかすことができている		0.822	−0.318	0.338	−0.341
今の仕事は自分に向いている		0.759	−0.359	0.244	−0.253
今の仕事で自分の能力を十分に発揮できている	0.880	0.758	−0.343	0.314	−0.246
今の仕事に誇りをもっている		0.733	−0.181	0.427	−0.447
今の仕事にやりがいを感じている		0.728	−0.212	0.466	−0.537
今の仕事を通じて成長できていると思う		0.671	−0.133	0.421	−0.485
仕事が忙しすぎて殆ど仕事だけの生活になってしまっている		−0.248	0.811	−0.178	0.146
仕事量が多すぎて今のままでは長く続けられそうにない		−0.382	0.773	−0.277	0.323
今の仕事は自分にとって責任が多すぎる		−0.309	0.610	−0.139	0.243
児童生徒や保護者とのやりとりで気疲れすることが多い	0.791	−0.316	0.600	−0.187	0.252
勤務時間後も仕事のために残ることが多い		−0.113	0.580	−0.038	−0.021
仕事を自宅に持ち帰ることが多い		−0.075	0.510	−0.092	−0.007
これまでの知識経験だけでは対応できないことが多すぎる		−0.286	·0.484	−0.073	0.202
学校の他の教職員と一緒に仕事をするのが楽しい		0.433	−0.177	0.887	−0.338
学校の他の教職員に恵まれている	0.876	0.367	−0.139	0.886	−0.349
学校の他の教職員から学ぶことが多い		0.322	−0.077	0.787	−0.343
今の学校で仕事ができて良かったと思う		0.546	−0.29	0.664	−0.401
職場の人間関係に悩むことが多い		−0.261	0.34	−0.502	0.311
今の仕事は単調で手応えが感じられない	0.504	−0.37	0.121	−0.344	0.774
同じような仕事の繰り返しでマンネリ感を感じている		−0.31	0.212	−0.277	0.739

因子間相関					
	第1因子		−.359	.473	−.494
	第2因子			−.206	.221
	第3因子				−.446
	第4因子				

227

第Ⅲ章　国際バカロレアを教える日本人教師とは

　分析の結果、20項目のデータから4因子が抽出された。ここでは第1因子を
「やりがい感」、第2因子を「仕事負担感」、第3因子を「同僚肯定感」、第4因
子を「マンネリ感」因子と名称をつけることとした。

　四つの因子得点について、日本の公立小学校教員とIB日本人教師の平均値
を算出し、さらに母平均の差の検定を行った結果（図表3－2－6）、第1因子
「やりがい感」、第2因子「仕事負担感」、第4因子「マンネリ感」に統計的有意
差が認められた。「やりがい感」因子得点は、IB日本人教師の方が日本の公立
小学校教員よりも高く、反対に「仕事負担感」「マンネリ感」因子得点は、日
本の公立小学校教員の方がIB日本人教師に比べて高いという結果となった。

図表3－2－6　日本の公立小学校教員とIB日本人教師の因子得点の平均値の差の検定結果

		度数	平均値	標準偏差	平均値の標準誤差	t値	有意確率（両側）
第1因子：やりがい感	日本公立小学校教員	1196	24.2801	3.43343	.09928	−4.817	＊＊
	IB日本人教師	49	26.7143	4.21802	.60257		
第2因子：仕事負担感	日本公立小学校教員	1213	24.7840	5.92426	.17010	3.180	＊＊
	IB日本人教師	44	21.5000	6.75656	1.01859		
第3因子：同僚肯定感	日本公立小学校教員	1198	17.0910	2.68774	.07765	1.058	n.s.
	IB日本人教師	49	16.6735	3.13839	.44834		
第4因子：マンネリ感	日本公立小学校教員	1213	6.8392	2.62974	.07551	2.482	＊
	IB日本人教師	47	5.8723	2.35554	.34359		

注：有意確率（両側）は　＊＊p＜.01，＊p＜.05

　本分析は、これまでに実施した20項目の単純集計やクロス分析結果と整合
性のある結果となった。すなわち、IB日本人教師は仕事に高いやりがい感を
有している。他方、日本の公立小学校教員は、職務に対するやりがい感が低
く、仕事負担感やマンネリ感が高いという関連である。

　何故に海外のIB校に勤務する日本人教師の仕事のやりがい感が高く、反対
に日本の公立小学校教員のやりがい感が低いのだろうか。その検討にはさらに
詳細な調査が必要であるが、次節ではその理由の解釈を得るために、IB日本
人教師の満足度からその一端を探ることにしよう。

4 IB日本人教師の生活全般への満足度についての検討

　IB日本人教師は日常生活のどのような点に満足感を得ているのだろうか。図表3－2－7は、IB日本人教師を対象とする調査で14項目について満足度を尋ねた結果である。図中には「満足」「やや満足」の肯定的回答を行った者の割合を示した。

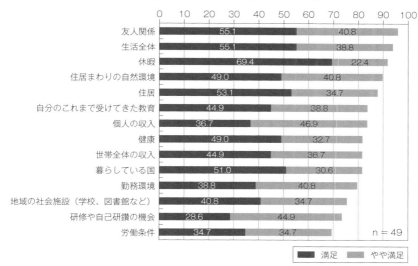

図表3－2－7　IB日本人教師の生活満足度

　「満足」「やや満足」といった肯定的回答をしたIB日本人教師の割合が80％を超える項目は、14項目中10項目にのぼっており、項目数から見てもIB日本人教師の生活全般に対する満足度は高いと言えよう。14項目の中で最終項目として問うた生活全体への満足度を見ると、「満足」と答えた者は全体の約60％にのぼり、「やや満足」と合わせると肯定的回答率は90％を超えている。これは14項目中でも第2位の割合を示しており、IB日本人教師が生活全体に満足する者の多いことが浮かび上がっている。

　教員としての職務に関する事項としては、「個人の収入」「勤務環境」「休暇」「労働条件」などの項目が該当すると考えられる。「労働条件」の項目のみ

第Ⅲ章　国際バカロレアを教える日本人教師とは

は肯定的回答率が70％弱の割合に留まっているが、その他の事項はいずれも80〜90％にのぼっており、職務に関する環境や条件にも、かなりの満足感を抱いている。

　特に「休暇」に関する満足度が90％を超えて高率となっている点も着目できるだろう。日本の公立小学校教員と比べるとIB日本人教師が「休暇」に満足感を得ているのは、諸外国の学校は夏休みや冬休みなどの長期休暇が長く、さらに日本の公立小学校教員のように長期休暇中にも学校に出勤しなければならないといった環境下に置かれていないという理由が挙げられるだろう。労働条件や学校運営の特徴が、教員の職務の状況やひいてはやりがい感や満足感にも反映されてくると考えられる。

　以上の結果から、IB日本人教師は収入や労働条件、生活環境などにかなり高い満足感を持つことがあらためて明らかになった。そうした意識は、確実に教育という仕事のやりがい感へとつながっていると考えられる。なお、「研修や自己研鑽への機会」への満足度が比較的低く、70％弱の肯定的回答率にとどまっている理由は、IB日本人教師が現状に甘んじることなく、さらに自らの専門性を高めるための学習に意欲を有していることの顕れと捉えることが妥当であろう。

おわりに

　本分析の結果から、IB日本人教師の職務上の意識や満足度の実態が浮かび上がった。ここでの調査の対象となったIB日本人教師のサンプル数は少ないが、海外にあるIB校に勤務するIB日本人教師を対象とする統計的研究は少なく、それらの教員の意識と行動の実態の一端を解明した本研究の意義はあると考える。

　分析の結果、IB日本人教師は職務に強い誇りと自信を有しており、教育への意欲も高く、かつ、さらなる自己研鑽に対しても強い希望を有するなど、教員としてかなり理想的な像が浮かび上がった。この調査結果は、実際に筆者が国内外で面談したIB校の教員像とも重なるものであった。

　IB日本人教師調査と過去に筆者らが実施した日本の公立小学校教員調査の比較を待つまでもなく、日本の教員の職務上の負担感と実質的な勤務時間の長

Ⅲ－2　日本人教師としてのやりがいやストレス

さは極めて深刻な状況にある。OECDが2013年に実施した国際教員指導環境調査（TALIS）においても、日本の教員の1週間当たりの勤務時間は調査に参加した34か国中で最長（日本53.9時間、参加国平均38.3時間）となっている⑶。

　日本の公立学校教員の職務条件や学校経営の在り方を再検討し、よりやりがい感が高く、生活への満足感も高い教員を増加することは、日本社会全体の喫緊の課題である。本分析によって海外のIB校でIBカリキュラムを指導する日本人教師と日本の公立小学校に勤務する教員間のやりがい感や仕事負担感・マンネリ感に極めて大きな相違があることが明らかとなった。その違いに暗澹たる思いを募らせるばかりではなく、ここで行った海外のIB日本人教師との比較から、今後は日本の公立学校教員の働き方をより検討することに意味があると思う。

　海外のIB日本人教師に顕著に見られた職務上のやりがい感は、日本の公立小学校教員においても実現可能性があるものと考えたい。そうした考えは、あまりに楽観的すぎるという批判を招くかもしれない。しかし、筆者は極めて高い日本の学校教員の仕事への閉塞感、疲弊感の実態を踏まえると、日本の公立学校へのIBカリキュラムの導入や、IB校をモデルとした学校改革、教員の働き方改革は、一つの検討すべき重要な事項だと考える。職務に対する強いやりがい、自らの職務に対する誇りや自信を有する教員のもとで学ぶことで、児童・生徒の人格形成に甚大なプラス効果が顕れると考えるからである。本分析の結果が、少しでも日本の公立学校教員の厳しい内面的な問題状況を示すものとなり、また、IB日本人教師をモデルとした日本の教育改革に役立てられることを願いたい。

　なお、最後に本分析に残された課題を述べることにしたい。ここで取り上げたIB日本人教師はわずか50サンプル弱であり、極めて限られた数に留まっている。IB日本人教師との比較を行うという趣旨の分析は、今後はさらに多くのデータを用いて行われる必要があることは言うまでもない。また小学校、中学校、高等学校など学校種別の分析によっても、教員比較調査の結果からは異なる特徴が浮かびあがるであろう。さらに教員対象調査は、本研究のような横断的調査ばかりでなく、経年変化をたどる調査研究も重要であり、実施する必要性が高い。IB日本人教師と日本の公立学校教員を比較する調査研究は、今後はそれらの観点を踏まえることによってさらに深められるであろう。

第Ⅲ章　国際バカロレアを教える日本人教師とは

【注】

(1) 本調査は、日本学術振興会科学研究費助成金・基盤研究C「国際バカロレアの日本型公立学校モデルの構築に関する実証研究」（研究代表：岩崎久美子，課題番号24531087，H24～H26）の一環で実施された。調査の概要は以下の通り。

　　　1．目的：日本、並びに世界各地で国際バカロレアを教える日本人教師の現状と課題の把握

　　　2．方法（回収数）：

　　　　①国際バカロレアを教える日本人教師による任意のメーリングリストにウェブ上に掲載した質問紙への回答を依頼・メールにより返送（n=37）

　　　　②一時帰国した日本人教師による研究会（2014.7.12～14）にて配布・回収（n=11）

　　　　③研究会参加者がIBワークショップ参加日本人の知人に依頼（n=1）

　　　　合計　n=49

　　　3．調査期日：2014年6月9日（月）～2014年8月1日（金）

(2) 日本の公立小学校教員を対象とする調査は、日本学術振興会科学研究費助成金・挑戦的萌芽研究「保護者・地域住民の学校支援が教員の職務遂行に及ぼす影響に関する定量的研究」（研究代表：金藤ふゆ子，課題番号23653262，H23～H25）の一環で実施された。調査の概要は以下の通り。

　　　1．調査時期：2012年9月24日～10月23日

　　　2．調査方法：郵送による質問紙調査

　　　3．標本抽出：全国公立小学校21,121校（2011年5月1日時点）の中から地域、及び在籍児童数によって層化した層別2段無作為抽出法により抽出。計600校を抽出し、各校に5票の教員調査票を配布した。

表　全国小学校教員調査の計画標本数、有効回収数、有効回収率

	計画標本数	有効回収数	有効回収率
全国小学校教員調査	3,000人	1,213人	40.4%

(3) TALISとは、OECD国際教員指導環境調査（TALIS: Teaching and Learning International Survey）を意味し、学校の学習環境と教員の勤務環境に焦点を当てた国際調査である。第2回調査は2013年に実施され、日本を含む34カ国が参加した。2013年の調査結果の要約は以下の国立教育政策研究所のURL参照。

http://www.nier.go.jp/kenkyukikaku/talis/imgs/talis2013_summary.pdf［2019/11/15付アクセス］

国立教育政策研究所『教員環境の国際比較：OECD国際教員指導環境調査（TALIS）2013年調査結果報告』明石書店，2014年。

Ⅲ－3

日本人教師調査結果からの考察

岩崎　久美子

はじめに

　インターナショナルスクールで、日本人が国際バカロレア（以下IB）の科目を教える場合、その多くはグループ1の「言語Ａ：文学」の日本語である。その理由はIBを導入している多くのインターナショナルスクールでは、英語を母国語とする者が主要教科を占有する傾向があるとともに、「言語Ａ：文学」の日本語では、当然ながら日本人であることが必然性を持ち有利であるからであろう。

　日本語を教える教師はそれぞれの学校で唯一の日本人、唯一の「言語Ａ：文学」の日本語の教師の場合が多く、世界中に散っている日本人教師間をつなぐメーリングリストが、自然発生的に教師たちの間で作成されている。このメーリングリストによるネットワークは、自発的な職能団体の様相をもっており、教師たちはそれぞれの地域で開催されるIBのワークショップで知り合い友好を深め、日本に一時帰国する際、日程調整をして自主的勉強会を開催するなど、職能向上のために交流を深めている。

　本調査は、この日本人教師のネットワークに依頼し、日本、並びに世界各地でIBを教える日本人教師の現状と課題を把握するために、日本人教師を対象に質問紙により実施したものである。実施にあたっては、日本語教師である橋本八重子氏が研修会で質問紙を配布・回収したほか、橋本氏により、上記メーリングリストを介して回答を依頼し返信があったものを集約した。

　回答内容は、すでに「Ⅲ－1 日本人教師の実態」「Ⅲ－2 日本人教師として

233

第Ⅲ章　国際バカロレアを教える日本人教師とは

のやりがいやストレス」で分析されているが、本章では、日本人教師が主に教えているIBディプロマプログラムの「言語A：文学」の内容と日本語教師の属性について簡単に紹介するとともに、資料として調査の単純集計を最後に掲載する。

1 ┃ 日本語教師は何を教えているか

　回答してくれた日本人教師49人中48人がディプロマプログラムの「言語と文学」（グループ1）の「言語A：文学」上級レベル（HL）を教えている。まずは、この「言語A：文学」を簡単に説明しよう。

（1）四つのパート

　「言語A：文学」は、生徒の第一言語（母国語が多い）に基づき、IBで作成した「指定作家リスト」から教師が作品を選択し、それに沿って学習する。

　「言語A：文学」は、四つのパートからなる。パート1は世界文学で、指定翻訳作品リストから異なる作家の三つの作品、パート2は精読学習で、指定作家リストから異なるジャンルの三つの作品（そのうち一つは詩）、パート3はジャンル別学習で、指定作家リストの中から選択した同じジャンルの異なる作家による四つの作品、パート4は自由選択で、三つの作品の学習を行う。

　上級レベル（HL）の生徒の2年間の総授業時間数は240時間（パート1、パート2、パート3はそれぞれ13冊の65時間、パート4は45時間）であり、2年間で文学作品を読破する[1]。

（2）パートの内容

　日本語による「言語A：文学」上級レベル（HL）の例として、あるインターナショナルスクールでは、パート1は『異邦人』（カミュ）、『変身』（カフカ）、『オディプス王』（ソポクレス）、パート2は『おくのほそ道』（松尾芭蕉）、『萩原朔太郎詩集』（萩原朔太郎）、『友達』（安部公房）、パート3は『砂の女』（安部公房）、『個人的な体験』（大江健三郎）、『金閣寺』（三島由紀夫）、『雪国』（川端康成）、パート4はフランス文学のジャンルを選択し、『赤と黒』（スタンダール）、『テレーズ・デスケルウ』（モーリアック）、『迷路のなかで』

234

Ⅲ－3　日本人教師調査結果からの考察

（ロブ・グリエ）を指定している。

（3）評価

　生徒は、作品を精読し、筆記試験2回（論評、一つのジャンルから二つ以上の作品についての小論文）、記述課題（一つの文学作品を探究し記述）、個人口述コメンタリー（ディスカッションを含む）、個人口述プレゼンテーションの準備・演習を行う。これらの試験や課題に対し、「知識と理解」「分析、統合および評価」そして、「適切な言葉遣いおよびプレゼンテーションスキルの選択と使用」の三つの観点から、評価がなされる。

2　日本の国語教育と何が違うか

　次に、「教えていて楽しいこと」（問17）に書かれた自由記述から、日本の国語教育と何が違うかを見てみたい。

（1）専門的に深く味わう

　IBを教える教師の言葉によれば、日本の国語教育は、「幕の内弁当的ないろんな種類のおかずを少しずつ並べた感じ」であるが、IBでは、「一品を存分にお腹いっぱい味わうことができる（文学作品を一冊まるごと読む）」（id 016）。つまり、日本の国語教育は広く浅く網羅するが、IBは狭く深く専門的に文学作品を鑑賞するということである。

　かつて、有名進学校の国語教師であった橋本武氏は、「国語はすべての教科の基本であり、学ぶ力の背骨」と言い、200ページあまりの文庫本である中勘助の「銀の匙」1冊を3年かけて読む授業を行った。スローリーディングと呼ばれるこのような読書法は、その人の世界により深く入り込み、自分の世界にまで結び付けていく手法であり、一つのものを深く探究し続けていくと、学んだことが本当の意味でその人の実になるとしている[2]。このように、文学作品を丁寧に深く読むことは、本来の学力の基盤を作り、学ぶ力の形成に大きく寄与するものなのであろう。

235

第Ⅲ章　国際バカロレアを教える日本人教師とは

(2) 教師と生徒の相互作用による知的成長を促す授業

　IBの教師によれば、生徒は、文学作品を読み込み、その解釈や理解、小論文執筆、ディスカッション、プレゼンテーションといった一連の過程で、自分の経験、感性、感情を、自ら、そして他者とのやりとりから引き出し、文学の解釈を通じて目に見えて精神的に成長していく。他方、教師は、生徒の小論文の添削やコメントなどで適切なフィードバックを行うために、教材研究や授業に独自の工夫をするなど、常に自己研鑽に努めなければならない。教師も教育や授業準備に相応のエネルギーや時間を取られるだろう。しかし、今回の調査結果にあって、教師の中でストレスや疲れに言及する者はおらず、「文学作品の楽しさを生徒とともに共有し生徒から触発される」「教師自身も生徒とともに自分が成長していることを感じる」、といった回答が多く見られた。IBでは授業時間数が多いこともあり、文学を通じて、文化や社会などを深く追究できる。また、日本の学校で「国語」が不得意教科だったの者も、文学作品の奥の深さや日本語の美しさに気付き、さらには、文学の学習は「答えが一つではない」ことから、時間を掛けた学習の後に自己の解釈を展開することへの知的快感を生徒たちが実感するとの回答もあった。

　このように、教師も生徒とのやりとりから知的興味を喚起されており、ある教師は、「自分が準備していったことに対して生徒が思いもつかなかった素晴らしい発想を返してくれること。これは日本の国語教育ではなかなか味わえないことだと思う」（id 014）と語っている。

(3) 日本人アイデンティティの自覚

　IBの『「言語A：文学」指導の手引き』には次の言葉が掲げられている。「IBには『母語の尊重』という方針があります。この方針は、生徒が家庭で使う言語の文学的伝統に対して敬意をもつことを奨励し、母語とは異なる言語での学習指導の中、継続的に母語での話し言葉（口述）や書き言葉（記述）の能力を伸ばす機会を提供することを規定するものです。」[3]

　このように、IBによれば、生徒の母語に関する権利に対応し、45言語以上のコースが提供されているという。

　海外にいる日本人生徒にとっては、母語での授業は、精神的安定をもたらす

Ⅲ-3　日本人教師調査結果からの考察

とともに、日本人としての自己の存在を確認する時間でもある。ディスカッションやエッセイでも自由に表現でき、生き生きとやる気をもって取り組むことができるであろう。また、文学を通じて日本人のアイデンティティを模索・確認し、自分が日本人であることの大切さを認識することは、思春期・青年期にとっては重要なことと思われる。

（4）人生のための学問

　IBの「言語Ａ：文学」は、「テストの為の学問ではなく、人生の為の学問を教える事」（id 036）との回答もある。長きにわたり「言語と文学」を教えてきたIB日本人教師は、「文学の授業は、人生を学ぶことである。1冊の文学作品には主人公以外にも多くの登場人物が存在する。その人たちの人生の一時期、または人生すべてを学ぶこととなる。（中略）多くの人々と作品上で出会うことにより、生徒たちは自己の人生を考えるようになる」と述べている[4]。
　文学作品を通じて自分のことを振り返る作業により、生徒たちは自分の人生を深く考える契機を与えられることになる。

3 ┃ 調査概要

　以上のような授業を行っている日本人教師であるが、以下、今回行った調査の概要を簡単に紹介する。

（1）調査方法

　回答者数は49人である。調査方法と内訳は、下記のとおりである。
　①IBを教える日本人教師による任意のメーリングリストにウェブ上に掲載した質問紙への回答を依頼・メールにより返送（N=37）
　②一時帰国した日本人教師による研究会（2014.7.12〜14）にて配布・回収（N=11）
　③研究会参加者がIBワークショップ参加日本人の知人に依頼（N=1）

　調査期日は、平成26年6月9日（月）〜平成26年8月1日（金）であった。

第Ⅲ章　国際バカロレアを教える日本人教師とは

(2) 質問項目

　日本人教師に対する質問項目は25問であり、内容は大きく、①属性、②キャリアパス、③勤務状況、④意識、⑤意見・感想、の五つから構成されている（図表3－3－1参照）。

図表3－3－1　質問項目の構成

	内　　　容
1．属性	・性別（問23） ・現在住んでいる国（問24） ・年齢（問25）
2．キャリアパス	・最終学歴（問10） ・職歴（問12） ・教職経験（問1） ・外国での滞在歴（問11） ・国際バカロレア教師になった契機（問13） ・研修歴（問8） ・過去の経験・体験で役にたっていること（問19）
3．勤務状況	・勤務校の種類（問2） ・IBプログラムの種類（問3） ・雇用形態（問4） ・担当のIB科目（問5） ・担当授業数（問6） ・学校の学年暦（問7）、
4．意識	・やりがい感（問14） ・満足度（問15） ・負担感（問16） ・教えていて楽しいこと（問17） ・教えていて大変なこと（問18）
5．意見・感想	・希望する研修内容（問9） ・国際バカロレア機構への要望（問20） ・公的支援の要望（問21） ・日本の教育全体についての感想（問22）

(3) 調査対象者のプロフィール

　調査対象となった日本人教師のプロフィールの概略を紹介しよう。

①勤務先

　回答者49人のうち約7割にあたる35人はインターナショナル・スクールで教えている。その他、公立・私立を問わず海外の現地校が6人、日本の学校が

Ⅲ-3 日本人教師調査結果からの考察

7人である（図表3-3-2参照）。

勤務している学校のある国は、日本（15人）、ドイツ（5人）、中国（4人）、アメリカ、スイス、シンガポール（それぞれ3人）、オランダ、フランス、イタリア、イギリス、タイ（それぞれ2人）、ベルギー、マレーシア、インドネシア、韓国、ベトナム、台湾（それぞれ1人）である。

図表3-3-2　回答者の教えている学校

学校の種類	度数	パーセント
1．インターナショナル・スクール	35	71.4%
2．海外の公立現地校	2	4.1%
3．海外の私立現地校	4	8.2%
5．日本の学校（1条校）	7	14.2%
6．その他	1	2.0%
合　計	49	100.0%

②性別・年齢

性別は、男性が5人、女性が44人であり、回答者の約9割は女性である。

また、年齢は、36～40歳が16人（32.7％）と最も多く、次いで41～45歳が9人（18.4％）であり、30代後半から40代前半の者が多い（図表3-3-3参照）。

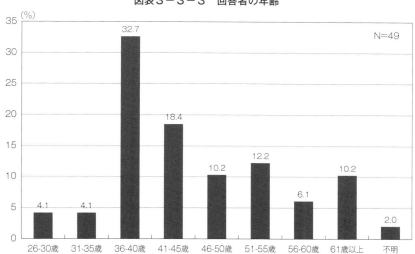

図表3-3-3　回答者の年齢

第Ⅲ章　国際バカロレアを教える日本人教師とは

③学歴

　日本人教師の学歴は、49人中、学部卒が26人、大学院修了が20人、その他・無回答が3人である。

　学部の専攻では、文学が13人で最も多く、英文学4人、日本文学4人、中国文学2人、国文学2人、ドイツ文学1人などである。次いで、教育学が4人、その他、法学、医療、歴史などの専攻の者がいる。

　大学院修了者は20人であり、その専攻を見れば、教育学10人、語学9人、国際研究1人である。語学では、アメリカでTESOLの修士号を取得した者が4人で最も多い。また、アメリカでカリキュラム・教授法の修士号を取得、その後、イギリスで応用言語学の修士号と博士号を取得している者もいる。

④職歴

　日本の小・中学校の教員経験者が15人、うち、日本の公立学校や私立学校に勤務し、国語の担当からIB「言語A：文学」の教員になった者が7人、それ以外は、日本で国語や英語の教員を経験したが、その後さまざまな理由で海外に行き、IB校で職を得て教えている者である。また、日本語学校やインターナショナル・スクールなどの日本語教師からIB教員になった者が9人、その他、出版広告業、秘書、雑誌編集者、法律事務所、スチュワーデスなど、多様な経歴者がいる。

⑤IB教師になった契機

　IB教師になった契機にはいくつかのパターンがある。

　第一に、積極的にIB教師になりたいと応募して採用されたケースである。

- 「朝日新聞にUnited World Collegeの紹介記事が出ており、IB（当時はIBのみ）プログラムに日本語Aのあることを知った。またCAS（ボランティア活動）についても触れており、日本の学校教育の中にボランティア活動が位置づけられていなかったので関心をそそられた。その後、現在勤務しているインターナショナルスクールから求人があり応募した。」（id 022）

- 「大学院時代に、東京学芸大学附属国際中等教育学校に実地研究で現場に入る機会があり、その時にMYPのプログラムに出会いました。IBの教育理念にとても共感し、その授業内容やカリキュラムなどについても知ることができ、興味

や関心を深めたのを覚えています。故郷でもIB校を作る計画があると聞きつけ、現在の勤務校に視察した際に採用試験の話を頂きました。勤務してから、3年目にIBの認定校となり、現在はIB文学（日本語）の教員として働いております。」(id 025)。

第二に、就職先がたまたまIB校であったケースである。
- 「IBについて特に知識はなかったが、アメリカでの大学院修了後、応募をし採用をされた学校がIB校だった。それから、そのままIB校に勤めている。」(id 003)

第三に、就職先の学校が途中でIBを導入することになり、IBを教えることになったケースである。
- 「勤務していたアメリカン・スクールがIB／DP校になり、当時から日本語教師は私一人だったため、研修を受け，DPクラス担当となった。」(id 004)
- 「学校がIBを採用したため、急に国語科に日本語A（最初はBも）を担当するよう命じられた。」(id 038)

第四に、海外で友人からの紹介や保護者に依頼されたケースである。
- 「別の仕事で中国広州にいたとき、現在の学校の日本人教師が急遽退職し、カバー教師を探しているということで友人から紹介を受けました。仕事の条件は教えた経験があることと英語で仕事ができることでした。」(id 008)
- 「駐在員の保護者がIB日本語を教えられる人を探していた。」(id 013)
- 「日本語補習校での勤務を経て、生徒保護者に推薦していただいた。」(id 017)
- 「日本人学校教師を経て、補習授業校の教師をしていた時に、インターナショナル・スクールの日本人生徒達の保護者が、IB JapaneseA1の教師を探しており、国語教師の免許と経験がある私に声がかかった。授業場所は学校で、保護者が私を雇うという形で始まった。」(id 030)
- 「求職中の時、たまたま友人に声をかけられた。以前はIBについての知識はまったくなかった。」(id 044)

第五に、滞在先で日本語を教えている中でIBにかかわるようになったケー

241

第Ⅲ章　国際バカロレアを教える日本人教師とは

スである。

- 「インターナショナル・スクールで日本語を非常勤で教えていたことから。」
（id 035）
- 「日本語の個人レッスン依頼がきっかけ。その後DPの代行、アビニシオ、
MYP9、8、そして現在、7、6年生。」（id 019）
- 「日本語教師としての広告を、現地の英語情報誌に掲載していたところ、インタ
ーナショナル・スクールの先生から連絡があり、生徒に日本語を教えてほしい
と依頼されました。」（id 033）

　以上、日本人教師になった契機を五つに類型化した。そのプロフィールは、
人生におけるキャリア展開の事例ともいえよう。

おわりに

　以上、日本人教師調査の概略を述べたが、「資料」として単純集計の結果を
本章末に「Ⅲ－資料：国際バカロレア教員調査結果」として収録した。これ
は、海外、特にインターナショナル・スクールで教える日本人教師の実態を表
すデータである。その回答結果から、IB日本人教師の生の声を聞き、その姿
を想像していただきたい。

　最後に調査結果を踏まえて、IB「言語Ａ：文学」の教育効果について、再度
三つの点にまとめたい。

　第一に、文学作品の解釈、小論文の執筆、仲間とのディスカッション、プレ
ゼンテーションという一連の流れは、生涯学習の基礎となる体系だった学習技
能の獲得につながる。第二に、文学作品を通じ多感な思春期の人生の指針を得
る。第三に、日本文学を通じ、言語や思考方法など、日本人としてのアイデン
ティティを確認し、日本文化の素養を得ることができる。

　日本語や日本文学に触れることは、海外に滞在する生徒、そして教師にとっ
ても日本人のアイデンティティを確認する機会である。それゆえ、IBの日本
人教師であることは、日本人教師間、そして、日本人の教え子たちと、その後
につながるより強い紐帯をもたらすものであろう[5]。

【注】

(1) IBO, Language A: Literature guide を参照。

(2) 橋本武『伝説の灘校国語教師の「学問のすすめ」』PHP 文庫、2015 年, p.33.

(3) IB ディプロマプログラム『「言語 A：文学」指導の手引き 2015 年第 1 回試験』p.13.
http://www.ibo.org/globalassets/publications/dp-language-a-literature-jp.pdf
［2017/07/30 付アクセス］

(4) 石村清則「日本語 A1 の実践とキャリア意識」（相良憲昭・岩崎久美子編著『国際
バカロレア：世界が認める卓越した教育プログラム』明石書店、2007 年）pp.175
－176.

(5) 岩崎久美子「国際バカロレアから考える国語教育の未来像」『国語教室』No.100,
2014 年 11 月、pp.30-31.

> ## Ⅲ－資料

国際バカロレア教員調査結果

国際バカロレアを教える日本人教師に関する調査

ご協力のお願い

　この調査は、日本、並びに世界各地で国際バカロレアを教える日本人教師の方々が、どのような立場で国際バカロレアを教えているか、その実態を明らかにし、日本における今後の国際バカロレア普及のための資料を作成することを目的としております。

　集計結果は、数的処理を行い、個人が特定されないようにします。また、集計された結果については、集計でき次第、みなさんにフィードバックします。

　調査の趣旨をご理解いただき、ぜひご協力いただきますよう、お願いいたします。

平成26年6月9日

アムステルダム国際学校日本語教諭　　橋本八重子
文教大学人間科学部教授　　金藤ふゆ子
国立教育政策研究所総括研究官　　岩崎久美子

【調査対象】
　国際バカロレアを教える日本人教師

【回答方法】
・各問は、選択回答式を採用しております。あてはまる選択肢の番号を選び回答してください。質問紙はWordで作成されており、回答しづらいかと思いますが、○、×、☑など、回答がわかる形で表示ください。
・質問紙は、http://www.nier.go.jp/IB-survey　からもダウンロードできます。

【提出方法】
・記入後は、7月4日（金）までに、ibreply-box@nier.go.jpにご返送ください。

【問い合わせ先】 国立教育政策研究所　岩崎久美子
注）ホームページ、メールは調査回収のために一時的に開設したもので現在は使用されていない。

第Ⅲ章　国際バカロレアを教える日本人教師とは

国際バカロレアを教える日本人教師に関する調査（集計表）

１．目　的：日本、並びに世界各地で国際バカロレアを教える日本人教師の現状と課題の把握

２．方　法（回収数）：
①国際バカロレアを教える日本人教師による任意のメーリングリストにウェブ上に掲載した質問紙への回答を依頼・メールにより返送（N=37）
②一時帰国した日本人教師による研究会（2014.7.12～14）にて配布・回収（N=11）
③研究会参加者がIBワークショップ参加日本人の知人に依頼（N=1）　合計　N=49
＊注：回収数50であるが、同一人物の重複回答（id 004とid 045）がありid 004のみ使用。id 045以降の番号を再度振り直ししrevと表記。

３．調査期日：平成26年6月9日（月）～平成26年8月1日（金）

４．質問項目内容：
問1　教職経験（①現在のIB校勤務年数　②IB校教師としての総勤務年数　③教師の総経験年数）
問2　勤務校の種類
問3　IBプログラムの種類
問4　雇用形態
問5　担当のIB科目
問6　担当授業数
問7　学校の学年暦
問8　研修歴
問9　希望する研修内容
問10　最終学歴
問11　外国での滞在歴
問12　職歴
問13　国際バカロレア教師になった契機
問14　やりがい感
問15　満足度
問16　負担感
問17　教えていて楽しいこと（自由記述）
問18　教えていて大変なこと（自由記述）
問19　過去の経験・体験で役にたっていること（自由記述）
問20　国際バカロレア機構への要望（自由記述）
問21　公的支援の要望（自由記述）
問22　日本の教育全体についての感想（自由記述）
問23　性別
問24　現在住んでいる国
問25　年齢

Ⅲ－資料　国際バカロレア教員調査結果

問1　教職経験

(1) 現在のIB校勤務年数

年数	度数	パーセント	累積パーセント
.0	1	2.0	2.0
.3	1	2.0	4.1
1	2	4.1	8.2
1.5	1	2.0	10.2
2	5	10.2	20.4
3	6	12.2	32.7
4	3	6.1	38.8
5	6	12.2	51.0
6	3	6.1	57.1
9	3	6.1	63.3
10	2	4.1	67.3
11	1	2.0	69.4
12	5	10.2	79.6
13	1	2.0	81.6
14	2	4.1	85.7
17	2	4.1	89.8
18	2	4.1	93.9
20	1	2.0	95.9
28	1	2.0	98.0
30	1	2.0	100.0
合計	49	100.0	

平均8.1年　中央値5年　最頻値3年

(2) IB校教師としての総勤務年数

年数	度数	パーセント	累積パーセント
.3	2	4.1	4.1
.5	1	2.0	6.1
1	2	4.1	10.2
1.5	1	2.0	12.2
2	5	10.2	22.4
3	8	16.3	38.8
4	2	4.1	42.9
5	2	4.1	46.9
6	3	6.1	53.1
8	2	4.1	57.1
9	3	6.1	63.3
10	1	2.0	65.3
11	2	4.1	69.4
12	5	10.2	79.6
14	3	6.1	85.7
15	1	2.0	87.8
17	1	2.0	89.8
19	1	2.0	91.8
20	1	2.0	93.9
23	1	2.0	95.9
28	1	2.0	98.0
30	1	2.0	100.0
合計	49	100.0	

平均8.2年　中央値6年　最頻値3年

247

第Ⅲ章　国際バカロレアを教える日本人教師とは

(3) 教師の総経験年数

年数	度数	パーセント	累積パーセント
.0	1	2.0	2.0
2	1	2.0	4.1
3	2	4.1	8.2
5	4	8.2	16.3
6.5	1	2.0	18.4
8	1	2.0	20.4
9	1	2.0	22.4
10	6	12.2	34.7
11	2	4.1	38.8
12	2	4.1	42.9
13	3	6.1	49.0
14	1	2.0	51.0
15	4	8.2	59.2
16	5	10.2	69.4
17	1	2.0	71.4
19	1	2.0	73.5
20	1	2.0	75.5
22	1	2.0	77.6
23	2	4.1	81.6
24	1	2.0	83.7
25	1	2.0	85.7
27	1	2.0	87.8
30	1	2.0	89.8
33	2	4.1	93.9
35	1	2.0	95.9
38	2	4.1	100.0
合計	49	100.0	

平均15.5年　中央値14年　最頻値10年

問2　勤務校の種類

	度数	パーセント
1. インターナショナルスクール	35	71.4
2. 海外公立現地校	2	4.1
3. 海外私立現地校	4	8.2
5. 日本の高校（1条校）	7	14.2
6. その他	1	2.0
合計	49	100.0

インターナショナルスクールから依頼され、個人指導という形で教えています。(id 033)

Ⅲ－資料　国際バカロレア教員調査結果

問3　IBプログラムの種類

(1) PYP実施の有無と形態

	度数	パーセント
なし	27	55.1
あり	22	44.9
合計	49	100.0

→ 全員履修　21
　 希望者のみ履修　1

(2) MYP実施の有無と形態

	度数	パーセント
なし	25	51.0
あり	24	49.0
合計	49	100.0

→ 全員履修　20
　 希望者のみ履修　2
　 選抜した児童のみ履修　2

(3) DP実施の有無と形態

	度数	パーセント
なし	1	2.0
あり	48	98.0
合計	49	100.0

→ 全員履修　22
　 希望者のみ履修　19
　 選抜した生徒のみ履修　7

(4) その他

・IBコースの生徒のみ履修（ウがこれに当たるのでしょうか？）（id 006)

・PYP、MYPはない。IGCSEを導入（id 012)

・SecondaryはIGCSEの履修をやめてMYPへの移行を検討中（id 031)

・すみません、よくわかりません。（id 036)

・DPは、基本的に全員がFull Diplomaで履修することになっています。ただ、能力的に難しい或いは受験で必要でない生徒は、Certificateで履修をしています。（id 037)

・DPまえには，イギリスのIGCSEを実施（id 042)

問4　雇用形態

	度数	パーセント
正規雇用	43	87.8
非常勤雇用	3	6.1
その他	3	6.1
合計	49	100.0

→ フルタイム　30
　 パートタイム　13

【パートタイムの％】
12%（1人）、25%（1人）、
33%（1人）、50%（1人）、
60%（1人）、80%（3人）、不明（5人）

・フリーランス（id 017)

・アドミッションとカウンセラーもしています（id 018)

・インターナショナルスクールから依頼され、個人指導という形で教えています。（id 033)

249

第Ⅲ章　国際バカロレアを教える日本人教師とは

問5　担当のIB科目＋問6　担当授業数

Id	担当のIB科目	学年	担当授業数	その他
001	DP Japanese A Language and Literature／HL		2週間10コマ（1コマ55分）	
002	DP Japanese A Language and Literature／HL	11・12年	2週間（10日）33コマ（1コマ50分）	・8日サイクルの時間割の内、4回の Lunch Duty（特別手当無し）・日本人生徒の大学入試及び進学に伴う進路相談（これにかなりの時間を割きますが特別手当無し）
	Extend Essay			
003	DP Japanese A Literature／HL	Y12-13	2週間72コマ（1コマ35分）	
	DP Japanese A Literature／SL			
004	DP Japanese B／SL	Y11-12	2週間8コマ（1コマ60分）	
	DP Ab Initio	12	今年で終了	
	ホームルーム担任	10		週に一度40分のクラス時間があります
005	DP Japanese A Language and Literature／HL	11＆12年生	2週間10コマ（1コマあたり80分）	日本語、英語、その他の言語担当。生徒数の関係で毎年ではない。
	EE（Extended Essay）			
	TOK			
	CAS			
	その他			IB Outside Language Coordinator
	DP Japanese A Literature／HL			以前担当していたが、現在教えていない。
	DP Japanese A Literature／SL			以前担当していたが、現在教えていない。
	DP Japanese B／HL			以前担当していたが、現在教えていない。
	DP Japanese B／SL			以前担当していたが、現在教えていない。
	ホームルーム担任			以前担当していたが、現在教えていない。
006	DP Japanese A Literature／HL	高校2，3	2週間22コマ（1コマ50分）	
	DP Japanese A Literature／SL	高校2，3		
	DP Japanese B／HL	高校2，3		
	DP Japanese B／SL	高校2，3		
	EE（Extended Essay）	高校2，3		
	TOK	高校2，3		
	CAS	高校2，3		
	ホームルーム担任	中1〜高3		
	その他			普通科の教員と同様、放課後の下校指導、朝のバス乗車指導、寮訪問当番など（手当てあり）
007	DP Japanese B／HL		2週間16コマ（1コマ55分）	
	DP Japanese B／SL			
	ホームルーム担任	6年生		
008	MYP	Y7-10	2週間3.8コマ（1コマあたり50分）	日本語A&B担当
	DP Japanese B／HL	Y11		
	EE（Extended Essay）	Y11		
	ホームルーム担任	Y7		
	その他			Duty 週2回Canteenに立つ
009	DP Japanese B／SL	2（DP1）	2週間12コマ（1コマあたり50分）	IB以外の授業も兼任しています
010	DP Japanese B／SL	G11-12	2週間30コマ（1コマ90分）	それに加え Japanese 1-2 を 9th-12th grade に教えています
011	DP Japanese B／SL	G11-12	2週間26コマ（1時間45分）	

250

Ⅲ－資料　国際バカロレア教員調査結果

012	DP Japanese A Language and Literature／SL	H3-H4	2週間8コマ（1コマあたり90分）	
013	MYP	10年生	2週間27コマ（1コマあたり70分）	
	DP Japanese A Literature／HL	11、12年生		
	DP Ab Initio	12年生		
	EE（Extended Essay）	11,12年生		
	CAS			
	ホームルーム担任	12年生		授業数1クラス分
	地域連携			Japanese community リエゾン（手当あり）
	その他			Duty（ランチ1回、外1回）‥特別手当無し
014	DP Japanese A Literature／SL		2週間24コマ（1コマあたり50分）	
	DP Japanese B／SL			
	その他			プレIBとして国語を担当。日本の国語教科書を使い、Paper1を書かせるなど、DPJapanese A Literatureに対応できるだけの力を高校1年対象に教えている。特別手当なし。
015	DP Japanese A Literature／HL		2週間20コマ（1コマあたり50分）	
	DP Japanese A Literature／SL			
	DP Japanese B／SL			
	EE（Extended Essay）			
016	DP Japanese A Literature／HL	G11, G12	2週間（33コマ）（1コマあたり50分）	HLとSLは合同
	DP Japanese A Literature／SL	G11, G12		特別手当とは何を指しているのでしょう？
	DP Ab Initio			一人当たりの額が決まっています。人数が多いと、その分支払額が増えます（これは特別手当でしょうか）
	EE（Extended Essay）	G11, G12		
	その他			日本語のパーソナルカウンセリングを担当しています。その分は時間に応じての支払です。
017	MYP	Y8 Y10 Y11	2週間（3コマ）（1コマあたり60分）	
	DP Japanese A Literature／SL	DP1 DP2		
018	MYP	9－10年生	2週間46コマ（1コマあたり45分）	
	DP Japanese A Literature／HL			
	DP Japanese A Literature／SL			
	DP Ab Initio			希望者が少ないときは開かれません
	EE（Extended Essay）			
	CAS			
	ホームルーム担任			なぜだか時々担任をします
	地域連携			
	その他			ECAもいくつか自分で作って担当しています。例えば、長刀、日本語英語クラブ、その他ボランティアクラブ
019	MYP	6．7年	2週間12コマ（1コマ90分）	
	その他			ランチ時にキャフェテリアに立つ
020	MYP	8・9・10	2週間27コマ（1コマあたり60分）	
	DP Japanese A Literature／HL	11・12		
	DP Japanese A Literature／SL	11・12		
	EE（Extended Essay）			4人目より、一人につき100ユーロ（手当あり）

251

第Ⅲ章　国際バカロレアを教える日本人教師とは

	その他			Japanese University Counselor　日本の大学進学のための進路相談 Liaison with Japanese Community　日本人生徒のための編入・入学相談 Lunch duty　特別手当なし。全員の義務。
021	MYP	G9+10	2週間34コマ （1コマあたり60分）	
	DP Japanese A Literature／HL	G11+12		
	DP Japanese A Literature／SL	G11		
	DP Ab initio	G12		
	EE（Extended Essay）	G11+12		生徒は4人まで
	その他			手当なし：Duty（登下校時、長い休み時間（15分）、ランチタイム） 手当あり：Chaperon（校外学習付添）
022	MYP	10G	2週間22コマ （1コマあた50分）	
	DP Japanese A Literature／HL	11G-12G		
	DP Japanese A Literature／SL	11G-12G		
	EE（Extended Essay）	12G		
023	DP Japanese B HL		2週間23コマ （1コマあたり70分）	日本語クラスのみ計算
	DP Ab Initio			
	ホームルーム担任			
	その他			IGCSE日本語クラス、houseのduty（devotionの係、行事の手伝い、食堂に立つ係）、PSHE（道徳保健）の授業、学校行事の委員会、職会や教科会の参加、部活動
024	DP Japanese A Literature／HL	11年生	2週間32コマ （1コマあたり50分）	
	その他			・10年生ホームルーム担任（手当無し） ・学校事務作業（手当無し） ・学校施錠等Duty（手当無し）
025	DP Japanese A Literature／HL	G11 & G12	2週間30コマ （1コマあたり50分）	
026	MYP	Grade 8	2週間43コマ （1コマあたり50分）	LanguageA（国語）
	EE（Extended Essay）			
	ホームルーム担任	Grade 8		
	その他			・Personal Project supervisor（手当なし） ・MYP Language B/Japanese（手当なし） ・レギュラークラスの国語（手当なし） ・LHR・道徳・総合（手当なし） ・部活動（手当あり）
027	PYP	1～6	2週間40コマ （1コマあたり57分）	
	MYP	6～10		
	DP Japanese A Literature／HL	11～12		
	DP Japanese B／HL	11		
	DP Ab Initio	11		
	EE（Extended Essay）	11～12		
	CAS	7～12		
	ホームルーム担任	8.9		
	その他			Duty（10時半の中休みとランチタイムにサッカー・フィールドに立つ）

Ⅲ－資料　国際バカロレア教員調査結果

028	MYP	7 8 9 10	2週間6コマ（1コマあたり60分）1週間あたり60+60+80=200分	
	DP Japanese A Language and Literature／HL			
	DP Japanese A Language and Literature／SL			
	EE（Extended Essay）			
	ホームルーム担任			
	その他			日本語ディベートクラブ（特別手当無し）
029	PYP	KG－G5	2週間72コマ（1コマあたり35分）	
	MYP	G6－10		
	DP Japanese A Literature／HL	G11、G12		特別手当あり パートタイムの先生はPYP,MYPよりも時給が高い
	DP Japanese A Literature／SL	G11、G12		
	EE（Extended Essay）			特別手当あり
	ホームルーム担当			
	その他			ランチ時にキャフェテリアに立つ（特別手当なし）Cover（休みの先生の授業を監督する）（特別手当なし）
030	MYP（Pre IB）	8，9，10年	2週間6コマ（1コマあたり50分）	
	DP Japanese A Literature／HL	12，13年		
	DP Japanese A Literature／SL	12，13年		
031	PYP	EC to G5	2週間54コマ（1コマあたり45分）	
	MYP（Secondary）	G6 to G10		
	DP Ab Initio	G11&G12		
	ホームルーム担任	G7/8		
	その他			Duty（朝・昼の校庭の見張り）（週2回特別手当なし）、After school activity（週1回、ダンスクラブ）特別手当無し、PYP, Secondary、Departmentのミーティング（それぞれ毎週1回ずつ）特別手当なし
032	DP Japanese B／HL	G11,G12	2週間32コマ（1コマあたり50分）	
	DP Japanese B／SL	G11,G12		
	ホームルーム担任	G12		IBコース以外の高校3年生の担任
	その他	G10		
033	DP Japanese A Literature／SL	11、12年生	2週間3コマ（1コマあたり60分）	2013，2014年に担当。個人指導なので特別手当はありません。以下同様。
	DP Japanese A Language and Literature／HL	11、12年生		過去に担当しました。
	DP Japanese B／SL	11、12年生		2014，2015年に担当予定。
	DP Ab Initio	11、12年生		2014，2015年に担当予定。
034	DP Ab Initio	9-12	2週間3コマ（1コマあたり55分）	
035	DP Ab Initio	Year12（17）	2週間5コマ（1コマあたり55分）	
036	DP Japanese A Literature／HL	11／12	2週間30コマ（1コマあたり90分）	
	DP Japanese A Literature／SL	11／12		
	DP Japanese B／HL	現時点生徒無		
	DP Japanese B／SL	11／12		
	EE（Extended Essay）	11		生徒一人につき5千円相当図書券
	ホームルーム担任			Advisoryというものを実施
	その他			Duty Parking lot

第Ⅲ章　国際バカロレアを教える日本人教師とは

037	PYP	Y3、Y5、Y6	2週間30コマ （1コマあたり80分）	
	MYP	Y10、Y11		
	DP Japanese A Literature／HL			
	DP Japanese A Literature／SL	Y13		
	DP Japanese A Language and Literature／HL	Y12		
	DP Ab Initio			Y12,Y13のいずれかを毎年教えています。今年は、どちらもJapanese Aで教えています。
	EE（Extended Essay）	Y12、Y13		
	ホームルーム担任			毎年、ホームルームは受け持つのですが、今年はコマ数の関係上、免除してもらいました。
	その他			10日サイクルで4回dutyがあります。1回の時間は、25分です。（カフェテリアで立つ、或は、エレメンタリーのランチタイムにプレイグラウンドで歩いて回っています。）
038	MYP	9、10	2週間32コマ （うちMYP 8コマ） （1コマあたり50分）	
	DP Japanese A Literature／HL	11、12		
	DP Japanese A Literature／SL	11		
	DP Japanese B／HL	10、11、12		
	EE（Extended Essay）	12		
	TOK			
039	NA			
040	DP Japanese A Language and Literature／HL	11	2週間16コマ （1コマあたり55分）	
	DP Japanese B／HL	11		
041	DP Japanese A Literature／HL	11、12	NA	
	DP Japanese A Literature／SL	11、12		
	DP Japanese B／HL	11、12		
	DP Abtio	11、12		
042	DP Japanese A Literature／HL	G 11	2週間20コマ （1コマあたり40分または45分）	
	EE（Extended Essay）	G 11		
043	DP Japanese A Literature／SL	11、12	2週間12コマ （1コマあたり40分）	
	その他			Year plan, Long Term Plan 作成（手当なし）Prarets and Techer Conference（手当なし）
044	MYP	7－10	2週間40コマ （1コマあたり50分）	
	DP Japanese A Literature／HL	11-12		
	EE（Extended Essay）	11-12		
045	DP Ab Initio	11-12	2週間4コマ （1コマあたり80分）	
046	DP Japanese A Literatuer／HL	11	2週間8コマ （1コマあたり45分）	
	DP Japanese B／HL	11		
047	PYP		2週間20コマ （1コマあたり45分）	
	DP Japanese A Literature／HL			
	DP Japanese A Literature／SL			
	DP Japanese B／HL			
048	PYP	K	2週間84コマ （1コマあたり30分）	3歳児クラス（特別手当あり）園児担当のため、ほぼ生徒につきっきり

254

Ⅲ－資料　国際バカロレア教員調査結果

049	PYP	2	2週間37コマ （1コマあたり55分）	
	MYP	6,7,8		
	DP Japanese B／HL	11,12		
	DP Japanese B／SL	11,12		
	ホームルーム担任	8		
	地域連携	9,10,11,12		
	その他			Duty（休み時間に生徒の見回り）

問7　学校の学年暦

ID	国名	学期	冬休み	春休み	夏休み	その他の 休み	その他の 休み
001	フランス			12月20日 ～2週間	4月後半 2週間	7月6日～ 8月31日	秋10月16日 ～2週間
002	ドイツ	前期 8月14日～1月17日 後期 1月20日～6月18日	12月16日 ～1月3日	4月18日～ 5月2日	6月18日～ 8月12日	秋休み 9月30日～ 10月4日	スキーブレイク 2月24日～ 2月28日
003	タイ	1学期 8月28日～12月13日 2学期 1月6日～4月4日 3学期 4月21日～7月4日	12月16日 ～1月5日	4月7日～ 4月18日	7月7日～ 8月22日		
004	台湾	1学期 8月11日～12月19日 2学期 1月5日～6月11日	12月20日 ～1月4日	3月28日～ 4月19日	6月12日～ 8月10日	2月18日～ 2月23日	
005	マレーシア	1学期 8月13日～12月20日 2学期 1月8日～6月5日	12月21日 ～1月7日	3月22日～ 3月30日	6月～7月	マレーシア国 の祝日 学年度内14日	
006	日本 （1条校）	1学期 4月7日～7月25日 2学期 8月29日～12月24日 3学期 1月8日～3月24日	12月25日 ～1月7日	3月25日～ 4月6日	7月26日～ 8月28日		
007	日本 （※インター）	1学期 8月22日～12月13日 2学期 1月7日～6月6日	12月14日 ～1月6日	3月29日～ 4月6日	6月12日～ 8月20日	10月19日～ 10月27日	2月15日～ 2月18日
008	中国	1学期 8月7日～12月20日 2学期 1月7日～6月13日	12月21日 ～1月5日	4月7日～ 4月11日	6月14日～ 8月10日	9月30日～ 10月4日	1月27日～ 2月7日
009	韓国	1学期 3月3日～7月11日 2学期 8月11日～12月31日	1月1日～ 2月22日		7月12日～ 8月10日		
010	アメリカ	1学期 8月11日～10月10日 2学期 10月13日～12月19日 3学期 1月5日～3月13日 4学期 3月16日～5月29日	12月20日 ～1月4日	3月30日～ 4月3日	5月30日～ 8月9日		
011	アメリカ		12月21日 ～1月6日	3月17日～ 3月24日	6月10日～ 8月28日		
012	日本 （※大学）	1学期 8月20日～12月20日 2学期 1月6日～4月11日 3学期 4月28日～6月13日	12月21日 ～1月5日	4月12日～ 4月27日	6月14日～ 8月19日	2月1日～ 2月8日	
013	オランダ	1学期 8月21日～1月17日 2学期 1月20日～6月18日	12月14日 ～1月5日	4月18日～ 4月27日	6月19日～ 8月20日	2月22日～3 月2日	10月19日～ 10月27日
014	日本 （※1条校）	1学期 4月8日～7月19日 2学期 9月1日～12月24日 3学期 1月7日～3月24日					
015	ドイツ	前期 8月20日～2月6日 後期 2月16日～6月26日	2月9日～ 2月13日	秋休み 10月20日 ～10月31日	6月27日～ 8月21日	クリスマス休 み12月19日 ～1月2日	イースター休み 3月30日～ 4月10日

255

第Ⅲ章　国際バカロレアを教える日本人教師とは

016	ドイツ	学期 8月18日～12月19日 学期 1月5日～6月19日	12月22日～1月4日	3月30日～4月12日	6月22日～8月?日 （2015年度のスタートがわかりません）	Fall Break 10月6日～10月12日	Ski week 2月16日～2月22日
017	ベルギー		12月16日～1月5日	4月21日～5月4日	7月7日～8月31日	2月24日～3月9日	5月26日～6月9日
018	シンガポール	1学期 8月4日～12月19日 2学期 1月12日～5月31日	12月20日～1月4日	3月21日～4月5日	6月7日～8月3日	10月11日～10月19日	
019	オランダ	1学期 8月21日～1月16日 2学期 1月19日～6月17日	12月15日～1月4日	4月3日～4月12日	6月19日～8月20日	10月20日～10月26日 （10月休み）	2月23日～3月1日 （クロッカス休み）
020	フランス	1学期 9月2日～1月15日 2学期 1月16日～6月27日	12月21日～1月5日	4月12日～4月27日	6月28日～8月27日	10月26日～11月3日	2月22日～3月2日
021	ドイツ	（2013年8月～2014年6月）	12月21日～1月6日	4月12日～4月27日	6月28日～8月16日	10月26日～11月3日 （秋休み）	SKI Week 2月22日～3月2日
022	ドイツ		12月21日～1月3日	4月14日～4月27日	6月19日～8月11日	10月26日～11月5日	2月15日～2月24日
023	シンガポール	1学期 1月9日～3月14日 2学期 3月24日～5月23日 3学期 6月30日～8月29日 4学期 9月15日～11月22日		3月17日～3月21日	5月26日～6月27日	9月1日～9月13日	11月24日～1月5日
024	日本 （※1条校）	1学期 4月1日～9月30日 2学期 10月1日～3月31日	12月21日～1月5日	3月21日～4月6日	7月26日～8月31日		
025	日本 （※1条校）	1学期 4月7日～9月30日 2学期 10月5日～3月20日					
026	日本 （※1条校）	1学期 4月7日～7月19日 2学期 9月1日～12月19日 3学期 1月6日～3月17日	12月20日～1月5日	3月18日～4月6日	7月20日～8月31日		
027	日本 （※インター）	1学期 8月16日～10月24日 2学期 11月3日～12月12日 3学期 1月5日～3月21日	12月12日～1月4日	3月20日～3月29日	6月11日～8月7日	10月25日～11月2日	
028	日本 （※インター）	1学期 8月21日～1月23日 2学期 1月26日～6月12日	12月20日～1月11日	3月21日～3月29日	6月13日～8月19日	10月25日～11月2日	
029	イギリス	1学期 8月29日～12月13日 2学期 1月8日～4月11日 3学期 4月28日～6月27日	12月14日～1月7日	4月12日～4月27日	6月28日～8月27日	10月28日～11月3日	2月17日～2月23日
030	イタリア	1学期 9月9日～12月20日 2学期 1月7日～4月11日 3学期 4月28日～6月27日					
031	日本 （※インター）	1学期 8月26日～12月13日 2学期 1月6日～6月20日	12月15日～1月4日	3月1日～3月9日	6月21日～8月25日	10月19日～10月27日	4月26日～5月6日
032	日本（大学）	1学期 4月8日～7月19日 2学期 9月1日～12月24日 3学期 1月7日～3月24日	12月25日～1月6日	3月25日～4月7日	7月20日～8月31日		
033	イタリア	すいません、わかりません.					
034	アメリカ						
035	イギリス						
036	インドネシア	前期 8月中旬～12月20日頃 後期 1月2週目～6月1週目	12月20日～1月2週目おわり	3月20日～3月28日頃	6月1週目終わり～8月2週まで		

256

Ⅲ－資料　国際バカロレア教員調査結果

037	タイ	学期 8月6日～12月19日 学期 1月12日～6月12日	12月20日～1月11日	4月10日～4月19日	6月13日～8月5日	10月18日～10月26日(October Break)	2月21日～3月1日(February Break)
038	日本 (1条校)	前期 4月1日～7月31日 後期 9月1日～3月31日	12月24日～1月8日	3月14日～4月2日	7月25日～8月31日	なし	なし
039	日本 (1条校)	前期 4月1日～7月31日 後期 9月1日～3月31日	12月25日～1月6日	3月20日～4月1日	8月1日～8月31日		
040	中国	8月下旬～6月中旬 授業日120日ぐらい MYP2→セメスター制 DP→クオーター制				国慶節10月第1週間 清明節4月上旬3日くらい クリスマスブレイク12月中旬～Chinese New Year 2週間（年により異なる）	
041	日本 (1条校)						
042	スイス	学期 9月8日～12月19日 学期 1月12日～3月27日 学期 4月13日～6月26日	12月20日～1月11日	3月28日～4月12日	6月22日～9月7日（2014年はわからないので、2013-14年度の夏休みです。）	10月23日～11月2日	2月14日～2月22日
043	ベトナム	前期 8月18日～12月20日 後期 1月3週目～6月2週目	12月20日～1月	3月4週目から	6月3週目～8月2週目		
044	中国	学期 8月初旬～12月下旬 学期 1月初旬～6月初旬	12月20日～1月初旬	4月1日～4月10日	6月初旬～7月下旬	1月下旬～2月中日春節（旧暦）	
045	シンガポール	前期 8月11日～12月30日 後期 1月1日～7月10日	12月10日～1月5日	5月10日～5月20日	7月11日～8月11日	2月5日～2月15日（チャイニーズ・ニューイヤー）	
046	スイス	学期 9月1日～12月19日 学期 1月12日～3月27日 学期 4月13日～6月26日	12月19日～1月9日	3月30日～4月10日	6月26日～8月31日	10月20日～10月28日	2月9日～2月13日
047	スイス						
048	中国	1学期 8月11日～12月17日 2学期 1月5日～6月17日	12月18日～1月4日	4月4日～4月12日		2月14日～3月1日（春節 Christmas New Year）	9月27日～10月5日（国慶節）
049	日本 （※インター）		12月22日～1月9日	3月23日～3月27日	6月15日～		10月20日～10月24日

問8　研修歴

Id	研修名	研修主体	研修内容	研修期間	時間
001	IB Japanese Category 1と3	IB 主催、東京テンプル大学で		2012年8月	
002	IB-Japanese A1	IB本部	ヨーロッパ・アフリカ地域のA1教師の研修会（於、ジュネーヴ）	2002年2月	3日間
	IB-Japanese A1	IB本部	ヨーロッパ・アフリカ地域のA1教師の研修会（於、アテネ）	2004年2月	3日間

第Ⅲ章　国際バカロレアを教える日本人教師とは

	IB-Japanese A1	IB本部	ヨーロッパ・アフリカ地域のA1教師の研修会（於、カイロ）	2007年（10月）	3日間
	IB-Japanese A1	IB本部	ヨーロッパ・アフリカ地域のA1教師の研修会（於、ブタペスト）	2009年10月（？）	3日間
	有志による教師の会 IB-Japanese A1		A1教師の研修会（於、東京）	2010年（7月）	3日間
003	とても全部書ききれません。箇条書きにします。 ・IB Diploma Japanese A1，Japanese A Literature ・Differentiation ・Cognitive and Neural Psychology for Language Classes ・ICT for Language Classes ・Kodaly method ・Etc.				
004	IB Ab workshop	IB	IB DP	3日間	
	IB B workshop	IB	IB DP	3日間	
	IB MYP 入門	IB	IB MYP	2日間	
005	Thinking Global Collaborative	K-12 thinking & collaborative strategies	Adaptive schools, cognitive coaching, etc.	2014年4月11日－13日	19時間
	Structured Word Inquiry	K-12 spelling	Spelling, etymology, etc. in English	2014年3月8日－9日	16時間
	Sustainability & Service Learning	K-12 sustainability & service learning workshop	Environmental issues; planning and implementing volunteer work	2014年2月8日－9日	16時間
	Read4Credit (online course for 1 graduate credit)	Classroom management	Disciplines & strategies in secondary classrooms	2014年8月－10月	20時間
	TOK Category 3 Workshop	IB DP (IBAP)	New TOK curriculum for May 2015	2013年2月	24時間
	CAS Category 1 & 2 Workshop	IB DP (IBAP)	CAS general workshop	2012年8月	24時間
006	正確に覚えていません…				
007	DP Category 1 & 2 Japanese B	IB		Bangkok, Thailand, 27－29 May 2011.	
	DP Category 1 & 2 Japanese B	IB		校内2日間	
008	Language A	IB		2 days	13 hours
	Language B	IB		2 days	13 hours
009	学期初研修（春） 校内研修	教師	概論、前年度との比較と結果、評価の成功性など	2日	12時間
	学期初研修（夏） 校内研修	教師	概論、前年度との比較と結果、評価の成功性など	1日	7時間
	学期初研修（冬） 校内研修	教師	概論、前年度との比較と結果、評価の成功性など	2日	14時間
010	IB workshop	UNIS in NY	IB Language B	7/8-10/2014	18
011	IB Japanese		IB Japanese SL	3days	24hr
012	Japanese A1 Literature	IBO	Literature	3days	17h
	ESL Mainstream	High School	ESL	1month	16h
013	Japanese A1 Workshop	IBO	DP Japanese A1	Weekend 金・土・日	（約2年に一度あった。5回くらい参加）

Ⅲ－資料　国際バカロレア教員調査結果

	Language A (Generic一般)	IBO	DP Language A 新シラバス紹介・説明	Weekend 金・土・日	2010年？
	IB Category 3 Topical Seminar Japanese	テンプル大学	日本文学全般	7月27日－29日 2012年	
	IBDP Japanese A Literature	有志	シラバス、授業研究	7月中旬週末	
	校内研修は何度か		DPとTOK MYP Unit planner DP Language A（Lit, Lang-Lit,	IB研修（In-service day）だったり、放 課後	
014	テンプル大学 ワークショ ップ IBカテゴリー3	テンプル大学	IBカテゴリー3	2012/7/27～29	約20時間
	ワークショップ2013東京	IB	IBカテゴリー1	2013/8/21～23	約24時間
015	Workshop	IB	Japanese A	3days	20 hours
	Workshop	IB	Japanese A	3days	20 hours
	Workshop	Teachers	MYP, Japanese A	2days	16 hours
	Workshop	Teachers	Japanese A	3days	20 hours
	School visiting	Teachers	MYP, Japanese B	2days	14hours
016	MYP workshop in Bucharest 正式名称は失念しました が、Introductory workshop だったと思い ます。	IBO	Language A MYPとはなんぞや？　という ものでした。	2004年かと。	3日間
	MYP Language A at the IB Africa/ Europe/Middle-East IBAEM - MYP Conference & Introductory Workshop in Madrid	IBO	Language A新しいプログラ ムについてだったと思います。	Mar. 13 to Mar. 15, 2008.	3日間
	DP Language ab initio generic workshop at the DP Regional Workshops for Teachers New to the Programme, Budapest	IBO	Language ab initio generic	Oct. 23 - Oct. 25, 2009.	3日間
	DP Subject Specific Seminar Groups I, II & III Category 3 workshops, Zurich	IBO	Generic Language A: Literature (category 3)	04-Feb-2011- 06- Feb-2011	3日間
	DP Category 1 Workshops DUBLIN, IRELAND	IBO	Cat. 1: Language Ab Initio (generic)	24-Jun-2013- 26- Jun-2013.	3日間
017	ヨーロッパのJapanese Aの先生にお集り頂き（数名の方はアジアから参加）、International School of Dusseldorfで3日 間（だったと思います）のワークショップを開催したことがあります。MYPとDPについてでした。				
018	IBワークショップ・リスボン	IBO	日本語文学	3日間	22時間
	IBワークショップ・ジュネーブ	IBO	日本語文学	3日間	22時間
	IBワークショップ・アテネ	IBO	日本語文学	3日間	22時間
	IBワークショップ・カイロ	IBO	日本語文学	3日間	22時間
	IBワークショップ・ブダペスト	IBO	日本語文学	3日間	22時間
	校内研修は、TOK、Differentiationなど				

第Ⅲ章　国際バカロレアを教える日本人教師とは

019	アビニシオ	IB		2・3日	
	アビニシオ	IB		2・3日	
	ＭＹＰ初級	IB		2.5日	
	アビニシオ	IB		2.5日	
020	IB Japanese A Workshop	IBO	日本語Aの内容全て	3日（または2日半）×8回（後半3回はワークショップリーダーとして参加）	約150時間
	IB DP 試験官研修	IBO	試験作成および採点システム	3日（または2日半）×3回	約18時間
	IB試験官研修（オンライン）	IBO	採点要領および採点の標準化	1週間×3回	
	IB日本語A	IB日本語教師	DP＆MYP	3日間	約18時間
	校内研修	ISP	DP＆MYPその他	毎年2週間に一度＋年に4日	
021	DP workshop	IBO	Japanese-A1	2004年1月30日〜2月1日	15時間
	DP workshop	International school of Dusseldorf	Japanese-A 1	2007年3月2日〜3月3日	16時間
	DP workshop	IBO	Japanese A 1	2009年10月23日〜25日	15時間
	DP workshop	IBO	language A literature	2011年2月18日〜20日	15時間
	DP workshop	International School of Amsterdam	Japanese-A-Lit JapaneseB Japanese abinitio	2011年5月21日〜22日	15時間
022	IBのワークショップにかなり参加しましたが憶えていません。申し訳ありません。				
023	IB日本語abinitio	IBO	Cat 1		3日間
	IT workshop	校内	manage bac		2時間
	AFL workshop	校内	AFL		2時間
024	Japanese A category 3	IB	Japanese Aの教授法を発展させ、より深めるための研修	2012年7月27日〜29日	20時間程度
	Japanese A category 1.2	IB	Japanese Aで行う基本的な内容と各先生方との意見交換	2012年11月30日〜12月2日	20時間程度
	IBDP Japanese A文学コース研修会	国際バカロレア日本語教師の会	各パートの進め方について各先生方との意見交換	2013年7月12日〜14日	20時間程度
	Japanese A category 1.2	IB	Japanese Aで行う基本的な内容と各先生方との意見交換	2013年8月21日〜8月23日	20時間程度
025					
026	初任者研修	私学協会			
	二年研修	私学協会			
	五年研修	私学協会			
	MYPworkshop:MYP LanguageA, Level2	IB		2008/	
	DPworkshop：Category 3 Topical Seminar on Japanese Literature	IB		2010/8	
	IB Educator Network (IBEN) Training	IB		2012/8/27-29	

260

Ⅲ－資料　国際バカロレア教員調査結果

027	Asia-Pacific	IB Japanese A1	Japanese A1	2008.10.31〜11.2	18時間
	Interdisciplinary learning	IB MYP Utahloy Intl school	MYP	2011.11月	12時間
028	MYPJapaneseB	IBAP	MYPJapaneseB	October.2013	3 days
	MYPJapaneseA	IBAP	MYPJapaneseA	September, 2009	3 days
	DPJapaneseA1	IBAP	DPJapaneseA1	October, 2010	3 days
	DPJapaneseA2	IBAP	DPJapaneseA2	August, 2011	3 days
	IBWorkshopLeader	IBAP	IBWorkshopLeader	August.2012	3 days
	DPJapanese B	IBAP	DPJapaneseB	July, 2008	3 days
029	PYP Course	IB	PYPについて	2日過去に3度ほど参加	6日
	IB Conference	IB	IB Japanese A1	2，5日過去に3度ほど参加	7，5日
	IB Workshop	石村先生	IB Japanese A	2，5日	2，5日
030	IB workshop JapaneseA1	IBO	JapaneseA1の内容、評価等	2001?（ジュネーヴ）2003?（アテネ）2007,10?（カイロ）2009?（ブダベスト）研修年は、はっきり覚えていません。	全て　24時間（3日間）
	IB workshop Japanese	ヨーロッパ日本語教師の会	JapaneseA1の内容、評価等	2005?（デュッセルドルフ）研修年は、はっきり覚えていません。	24時間（3日間）
	IB workushop JapaneseA	IBO	JapaneseA 文学コースの内容、評価等について	2013.8.21-23	24時間
031	IB Making the PYP happen	IB On-line workshop	PYP collaborative planning	1か月	40時間
	IB PYP written curriculum workshop	Hiroshima International school	PYP written curriculum	3日間	18時間
	IB Category 3 Topical Seminar	Temple University Japan	Japanese Literature	3日間	18時間
	多言語対話評価法ワークショップ	広島大学	DLA評価法について OBC,DRAについて	3日間	18時間
032	DP JAPANESE B workshop in Sydney, Australia	IBAP			3 days
	MYP Language A workshop in Chiang Mai, Thailand	IBAP			3 days
	MYP Language A (Level 2) workshop in Osaka, Japan	IBAP			3 days
	MYP New Coordinators (Level 1) workshop in Hanoi, Vietnam	IBAP			3 days
	MYP Making Connections (Level 3) in Singapore	IBAP			3 days
	MYP Assessment (Level 3) in Melbourne, Australia	IBAP			3 days

第Ⅲ章　国際バカロレアを教える日本人教師とは

	DP JAPANESE A2 in Tokyo, Japan	IBAP		3 days	
	DP Japanese B in Tokyo, Japan	IBAP		3 days	
	TOK for Subject Teachers Category 3	IBAP in- school		2 days	
033	IB Asia Pacific DP Cat Workshop	IB Global Centre	Dipoloma Programme Language A Japanese	3日間	17.5時間
		Japanese Dep. Int.l School of Amsterdam	Japanese A Lit., B, & Ab Initio	2日間	約14時間
034	IB training	IB	Overall of the program and new curriculum WA	4 days	25時間ぐらいだったと思います
	How to teach Japanese Grammar	Amerherst College, MA, USA	How to teach Japanese Grammar	3 days	20時間ぐらいだったと思います。
	Writing an effective assessment	Japanese Culture Center and Washington Association Japanese Teacher	Assessment and Rubrics based on ACTFL standards	4 days	30 hours
035	IB Language A Generic	IB	コース概要と一般的なアプローチ法	四日間	約30時間
036	IBワークショップ	IB	IB A	3日ぐらい	
	IBワークショップ	IB	IB A Lang Lit	3日ぐらい	
	IBワークショップ	IB	IB B	3日ぐらい	
	IT	Jis当校	IT	半日	
	IB ワークショップ	IB	IBA	3日	
	etc 多数 IB系				
037	PYP Workshop	NIST (School)	Making the PYP happen	2 days	14 hrs
	MYP Language and Literature	IBO	新カリキュラムについて	3 days	
	DP Japanese Literature	IBO	全般について、評価、課題、コース設定等	3 days	
	DP Japanese Ab initio	IBO	全般について、評価、課題、コース設定等	3 days	
	MYP Language B	IBO	全般について、評価、課題、コース設定等	3 days	
038					
039	言語技術研修	つくば言語技術	言語技術	7日間	
	IBO主催の研修	IBO	カテゴリーⅠ、Ⅱ、Ⅲ		
040	IB workshop	IB	Japanese Literatureカテゴリー3	2012年	3日
	IB workshop	IB	Japanese Literatureカテゴリー1	2012年	3日
	IB workshop	IB	Japanese Language Literature カテゴリー1	2013年	3日
041	Language Ab initio	IBO	カテゴリー1	4日	
	Language B	IBO	カテゴリー1	3日	
	東京都主催の研修			2日	
	校内週1回				
	校内年4回				

Ⅲ－資料　国際バカロレア教員調査結果

042	IBセミナー	IBテンプル大学	IB Japanese Literature	2泊3日2012年夏	
	勉強会	国際バカロレア日本語教師の会	IB Japanese Literature	2泊3日2013年夏	
	他 TOKについてLiteratureについて等勤務校に研修　週1回（40分）の母語教師のミーティングで				
043	IB workshop	IB	ab Initio	3日間	
	IB workshop	IB	Literature A	3日間	
	IB workshop	IB	Literature A	3日間	
	自主学習会	教師の会	Literature A	3日間	
	IB workshop	IB	Literature A	3日間	
044	International 1 mindedness				2days
	IB DP English A				2days
045	IBワークショップ	IB	Japanese ab initio	3日間	24時間
046	DP Lang+Lit Category 1	IBO		3カ間	
	DP Lang+Lit Cat2	IBO	online	4週間	
	DP Lit Cat1＋2	IBO	online	4週間	
	DP Tok+ Ca t 1＋2	IBO	online	4週間	
	DP LangB Cat2のみ	IBO	online	4週間	
047					
048	Developing MYP units of work in Language B	(IB online workshop)		2010.9～12	
	Induction to PYP	(IB online workshop)		2011.6～7	
	Collaborative Planning in PYP	(in school workshop)		2011.11	
	Action in PYP	(in school workshop)		2013.11	
	Play Based Learning	(IB workshop)		2013.11	
	その他DY HYPの校内研修（Language B）研修名等の詳細が思い出せず、上記のみの記載にとどめます。				
049	MYP Japanese B				3days
	IB Workshop Leader Training				3days
	DP Japanese A Literature Category 3				3days
	DP Japanese B Category 2				3days
	DP Japanese B Category 1				3days
	PYP Make it happen				3days

問9　希望する研修内容

・Japanese ALL（id 001）

・ヨーロッパ（ドイツ在住）に在るインター校にて教えていることから、学校の公的費用で受けられるヨーロッパにて開催のIB本部主催の新コースIB-Japanese A（Literature）の研修会を切望しています。具体的には、採点基準、教材の扱いへの熟知等（id 002）

・思考能力と統合的学習法に関するワークショップ。現在の経済、政治状況そして社会と環境問題に実践的に取り組める問題解決策方式を重視した指導法を扱うワークショップ（id 005）

第Ⅲ章　国際バカロレアを教える日本人教師とは

- ・WAについての研修（id 007）
- ・Language coordinator course（id 008）
- ・IB Japanese Bの研修（今年夏、オーストラリアで開かれる予定のもの）（id 009）
- ・Language B（id 010）
- ・Japanese A1 Lang. & Lit. SL, HL workshop（id 012）
- ・TOKとDPの関連性に関して日本語で（id 013）
- ・授業のやり方。試験対策等（id 014）
- ・MYP,DPのJapanese A, Japanese B（id 015）
- ・日本語アビニシオはgenericしか受けたことがないので、日本語のワークショップに参加してみたいです（id 016）
- ・DP Japanese A Literature／SL（ヨーロッパでの研修）MYP（id 017）
- ・日本語で、TOKを受けてみたいです（id 018）
- ・新しく教え始める時には、勉強が必要なので、参加しました。最大の収益は、他国の日本人教師からの経験談、実習ワークショップ。また、全体像がつかめ，より自信が持てるようになる利点もある（id 019）
- ・最新の文学理論およびその教室への応用（id 020）
- ・ヨーロッパにおける日本語A ワークショップ。近年、日本でしか開催されておらず、8月中旬に新学期が始まるまで、出席不可能（id 021）
- ・幼児教育でお遊戯などを通し幼児にどのように集中力をつけさせるかなどには興味があります。演劇（ドラマ）を通しての教育も面白そうです（id 022）
- ・IB日本語B、A、TOK. CASのcat1、EE日本語（id 023）
- ・現在、IBに取り組んで初めての学年で、教え方も試行錯誤なので、それぞれのPartでどのような教え方があるのかを学びたい（id 024）
- ・MYP Japanese A,B, DP Japanese A : Language &Literature（id 027）
- ・IBDP Japanese A: Literature（id 028）
- ・IB（id 029）
- ・Japanese A文学コースにおいての、シラバスや授業や試験の実践例、評価についての具体的な研修、また、文学言語コースでも同じ内容の研修（id 030）
- ・PYP Assessment、MYP Japanese B curriculum planning & assessment、DP Japanese Abinitio curriculum planning（id 031）
- ・自分がupdateできるものならなんでも（id 036）
- ・IB教員養成（id 038）
- ・（日本語教師による評価に関する）研修（id 039）
- ・IBのシステム（評価の仕方等）だけでなく実践を共有できたり、ネットワーク構築ができる研修（id 041）
- ・文学にかんしての勉強だけでなく、どのように生徒に教えるかという教師としての指導法をも含めた研修／TOKなどIBの理論本質をどのように文学を関わらせていくかを学べる研修（id 042）
- ・IBDP Japanese , IBMYP（id 044）
- ・（IB Japanese B・IB Music・IB Tok）いずれIB workshopにでてみたいです（id 047）
- ・IB DP Ab initio Japanese ,Language B Japanese, Language A Japanese（Lit, L&L）（id 048）

問10　最終学歴
1）大学学部卒　26人
　　　文学（13人）：英文学4人、日本文学3人（日本文学　副専攻＋日本語教育1人を含む）、ドイツ文学1人、中国文学2人（中国文学＋日本語教育1人を含む）、国文学2人、国語学1人

Ⅲ－資料　国際バカロレア教員調査結果

教育（7人）：教育学3人、教育学部国語2人、教育学部日本語教育学1人、teaching primary／Bachelor of Teaching／Elementary Australia1人

法学・法律（3人）：法学・法律2人、国際法（日仏バイリンガル高校）1人

歴史（1人）：日本史（米国留学経験を含む）1人

医療（1人）：医学部保健学科看護学1人

社会学（1人）：社会科学米国州立国際分校1人

2）大学院卒　20人

教育学（10人）：教育学3人、教育学（米国）1人、国語教育1人、幼児教育1人、教職1人、人間関係学1人、教育工学1人、教育哲学1人

語学（9人）：TESOL4人、日本語教育3人、教育工学＋日本語教育・異文化間教育・言語学1人、MA in Curriculum & Teaching, USA＋MA in Applied Linguistics, UK＋PhD in Applied Linguistics, UK1人

国際研究（1人）：Master of Liberal Arts in International Studies with concentration in socio-linguistics; USA）

3）その他（2人）：プロフェソラ（1人）、日本語教師資格取得コース（1人）

4）無回答（1人）

問11　外国での滞在歴

Id	外国滞在経験
001	①USA（2年、MA取得）、②France（30年、在住）、③Singapore（3年、家族転勤）
002	ドイツ（21年3か月、日本に引き続き教職に就くため）
003	①マレーシア（2年、教育に従事）、②アメリカ（2年、大学院）、③タイ（7年、教育に従事）
004	①オーストラリア（4年、大学）、②台湾（14年、仕事／経験）
005	①マレーシア（4年、仕事）、②タイ（12年、勉強・仕事）、③インド（6.5年、勉強・仕事）、④アメリカ（5年、勉強）、⑤ドイツ（1年、勉強）、⑥フランス（半年、勉強）
006	オーストラリア（2年、大学院留学）
007	アメリカ合衆国（2年、父の転勤）
008	①カナダ（1年、出版関係の仕事）、②アメリカ（半年、出版関係の仕事）、③中国（6年、出版関係の仕事／教職）、④香港（4年、出版関係の仕事）、⑤シンガポール（半年、出版関係の仕事）
009	①オーストラリア（1年、遊学）、②韓国（10年、特になし）
010	アメリカ（18年、移住）
011	アメリカ（11年、婚姻）
012	中華民国（26年、日本語教育・婚姻）
013	オランダ（24年、結婚）
014	旅行以外の滞在なし
015	ドイツ（19年、結婚）
016	①アメリカ（2年、大学院留学）、②ドイツ（11年、結婚）
017	ベルギー（7年、配偶者の転勤）
018	シンガポール（18年、日本語を教えるため）
019	①英国（2年）、②オランダ（33年）
020	フランス（31年、居住）
021	ドイツ（17年、IB教員）
022	①英国（3年、教員）、②ドイツ（30年、教員）
023	①スウェーデン（1年、勉学）、②イギリス（1年半、勉学）、③シンガポール（14年、仕事）
024	NA

265

第Ⅲ章　国際バカロレアを教える日本人教師とは

025	アメリカ（1年、交換留学）
026	イギリス（4年、父親の仕事の関係）
027	①タイ（3年、父親の転勤）、②フランス（3年、父親の転勤）、③中国（4年、インター校勤務）、⑤マレーシア（1年、インター校勤務）
028	アメリカ合衆国（5年、教員）
029	イギリス・ロンドン（13年）
030	イタリア（22年、仕事）
031	①スリランカ（1年半、日本語教育）、②タイ（6年、日本語教育）
032	①アメリカ（留学、1年）、②中国（1年、日本語教師）、③ニュージーランド（1年、日本語教師）、④マレーシア（2年、日本語教師）
033	①イギリス（1年、留学）、②イタリア（約16年半、在住）
034	アメリカ合衆国（13年、永住）
035	イギリス（14年、結婚・仕事）
036	①ベルギー（2年、帯同）、②シンガポール（3年、帯同）、③マレーシア（10年、帯同）、④タイ王国（10年、帯同／インター校勤務）、⑤インドネシア（7年、同／インター校勤務）
037	NA
038	NA
039	①台湾（1か月、日本語教育）、②韓国（1か月、日本語教育）
040	①アメリカ（1年、夫赴任）、②中国（3年、IB校勤務）
041	すべて長くて2か月です。
042	①アメリカ（10年、留学・就職）、②アジア数か国、スペイン（1年、主人の勤務地）、③スイス（3年、主人の母国）
043	①アメリカ（2年、夫の仕事の都合により）、②シンガポール（16年、夫の仕事の都合により）、③ベトナム（3年、夫の仕事の都合により）
044	中国（9年、就業）
045	シンガポール（14年、結婚）
046	①米国（13年、留学）、②英国（3年、夫の仕事）、③スイス（2.5年、夫の仕事）
047	①米国（1年）、②スイス（7年）
048	①アメリカ（10か月、大学（交換留学））、②中国（9年、教員）
049	旅行のみ

問12　職歴

Id	職　　歴
001	母国語日本語と第二外国語日本語の教師（16年）
002	①日本の公立中学校にて英語担当（15年）、②ドイツに在った日本人全寮制私立高校にて英語担当（約7年間）
003	①高等学校国語科教員（3年）、②半官某国際協力団体派遣教員（2年）、③日系企業外国人社員教育担当者（2年）、④インターナショナルスクール教員（7年）
004	①日本にて子供英語教室講師（小学生向け）（3年）、②台湾にて語学学校日本語教師（2年）、③台湾にてアメリカンスクールにて日本語教師（12年）
005	①大学のキャンパスでの仕事（4年）、②日本でのアルバイト（半年）
006	①公立中学校教員（16年）、②私立中学校（3年）
007	IB導入前のインターナショナルスクール・IBの無いインターナショナルスクール4校で日本語教師
008	①出版広告業（10年）、②教師（3年）
009	①日本語学校1（6か月）、②日本語学校（1年6か月）、③日本語学校（6年5か月）、④（現在）現地の私立高校（1年3か月）
010	①英語講師（日本にて）（5年）、②公立校代用教員（アメリカにて）（3年）、③英語講師（3年）、④公立高校日本語教師（5年）

266

Ⅲ－資料　国際バカロレア教員調査結果

011	NA
012	①専門学校日本語教師（2年）、②旅行社勤務（1年）、③YMCA日本語教師（2年）、④大学日本語講師（2年）、⑤大学語学センター日本語講師（2年）
013	①大学LL助手（1年）、②中学教師（17年）、③日本語補習校（4年）、④インター（2年）、⑤インター（18年）
014	①公立中学校教諭（5年）、②附属中学校教諭（6年）、③私立高等学校教諭（5年）
015	教師（3年）
016	①公立中学校教諭（2年）、②私立高等学校常勤／非常勤講師（5年）＋短大非常勤講師（2年）＋大学非常勤講師（掛け持ち）
017	①中学国語教師（1年）、②高校国語教師（1年）、③編集者（3年半）
018	①日本語教師1（4年）、②日本語教師（3年）、③インターナショナルスクール教師（18年）
019	①会社員（3年）、②塾の教師（英語）（1年）、③学校事務員、教師（4年）、④補習校教師（5年）
020	①政治家秘書（4年）、②建設会社（2年）、③進学塾講師（5年）
021	①予備校講師（2年）、②公立高校教員（9年）、③インター校（5年）
022	高校教員（8年）
023	①小学校教員（5年）、②日本語兼英語教師兼翻訳業（5年）
024	①日本語教師（2年）、②中学校高校国語教諭（4年）
025	NA
026	①秘書（製薬会社）（2年）、②講師（公立中学）（3年）
027	Bilingual雑誌の編集（6か月）
028	外資系会社にて営業補佐（2年）、②米国州立大学にて日本語講師（2年）、③米国Independent High Schoolにて日本語教師（3年）、④塾にて国語／英語講師（6か月）、⑤現勤務校にて小学部日本語教師（5年、非常勤）
029	①中学国語教師（3年）、②補習授業校講師（現在も勤務中）、③IB教師（12年）
030	教師（小・中学国語）（10年）
031	①日本語教師（10年）、②子ども英会話講師（1年）
032	①日本語学校教師（3年）、②大学での日本語教師（2年）
033	①英語教師（4年）、②日本語教師（イタリア）（約10年）、③翻訳・通訳（約10年）
034	小学校準教師（5年）
035	①事務員（2年）、②秘書（8年）、③日本語教師（4年）
036	①会社員経理部（1年）、②会社員予約課（7年）、③英語教師（2年）、④日本語／英語教師（5年）
037	①アメリカ系インターナショナルスクール、ミドルスクール、日本語教師（2年）、②泰日協会日本語学校（半官半民）（5年）
038	教員（日本・国語）（13年）
039	①国語教員（6年）、②日本語教師（6年）
040	①大学留学生センター（10年）、②日本語学校（10年）
041	①私立中高国語教員（講師）（1年）、②公立校国語教員（フルタイム）（19年）
042	①ピアノ教師＆ピアノ演奏（10年）、②障害児家庭教師（9年）、③モンテッソーリ教師（幼・小）（5年）、④日本語補習校教師＋継承語教育指導（2年）
043	①法律事務所（3年）、②語学学校（2年）、③家庭教師（5年）
044	①物流会社営業（3年）、②日本語教師（3年）
045	①国際線スチュワーデス（7年）、②音楽講師（7年）、③日本語教師（7年）
046	日本語教師（5年）
047	①輸入関連マネージャー（3年）、②新聞特派員助手（2年半）、③日本語補習学校教員（7年）、④大学講師（10年）
048	①アジアパシフィックコーディネーター（9年）、②日本語学校非常勤講師（4年）
049	①会社員（7年）、②日本語教師（5年）、③インターナショナルスクール教師（4年）

267

第Ⅲ章　国際バカロレアを教える日本人教師とは

問13　国際バカロレア教師になった契機

・勤務校がIBDiplomaを開始したため（id 001）

・1993年4月に来独し、数年後に最初の勤務校が経営難から閉鎖された後、現インター校に移りました。当初は、9年及び10年の日本人生徒達のpre-IB-Japanese Aとしての授業を担当し、並行してA2を教えていました。しかし、当時のA1担当教員に突如不幸があり、否応無く彼の後を引き継がざるを得ない状況となり、現在に至っております。担当は9年から12年の日本人生徒のみで、11年と12年にはIB-Japanese A（Literature）を教えています。（id 002）

・IBについて特に知識はなかったが、アメリカでの大学院修了後、応募をし採用をされた学校がIB校だった。それから、そのままIB校に勤めている。（id 003）

・勤務していたアメリカンスクールがIB／DP校になり、当時から日本語教師は私一人だったため、研修を受け、DPクラス担当となった。（id 004）

・小学校の時からインター校とアメリカの公立高校で勉強したので、アメリカの大学を卒業した後インター校で仕事をしたいと思い、BA取得後インターンシップで終わるはずのものが現在に至るまでのキャリアとなった。インター校卒業生の大半が共感できるように、多言語、多文化、そしてよく移動することが当たり前になってしまった人たちにはインター校のような国際的な環境が住みやすい。IBの教育目的と方針が現在あるインター校で国際的な人材を育成するのに最も適していると思うので、IBインター校で教えることに専念。TOKとCASも通して国際的な21世紀の教育はどうあるべきものかを探究しながら生徒の指導に励んでいる。更に、インター校の日本人生徒のバイリンガリズムを重視し、父兄と生徒と対話を続けている。（id 005）

・公立中学校国語教員→オーストラリア大学院留学（教育委員会が大学院研修休暇を認めなかったため、退職。国語教員が海外の大学院へ行くことを研修とは認めない、とのこと）→帰国後、私立中学で講師→同系列の高校がIBを導入するため、英語のできる国語教員を探しており、正式採用に。今に至る。（id 006）

・母校に戻って日本語を教え始めたおり、在校当時には無かったIBが導入されており、IBが専門だったので自然な成り行きでIBを教えることになった。（id 007）

・別の仕事で中国広州にいたとき、現在の学校の日本人教師が急遽退職し、カバー教師を探しているということで友人から紹介を受けました。仕事の条件は教えた経験があることと英語で仕事ができることでした。その時に学年末までの5ヶ月間、週3回を条件にセカンダリー日本語Aを担当しました。その翌年に、今度はプライマリーの日本人教師が産休を取るとのことで、11月から学年末の6月までフルタイムで勤務しました。翌年から3年間契約の正規雇用となり現在その3年目ですが、すでにもう1年契約延長をしました。（id 008）

・同じところで働くのには、一長一短があるように思います（金銭面や経歴ではなく、教師としての成長という点で）。いいところは、その教育機関の方針を学び、その方向で知識や技術を習得し、成長していけること。しかし、逆に言えば、その方向以外の成長は意識的に努力しなければ難しいと言えるのではないでしょうか。このような状況ではマンネリ化しやすいと思います。上記日本語学校2と3（これはもちろん便宜的な呼び方ですが）を辞めた理由も、マンネリ化していると思ったからです。自分のような怠け者、要領の悪い人間は、新しい環境に身をおいて、強制的にこれまでとは違うやり方や考え方に触れる機会が必要であり、その新しい環境に適応する過程が日本語教師としての成長に大きくつながると思っているので、勤務する学校を変えるわけです。わざわざ辞めなくても大きく成長できるのが理想ですが、上記のように怠け者なので……。（id 009）

・国際バカロレアプログラムを教えていた前任の教師が、昨年、辞めるにあたって、代わりに前に勤務していた高校から転任した。（id 010）

・働き始めた学校がIB校になった。（id 011）

・息子がこの学校に入り他のインターで教えていたが、そこのIBの先生に学校の講師採用の面接を受けてみないかと誘われ面接をし、教えることになった。（id 012）

・駐在員の保護者がIB日本語を教えられる人を探していた。（id 013）

・京都市教諭時代に外国人生徒の十分なケアができなかったことからJSLの授業に興味を持つようになった。帰国

Ⅲ－資料　国際バカロレア教員調査結果

生学級がある教育大付属中の勤務の中で帰国・外国人児童生徒への指導を率先して行うようになった。また、同時期に姉が渡米し、甥がアメリカの教育を受けることも帰国・外国人児童生徒への教育に興味をもつ大きなきっかけとなった。／今の学校でIB教育を行っていることを知り、将来的にIBを教えたいと思い、応募し、合格した。国語科の中で、帰国・外国人生徒への理解が深いという理由（なのだろうと思う。直接聞いたことはないが）から、IB教育担当者となる。／現在、英語と格闘しながらIBの授業を担当している。(id 014)

・住み始めた町のインターナショナルスクールで日本語（母国語）教師を探していることを知り、当時の校長と言語コーディネーターとの面接を経て教えるようになった。(id 015)

・夫の仕事の都合で来独。日本での教職経験を活かせる仕事ができないかと履歴書を送ったところ、日本語を勉強していたドイツ人秘書（ディレクターの秘書）の目に留まり、日本語の個人レッスンを開始。そのほんの数ヶ月後に、6年生にもMYPの日本語（母国語）を開講しようということになったそうで、それならいい先生を知っているからと、秘書の女性が私を校長に推薦。面接を経て運良く採用されました。1科目だけというのは少ないだろうからと、6年から8年生までの初級日本語（選択教科で日本文化に少し触れてみようという科目です）も開講してもらえました。日本語教育能力試験や日本語教師養成講座を修了していてよかったと思いました。(id 016)

・日本語補習校での勤務を経て、生徒保護者に推薦していただいた。(id 017)

・つとめていたインターナショナルスクールが、IBを導入した(id 018)

・日本語の個人レッスン依頼がきっかけ。その後DPの代行、アビニシオ、MYP9～8、そして現在、7～6年生(id 019)

・塾での教え子がパリ・インターナショナルスクールへ進学し、彼女が11年生になるときに日本語教師を依頼された。IB DPの日本語学科のプログラムを見て、これは文学の授業であると感激し、教えることにした。(id 020)

・大阪インター在職中、現在の勤務校よりIB日本語教師として招聘を受け、2年契約で赴任。そのまま、Tenure契約となり、現在に至る。(id 021)

・朝日新聞にUnited World Collegeの紹介記事が出ており、IB（当時はIBのみ）プログラムに日本語Aのあることを知った。またCAS（ボランティア活動）についても触れており、日本の学校教育の中にボランティア活動が位置づけられていなかったので関心をそそられた。その後、現在勤務しているインターナショナルスクールから求人があり応募した。(id 022)

・勤めていた学校がたまたまIB校であったため、現地日本語教師会のメーリングリストに今の職のリクルート情報が載っていたのを見つけ、応募して面接に行った。(id 023)

・英語イマージョン教育を行う中等教育学校を創設するにあたり、多少英語の話せる国語の教員が必要ということで、声をかけて頂いた。そのまま勤めていたところ、学校自体がIBスクールになるということで、IBの教員になった。(id 024)

・大学院時代に、東京学芸大学附属国際中等教育学校に実地研究で現場に入る機会があり、その時にMYPのプログラムに出会いました。IBの教育理念にとても共感し、その授業内容やカリキュラムなどについても知ることができ、興味や関心を深めたのを覚えています。故郷でもIB校を作る計画があると聞きつけ、現在の勤務校に視察した際に採用試験の話を頂きました。勤務してから、3年目にIBの認定校となり、現在はIB文学（日本語）の教員として働いております。(id 025)

・公立中学で講師として勤務していたが、常勤として採用されたかったので私学協会に履歴書を預けていた。すると、現在の勤務校から採用試験の話がきたので受けたところ、採用された。(id 026)

・私自身がフランスでIBを受験した。当時Japanese Aを教えてくださった先生の指導がすばらしく、文学の勉強を志すようになった。大学は法学部に入ったが、自分の性質とは異なることで悩んだ。卒業後、「言語」に関わる仕事をしたいと、雑誌の編集をしながら、日本語教師の資格を取った。IBは世界にある複数の大学入学試験の一つに過ぎないが、「文学」という観点から見ると、読解力、エッセイを書く力、考える力、文学批評力を培

269

第Ⅲ章　国際バカロレアを教える日本人教師とは

う充実したコースを形成していると思う。指導する際も、生徒の個性に焦点を当てているので、活気のある授業ができる。(id 027)

・海外の高校／大学で日本語を教えていた経験と、文学部での教育を買われて。(id 028)

・補習校の同僚に紹介された。(id 029)

・日本人学校教師を経て補習授業校の教師をしていた時に、インターナショナルスクールの日本人生徒達の保護者が、IB JapaneseA1の教師を探しており、国語教師の免許と経験がある私に声がかかった。授業場所は学校で、保護者が私を雇うという形で始まった。(id 030)

・大学卒業後、スリランカで日本語教師として仕事をする機会を頂いた。スリランカに滞在中、インターナショナルスクールでお仕事をされている方とお会いする機会があり、インターナショナルスクールのカリキュラムに興味を持つようになった。その後、バンコクにあるインターナショナルスクールで採用が決まるが、その学校はIB校ではなく、中高生はGCSE, A-levelのカリキュラムに従っていた。バンコクのIB校に勤める先生からIBの話は伺っていたので、興味はあったが当時はまだよく知らなかった。日本に帰国し、現在も勤める地元のインターナショナルスクールでの採用が決まった。その学校がIB校であったので、IBの教員となった。(id 031)

・NA (id 032)

・日本語教師としての広告を、現地の英語情報誌に掲載していたところ、インターナショナルスクールの先生から連絡があり、生徒に日本語を教えてほしいと依頼されました。その日本人生徒からも電話で日本語を教えてほしいと言われ、日本語が完ぺきだったため、大学の過去問題でもやっておけばいいのかと思い、気楽に引き受けたのですが、学校の先生からIBのガイドを送られたのを見て真っ青になり、必死で勉強したのが始まりです。(id 033)

・国際バカロレアの日本語クラスを作るために雇われた。(id 034)

・インターナショナルスクールで日本語を非常勤で教えていたことから。(id 035)

・勤めていたインター校が、IB校になったため (id 036)

・アメリカ系のインターナショナルスクールのミドルスクールで日本語教師をパートタイムでしておりました。フルタイムでの教員の職を探していたところ、現在の学校で求人があるということで応募をし、校長、学長との面談後、採用されることになりました。今の学校で教えるまでは、IBというカリキュラムの存在すらしりませんでした。(id 037)

・学校がIBを採用したため、急に国語科に日本語A（最初はBも）を担当するよう命じられた。一条校の国語の授業も全員担当しているので、全員手一杯（ただでさえ教員が少ない。）(id 038)

・就職した一条校がIBクラスを新設したため。日本語以外の先生は他校から招いた方々でしたが、日本語A・Bは、一条校の教員が担当することになりました。(id 039)

・夫が先にインターナショナルスクールにフルタイムとして採用され、その後DP Language B Japaneseの科目が開講されることになり、声がかかった。(id 040)

・①自分の国語の授業について楽しみや可能性を感じながら、もっと生徒を生かしたいという思い、それを実践できないシステム、文化の規制や限界を感じていた。②教員のライフサイクルとして自分の時間を何に費やか、どういう教員になるかと考えた。③教育学をやる中で、IBの教育、国語の考え方に①を打開する端諸が有るのではと考えていた。自分の知識や経験も生かせると考えた。④東京都がIBを導入すると発表した。→応募 (id 041)

・スイスに定住することが決まり（それまでは主人の仕事で移動・旅行が多く、定職につける環境にいなかった）仕事を探し始めた途端、友人からIB日本人教師を探しているインターナショナルスクールを紹介される。面接に行った一校目は学校のカリキュラム・指導法等・オーガナイズされていない点が気にかかり（勤め始めたら多くの問題に悩まされることが予想された）お断り、運良く別の学校でも教師募集をしていることを知らされ、面接・模擬授業etcを経て、現職につく。(id 042)

・友人に頼まれました。(id 043)

Ⅲ－資料　国際バカロレア教員調査結果

・求職中の時、たまたま友人に声をかけられた。以前はIBについての知識はまったくなかった。（id 044）
・IBのことを全く知らずに面接に行きその日から指導。1年目は泣きました。（id 045）
・産休の先生の代講でDPJapaneseを教え始め、生徒（と親）に気に入られ継続（id 046）
・NA（id 047）
・インターナショナルスクール勤務の大学カウンセラーに日本語の個人教授をしていた頃、日本語H（MYP）担当の産休代理の求人があり、校長に推薦された。日本語だけでなく英語を教えられるということで即採用され前述NZ人の産休後も継続雇用。その後DP日本語NBを担当→小学校長に気に入られNYPの母語日本語担当→幼児教育の資格を取得し、幼稚園部門のクラス担当＆Geode Level Coordinatorとなる。（id 048）
・勤務していたインターナショナルスクールがIB校を申請したため（id 049）

問14　やりがい感

人（％）

	とても感じる	やや感じる	どちらともいえない	あまり感じない	全く感じない
a. 今の仕事にやりがいを感じている	36 (73.5)	9 (18.4)	2 (4.1)	2 (4.1)	0 (0.0)
b. 今の仕事を通じて成長できていると思う	40 (81.6)	5 (10.2)	3 (6.1)	1 (2.0)	0 (0.0)
c. 今の仕事に誇りをもっている	35 (71.4)	7 (14.3)	5 (10.2)	2 (4.1)	0 (0.0)
d. 今の仕事で自分らしさをいかすことができている	30 (61.2)	13 (26.5)	3 (6.1)	1 (2.0)	2 (4.1)
e. 今の仕事は自分に向いている	26 (53.1)	16 (32.7)	5 (10.2)	2 (4.1)	0 (0.0)
f. 今の仕事で自分の能力を十分に発揮できている	19 (38.8)	22 (44.9)	4 (8.2)	3 (6.1)	2 (2.0)
g. 今の学校で仕事ができて良かったと思う	36 (73.5)	9 (18.4)	2 (4.1)	2 (4.1)	0 (0.0)
h. 学校の他の教職員から学ぶことが多い	21 (42.9)	15 (30.6)	8 (16.3)	3 (6.1)	2 (4.1)
i. 学校の他の教職員と一緒に仕事をするのが楽しい	16 (32.7)	17 (34.7)	14 (28.6)	0 (0.0)	2 (4.1)
j. 学校の他の教職員に恵まれている	20 (40.8)	18 (36.7)	8 (16.3)	3 (6.1)	0 (0.0)

問15　満足度

人（％）

	満　足	やや満足	やや不満	不　満	無回答
a. 世帯全体の収入	22 (44.9)	18 (36.7)	7 (14.3)	0 (0.0)	2 (4.1)
b. 個人の収入	18 (36.7)	23 (46.9)	7 (14.3)	1 (2.0)	0 (0.0)
c. 勤務環境	19 (38.8)	20 (40.8)	7 (14.3)	3 (6.1)	0 (0.0)
d. 休暇	34 (69.4)	11 (22.4)	0 (0.0)	4 (8.2)	0 (0.0)

271

第Ⅲ章　国際バカロレアを教える日本人教師とは

e. 労働条件	17 (34.7)	17 (34.7)	10 (20.4)	5 (10.20)	0 (0.0)
r. 暮らしている国	25 (51.0)	15 30.6)	8 (16.3)	1 (2.0)	0 (0.0)
t. 住居	26 (53.1)	17 (34.7)	6 (12.2)	0 (0.0)	0 (0.0)
h. 住居まわりの自然環境	24 (49.0)	20 (40.8)	3 (6.1)	2 (4.1)	0 (0.0)
i. 地域の社会施設（学校、図書館など）	20 (40.8)	17 (34.7)	9 (18.4)	3 (6.1)	0 (0.0)
j. 自分のこれまで受けてきた教育	22 (44.9)	19 (38.8)	7 (14.3)	1 (2.0)	0 (0.0)
k. 研修や自己研鑽の機会	14 (28.6)	22 (44.9)	10 (20.4)	3 (6.1)	0 (0.0)
l. 健康	24 (49.0)	16 (32.7)	8 (16.3)	1 (2.0)	0 (0.0)
m. 友人関係	27 (55.1)	20 (40.8)	1 (2.0)	1 (2.0)	0 (0.0)
n. 生活全体	27 (55.1)	19 (38.8)	2 (4.1)	1 (2.0)	0 (0.0)

問16　負担感

人（%）

	とても 感じる	やや感じる	どちらとも いえない	あまり 感じない	全く 感じない	無回答
a. 同じような仕事の繰り返しでマンネリ感を感じている	1 (2.0)	6 (12.2)	5 (10.2)	15 (30.6)	20 (40.8)	2 (4.1)
b. 今の仕事は単調で手ごたえが感じられない	0 (0.0)	4 (8.2)	1 (2.0)	17 (34.7)	26 (53.1)	1 (2.0)
c. これまでの知識経験だけでは対応できないことが多すぎる	7 (14.3)	10 (20.4)	7 (14.3)	16 (32.7)	7 (14.3)	2 (4.1)
d. 今の仕事は自分にとって責任が多すぎる	5 (10.2)	9 (18.4)	8 (16.3)	11 (22.4)	14 (28.6)	2 (4.1)
e. 仕事が忙しすぎて、殆ど仕事だけの生活になってしまっている	15 (30.6)	14 (28.6)	4 (8.2)	9 (18.4)	6 (12.2)	1 (2.0)
f. 仕事量が多すぎて今のままでは長く続けられそうにない	8 (16.3)	5 (10.2)	8 (16.3)	16 (32.7)	10 (20.4)	2 (4.1)
g. 児童生徒や保護者とのやりとりで気疲れすることが多い	5 (10.2)	8 (16.3)	7 (14.3)	14 (28.6)	14 (28.6)	1 (2.0)
h. 職場の人間関係に悩むことが多い	0 (0.0)	4 (8.2)	10 (20.4)	26 (53.1)	8 (16.3)	1 (2.0)
i. 勤務時間後も仕事のために残ることが多い	16 (43.7)	12 (24.5)	7 (14.3)	5 (10.2)	8 (16.3)	1 (2.0)
j. 仕事を自宅に持ち帰ることが多い	19 (38.8)	11 (22.4)	6 (12.2)	6 (12.2)	5 10.2)	2 (4.1)
k. 書類作成が日本語でないため時間を取られる	12 (24.5)	18 (36.7)	4 (8.2)	7 (14.3)	6 (12.2)	2 (4.1)
l. コンピュータなどのIT機器の進展についていくのが大変である	10 (20.4)	11 (22.4)	6 (12.2)	16 (32.7)	4 8.2)	2 (4.1)

272

Ⅲ－資料　国際バカロレア教員調査結果

問17　教えていて楽しいこと（自由記述）

・授業時間数が多く、日本語のみならず、文化や社会など諸要素を深く追求できる。生徒が自主的に目的意識を持って勉強し、学問的にも精神的にも成長していく姿を見られること（id 001）

・自分の指導の中心は生徒に「文学作品」の読解・解釈の力を養うことです。日本の学校においては、「国語」を不得意教科としていたり、成績の振るわなかった生徒達ですら、本校に入学をし、11年及び12年でIB-Japanese A Literature、或いは、9年及び10年のpre-IBコースで学ぶことにより、文学作品の奥の深さや日本語の美しさに彼らが気付き、更には、文学の学習は「答えが一つではない」ことから、時間を掛けた学習の後に自己の解釈を展開することへの知的面白さを生徒達が実感することです。（id 002）

・生徒ひとりひとりの人間性を考えることを大切にしていることに、共感しています。授業でも取り入れながら、生徒たちの成長に関わることができることは、教師としてとても恵まれていると感じます。母語、母文化への尊重、という点もすばらしいと思います。日本の外でしばらく教えていますので、アイデンティティーを、自分も含めて、生徒と一緒に模索していくことは、とても大切でありますし、生涯学習でもあると思っています。（id 003）

・生徒達の成長を見るのが何より楽しみです。同じ年月をおしえていても、IBの学生とそうでない学生とでは、最終年度の到達度がまったくちがいます。IBは大変なクラスですが、【使える日本語】を身につける上で、とても効果的なプログラムだと思っています。また、日本語はほかの言語グループにくらべると、教師同士の連帯がとてもあると思います。ワークショップなどでいろいろな先生に会っておはなしをきいたりするのがとても楽しみです。ワークショップで他国の先生と出会える。日本の暗記型の学習でないところがIBの良さ（id 004）

・いろいろなテキストタイプ、文学作品や教材を使って教えることが一番楽しいことだと思う。生徒にいろいろな視点と角度から物事を考えてもらうためには「頭の体操」をしなければならないので、生徒による発表やプロジェクトなどがコースに活気をもたらす。TOKとCASも通して批評的で統合的な見方と指導法が使えることが喜ばしい。（id 005）

・公立学校にいた時に入試などの制約でできなかったディスカッションやエッセイ、論理的思考力の育成が、まさにゴールであるということ。／生徒が生き生きとやる気があり、共に頑張れば頑張るほど成果があがること（id 006）

・NA（id 007）

・幅広いジャンルのことを教えられること、教科書に沿った教育ではなく分野別に広げて教えられることが生徒にとっても大きなプラスになっていると感じます。また、IB Profileに当てはまるような学生に成長していく姿を見守ることができるのは大きな喜びです。（id 008）

・以前は大学生、社会人を対象に日本語を教えていましたが、今は高校生という子どもが相手です。異なる種類の対応をしたり、受けたりするので、新鮮な感じを覚えます。また、試験に合格するという確固とした目的・目標があるので、この目的・目標までどのようにたどり着くのか、を考え実行できることが楽しみです。（id 009）

・生徒の成長ぶりを、はっきりとした尺度として計れるので、やりがいを感じる。／SL2になると、生徒一人ひとりと、かなり向き合う機会があって良い。（id 010）

・生徒とチャレンジできる。（id 011）

・教材、レッスンプラン、教え方などを教師が選択できる。／生徒により異なった考え方があり、新しい発見がある。／自分の教授方法を探求できる。／自分が成長できる。（id 012）

・文学の楽しさを生徒と共有できること／時々、すばらしい生徒と出会えること／教材調べなどで自分の世界が広がること／IBを共通項目に学校外でいろいろな人に出会えること／IBの概念を通し、教育の力を信じられること（id 013）

・ほぼすべて。こんな教育を受けたかったと思うし、教えていて自分の成長にもつながる。特に楽しいのは自分が準備していったことに対して生徒が思いもつかなかった素晴らしい発想を返してくれること。これは日本の国語教育ではなかなかあじわえないことだと思う。／もっとIBに時間を割きたいが、校務が非常に多く、それがで

273

第Ⅲ章　国際バカロレアを教える日本人教師とは

きないのがつらい。(id 014)

・生徒といっしょに自分もいろいろな事を勉強できること／当校や他の学校で教えてらっしゃる先生方からもたくさんの事を学べる機会があること　(id 015)

・答えがひとつではないこと／生徒の意見を聞くことができること／生徒の解釈や意見から学ぶことが多いこと／授業が双方向的であること／幕の内弁当的ないろんな種類のおかずを少しずつ並べた感じではなく、一品を存分にお腹いっぱい味わうことができること（文学作品を一冊まるごと読むことができること）(id 016)

・日本文学が好きなので、自ら勉強できること。生徒から教わることも多いこと。欧米の文学に対するアプローチも学べること　(id 017)

・自分も、いつも勉強していかなくてはいけないところがよい。自分も一緒に成長していける。自分が今まで受けてこなかった、ありうるべき教育に関わっている実感がある。(id 018)

・教材や教え方が、自分の考えと工夫でできる／生徒数が少ないので、個人的なアプローチが可能／学校の雰囲気が自由／役立つ研修や自己発展への補助金があること　(id 019)

・文学の授業を通して、生徒の成長を身近に感じる事ができる。生徒に本を読むことの楽しさを教えられる。自分自身も生徒とのふれあいによって成長できる。(id 020)

・知的興味を喚起されることが多い／生徒の成長とともに自分自身も成長を感じる。(id 021)

・生徒の発言を中心に授業を進めるので、生徒の考え、意見を聞くのが楽しい。(id 022)

・実践的なコミュニケーション能力をはかるIAや生徒が自由にトピックを選んで深めていけるWAの課題や試験準備などは、楽しい／少人数で2年間同じ生徒たちを担当するので、よい関係が築きやすく言語学習にはプラスだ。(id 023)

・文学について生徒とディスカッションをする中で、自分が気づかなかった点について指摘されたりすることは、日本の指導書を参考にした授業では殆どないので楽しい。(id 024)

・受験のためではなく、生涯の人生を楽しむために、文学と触れ合うことを生徒に伝えられる喜びがあります。(id 025)

・生徒個人と向き合うことができ、個人の力を伸ばせることを実感できる。／生徒の気づきを大切にすることができる。（こちらが勉強になることが多く、一緒に授業を作っている感覚になれる）／IBの理念を実践していくこと自体が魅力的で楽しい。／Lerner profileなど学びの指針が明確なので、教える芯がぶれない。／色々なアプローチを試すことができる。(id 026)

・IBは西洋の理想とする人間像を追った教育プログラムだと思う。私自身の指導経験では、Japanese Aで議論をしたり、エッセイを読み比べたり、プレゼンテーションをしたりして、個性をアピールできる瞬間が最も充実していると思う。また、CASもIB独特のコースだと思うが、若いうちから、「助け合い」の精神を育むことは生徒にとって良い刺激になり、卒業後の生活設計に生かされていると思う。(id 027)

・とても高度なことを教えているという感じがあります。／思考力、表現力が求められているコースで、教材研究やクラスの準備をすることが楽しい。自分も学んでいる感じがします。／生徒ができるようになると嬉しいです。／卒業生が戻って来て、高校の時に学んだことが今生かせているなどというような話を聞くととても嬉しいです。(id 028)

・生徒の成長が見られることが楽しい。(id 029)

・文学作品について生徒たちと色々深い読解をして、意見交換をすると、毎年新しい発見があること。生徒たちの学習が良い結果を得た時　(id 030)

・PYPでは日本語学習だけでなく、Unitテーマに合う教材を提供する必要があるので、教員にも幅広い知識が必要だと常々感じている。準備にずいぶん時間はかかるが自分も今まで知らなかったことを知る機会を与えてもらっていると思う。一方的に決まった何かを教えるのではなく、生徒の興味がどこにあるのかを探りながらのクラスは大変ではあるが楽しいことでもある。(id 031)

・NA　(id 032)

Ⅲ－資料　国際バカロレア教員調査結果

・大学で英文学をかじったこともあり、国際バカロレアで日本文学を教えることになって、改めて文学の面白さを発見したのが、個人的には大きな収穫でした。そして文学だけでなく、言語や文化を生徒に少しでも伝えられたらという思いが大きくなりました。外国へきて子育て中心の期間を経て、日本で昔英語を学校で教えていた時のことを思い出しながら、この仕事が自分は本当に好きだったのだと実感しています。(id 033)

・日本語を使って何かができる生徒を育てることができる。(id 034)

・生徒が努力を重ねながら、自己の可能性に気づき、成長していくのを見ること。生徒と一緒にコースを通して成長できること　(id 035)

・テストの為の学問ではなく、人生の為の学問を教える事　(id 036)

・PYP, MYP, DPの三つのプログラムを通し、子供達の創造性を養うことが出来ることに非常に大きな魅力を感じています。そして、「間違いはない。根拠を持って周囲を納得させられる答えを持ってくることができれば、それは全て正しい答えになる」ということを授業の中で子供達に伝えられることに大きな喜びを日々、見いだしています。また、様々な活動を通して授業を進める中で、私自身が教師として孤立した立場にいるのではなく、皆と共に授業の中で共に活動できること（ほとんどの場合は、私はファシリテーターとしてクラスに居る存在です）をとても嬉しく思っています。(id 037)

・生徒達に正解を押しつけなくて良い／答えは1つではないこと　(id 038)

・生徒と文学をある意味対等に議論しながら、鑑賞できるので、毎日の授業がすごく楽しい。(id 039)

・生徒と共にチャレンジし、新しいことを吸収できる。(id 040)

・NA (id 041)

・型にはまった解答の方法や解答を学習させるのでなく、生徒一人一人の経験や感性・感情をもとに各生徒の良さを引き出しながら、学習をすすめられること。また自分自身が生徒と共に成長できること　(id 042)

・生徒と一緒に自分も成長できること　(id 043)

・文学の楽しさを伝えることが出来る　(id 044)

・生徒の生長を日々かんじることができること。結果が出ること　(id 045)

・授業の準備が楽しい→勉強になるから　(id 046)

・自分の成長が感じられること。自分が学び続ける機会となること　(id 047)

・様々なバックグラウンド・考え方を持つ生徒・同僚と接すること　(id 048)

・答えがいろいろあること。生徒からも学べる。共に成長しているのが感じられる。生徒に教えていることが、将来役に立つことだと、生徒に堂々と説明できること　(id 049)

問18　教えていて大変なこと（自由記述）

・Japanese A2からJapanese A LLへの移行で内容変化を理解するのが大変であった。年によりIB Japaneseを選択する生徒数が1名になることで、せめて2名ほしい。(id 001)

・文学作品に親しんでいない者が多い現代の若者の傾向が本校に入学する日本人生徒達の多くにも見られます。そうした生徒達に、学習を通して文学作品の面白さを伝えることです。殊にSNSに馴染む彼らに、所謂「正統的な文章」で自分の思考や心情を口頭なり文書で述べさせること。加えて、自分の事であれば、自己主張の好きな現代の若者らしく、書いたり述べたりはできるものの、文学作品という、他者の書いたものを手間や時間を掛けて理解する学習活動に粘り強く取り組ませることが大変と言えば大変です。(id 002)

・ワークショップに、初年度だけは行かせてもらいましたが、その後は行かせてもらっていません。ほかの学校の先生方とも連絡をとって勉強をしたいですが、みなさん、そして私本人も忙しいのが現状です。IB校の先生たちは、本当に、忙しすぎます。／校内のほかの言語の先生とも連絡をとりたいですが、それすらままなりません。(id 003)

・日本語はマイナー言語ですから、教材のサポートがないのが大きな難点です。英語やスペイン語のようにいくつかの出版社からDP向けの日本語のテキストが出ればいいのにときっと多くの先生がたが願っていると思いま

275

第Ⅲ章　国際バカロレアを教える日本人教師とは

す／同じ教科を担当する教師が学内にいないので、一人で仕事をしている感がどうしてもあること（id 004）

・日本人生徒と父兄はまだ国際バカロレアに関する知識が比較的少ないので、コースを推薦し生徒を勧誘することに労力を費やす。現在の職場の環境には卒業後国立大学入試に専念する家庭が多いので、国際バカロレアはほとんど関係又はメリットがないように見られている。また、IBの言語と文化のコースが従来の「国語」の授業として思われていることが多いので、宿題の量と評価の出し方、そして成績を生徒と父兄に説明するのに苦労する。（id 005）

・自分自身のスキルアップが常に求められる。大変だけれども、それが楽しい。（id 006）

・日本語Bに教科書がないこと。フランス語やスペイン語にはIB用の教材がそろっている。（id 007）

・Language Bに関しては、ESL在籍の生徒がLanguage Bを選択することに無理があるのではと感じています。同時に二つの言語をほぼゼロから学習するのは大変であろうと思います。また、ユニットのプランや教材探しにはいつもかなりの時間がかかります。特に日本国外なのでなかなか日本のものが手に入らないことが大変です。（id 008）

・問20でまとめて書きます。（id 009）

・前記の通り、正式な研修にも参加出来ずに今年初めて、IBクラスを教えたので、いろいろ不手際が生じた。それに加え、初めて日本語プログラムを独りで任された為、同学校区内に相談できる先輩の教師がいない。不安になることが多い。（id 010）

・たくさんの漢字を教えなければならない。／試験形態に慣れさせる練習に時間がかかる。／ジャンルの指定が教科書やもとのカリキュラムの流れと一致しない。／WAの読み物が見つけにくい。（id 011）

・準備が大変。／全ての資料が英語である。／いろいろな知識が必要となり常に自分を高めなければいけない。／生徒との信頼感を築かないと生徒の本当の考え方が得られない。（id 012）

・日本における小学、中学ではほとんど本を読んだことのない生徒がDPをとること。／日本の文化、歴史をほとんど知らない生徒がいること。／成育歴から漢字をほとんど身につけてこなかった生徒に2000字のエッセイを書くようにすること。／変に自分の文化、言葉に劣等感を持っている生徒にそれを払拭させること（id 013）

・教材研究が日本の国語のように、ルーティーン化できないため、時間がどうしても掛かってしまうこと。作業自体は楽しいが、物理的な時間がとられるのが非常に負担。また、連絡やハンドブックが（この前、日本語版がでたが）英語であるので、十分理解出来ているかどうかが不明で不安になること（id 014）

・教師にコース作りが任せられているため、自分の自由にやれる反面その責任が重大であること（id 015）

・DPプログラムでは最終的に試験対策になってしまうこと。アビニシオに関しては授業時間が圧倒的に足りないこと。／生徒の意見を聞くこと。生徒の意見をそのまま受け入れることは難しいことでもあります。説得力のある意見、一貫性のある解釈なら、たとえそれが私の見方と異なったとしても受け入れることは大変でもあります。／やや脱線しますが、文学の授業では生徒とともに作品を解釈してゆくわけですが、やはり私の解釈は私自身の人生経験に基づいているもの。その根拠となる部分を語らずに解釈だけを話すのは難しいです。となると、自分の人生経験をできるだけ共有しようと思うのですが、ついつい話しすぎて大変。これはお父さん、お母さんには言わないでねと口止めはしていますが、たぶん話しているかと。文学を扱って自分の人生を切り売りしているようなところがあり大変。でも、そういう話ができる機会があるというのはIBプログラムのいいところかも。いわゆる勉強ではなく、人生の話ができるというのは大変ですが、悪くはないです。（id 016）

・日本の学校で学んできた「読解」力では、太刀打ちできないこと。英語の用語も含め、欧米の文学講座を受けていないと教えるのが難しいこと。知識を教えるだけではないので、生徒の能力を高めるための方法（作文、プレゼン力）が、自分のなかで確立していないこと。教え合える人（または、教育技術をぬすめる人）が周囲にいないこと（id 017）

・時に、英語で何をしているのかを説明しなくてはいけないときが大変。英語では自由に専門用語が使えない。（id 018）

・書類が専門的な英語であること。教授法に関しての計画、実践、評価、反省のために時間がかかること。日本の

276

Ⅲ－資料　国際バカロレア教員調査結果

教育システムとの違いがあること　(id 019)

・常に自己の向上を図らなくてはいけないことと、特にMYPに関し事務的な仕事が多すぎること　(id 020)

・常に教材研究、授業の工夫が必要。／数年ごとにマイナーチェンジがあるのに、全然参加可能なワークショップがなく不満　(id 021)

・以下の点は、指導とは関係ありません。／MYPのカリキュラムに変更が多すぎる。そのためUnit Plannerを書き換える作業に毎年膨大な時間を浪費している。(id 022)

・本校には日本語教師が数人しかいないため、責任を強く感じるし、日本語の授業に関して気軽に相談できる同僚がすぐ近くにいない。／正味授業でできる期間が1年半ほどしかなく、シラバスをカバーするのが大変で余裕がない。(id 023)

・指導書や参考になるものが少ないので、事前準備に膨大な時間をとられる。／採点の基準が自分の中でまだ定まらず、難しい。(id 024)

・授業の準備も大変ですが、それ以上に教えている内容をどれだけ生徒の興味関心に引き付けられる工夫ができるのかを、思案する点が非常に悩ましいところです。でも、この悩ましい点が飽くなき文学研究の原動力になっている事も間違いありません。(id 025)

・書類が多い。／仕事量が多い。授業の準備や成績処理に時間がかかる。／他の教員の理解を求めるのが難しい。(id 026)

・何年かおきにガイドが変わるので、根幹は変わらずとも詳細の手続きが変更する点に手間がかかる。十分に理解するためには、他の教師と情報交換する必要が出てくる。(id 027)

・試験の採点（論文等の評価や添削）に時間が取られることが1番大変です。／生徒が次に課題を与えられた時によりよい成績が得られるように、的確なアドバイスなどを与えたいので、コメント／フィードバックを書くのに時間がかかります。／オーラルの場合も、録音したものを一人一人聞きコメントを書いたりするので、学期末等の課題が集中する時には徹夜の日が続くことが多いです。また、仕事を家に持ち帰るので、家でも仕事以外のことをする時間がほとんどありません。(id 028)

・新しいプログラムになって、これまでやっていたことが変わること　(IB,MYP)　(id 029)

・何年かごとに、シラバスや評価のやり方が変更されるが、その年の提出物や評価についてIBOから出される日本語での資料が少ないことで細部については試行錯誤しながら、取り組まなければいけないこと　(id 030)

・PYPの場合は、クラスのUnitテーマに合わせた学習になるので、毎回担任の先生と内容を確認したり科目間コラボレーションのためのミーティングを全科目の先生と行ったりする必要があるので、少々大変だと感じる。また、生徒の興味から進んでいく探究学習をどのように教員がアレンジするかという点も自身の課題となっている。(id 031)

・NA　(id 032)

・個人指導をしていることもあり、つい独断に陥りやすく、学校のコーディネーターの先生やフォーラムの先生方に疑問点をすぐ聞くようにしていますが、これでいいのかという不安がいつもどこかにあることは否めません。教え方についても、自分なりにできるだけのことをしているつもりですが、もっと良い方法があるはずだと思いますし、いろいろな先生方との深い情報交換が難しいのが難点だと思います。(id 033)

・教えないといけない量が多く、学校側からのサポートが得られない。時間の確保が大変で家でする仕事の量が多い。それに対し、金銭的報酬が全くない。(id 034)

・英語で書かれているシラバスを日本語的に完全に理解し、きちんと教えること　(id 035)

・生徒一人一人の長所や短所を個別に指導する時間をより多く取り入れること　(id 036)

・私のクラスのほとんどの生徒は、日本で生活をしたことがない子供達です。インターナショナルスクールという英語環境の中で、DP日本語Aのレベルまで子供達の能力を持っていくことに時々、私自身が大きな負担を感じることがあります。日本語Bを開講していないため、日本語を続けて学習するのであれば、日本語Aを学習することが必須となります。ご家庭からも日本語の要求レベルが高く、ご家庭での学習時間をほとんど日本語で費や

277

第Ⅲ章　国際バカロレアを教える日本人教師とは

さざるをえないと連絡を受けることがあり、私自身、どのようにカリキュラムを作成すべきか試行錯誤を日々繰り返しております。（id 037）

・授業準備が追いつかない。←他の普通コースの授業のため育児時短勤務（id 038）

・18人もいるので生徒に何かを書かせたら、添削が大変。／受験特進クラスも持っているので、全く違う方法の授業を複数するのが大変（id 039）

・専門分野でないパートは予習や準備に時間がかかる。これまであまり文学作品を読んでこなかったので、一気に読まなければならない。（id 040）

・NA（id 041）

・個人的に「文学」について勉強したことがないので、もうしばらくは、自分が「文学」の勉強をしていかなければならない点。／試験に関しての「傾向と対策」を自分で、また他の教師達とみつけていかなければならない点（id 042）

・NA（id 043）

・英語での（職場での）コミュニケーション（id 044）

・ガイドがわかりにくい。1年目に聞く人がいなくて本当に苦労した。（id 045）

・授業の準備が大変（id 046）

・NA（id 047）

・時に自分と非常に異なる考え方を持つ保護者から無理な要求を受けること（id 048）

・自分で教材を作成して考えていくのに時間がかかるため、休みの日はその時間に取られるが、同時に自分で教材を真剣に考えていくことは楽しい。（id 049）

問19　過去の経験・体験で役にたっていること（自由記述）

・英語を専門にしたので、当校のIBカリキュラムの言語である英語の資料や情報は理解しやすい。英仏日の三言語を使うことで、言語や文化の差異や共通点に気づきやすい。（id 001）

・ワタクシは大学ではドイツ文学を専攻しました。卒業後、英語教師として日本とドイツで長く日本人の中高生達に英語を教えてきましたが、IB-Japanese A1、更に新コースのAで文学作品を取り扱うことになり、大学で文学を専攻しておいて良かったと折に触れ思うことがあります。殊に文学を趣味ではなく、どう学問として扱うかにおいてです。（id 002）

・国際的環境で育ちました。自身のアイデンティティー、日本人であることを考えながら育ちました。いくつかの国に住み、異文化体験を積みました。広島市で被爆者の家族と育ちました。世界がつながること、平和を目指すことを考える環境で育ちました。周囲にも、日本人でない人がいつも周りにいました。言語がつたなくても人間としてつながれること、協力ができるということを学びました。自分自身はIBで学習した経験はありません。しかし、自分が生徒だったときを考え、自分ならどうするだろう、と思いながらレッスンを組み立てることは、自分を振り返ることもでき、楽しんでいます。（id 003）

・私自身留学の経験がありますから、現在担当しているG2としての日本語を教える上でその経験がとても役に立っていると思います。大学時代海外で教職をとったので、ゆくゆくは留学を経験するであろう教え子達に経験を通して伝えることが多い。（id 004）

・大学では語学専攻だったので、日本語の他にESOL、フランス語とドイツ語も教えてきた。多言語、二重国籍、多文化とよく移動する人たちが自分のアイデンティティーをどのように受け止め、開発しているのかに常時興味があるので、博士号修士論文では「よく移動する多言語の人達」のアイデンティティーを研究した。（id 005）

・国語教師を辞めて海外の大学院へ行った時は周囲から「何の役に立つのか」と言われたが、その時の経験が100％役立っている。（id 006）

・IBではないがインターナショナルスクールを卒業したこと。大学での日本史専攻。大学が教養学部だったので広く学ぶことができたこと。日本の伝統芸術である華道（准師範）と武道である剣道（三段）を学生時代から嗜

278

Ⅲ－資料　国際バカロレア教員調査結果

んできたこと（id 007）

・特にありません。（id 008）

・月並みな言い方ですが、日本語教師は、他の職業に比べて過去の経験が思わぬところで役に立つ仕事です（特に日本語教育に関係はない経験でも）。したがって、すべて役に立っていると思いますが、個人的には、学生時代にもっと活発な性格だったらよかったと思っています。（id 009）

・現在の高校の日本語教師になるまでにしてきたことも（英語講師等）、役立っている。（id 010）

・NA（id 011）

・学生時代に海外でボランティアとして異文化の生徒に日本語を教えていたこと／大学で日本語教育、文学、言語を学んだこと／国際結婚をしていること（id 012）

・本が好きでいろいろ本を読んでいたこと／校内人事でしかたなく「国語」を2年間教えたこと（「国語」のプロと授業の準備をしたこと）／過去、世界各地を旅したこと（id 013）

・自分の高校時代の先生の授業のやり方がほぼそのままIBの授業に使えることがある。／大学で文学専門に勉強していたので、生徒にも自信をもって臨めること／帰国・外国人児童とふれあってきているので、異文化理解ができていると思う。（id 014）

・いろいろな分野の出来事に興味を持つこと（id 015）

・留学経験。英語環境の中で勉強することのもどかしさは経験してみないと分からないかもと思ったりもします。ただ、想像力の問題なので、留学経験がマストではないかと。留学中にエッセイ課題を多くこなしたこと。クリティカルシンキングを身につけたこと（id 016）

・大学のゼミ（日本文学科）、国語講師（id 017）

・本が好きで育ってきたこと。本を読むことが人生の中で大切なことだったこと。人生の経験が多種多様だったこと。人との関係の中で、カウンセリング的な位置にいたこと。勉強し続けることが好きだったこと（id 018）

・大学時代のアルバイト歴、日本での職業歴、英国での生活、オランダでの生活等／各教師の人生体験すべてが反映されると、個人的に、思います。（id 019）

・単なるエリートではなく、友人達と共に悩み、苦しみ、沢山馬鹿なことをやって来たことが、「文学を教える」上で大変役に立っている。（id 020）

・大学院時代の猛勉強＋学部生時代の自主講座／予備校講師時代の教材研究と"商品"としての授業構成（id 021）

・大学生時代に子供をキャンプなどに連れて行き、大人からではなく、子供から学ぶことを知った。（id 022）

・国際ボランティアをしたこと／留学したこと／他の外国語を勉強したこと／海外で生活してきたこと（id 023）

・高校時代、ディスカッションが中心の授業が多くあったことが役立っている。また、日本語学校で教えていたことと、国語教員の日が浅かったこともあり、「授業はこうあるべき」という概念があまりなかったのでIBにすんなり移行できた。（id 024）

・やはり、海外留学の経験は非常に大きかったように思われます。特に、多様な価値観を持つ人々との出会いは、自身の物事の考え方を広げてくれるように思います。（id 025）

・420時間の日本語教師養成講座の実践。日本語がわからない生徒に分からせるための創意工夫が、授業やクラス運営に役立っている。（id 026）

・フランスでIBの生徒として体験した学習内容、学校生活全体。IBは絶対評価を標榜しているので、生徒の間で卑劣な競争に陥ることが少ない。40歳になった今でも、IB時代の友人は国籍・男女を問わず家族のように大切にし合える。（id 027）

・海外での生活経験、教員経験／外国人との交流、意見交換など。（id 028）

・大学で文学を読み、論文を書いたこと。／IBのJapaneseAの研修会やワークショップに参加したこと。（id 029）

・日本の学校の教師をしていたので、日本の教育方法や国語学習の基本指導的な部分とIB学習の方法とのいい面を活用しながら、指導できるということ。児童生徒の学習指導、授業についても基本的に慣れていたこと。（id 030）

・学生時代のアメリカ留学で寮生活を体験したり、スリランカ人家庭のお宅にホームステイをしたり、いろいろな

279

第Ⅲ章　国際バカロレアを教える日本人教師とは

　　国を旅行したりしたことは、背景の異なる生徒たちを理解するのに役立っているのではないかと思う。（id 031）
- ・NA（id 032）
- ・大学で英文学を専攻したこと。日本の国際学校で英語を教えたこと。外国人の夫と日本語と彼の言語（イタリア語）の違いについて話し合うこと。外国で文化や言語の違いにいつも出会うこと。すべて役立っていると思います。（id 033）
- ・勤労性、内省する能力、許容性、我慢強さ、向上性（id 034）
- ・学生時代の経験は、学生のおかれている状況や気持ちを理解できること。外国人に日本語を教えていることから、日本語の構造を理解できること。会社勤務を通して培った経験や知識、また社会における自己の立場や経験もコースを教える上で役に立っている。学問以外で得た知識や経験のほうが役に立っていると感じる。（id 035）
- ・常に、TOKが頭に入っていること（id 036）
- ・日本の大学で学習したことはあまり今の仕事に役立っているとは思えません。ただ、米国での修士課程で学習したことは、非常に役立っていると思います。ただ、学習内容というよりは、授業でしたアクティビティ、授業の形態（自由に意見を言える環境の設定）は、今の自分の授業の形式にも反映していると思います。（id 037）
- ・読書、映画など（id 038）
- ・中・高時代の国語の先生が、毎月読書ノートを付けるようにおっしゃっていて、6年間やっていたこと。（id 039）
- ・あらゆる事がつながっている。／ホーリスティック・アプローチ。（id 040）
- ・一般の国語教師であった時から、対話型で生徒に解釈させる授業をしているため、IBの文学の教え方に抵抗がない。／学生時代の専攻は教育学、特に国際教育であったので、柔軟に教育を考え、相対的、批判的にとらえていると思う。（id 041）
- ・モンテッソーリ教育、幼児教育、障害児教育を通して教材の提示、学習における目標設定、学習意欲の大切さ、個性を尊重すること等を学んだこと（id 042）
- ・中学2年の時社会科の授業は、教科書を全く使わず、スタインベックの「怒りのぶどう」を一年間を通して学んだこと（id 043）
- ・国文学科であったこと。歌舞伎研究会、表千家茶道研究会に所属し、子どもの頃から生田流を習っていたことなど、日本文化についての知識。／海外に住む日本人としてIBを教える時、そういったことが役立っている。（id 044）
- ・NA（id 045）
- ・海外留学（米国・エクアドル）、海外旅行、外国語の勉強（id 046）
- ・NA（id 047）
- ・世界各国に支店があるメーカーでアジアパシフィックセールスコーディネーターとして各国のセールスと仕事をした経験がInternational Mindedな考え方をするのに役に立っている。（id 048）
- ・いろいろな国の人と話していたこと。人が好きなこと。多くの本を読んでいたこと（id 049）

問20　国際バカロレア機構への要望（自由記述）

- ・日本語試験の過去問だけでなく、サイトでもっと解答例と採点とを発表してほしい。日本での研修会に参加は容易でないから（id 001）
- ・ワタクシはヨーロッパに在る学校に勤務していますが、以前にはIB-Japanese（A1）に関しても、2年おきぐらいに開催されたヨーロッパ・アフリカ地域の研修会が近年開催されていません。開催言語なり、教科のリストに加えていただければ、参加メンバーは必ず開催に必要な人数を満たすものと信じます。兎に角、開催の実施を切望します。（id 002）
- ・教師の担当時間数に上限をつくってほしいです。（id 003）
- ・日本語はマイナー言語なので外国の言語に比べて教材やサポートマテリアル、サンプルなどが少ない気がしま

280

Ⅲ－資料　国際バカロレア教員調査結果

す。(id 004)

・NA (id 005)

・OCC の Japanese ページの更新を早くしてほしい。(id 006)

・ウェブサイトが非常に使いにくいこと。探しているドキュメントやページを見つけにくい。試験内容や試験方法の変更などの大事なこと（B の Writing Assignment が次からコンピュータ入力になることなど。）がいつの間にか変更されていて、しかもそのドキュメントが気づかれやすいところにアップされないこと。改善してほしい。(id 007)

・主要三言語以外の言葉においても、過去の試験のサンプルなどは平等に公開してほしいと思います。日本語 A の EE や日本語 A&B の筆記試験の実物とそれを採点したものなど、ほとんど手に入りません。生徒が必要としている以上、どの言語を選択しても与えられるべき情報は平等であってほしいと強く願います。(id 008)

・これはあくまで、IB 全体にではなく Japanese B を 1 年教えてみて感じ、且つ今も強くそう思っていることです。IB の第二言語、あるいは第三言語への考え方には非常に違和感があります。例えば、LanguageB Guide には、"Approaches to the teaching of language B" というページがありますが、その内容はたったの 1 ページ半。私の感覚では、これでは Approach とも言えないと感じます。現在主流の考え方であるコミュニカティブアプローチや、またはオーディオリンガルアプローチなどと比べて、同じ "Approach" と銘打ってはいても、雲泥の差があると思います。この IB の "Approach" の内容の無さは一体なんでしょうか。一方、テストの仕方、方法論は非常に詳しい…とてもおもしろいテストの方法で、WA や IndividualOral は個人的には好きですが、テストに合格できるように指導すれば、その過程はどうでもいいと思っているのか、と疑いたくなるほどの落差があります。また、Japanese B のテストの方法ですが、これはただの EnglishB の翻訳ですよね。もちろん字数などの変更はありますが基本は同じです。私が働く学校では、高校一年生の時からひらがなの勉強を始めます。EnglishB も高校一年生から英語のアルファベットを勉強するという前提のテストなのでしょうか。もちろんそんなことはないでしょう。JapaneseB に限った話ではありませんが、EnglishB と JapaneseB では、土俵が違うのです。一方は、恐らくは最低でも簡単な会話なら問題なくできるというレベル（と思います、IB を勉強する生徒ですから）、もう一方はひらがなの勉強から始める。この土俵の違う両者を杓子定規に、同じ方法で評価する、この部分を IB の方はどのように考えているのか聞いてみたいところです。／また、テキストタイプとやらも疑問です。日記の書き方まで指導するというのは変な話です。日付や天気を明記しないと減点、最後に自分の気持ちを書く…日記なんて書く生徒はほとんどいないし、日記を書いた日が晴れは雨かなんてどうでもいいと思う人だっているはずだし、どこに自分の気持ちを書いてもいいのです、本来は。なにしろ日記ですから。この指導は生徒にとって大きなお世話という印象です。そもそも日記を他の人に見せて評価してもらうという前提がおかしいのではないですか。どこの誰が他の人に見せるという前提で日記を書くのでしょう。他の言語のことはわかりませんが、日本語教育では、このような「ありえない」練習やテストはあまりしないのが主流になっているかと思います。私は別に現実にありえない状況を設定して練習するのが悪いと言っているわけではありません。そんなことを言ったら仮定の話などはできなくなるし、現実にありえない状況を想像することもなかなか楽しいものです。しかし、程度というものがあります。このテキストタイプ日記はひどい、を通り越して何を血迷っているのかと思います。／IB の言語教育は、JapaneseB に限って言えば、早稲田大学や名古屋大学の日本語教育の教授にでも来てもらって、ちゃんと考えたほうがいいと思います（決して IB 全体へではなく）。きりがないのでやめますが、一言で言えば、JapaneseB は、「なんだ、これ？」という感じです。(id 009)

・Language B を教えている教師向けの定期的な研修（例：オンライン）を増やして欲しい。／Language B: Paper 1, 2, Written Assessment に向けた日本語で書かれた教本と教科書が是非欲しい。(id 010)

・もっと情報をシェアしてほしい。／ワークショップをもっとひんぱんに開いてほしい。(id 011)

・日本語教師により多くのワークショップや研究会を開いてほしい。／資料を日本語で出して欲しい。(id 012)

・regional workshop を定期的に開いて欲しい。以前は 2 年ごとにあったが、ここ数年無し。(id 013)

・その国の事情にあった部分をもっと理解してほしい。例えば日本の部活動は CAS をすべて含んでいると思う。

281

第Ⅲ章　国際バカロレアを教える日本人教師とは

　日本のクラブ活動をCASとして認めることは検討してほしい。(id 014)

・NA（id 015）

・新プログラムへ移行する際に、もっと早めに変更内容を現場に伝えて頂きたいです。(id 016)

・SSSTのジャンル質問は、英語だけでなく、日本語でも出してほしい。経験のない教師のために、例として、いくつか本をあげて、日本語で指導案をつくってほしい。(id 017)

・今、IB校が増えている地域だけでなく、ヨーロッパでも定期的にワークショップがあるといい。原稿用紙の採用に関しては、すばらしい決定をしていただいたと感謝しています。(id 018)

・小さなワークショップ、それも日本人教師だけの集まりが一番求められると考えます。(id 019)

・ヨーロッパ偏重に陥らず、常に謙虚に世界を見つめて、教育の大切さと可能性を考えていってほしい。(id 020)

・官僚的な対応は改善してほしい。／実践的なworkshopを開催してほしい。／何もかもが高額すぎる。(参加費など)（id 021）

・組織が大きくなりすぎたためか、機構（オーガニゼーション）の質が劣化している。(id 022)

・日本語の教科書及びその関連教材を出版してほしい。日本語B（SL.HL）の日本語シラバスを出してほしい。／Ab infio.Bのガイドを日本語専用のものを出して欲しい。(試験の細かい規定などを明記して)（id 023）

・仕方の無いこととは思うがJapanese Aは資料が少ないので、もっと多くの資料をOCCにも掲載してほしい。(id 024)

・ぜひ、ワークショップの参加料を少し下げてほしい。IBに興味関心がある人へ研修の機会の門戸を広くしてほしい。(id 025)

・NA（id 026）

・ガイドを通しての教師への要求を細かくしないでほしい。(id 027)

・特にありません。(id 028)

・もっと日本語のワークショップをヨーロッパで開いてほしい。／もっと、日本語のエッセイやコメンタリーとその採点結果のサンプルがほしい。(id 029)

・今年から一部日本語のコースやその他のコースについて日本語の説明書も出るようになったが、全ての教科で日本語の説明書を早く出してほしい。(id 030)

・インターナショナルとは何か、当校でもよく問題になる。自分が考えるインターナショナルと他人が考えるインターナショナルの定義は異なっているからだ。英語が話せるからインターナショナルなのか。自分の国の価値観を押し付けることがインターナショナルなのか。IB教師自身はどう考えているのか。IBとしての定義をIB校の教員がきちんと理解して指導できるようなサポートがあったら良いと思う。(id 031)

・NA（id 032）

・小さな規模でいいので、もっといろいろな場所でもっと頻繁にワークショップを開いていただけたらいいのにと思います。(id 033)

・ウェブサイトでの検索が出来易くなると助かります。(id 034)

・NA（id 035）

・NA（id 036）

・MYP Language Aのワークショップをもう一度、アジアで開催していただけると助かります。3月にワークショップに行きましたが、あまり役に立ちませんでした。(id 037)

・公認でもそうでなくてもワークショップが多くあると良い。(id 038)

・今思いつきません。(id 039)

・NA（id 040）

・資料やメソッドにかんする情報をアクセスフリーにしてほしい（IB教員でなければアクセスできない資料がある。OCC等)。(id 041)

・国際バカロレアであるので、日本の認定校であっても、卒業後、生徒が海外の大学に適応できるよう数年後に

282

Ⅲ－資料　国際バカロレア教員調査結果

は、英語（または他言語）での授業を実施するよう日本の教育機関へ養成するよう希望する。（id 042）
・NA（id 043）
・JAPANESE A, MYP JAPANESE の研修を増やしてほしい。（id 044）
・日本語の出版物を出してほしい。 BやAのテキストがほしい。（id 045）
・OnlineでDP Lang A＋B Japaneseのコースがあるととても便利だし勉強になると思う。特に日本文学作品や背景等を学ぶ機会（或いは学び方を教えてもらえる機会）があるととても助かります。（id 046）
・NA（id 047）
・IBの発行するガイドの日本語訳がもっと増えたらいいと思う。（id 048）
・最近増えて来ましたが、日本語訳の資料が増えれば良い。（id 049）

問21　公的支援の要望（自由記述）

・無。（id 001）
・日本が本格的にIBDPを高校課程に導入する形で大きく動き出していることから、IB主催のWorkshop を夏休み等に、日本にて開催するよう働きかけるIBの日本支部の様な公的セクションの設置を希望します。それにより、例えば、有志による東京での研修会（本年7月で3度め）が公的なものとなり、また、他のIB教科においても同種の会が可能となると推察します。（id 002）
・定期的なワークショップ参加が義務付けられる（せめて、積極的に参加が呼びかけられる）。（id 003）
・NA（id 004）
・これからもIBの書類の翻訳と日本語科目の過去試験のMark Schemeを出版してほしいです。OCC Teacher Support Material も日本語版が必要だと思います。／日本語科目のワークショップをもっと増やしてほしいです。（id 005）
・？　（id 006）
・NA（id 007）
・NA（id 008）
・特になし（id 009）
・国際バカロレアのプログラム自体を知ったのも、昨年なので、実際に日本、アメリカをはじめ他の国で学んでいる、または学んだ生徒の体験談等知りたい。また、何か購読できるニュースレターのような物があると、助かる。（id 010）
・NA（id 011）
・教師間の研修会の開催（実践的な小グループで）／教え方についてのカウンセリング。（id 012）
・若い教師対象のワークショップの開催。（id 013）
・定期的な研修参加を確約する。（id 014）
・NA（id 015）
・公的支援？　ドイツでの公的支援ということでしょうか？　特に思いつきません。（id 016）
・オンラインでのIB教師養成コースまたは、研修など（日本での研修に参加したいのだが、交通費などで、年間の収入分ぐらいになってしまう）。（id 017）
・NA（id 018）
・NA（id 019）
・IBのワークショップのみならず、各種研修会への参加がもっと気軽にできるように援助してほしい。（id 020）
・「公的」とは何でしょう？　たとえばドイツに対してですか？　それともIBOに対してですか？　設問の意図がわかりません。（id 021）
・特になし（id 022）
・認知度を上げ、IBの成績で入学できる大学を増やし、また就職にも有利になるよう政府や企業にも働きかける。

283

第Ⅲ章　国際バカロレアを教える日本人教師とは

CASのボランティア活動の資金援助や受け入れ（id 023）
・徐々に日本語の資料も増えているが、英語の資料は私にとって負担が大きいので翻訳をして頂けるような支援があれば。（id 024）
・日本の政府によるIB研修への支援。今後、IB校も拡大することが見込まれるので、研修の機会を充実させる上でも、ぜひ広範囲なご支援を賜りたい。（id 025）
・NA（id 026）
・日本の大学を受験したとき、IBについての理解が教授達の間にもあまり浸透していないとの感を受けた。多くのIB卒業生に受験のチャンスを与え、日本の大学で充実した勉強をできるようにしてほしい。（id 027）
・今は特に考えられません。全国レベル、地域レベルで研修等がもっと頻繁に行なわれたらいいかもしれません。（id 028）
・MYPやIBの年間を通したプログラムの例などを教えてくれると初めて教える教師は助かるのではないかと思う。（id 029）
・マイナー言語についてもワークショップや勉強会が頻繁に開かれるような体制づくり。IB日本語に指導やアプローチの実践例や資料の作成。研修会の参加費や教材費等についての支援（id 030）
・IB校に子どもを通わせながらも、IBのカリキュラムとは何なのかをよく知らない保護者の方もいらっしゃるので、保護者の方向けのワークショップなどがあってもよいと思う（当校では校長が時々保護者向けに説明会を行っている）。（id 031）
・NA（id 032）
・個人指導をしている立場なので、無理とはわかっていますが、教材にかかる費用について、何か支援があればとても助かると思います。（id 033）
・この公的支援というのはどのレベルでしょうか（所属する教育委員会、州、国など）。（id 034）
・ワークショップ参加費及び研修費の支援。英語力を強化するためのコース設置等（id 035）
・研修費が高すぎる。（id 036）
・NA（id 037）
・教員養成、指導（id 038）
・今思いつきません。（id 039）
・NA（id 040）
・研修に参加する機会、財政（費用）的援助（id 041）
・公的支援を日本政府からの支援ととるならば／①IB日本語教師の質の向上を目指しての研修／②教科書を「認定」することの問題点に気づくこと（id 042）
・NA（id 043）
・NA（id 044）
・IB教師として正式に認定してほしい。（id 045）
・DP Lang AとBのJapanese教師用の、或いは生徒用の参考本があるととても助かります。日本の文学作品の紹介やそれに関する参考文献リストや参考書のリストがあると便利です。（id 046）
・NA（id 047）
・NA（id 048）
・他の国のIB schoolに見学に行って勉強したい。（id 049）

問22　日本の教育全体についての感想（自由記述）
・私の担当する日本人生徒の問題点は英語力で、日本語以外の教科でもその英語力が支障となって勉強時間の配分をかなり制約している。単語量だけではなく論文の構成に至るまで表現の違いを克服しなければいけない。このような問題点のない、日本で開始される日本語を使ってのIB Diplomaは、英語でとるIB Diplomaとはかなり目

Ⅲ－資料　国際バカロレア教員調査結果

的が異なったものであると理解される。このDiplomaで海外の大学への受験や入学の準備としては問題点が残るであろう。(id 001)

・自分の勤務校に在籍する日本人高校生達は殆ど文系学部への進学を希望しているため、様々な入試形態を比較的上手く利用してしかるべき大学へ進学を果たしております。しかしながら、理系志望の若達は、どの入試形態にチャレンジしようと、卒業後日本に帰国し、塾で受験勉強を始めると殆どが日本の入試理数科目のレベルの高さに直面します。また、たとえ合格したにせよ、IB-MathやIB-ScienceをHigher Levelで選択していましても、入学後の一年目で多くの者が大学のその種の勉学について行くことに大変苦労をしております。従いまして、IB-Math Highと日本の理系で求められるレベルや学習ユニットの相関図なり表のようなものが公的サイドから出され、日本の理系に進む者達が海外のインター校に在学中にしかるべき準備をし易いよう、もっと広く紹介していただく信用にたる公的サイトの情報がほしいところです。(id 002)

・しばらく関わっていないので、分かりません。ただ、最近聞いた、統一試験に関しては、大きく疑問を抱いています。日本の学校の勉強は、英語、数学、国語が中心、その周りに社会科や理科があります。どれも知識を問う問題だと理解しています。そこに、コミュニケーション能力、問題解決能力は、どれほど判定されるのでしょうか。また、美術、演劇、音楽など、芸術関連が注目されていないのも大きな問題です。個人が表現をすることを、子供たちに求めないような世の中では、心配です。日本にある日本の学校にいましたが、もう戻ることはないと思っています。(id 003)

・日本の普通高校がとうとうDPの導入にふみきったことをとてもうれしく思っています。もちろんいわゆる日本での一般的な高等教育とは違いはたくさんありますから、学校も、教師も生徒も戸惑うことが多々あるかとは思いますが、IBのプログラムを終えて卒業していく学生を受け持つ教師として、また一日本人として、このすばらしいプログラムを受けることができる日本の学生が増えることはとてもいいことだと思います。数年前に試みが始まった、中国語でのDP受講が未だにしっかりとした形にはなっていないようですが、日本語での導入が確実なものになることを願っています。ここ数年でIB（DP）を評価してくれる日本の大学が増えていることを嬉しく思います。これからも、IBの卒業生が日本にある大学に入学する機会がどんどん増えていくことを願っています。(id 004)

・インター校の父兄からよく「日本はいつ変わるんでしょうか」と聞かれます。文部科学省のIB校200校達成の試みは非常によいことだと思います。しかし、これは非常に過激な教育改革の一段なので、導入と実現にはかなり時間がかかると思います。IBだけに頼らず、現在の日本社会と国際的な立場に対応できる独自の批評的で統合的な教育法を開発することが大事だと思います。その際、日本の義務教育の長所を維持し、個人の社会と国際政治に関する意識の養成が必要だと思います。更に、必要なリスクの取り方とその結果と可能性に対処できる考え方と解決策の提案の育成も重視しなければなりません。それには、それなりの責任感と動き方も指導しなければなりません。これらのことを考えると、大学入試制度改革と日本での教員の研修に関する費用と時間に投資する必要があるということは一目瞭然だと思います。(id 005)

・末端の授業をいくら改善しようとしても、ゴールが全て。公立中教員時代に感じたが、どんなに生徒に論理力やエッセイライティング、ディスカッションのスキルを身につけさせようとしても、高校受験に受からない生徒を育ててしまっては誰も幸せになれない。IBは試験にパスするために必要な力がそのまま生きる力、国際社会で必要な力になっている。(id 006)

・仕事以外でNPO（航空宇宙青少年協会）を立ち上げ、青少年の国際交流を支援していますが、英語が話せる子を見つけるのが困難です。英語圏以外の青少年も毎年500名以上が参加しているのですが、英語が話せる17歳から21歳の日本人が簡単には見つかりません。加盟している他の20カ国にはこのような問題はほとんどありません。代表者の集まる計画会議（International Air Cadet Association）でこのことを話すのをいつも日本人として恥ずかしく思っています。日本の教育はどうなっているのだ、と聞かれます。／上記のプログラムは2週間なのですがその2週間は夏休みもクラブ活動で縛られる日本の高校生には長すぎるようです。海外の学校では夏休みは休暇であり、学校行事はありません。それも外国では理解されにくい点です。夏休みの時期も始まりが遅くて

285

第Ⅲ章　国際バカロレアを教える日本人教師とは

プログラム参加に支障が出ているのは日本だけです。(id 007)

・当校に通うほとんどの日本人が他国の生徒より長くESLに在籍し、特にPhase1や2に集まっています。このレベルではほとんどのほかの科目を受講することができず、学習面では大変な偏りが出ていると思います。そして大体14歳以上の年齢になってからIBに編入してきた生徒の多くが、英語力が十分でないために最終的にDPを選択できずにCourse Studentになっています。この現状を見ますと、日本にIBスクールができたとしても英語教育に相当早い時期から慣れ親しませておかないとなかなか難しいのではと思います。(id 008)

・日本の教育というと、メディアでは、詰め込み教育だとかいろいろな批判を目にします。反対に、北欧での学校教育などは批判など一つも紹介されず、理想的な教育内容だという話も多く耳にします。北欧のように変わったらいいと思う部分もないこともないですが、そうしたらそうしたで、必ず負の側面が出てくると思います。結局は、問題はあるにせよ、その問題を抱えたまま今のまま行くしかないと思います、基本的には。東大などの進めている秋入学や、IB推進などはいい取り組みですが、マイナーチェンジに過ぎないとも思います。(id 009)

・NA (id 010)

・試験で得点を取ることを重視しすぎ、個人の想像力を伸ばしたり、考える力を伸ばす教育をしていない。／論文の書き方を高校の時点で教えない。(id 011)

・教育については、生徒のコミュニケーション能力を育てる教育をして欲しい。今の教育では、社会、世界で起こっていることにあまり関心のない受験のことだけを考える自己中心的で無関心な生徒が育つ。それは、日本の社会の問題にもつながっている。入試制度は、高校3年の成績、試験を評価とし大学入試はいらない。／大学の教育内容の再考、教授の教え方、研修を徹底する。今のままでは、学生は授業に出ないか、海外の大学を選ぶようになると思う。(id 012)

・日本の大学にIBのことをもっと知ってもらいたい。すわわち、IBのDiplomaは大学入学資格であることの認識。Diplomaを取ったのに、また、その大学の入試のため、予備校に行かなければならないのが現状。生徒の時間的負担、保護者の金銭的負担が大きい。／海外から途中で日本の公立（私立も？）高校に編入学するとき、中学の修了証明書が必要な場合がある。インターに来ている日本人生徒はそのため8年生途中で日本人学校に転出し、卒業資格をとる。／帰国生受け入れ校が一緒に海外のインターを回って、説明会を持って欲しい。これは大学も同じ。海外はそうした情報が少ないので。(id 013)

・IBより日本の教育が優れている部分は40対1でも授業が成立するところ。すなわちコストパフォーマンスが高いところ。また、行事等が多く学習面以外での体験を多く積ませることができるところが優れている。／学問という観点からいくと、IBはほぼ理想型だと思う。ただし、日本でIBをそのまま取り入れたら財政が破綻する。(id 014)

・もちろんアカデミックな知識や力をつけることは基礎的な事ですごく大切な事だと思いますが、人としての誠実さや優しさをもち、自分自身の問題や社会の問題に目を向け解決していこうとする人間に子供達が育ってほしいと願っています。それは学校での学習だけでできるものでなく、家族や地域社会とのコンタクトの積み重ねもとても大切ではないかと感じています。学校と学校外を通してたくさんの体験や経験ができるような社会環境ができていって、あるいは引き継がれていってほしいなぁと願っています。(id 015)

・日本の教育現場から10年も離れているのでいまひとつ現状がわかっていませんが、日本の教師は校務分掌や部活動など教科指導以外のことに時間を取られ過ぎのような気がします。そのため、教師に余裕がない。そんな教師がよい授業をできるわけがない（ただ、私の場合はやや荒れた公立の中学校に勤務していたため、夜回り等や家庭訪問など生徒指導に関わらないといけないことが普通より多かったのかもしれません）。ただ、教師にとっては負担ではあるが、担任が生徒の家庭の事情を含めてすべてを把握して関わっていくという仕組みはよいと思う。授業の開始時に立ってきちんと挨拶をする、生徒が教室やトイレを自分たちで掃除するなど、勉強以外のことも教えるのはよいことだと思う。という私は、授業後にいつも女子トイレを監督し、大掃除のときは溝掃除を生徒と担当するのが嫌で嫌でたまらなかったのですが、今となっては、大切な教育の一部だと思います。日本の学校では文化祭や体育祭、球技大会など仲間意識を高める学校行事があるのもよいかと。教師としては仕事が増

Ⅲ－資料　国際バカロレア教員調査結果

えて大変だが、生徒にとってはよい思い出となる。こういう教室以外での活動が教室内でのお勉強より大切であるし、卒業後、学校生活を彩る思い出となる。入試制度ですが、やはり一発勝負のテストで合否が判断されるというのには疑問を感じます。IBのカリキュラムはよいと思います。ただ、そのままの形で日本の学校文化に受け入れてもらえるかどうかは疑問です。(id 016)

・日本では、1クラス40人。とても作文添削はできません。個人プレゼンテーションは、もってのほかです。国語の授業の準備より、生徒指導に時間がかかりすぎました。DPを教えはじめて、いかに、自分に日本文学を語る知識がないか、思い知らされています。(id 017)

・日本の学校も、IB的な教育が進んでいくようですね。日本の学校も変わっていって、日本の子供たちの受ける教育も変わっていってほしいです。でも、現実的にはかわっていっているところも多くあるところはありますね。いろいろな日本の学校が訪ねてきてくださって話してくださるのを聞くと、それが感じられます。(id 018)

・私の知る限り、徐々に真の意味での国際化が進行している気がします。特に大学レベルで。東洋的学歴主義は、決して悪くありませんが、個人尊重の西洋社会に住んでいると、誰も彼も大学生でなければ社会人じゃないような風潮が好ましくないです。社会全体の仕組みが変わらないと、日本における教育上の問題点は改善されないように思われます。(id 019)

・まだまだ知識偏重の悪弊から逃れられていない。大学入試も同様で、学生に求めている能力と、世界が必要としている能力とに大きな懸隔がある。小手先の知識力を測るよりも、根本的な生きていく力、知的能力を伸ばすこと等に重点を置いた入試および学習内容を真剣に考えてほしい。その意味で、IBのカリキュラムおよび評価方法から学ぶ所は多いはずである。(id 020)

・IB導入を真剣に考えるならまず、教員養成に力を注ぐべきでしょう。／中央集権によるしめつけでは、改革は無理。／在宅学習（ホームスクール）なども含め、もっと自由化が必要でしょうが、無理でしょう……。(id 021)

・日本の教育の中心問題は大学入試のあり方にあると思う。(id 022)

・英語教育も始まったばかりだが、まだまだ海外に開かれていないし、その原因は言葉の壁が大きくはだかっていることだと思われる。IBを日本語でとることができるようになったようだが、IBの国内普及に伴い、日本人の英語力を伸ばすことにも、一役買ってほしい（実践的な英語力）。入試の方法もいいかげん見直す時期なのでは？　IBがとり入れているような、大学の勉強につながる論文形式を多く入れたり、またセンター試験のように、ペーパーで一年に1回しかチャンスがない方法より、在学中に一つの教科で例えばオーラルや論文、ペーパーなど多角的に何回か試験をして、その合計の成績で総合的に学力を見た方が、より学生の実力を計ったり伸ばしたりすることができるのでは？　「入試」より多くの海外の学校が取り入れているように「卒業試験」のようにするのも一つの方法では？　(id 023)

・国内の大学入試などでも随分とIBを取り入れてくれるようにはなったが、IBとセンター試験などが課され、現実には難しいところが多い。センター試験で高得点を取れるような授業はIBでは難しいのを理解してほしい。(id 024)

・とにかく、日本の学校教育は、知識詰め込みの受験教育の偏重がいまだに著しい。それを打破していく意味でも、IB教育は「教育とは何か？」を考えさせる大きな試金石になると思われます。生涯を見据えた上での学習の在り方について考える上でも、IBは重要な教育形態の一つとなると思われます。(id 025)

・日本全体が偏差値主義から早く抜け出し、生徒一人一人の学びを支援できるような社会になってもらいたい。／様々な視点で大学入試の門戸を開き、出口を厳しくした方が、学生は学ぶ姿勢を高めていくことができると思う。／DPと日本の大学の一般入試の両立はあまりにも学習内容がかけ離れていて、正直厳しいので、DPの価値をもっと認めてほしい。DPのスコアだけでも大学に入れるような制度を考えてもらいたい。／学校の勤務時間だけで終わる仕事量ではない。授業以外のことがあまりにも多すぎて、授業の準備が不十分になりがちなので、もう少し考える時間、ゆとりがほしい。(id 026)

・日本の（文学）教育は、教科書を見ても小編を繋ぐといった構成で、IB Japanese Aのように小説を十何本総合

第Ⅲ章　国際バカロレアを教える日本人教師とは

的に読み、作者の年譜に照らし合わせたり、他作品と比較したりといったダイナミックな学習方法ではないと思う。私にとっては後者のほうが理解が深まるので楽しめる。また、日本の受験はどの科目についても全般的に「暗記」中心で、自分で考えて書いて論ずるということが少ないと思う。本来年齢的にも求められる能力は後者ではないだろうか。（id 027）

・日本の教育、特に入試に関しては、知識重視だと思います。／人物重視のAO入試が採用されている大学もありますが、センター試験の点数がすべてを決定し、生徒の考えや思考力、表現力等を発揮する場が少ないと思います。IBを導入することで、教師側の負担が増えるかもしれませんが、世界に出しても恥ずかしくないような生徒を育てることができるのではないでしょうか。日本には論理的に考えることができ、自分の意見を持ち、それを堂々とそして理路整然と述べ、相手を納得させることのできる人材がもっともっと求められていると思います。多くの学校がIBを採用するよう願っています。（id 028）

・日本の国語には、人の気持ちを考えさせる教材が多い気がする。こちらはどちらかというと、自分のことが中心。それはそれで大切だと思うので、大事にして欲しい。また、日本の国語に足りないのは、物事を批判的に捉える目を養う学習。日本から来たばかりの生徒は、教材を読んでそれを肯定的に捉えようとする傾向にある。（id 029）

・大学入試においては、入りにくいが卒業は簡単ということで、大学時代に真剣に学習したりや研鑽を積んだりする学生が少ないのが現状で、多くの学生がせっかくの社会に出た時に実際に役立つスキルを身に付ける機会を活用せずに過ごしているのは大変もったいないことである。日本の教育においては、今まで知識理解の部分を伸ばす事に力を注いできたが、これからはもっと、色々なことに問題意識を持って、それらの課題や様々な問題について思考してそれを如何に自分の言葉で表現し相手に伝えていくか、コミュニケーションスキルを身に付けて、世界の人を相手にしても対等に意見を伝えられるような人材を育てていかなければいけないだろう。グローバルな世界へ対応が必要になって来るので。（id 030）

・日本の教育は、社会が変わっていく中でいろいろ変化してきているようだ。教育関連の記事ではよくグローバルという言葉を目にする。さらにはスーパーグローバルとさえ。何かものすごい教育が行われるような言葉の響きだが、どのようなことが行われるのかはいまいちピンとこない。国際社会の中で生き抜く力を身に付けることは、今後必要になっていくことだが、多文化や英語を理解すると同様に、きちんとした日本語を使う力や日本人的な和の心や思いやりの心はその根底に根付かせていってほしいと思う。（id 031）

・NA（id 032）

・イタリアで息子たちが受ける教育（IBではない）では、話すことが書くことと同じくらいの重要性を持っており、それが、将来他人に自分の意見を論理的にはっきり伝えることができ、意見が違うもの同士がけんかにならずにお互いを尊重しながら話し合いができる人間になることにつながっているのだと実感しています。自分が日本で受けた読み書き中心の教育ではそれが欠けており、外国で生活していくうえで、自分なりに苦労してきたつもりですが、それは、語学以前のとても大事な点だと思うようになりました。日本でもそういうことに重点を置いた教育が広まればいいと思います。（id 033）

・IB philosophy focuses on developing students' ability to formulate arguments in a sound and purposeful way, and encourages students to develop intellectually independent and creative ways of thinking. この哲学と日本の受験は完全にかけ離れたものです。国際バカロレア導入の背景はどういったものなでしょうか。（勉強不足ですみません）。入試が変わらなければ、日本の教育はかわりません。日本で国際バカロレアが導入され、それが大学入試問題が変わるところまでいければ、もっと深く考えられる人間が育つのではないのでしょうか。（id 034）

・受身の教育である為、人前で自己表現及び自己主張、意見交換、ディベートが上手にできないこと。しかし、受身の教育であるがゆえに、授業妨害等が起こらず、学習環境は悪くない。入試制度は、学力重視で判断されるのが疑問。面接をし、個人を知ることによって、各生徒の可能性を見出すことができるのではないか。また、英語教育については、話す力よりも大学入試の準備のためのようである。（id 035）

Ⅲ－資料　国際バカロレア教員調査結果

・内申書はいらない。成績は、全て transparent にするべき。答えのない教育もするべき。／電卓を使う授業もするべき。Etc.／入学枠を広め、卒業基準を厳しくするべき。教授会での教授の居眠り言語道断。（補足）教授教師がもっと勉強すべき。"人間とは"とういうことをもっと考えた学習をするべき（いじめ、自殺に関して）。(id 036)

・日本の大学での IB の認知度が増えていることをとても嬉しく思っています。これからの日本の教育界には必須のプログラムだと思います。先日、日本人学校に行く機会がありましたが、一クラス 40 人近くの生徒がギスギスの状態で小さな教室で学習していました。皆、自分の机で、黒板の板書を一生懸命書き写していました。書かれていることを写しているだけでは、やはり子供達の創造性や思考力は伸びることが出来ないと思います。より多くの日本の学校の先生方に IB のワークショップに参加していただき、その素晴らしさを感じていただければと思っています。(id 037)

・入試（大学）の形を変えないと何も変わらないと思う。一条校のなかに IB コースがある場合、一条校側の業務が多すぎる（担任、部活など一条校の授業）←十分な準備ができないまま授業にのぞむのは不安。(id 038)

・この先、デュアルディプロマがはじまると、日本はどうなっていくのか、心配です。(id 039)

・IB・DP で 2 年間一生懸命取り組んでも IB のスコアを使える日本の大学の数が少ない。IB・DP スコアがあるが小論文を書いたりともう一度受験の準備をしなければいけない。生徒はとても大変です。(id 040)

・日本の教育には教員同士の学び合いや（日本の学校文化として）生徒一人一人を大事にする等の良い点がたくさんあると思う。しかし教員―授業の画一化（全体的なレベルを上げるための規制）が進み、スキルやテクニック（パソコン、文書処理）等のレベルが向上している一方、教え方、教員自身の人間性の硬直化が進んでいるし、団塊の世代と呼ばれる先生方の持っていた本質的なものを追求する（文学なら文学）力量や姿勢が失われている。入試から逆算して、思考力を育てないような教授法になっているが、それに疑問を持たない若い教員が増えている（自分もそういう教育を受け、わかりやすいテクニックやスキルが評価されるため）。(id 041)

・「各学校の校風、歴史、指導法等の違いをみるよりまず偏差値で学校を評価してしまう」という教育環境において、各子どもの個性を見る機会が少なくなり、自ずと各々の子どもの個性を尊重する機会が少なくなってしまうことは、大変残念な事と感じる。また様々な職業の専門教育がもっと大切にされ、評価されるべきと考える（専門学校は決して勉強ができず、普通校に行けなかった子どもの集まる場所ではないはずです）。(id 042)

・帰国子女に対して甘すぎる。(id 043)

・4 月入学と帰国子女の入試のタイミングに改善する点がある。／グローバルと言われる割にはまだまだドメスティックだと思う。(id 044)

・もっと IB の点数で入れる大学がふえ、どの大学が何点で入れるのか明確にしてもらいたい。／IB のことがもっとわかるような出版物が出てほしい。(id 045)

・NA (id 046)

・NA (id 047)

・レクチャー形式の授業（先生の板書をノートに写す時間の方が自分の意見を言うよりも長いような授業）がもう少し双方向のものになれば良いのにと思う。(id 048)

・私は個人的に日本の教育にも自信を持っています。特に小学校教育は一生の財産だと思っています。IB は確かに勉強量が多いですが、日本人の生徒には向いているのではないでしょうか。日本の生徒は暗記はもちろんのこと、多くの課題をこなしていく精神力もありますし、クリエイティビティにもかなり富んでいます。すぐに意見を言わないと言われることもありますが、私はそうは思いません。どこの国の生徒でも自分の意見をはっきり言える生徒、言えない生徒はいますし、トレーニングや機会によって、どんどん成長していきます。私は Japanese B SL/HL と TOK in Japanese の IB ワークショップリーダーですが、どちらも必ず将来子どもたちに役立っていく内容だと確信していますので、微力ながら、今勤務しているインターナショナルスクールの生徒にはもちろんのこと、日本の生徒にも役に立てることがあれば、喜んで役に立ちたいと思っています。(id 049)

289

第Ⅲ章　国際バカロレアを教える日本人教師とは

問23　性別

	度数	パーセント	有効パーセント	累積パーセント
男性	5	10.2	10.2	10.2
女性	44	89.8	89.8	100.0
合計	49	100.0	100.0	

問24　現在住んでいる国

	度数	パーセント	有効パーセント	累積パーセント
アメリカ	3	6.1	6.1	6.1
オランダ	2	4.1	4.1	10.2
ベルギー	1	2.0	2.0	12.2
フランス	2	4.1	4.1	16.3
イタリア	2	4.1	4.1	20.4
スイス	3	6.1	6.1	26.5
イギリス	2	4.1	4.1	30.6
ドイツ	5	10.2	10.2	40.8
マレーシア	1	2.0	2.0	42.9
インドネシア	1	2.0	2.0	44.9
シンガポール	3	6.1	6.1	51.0
タイ	2	4.1	4.1	55.1
日本	15	30.6	30.6	85.7
韓国	1	2.0	2.0	87.8
ベトナム	1	2.0	2.0	89.8
中国	4	8.2	8.2	98.0
台湾	1	2.0	2.0	100.0
合計	49	100.0	100.0	

問25　年齢

	度数	パーセント	有効パーセント	累積パーセント
26-30歳	2	4.1	4.1	4.1
31-35歳	2	4.1	4.1	8.2
36-40歳	16	32.7	32.7	40.8
41-45歳	9	18.4	18.4	59.2
46-50歳	5	10.2	10.2	69.4
51-55歳	6	12.2	12.2	81.6
56-60歳	3	6.1	6.1	87.8
61歳以上	5	10.2	10.2	98.0
不明	1	2.0	2.0	100.0
合計	49	100.0	100.0	

第Ⅳ章

国際バカロレア受講者のその後

Ⅳ－1

在学生調査
──ディプロマ・プログラム受講前から卒業まで

岩崎 久美子

1 | 受講者調査の目的

　国際バカロレア受講者調査は、2004年から2006年にわたって、当時アムステルダム国際学校、デュッセルドルフ国際学校、パリ国際学校に通った高校生を対象に実施したものである。すでに10年以上の年月を経た過去のデータであるが、ここで当時の記録を再掲するのは、現段階でも当時の記録が、これから国際バカロレアを受講する者にとって、共感を呼ぶ内容があると推察されるからである。筆者自身にとっても、3回にわたってのヨーロッパでの調査は思い出深いものである。

　受講者調査は、2004年に国際バカロレア・ディプロマプログラム（以下、IBDP）をスタートした生徒を対象に、IBDPを受講する直前、途中、そして終了時の3回、2年間にわたりインタビューによる追跡調査を実施した。それによって、IBDPを受講する中でどのような心理的変遷を経るのか。また、最終的にどのような能力を獲得したと実感しているかを明らかにすることを目的とした。併せて、2004〜2006年の3年間にそれぞれのインターナショナル・スクールでIBDPを終了した卒業生にも質問紙調査を依頼した。

2 | 調査方法

（1）研究1：インターナショナル・スクール卒業時調査

　アムステルダム国際学校、デュッセルドルフ国際学校、パリ国際学校で国際

第Ⅳ章　国際バカロレア受講者のその後

バカロレア・ディプロマ・プログラムを受講した者に対し、2004年、2005年、2006年6月卒業時に質問紙による調査を実施しその回答を求めた。

　各年度の卒業者に質問紙調査を行った理由は、国際バカロレア受講者の総数が限定的であり、量的調査として一定の回答数を求めたからである。そのため、異なる年度ではあるが、国際バカロレア・ディプロマ修了時（通常は学校卒業時）の同年齢層という統一条件のもとに集計処理を行った。

　質問紙調査は、各学校のIB日本語教師を介してインターネットによる配布・回収（一部手渡しによる配布・郵送により回収）によった。回答数は2004年度25人中19人で回収率は76.0％、2005年度19人中15人で回収率は78.9％である。2006年度は25人中23人の回答を得ており回収率は92.0％である。全体での回答数は57であり回収率は82.6％、無効回答が1あったため、有効回答数は56である（図表4－1－2参照）。

図表4－1－1　調査の枠組み

	調査対象者	調査方法	調査時期
研究1：卒業時調査	IBディプロマ・プログラム受講者最終学年（Grade12）56人	特定時点・最終学年調査質問紙調査	第1回2004（6月卒業者）第2回2005（6月卒業者）第3回2006（6月卒業者）
研究2：追跡調査	同一コーホート（2004.9現在のGrade11 IBディプロマ・プログラム受講者）25人（内数1人フルIB辞退、外数3人帰国）	追跡調査面接調査	第1回2004.9第2回2005.9第3回2006.6

図表4－1－2　卒業時調査（研究1）対象者内訳

学校名	年度	対象者数	回答者数			回収率（％）
			男	女	計	
アムステルダム国際学校	2004	8	2	1	3	37.5
	2005	2	2	0	2	100.0
	2006	3	3	0	3	100.0
デュッセルドルフ国際学校	2004	8	2	1	3	37.5
	2005	2	2	0	2	100.0
	2006	3	3	0	3	100.0
パリ国際学校	2004	12	5	6	11	91.7
	2005	15	8	3	11	73.3
	2006	15	6	7	13	86.7
合計		69	31	26	**57**	82.6

注1：回収率は回答者数／対象者数である。
注2：回答者数57のうち無効1のため有効回答数は56である。

Ⅳ-1　在学生調査——ディプロマ・プログラム受講前から卒業まで

　2006年度は、研究2での面接調査の対象者と同一であり、筆者と直接接触した生徒たちのため、高い数字になっている。ただし1人の回答については不備が多く無効回答扱いとしたため、分析対象は22人の回答となっている。学校別・男女別対象者数は図表4-1-2のとおりである。

図表4-1-3　追跡調査（研究2）対象者内訳

学　校　名	性別		合計	備　考
	男	女		
アムステルダム国際学校	3	0	3	外数：1人（女）帰国
デュッセルドルフ国際学校	2	5	7	内数：IB辞退1人（女）を含む
パリ国際学校	6	9	15	内数：1人新規、外数：2人（女）帰国
合　計	11	14	**25**	

図表4-1-4　質問紙調査と面接調査の対象者の関係

	質問紙調査（卒業生）	面接調査（在学生）
2004年	2004年6月卒業者	11年生：IBスタート時
2005年	2005年6月卒業者	12年生：1年経過時
2006年	2006年6月卒業者 ←→ 同一者	卒業時

（2）研究2：同一コーホート追跡調査

　量的調査を補完するため、同一コーホートを特定し、国際バカロレア開始時から卒業まで面接調査による追跡調査を実施した。

　コーホートは、2004年9月に11年生に進級し国際バカロレア・ディプロマ・プログラム受講を開始した者で、2004年9月の開始時、2005年9月の1年経過時、そして2006年6月の終了時の3回、面接調査を実施した。インタビュー時間は1人あたり45分（授業時間のあいている時間を充当）を想定し、インタビュー内容は大枠を決めて聴取する半構成的面接法によった。

　対象者はアムステルダム国際学校が4人、デュッセルドルフ国際学校7人、パリ国際学校17人の合計28人である。ただし、アムステルダム国際学校1人、パリ国際学校2人が途中で帰国したため、最終的に追跡インタビューが可

295

第Ⅳ章　国際バカロレア受講者のその後

能であった者は25人である。また、そのうちデュッセルドルフ国際学校の1人
はディプロマ・プログラムを途中でやめたが、インタビューは継続して実施し
たため内数としてあり、ほかの者同様、質問紙調査も併せて実施している。
2006年の質問紙調査対象者は同一コーホート追跡調査者と同一となる。

　面接調査者については、父親の職業、両親の学歴、本人の学校歴（日本/外
国、公立/私立（外国の場合は現地校、日本人学校、インターナショナル・ス
クールなど）を併せて属性として聞いてある。

　簡単に紹介すれば父親の職業としては、商社、メーカー、航空会社、銀行が
多く、母親は父親の赴任についてきているため専業主婦である。父親の学歴の
特徴としては、慶應義塾大学、早稲田大学、同志社大学などの私立大学出身者
が多い。

　本人の学校歴をまとめたのが図表4－1－5である。多くの生徒は、小学校
入学前後までに少なくとも1度海外経験をしており、面接対象時は2度目の海
外生活である。また、数名であるが、日本に帰国せずに外国間を動いた者もいる。

図表4－1－5　面接対象者の学校歴

No	識別番号		性別	学校歴
1	アムステルダム国際学校	1	男	オランダ（4－8歳現地幼稚園、日本人学校［1年間]）→日本（千葉、大阪［4年間]、公立小・中学校）→オランダ（アムステルダム国際学校）
2	アムステルダム国際学校	2	男	日本（誕生－2歳まで沖縄、小学校1年生まで兵庫、小学校5年生まで大阪、中学校1年生まで宮崎、中学校3年生まで横浜、すべて公立学校）→オランダ（日本人学校、アムステルダム国際学校）
3	アムステルダム国際学校	3	男	アメリカ・ロサンゼルス近郊（幼稚園－小学校4年生まで現地校［5年間]）→日本（浜松、小・中学校2年生まで公立学校）→オランダ（アムステルダム国際学校）
4	デュッセルドルフ国際学校	1	女	アメリカ・ミシガン（誕生－5歳まで）→日本（横浜、公立小学校4年生まで）→アメリカ・ミシガン（現地ミドルスクール［2年間]、土曜日日本人補習学校）→ドイツ（中学校1年生からデュッセルドルフ国際学校）
5	デュッセルドルフ国際学校	2	女	日本（小学校－中学校2年生まで私立女子校）→ドイツ（日本人学校で中学校修了、高校からデュッセルドルフ国際学校）
6	デュッセルドルフ国際学校	3	女	ドイツ（1歳－小学校2年生まで現地幼稚園・日本人学校）→日本（神奈川県公立小学校）→ドイツ（小学校6年生・中学生まで日本人学校、高校1年生からデュッセルドルフ国際学校）
7	デュッセルドルフ国際学校	4	女	アメリカ・ニューヨーク（3－5歳まで現地幼稚園、小学校3年生まで現地校、土曜日日本人補習学校）→日本（公立小学校、中学校）→ドイツ（中学校3年生、9年生の夏からデュッセルドルフ国際学校）

296

Ⅳ-1 在学生調査──ディプロマ・プログラム受講前から卒業まで

No	識別番号	性別	学校歴
8	デュッセルドルフ国際学校　5	女	メキシコ（4年間現地幼稚園）→日本（幼稚園、公立小学校・中学校・高校［高校3か月］）→ドイツ（デュッセルドルフ国際学校）
9	デュッセルドルフ国際学校　6	男	香港（10か月から5歳まで現地幼稚園）→日本（横浜、公立小学校3年生まで［3年間］）→シンガポール（小学校3年生から日本人学校）→香港（小学校4－5年生日本人学校）→日本（小学校6年生－中学校3年生まで横浜、公立小・中学校）→ドイツ（デュッセルドルフ国際学校）
10	デュッセルドルフ国際学校　7	男	日本（栃木、東京、茨城、栃木）→ドイツ（小学校5年生から中学校3年生まで日本人学校、その後、デュッセルドルフ国際学校）
11	パリ国際学校　1	男	フランス・パリ（3歳から小学校3年生まで現地校、日本人学校に転校し中学校まで修了、その後パリ国際学校）
12	パリ国際学校　2	男	日本（名古屋）→スウェーデン（中学校1年生からヨーテボリ国際学校［3年間］）→フランス（10年生からパリ国際学校）
13	パリ国際学校　3	女	カナダ（3か月－2歳/3歳―9歳現地校）→名古屋（高校2年生まで私立中・高校国際部）→パリ（高校2年生からパリ国際学校）
14	パリ国際学校　4	男	アメリカ・テキサス（オースチン、誕生から5歳まで）→フランス（小学校1年生までパリ国際学校）→アメリカ（インターナショナル・スクール）→フランス（4年前からパリ国際学校）
15	パリ国際学校　5	女	日本（大分、木更津、小学校3年生まで公立小・中学校）→アメリカ（小学校4年生から中学校の途中まで日本人学校）→ベルギー（日本人学校とインターナショナル・スクール）→フランス（11年生からパリ国際学校）
16	パリ国際学校　6	女	シンガポール（幼稚園まで［4年半］）→日本（大阪）→フランス（中学校3年生の8月からパリ国際学校）
17	パリ国際学校　7	男	日本（公立小学校2年生まで山梨、中学校1年生まで東京）→フランス（7年生からパリ国際学校）
18	パリ国際学校　8	男	日本（大阪）→フランス（日本の高校1年生からパリ国際学校）
19	パリ国際学校　9	女	オーストラリア・シドニー（5歳から7歳まで現地幼稚園、小学校）→日本（成田）→名古屋（6年生から中学校2年生、公立小・中学校）→フランス（パリ国際学校）
20	パリ国際学校　10	女	日本（大阪）→フランス（14歳半から現地校［3年間］→11年生からパリ国際学校）
21	パリ国際学校　11	女	日本（東京）→フランス（3歳から9歳、現地幼稚園、小学校EAB1－2年生）→東京（公立小・中学校）→フランス（EAB 8年生→パリ国際学校9年生）
22	パリ国際学校　12	女	日本（横浜、公立中学校2年生まで）→フランス（パリ国際学校）
23	パリ国際学校　13	女	日本（横浜）→ギリシャ（幼稚園2年半）→サウジアラビア（幼稚園から日本人学校3年まで）→日本（大阪、川崎、埼玉）→フランス（8年生からパリ国際学校）
24	パリ国際学校　14	男	フランス（パリ、10歳から現地校）→10年生からパリ国際学校）
25	パリ国際学校　15	女	日本（東京、公立小学校4年生まで）→パリ（日本人学校［2か月］、EAB：Victor Hugo10年生）→日本（1年半国立大学附属高校）→フランス（パリ国際学校）

注：EAB：École active bilingue（パリにある私立学校）。
本人の表記に基づいているため、一部整合性に欠ける。

第Ⅳ章　国際バカロレア受講者のその後

3 ┃ 調査結果

(1) 国際バカロレアのイメージの変遷：スタート時・中間時・終了時

　2年にわたる3回の面接調査（研究2）で生徒の国際バカロレアのイメージの変遷を追った。2004年9月の国際バカロレアスタートの時点、2005年9月の1年終了時点、そして2006年6月の卒業時点の3回の回答について、調査対象者のうち数名を選び列記した。

　類型化してみると、「目標志向型」「夢中型」「懐疑型」の3つに分類できる。

　第一の類型である到達点に目標を持つ「目標志向型」に属する者は、事例1から事例3までである。終わった直後の達成感、大学入学、人生の通過点のように、目標到達までの時間の長さは異なるが、到達のための手段として国際バカロレアを捉えている。多くはやはり大学入学のために国際バカロレアを受講しているというところが本音のようである。

事例1：目標志向型【嫌だが大学入学のために受講】（アムステルダム国際学校・在学生2・男）

2004年

- 僕の1つ上の先輩方はIBをとっていない人の方が多いです。理由としては、やはりきついからと聞いています。途中まではとっていた人も、おじいさんがなくなったので何週間か帰って、戻ってきた時についていけなくなっていたというのを聞きました。大抵の人は途中で諦めてしまう。IBは苦労して勉強するので、最終的には大学への入りやすさを期待していますね。

2005年

- 11年生に比べて突然かなり忙しくなりました。要するにやることが多すぎます。そこまでやるのですから、やはり大学に入る時にIBの結果が役立てられれば良いなと思います。IB自体が役に立つというよりも、今やっている勉強、知識が、いずれ就職活動などに役に立つのではないかと思っています。本当のところIBの勉強は楽しくないです。

2006年

- IBの始まったころは漠然と「IBってなーに」って、IBに対するイメージは全然

298

なかったんですが、12年生に入って今年の1月に模擬試験をやったことから勉強をしないといけないなというように思うようになってきました。それは僕の成績表を見てからそう思ったんですけれど。

事例2：目標志向型【イメージほど大変ではなく達成感】（デュッセルドルフ国際学校・在学生1・女）

2004年

- 10年生のころにフルIBを終わる人から、「達成感がある」「外国の大学に行くのに有利だ」と聞いたんです。本当に辛くなったならやめると思いますね。でもできるだけ続けていきたいと思います。宿題の量が半端じゃないという気がします。今年になってドイツ人の転校生が多くなりました。ドイツ人はフルIBを取るために来たような子が多いですね。IBを受ける理由は自分の能力アップです。

2005年

- 去年も同じことを言ったと思うんですけれど、取りあえず達成するのが目的ですね。思ったより忙しいですね。こんなものだろうと思っていたんですけれど、いや、何かもっと忙しいかなっていうイメージがありました。

2006年

- IBは最初始めるとき大変そうだなと思ったんですが、勉強一本にすればそこまで大変じゃないです。最初が大変だというイメージしかなかったので、そこまでギャップはないですね。むしろIBをやって楽しかったですね。多分みんな続けられると思うんですよ。

事例3：目標志向型【通過点であり誇り】（パリ国際学校・在学生7・男）

2004年

- IBというのは、個人の力を出し切ってやるもので、ペーパーテストで「問1から問10まで答えなさい」みたいなものではない。自分の意見を述べて、それで考え方が全然違っても、それぞれの考えが評価される。だから、それはよいと思いますね。IBは、大きなことを成すための通過点だと思います。

2005年

- 将来IBというものがもっとポピュラーになるかもしれないし、その時自分は

第IV章　国際バカロレア受講者のその後

「IBとったんだぜー」っていうのが自分の誇りですよね。IBというものはすさまじく難しいと聞いていたから、どんなものだろうと思って11年生になったんですよ。いざ11年生を過ごしてみると、「それほど、大変じゃねーなー」みたいなところはあります。僕自身が余裕で受かるとかいっているんじゃないですけれど、自分が思っていたよりも意外と簡単にボーダーの近くまでいける。僕は、成績が良くないなりに、何とか受かるあたりにいると思うんです。

2006年

- IBのいいところは、日本で普通に受験するのとは違って、個々の能力を伸ばせるみたいなところがある。自分の好きな所を特化して伸ばせるのがメリットだと思いますし、普通の受験勉強にはないような経験ができる。IBをやっているというのがある意味自分の中で自信になりますね。

　第二の類型は、目の前のことをこなしているうちにプログラムの終了にたどりついた「夢中型」と呼ばれる者である。

事例4：夢中型【知らないうちに終了】（デュッセルドルフ国際学校・在学生4・女）

2004年

- IBは大変だ、忙しいっていわれている。正直、何も期待していない。フルIBをとらない人がいるのは、日本の大学では必要ないからだと思います。

2005年

- 正直いって、思っていたほど去年は忙しくなかったです。本当にどたばた走り回るような感じかなと思ったんですけれど、そんなことはなくて、計画どおりにやれば、宿題もちゃんと終わらせられた。日によりますけれど、勉強は12時くらいまでやっています。デメリットとしては、とっていない子に比べれば自由な時間がやはり少ないと思います。それからこれは個人的なことなんですけれど、私、スケジュールが合わなくて、ドイツ語の授業取りたかったんですけれど、IBとっている人には無理だったんですね。IBに期待するのは考える力ですね。

2006年

- 最初やめられるからやろうみたいな、本当にそういう気持でやっていて、なん

Ⅳ-1 在学生調査——ディプロマ・プログラム受講前から卒業まで

だかんだで最後までやっちゃったなという感じです。諦めなかったからですか
ね。どんどん課題も出されるから、やらなければいけなくて、そうすると、最
終的には大変だったですけれど、それなりに力はついた。とりあえず前にある
ものを終わらせなきゃ、というふうにやっていくともう終わっちゃうので短か
ったかなとも思うし、やっと終わると考えると長かったとも思います。

事例5：夢中型【目の前のことでの2年間】（パリ国際学校・在学生2・男）
2004年
- 45点満点中、24点を取れば合格って聞いています。Extended Essayという論文
  を書かなければいけないとか、多少の苦労は苦労と思わないようになるという
  話です。バカロレアをやり遂げることによって大学に入ったときに、難しい課
  題を与えられたとしても、あれをやり遂げたんだからこの課題はできるだろう
  という自信をつけたい。

2005年
- やってみると本当に大変なんだなという印象です。提出物が多いし、専門用語
  が多いので、専門用語をまず一個、一個理解していかなければいけないみたい
  なところがあって、ちょっと大変です。毎日、家に帰ると何らかの課題があっ
  て、「ふっ」と息抜きする暇がない。

2006年
- この2年間がいろんなことがあり過ぎて、最初のイメージを忘れてしまった。す
  ごく大変でしたね。提出物もしながら、授業の内容を復習したり、予習したり
  してやったので、もう勉強漬けの2年だったと思います。何度も提出物といいま
  すけれど、本当に多かったので、本当に他のことを考える余裕がなくて、目の
  前のことを1つ、1つこなしていって、もう気づいたら、2年経っていたという
  感じです。

　第三の類型は、日本の教育と比較して国際バカロレアの教育効果を懐疑的に
みている者であり「懐疑型」と名づける。「懐疑型」は教育の意識が高く相対
的に成績優秀者に認められる。

301

第Ⅳ章　国際バカロレア受講者のその後

**事例6：懐疑型【日本での無理解を懸念・時間管理の難しさ】（アムステルダ
　　　　ム国際学校・在学生3・男）**

2004年

- 生活パターンが滅茶苦茶でまずいですね。この学校は、滅茶苦茶しないとでき
ないくらい宿題がでるときもある。夜、勉強しなきゃ駄目だなという気もあり
ます。徹夜しないとだめですね。明日、あさって、テストとか考えると鬱にな
るみたいなところがあります。それなのに、IBは日本で一部だけにしか理解さ
れていないですよね。それに、時間的な制約はあるにせよ、本当はバカロレア
以外の別の教科もちょっと勉強してみたいなと思うこともあります。IBから何
を学びたいかというと職に結びつくということですね。

2005年

- すごく不規則な生活をしています。たとえば、夜、寝る時間がいつかわからな
い。ひどい時は、午後の4時や5時に寝てしまって、昼夜逆転した生活や、逆に
非常に遅い時間、午前3時4時まで起きている。特にそういうのは提出日です
ね。計画的にやっていないとそういうことになる。僕は時間の管理がすごく下
手でIBは時間の管理が下手だと相当難しい。

2006年

- 結局、日本よりレベルの高いことをやったんだろうかという思いがある。今、
日本の参考書なんかを見てみると、「解けない問題ばっかだな」と思って、最近
「これはまずいんじゃないかな」と思いますよ。日本の、たとえば微積なんかで
も難しい問題は解けないな。でも、IBは日本の暗記式とは違って大衆化できる
ものではないし、ある程度トップクラス、日本の学校でも上位4分の1くらいし
かできないんじゃないかって感じがする。

**事例7：懐疑型【日本の受験勉強に比べ楽】（デュッセルドルフ国際学校・在
　　　　学生2・女）**

2004年

- 日本の受験勉強する子どもと比べたら今の勉強量は全然、足りないと思うし、国
立をねらう子たちだったら、毎日、塾にいって土日も8時間とか勉強してという
子がいると思うんですよ。それと比べたら、私たちはIBをとらなくても、もっと
簡単な帰国子女枠というのを使って早稲田とか慶應に入れちゃうじゃないです

Ⅳ－1　在学生調査——ディプロマ・プログラム受講前から卒業まで

か。IBには何も期待はしていない。IBの資格があるということはわかりやすいかもしれないけれど、自分がやらなければいけないのは、勉強だからあんまり変わらないと思う。それに取ったからといってその子が偉いわけじゃない。IBをやり遂げたという達成感、そりゃ、すごい苦労をすれば、辛抱強くなるというか、頑張れるようになると思うんです。IBをやめるっていうのもなんか人によっていろいろ理由があるみたいです。たとえば、先輩で絵を描きたかった人がいたらしく、IBを続けていると自分の絵がかけなくなるっていっていました。自分が行きたい美大に、IBは必要がないから、それ以外のことがしたいという人もいます。

2005年

- 楽じゃないかもしれないけれど、聞いてきたほど大変じゃないかな。普通に学校へ行って授業を受けてテスト受けて、それでIBの資格がもらえるわけじゃないですか。自分にいわせれば、何でみんな取らないかわからないんですよ。だって、一教科だけ足せばよいだけなんですね。あとハイヤー、スタンダード決めて、それだったらSAT（Scholastic Aptitude Test）を考えるよりもやっちゃった方が楽じゃないかと思う。自分が忙しくしちゃっているんですけれど、毎回毎回、宿題も出て課題も出てくるんで、それをこなしていくのにだんだん疲れて来て、たまっていっちゃうんです。それが結果的に忙しいということになっちゃっているんです。

2006年

- 大変大変といわれていたのですが、そこまでいうほど大変じゃなかった。そりゃ大変ですけれど寝られないことはなかったから。これから何かに書くときに、「IB持ってます」と書けちゃうので、将来的に得になるんじゃないかなって思っています。

国際バカロレア・プログラム修了時に、再度、受講を希望するかどうかを聞いた質問紙調査を3年分集計したところ、6割が「再受講希望」で、「受講しない」「わからない」はそれぞれ2割であった（図表4－1－6参照）。再度受講を希望する者が直接的に国際バカロレア・プログラムを肯定しているとはいえないが、再受講を希望するとの回答の多くは、ディプロマ取得までの過程における人間的成長とプログラム内容の肯定をその理由としている。その他、達成感・充実感、資格・大学受験の有利さなどが挙がっている。

303

第Ⅳ章　国際バカロレア受講者のその後

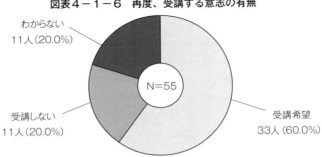

図表4－1－6　再度、受講する意志の有無

わからない
11人（20.0%）

受講しない
11人（20.0%）

受講希望
33人（60.0%）

N=55

- 努力した後の幸福感を感じるために努力はした方が良いんだなと思えたのと、前は面倒くさがって何もできなかったんですけれど、頑張って終わった後にはすごい気持ち良いなという達成感を感じたので成長できたな、頑張る自分になったのかなと思ってうれしいです（パリ国際学校・在学生15・女）。

以下は、質問紙調査に再度受講を希望すると回答した者が、その理由として自由記述に書いた内容である。

能力・人間的成長
- 思考力、考察力、表現能力、解決能力、語学力。今、自分が高めるべきだと思うことを高めることができるから。
- 学ぶところが多いから。勉強のスタイルが、「考えさせる」というところに重きを置いており、知識量としては及ばないところもありますが、1つの分野をさまざまな日常に生かす力が養われます。そういうわけで、もう一度、機会があるならば、理想状態で、別の科目で自分を高めたいし、高められるであろうから。

達成感・充実感
- IBを取って非常に楽しかったし、学んだことも多かった。実際、自分がIBを取ったことを後悔していない。IBを取らないから楽しいともいいきれない。また、IBを取るのは大変忙しかったけれど、それもまた楽しかった。達成感があった。取らない理由がない。
- IBを通して貴重なものがいっぱい得られたし、挑戦的なのはいいことだと思うから。

Ⅳ-1　在学生調査——ディプロマ・プログラム受講前から卒業まで

資格・大学受験としての有利さ

- フルIBの期間は、かなり過酷であったが、それを乗り越えることによって、自分に自信がついたから。また、フルIBを取っていなければ、今、通っている大学にはスムーズに入ることができなかったから。

また、一方で点数の不満から再チャレンジを希望する不全感による者もいる。

点数への不満からの再チャレンジ

- 自分の出したスコアに満足していない。アメリカの制度SATはTOEFLと同じように何度も受験することができるのにIBはなぜできないのか、と疑問に思っていた。
- 2年間しか勉強できなかったので、最初の1年間は英語力の向上で精一杯でした。もう一度できるなら語学力の不安が前よりないだろうから、授業の理解度が違うはずです。
- もっと良い点が取れると思うから。
- 精神が強くなったせいか、再度受講するときは強気で挑めると思う。あと、一度受けたものだから、次は時間を無駄なく使えると思う。
- 一度すべてのIB課程を終えた後ならば、「IB」という資格を取るための全体の「流れ」がつかめているので、よりうまく、時間の配分や勉強等の足りなかった部分を補うことができると思うから。

ちなみに、「受講しない」と回答した者は、「十分能力を出し切った」、あるいは、「もう十分」といったように、緊張感の維持が困難なことを理由として挙げている。

（2）印象に残った教科について

　生徒は、6つのグループからそれぞれ1科目選択し、うち3から4科目を上級レベル（HL）、残りを標準レベル（SL）に指定する。印象に残っている科目として言及されたものを抜粋して掲載した（科目名は2004〜2006年当時。現在の科目名やその内容の詳細は「Ⅰ-1　国際バカロレア・カリキュラムの概要」を参照のこと）。

305

第Ⅳ章　国際バカロレア受講者のその後

グループ1（第1言語）：

　ほぼ全員が、第1言語として日本語A1（Aレベルは母国語、母語またはそれに準ずる高度な言語能力）を上級レベルで選択している。アメリカ生まれである1人のみが英語A1を選択している。

【日本語】

- 日本人が日本にいて、学べないことってよくありますよね。『方丈記』にしても、『おくのほそ道』にしても、安部公房、三島由紀夫の『金閣寺』とか、1ページ1ページ、詳しく精読するっていうのって基本的にないじゃないですか（パリ国際学校・在学生14・男）。

グループ2（第2言語）：

　ほぼ全員英語B（Bレベルは外国語として学んだことのあるレベル）を上級レベルで選択している。上記の第1言語で英語A1を選択した者は仏語Bを上級レベルでとっている。同じ英語のBであっても、英語圏の海外経験者とそうでない者が混在しており、英語能力のレベルの差は大きいと思われる。

- 予想していたのよりはレベルが低いっていう感じですね。今年からは12年生はESL（English as a Second Language：第2言語としての英語）がなくてみんなごちゃ混ぜだから、クラスの中で外国人ですごく英語のできる人が1人いるので、できない人との差があまりにあって、授業するのが難しいだろうなって思います（デュッセルドルフ国際学校・在学生6・男）。

　なお、グループ6の選択科目として、英語B（HL1人）、フランス語B（HL3人）、ドイツ語外国語学習初級者（Language ab initio）（SL1人）をそれぞれ選択している者がいる。

グループ3（個人と社会）：

　「ビジネスと経営学」「経済学」「地理学」「歴史学」「イスラム歴史学」「グローバル社会における情報工学」（SLのみ）、「哲学」「心理学」「社会および文化人類学」の中から選択する。

　面接調査対象者がこのグループでもっとも多く選択している科目は、「地理学」（HL1人、SL10人）、次いで「歴史学」（SL6人）、「心理学」（SL4人）、「経

306

Ⅳ−1　在学生調査——ディプロマ・プログラム受講前から卒業まで

済学」（HL1人、SL4人）、「グローバル社会における情報工学」（SL1人）である。

　グループ6での選択科目も積算しているため、総数は面接対象者数25人よりも多い数字になっている。

【地理】

● フィールド・トリップでスペインに行きました。1つはバルセロナの街を実際に歩いて、落書きが多いかどうか分類するんですね。データを出してそれをもとに何が言えるかというのをしました。2つ目がビーチで、たとえばビーチに波がこういう風に押し寄せていると石ころがどのような動きをするかとか、実際にみてデータをとって調べるために、人工でビーチを造っているんですよ（アムステルダム国際学校・在学生2・男）。

【歴史】

● 歴史は、いくつもの本を読んで調査みたいなレポートを書かなくてはいけなくて、本が全然読みきれないんですよ。自分が必要としているパートをみつけられれば、1冊全部読まなくて良いんですけれど。今回の課題で借りたのは8冊くらいかな。アメリカンライブラリーや、ここ（パリ国際学校）の図書室で本を借りるとかインターネットで調べています（パリ国際学校・在学生12・女）。

【心理学】

● 心理学の学習理論のところでは、実際に音楽が人の記憶力にどう関係するかという実験で音楽をかけて、「これを暗記してください」といって渡すんですよ。それで、5分後に「もう1回いってください」っていうんです（デュッセルドルフ国際学校・在学生1・女）。

● サイコロジーなんか、宿題で原本20ページをいきなり読んでこいとかいわれて「は、は」みたいな感じです（デュッセルドルフ国際学校・在学生7・男）。

【経済】

● 経済は、ミクロ経済学が終わって、マクロ経済学をやっているんですけれど、この前はアムステルダムのスーパーマーケット業界のマーケットリサーチをしました（アムステルダム国際学校・在学生1・男）。

● 12年生でやったマクロ経済学の国内総生産が一番面白かったですね。世界の1人あたりのGDPを比べていって、10カ国くらい覚えたんですよ。やっぱり発展途上国というのは低くて、日本、アメリカは高くて、数字にしてみると、貧富の差ってすごいよくわかるなって思いました。実際にいってみないと、どれだ

307

第Ⅳ章　国際バカロレア受講者のその後

け貧乏だということはわからないんでしょうけれど、数値にしてみると「あ、これだけ違うんだ」ということが客観的にわかるじゃないですか（アムステルダム国際学校・在学生1・男）。

グループ4（実験科学）：
　グループ4の科目としては、「生物学」「化学」「物理学」「環境システム」（SLのみ）、「デザイン工学」がある。対象者の選択内容は、「化学」（HL6人、SL8人）、「生物学」（HL2人、SL8人）、「物理学」（HL4人、SL6人）である。理系科目は、比較的言語に左右されないことからか、グループ6の選択科目として選択する者も多い。

【化学】
- 日本はどうなのかわからないんですけれど、IBの化学はどこか決まっているところを、偏って選んでやっているような気がするんです。たとえば、医学的な化学とか。習っていることが少ないのに問題が難しい（アムステルダム国際学校・在学生3・男）。

【生物】
- 今年の5月に、地理と生物のトリップでイギリスのウェールズへいって実験を5種類くらいやったんです。そういう実験のできる施設に1週間滞在し、そこからそこにいるインストラクターの案内で川にいったり、森の中にいったり、海へいったりして、何か測ったり、調べたりしました。行って実験しないとレポートが書けないから、川では汚染度を調べたり、海の側にある砂丘へ行って海からどんどん離れていくにつれて植物の種類がどう変わるのか、森へ入って木の育ち方、苔が生えている、生えていないとか。生物を選択した人は調べたいことを決めて実験を1日がかりでやらされて、そのレポートがIBの採点に一番大事だといわれていました（パリ国際学校・在学生9・女）。
- バイオテクノロジーで、遺伝子を他のバクテリアに取り込んで、それを人間に感染させることで、そのバクテリアに仕事をさせて病気を一時的に治すことができるという話でした。父に話したら「もう、それは最先端だから、すごい」みたいに言われました。後は、ダウン症の仕組みもならいました（パリ国際学校・在学生3・女）。

Ⅳ－1　在学生調査──ディプロマ・プログラム受講前から卒業まで

【物理学】

- ブラックホールとか、適当にふっと思ったことを先生が何でも答えてくれたので、それはすごく面白かったです。ジェネラルエレクトリック（GE）に勤めていた方で、その後先生になった人でした。専門は確かレーザーだったと思いますけれど、本当にいろんなことを知っていましたね（パリ国際学校・在学生1・男）。

グループ5（数学と情報処理学）：

　数学は必修で、レベルによって4段階に分かれている。「数学」（HL）、「高等数学」（SL）、「数学的方法」（SL）、「数学的研究」（SL）である。上級レベルの「数学」（HL）は10名、標準レベルの「高等数学」（SL）と「数学的方法」（SL）は併せて13名、「数学的研究」（SL）は2名となっている。

- 丸暗記っていえば丸暗記ですけれど、数学は日本の方がレベルは高い。だから、こっちの数学を取っている子たちも日本に行くと数学はすごい辛いと思うんですよね（パリ国際学校・在学生8・男）。
- IBしかやっていないので日本の教育と比べることはできないので、何ともいえないんですけれど、数学でいえばコッチのスノーフレイク（雪片）という、三角形各辺の真ん中の3分の1を削って、そこに星みたいな形に、3分の1を2つ足していくんですね。その三角形の形がどういう形になっていくか、周りの長さがどれくらいになるか、その面積がどうなるかというのをやっています（パリ国際学校・在学生1・男）。

グループ6（芸術と選択科目）：

　「美術」「音楽」「演劇」の科目があるが、グループ5の数学を除くグループ1から4までからも1科目選択できる。「美術」（HL5人、SL2人）、「音楽」（SL2人）である。ほか16人は上記グループ1から4までを選択している。

【美術】

- 美術を選択している人たちは、イタリアのフィレンツェ、ローマに4泊で行って、所々で写生したり、美術館を見たりしたらしいです（パリ国際学校・在学生9・女）。
- 展覧会まで作品が間に合わなくて、締めきりが厳しいので大変でした。自分でテーマを決めて、そこに絞って作り上げていくので、私はオレンジジュースの

309

第Ⅳ章　国際バカロレア受講者のその後

果汁をテーマにしました。アートルームでは絵の具を使ったりして夜の8時ぐらいまで制作して、家ではパソコンでボトルのラベルを作ったりしました（パリ国際学校・在学生12・女）。

● 私が作ったのは、羽のレリーフでした。テーマはお伽噺みたいなところから考え始めたわけですけれど、広すぎたので勝手に天使にして、それでどうしようかと思って美術館に行ったら、こっちはキリスト関係の絵が多いので、やっぱり天使の絵にふれて、「あー、多いな」と思って羽をみる機会が増えたんです。作品には雑貨屋さんで売っている人工の羽をレリーフに貼りました（パリ国際学校・在学生6・女）。

● テーマはなかなか決まらなかったんですけれど、錯覚、イリュージョン、だまし絵みたいなもので最低の作品数を何とか満たして展覧会をやったんです。展覧会をやっているときが、何か「やったな」という達成感がすごくあったと思います。日本では専門学校に行かないとそこまで深くやらないと思うので、普通の6教科の1つとしてやっているのは内容的に濃いと思います（パリ国際学校・在学生9・女）。

【音楽】

● 今回は6人しかいなくて、やりたい人だけが集まっているから、かなりディスカッションぽくなって、すごい興味がわいてくる。今度の5月にやる試験は5曲だけCDに入っていて、それを聞いてその曲の構成と音楽的なハーモニー、音楽の歴史にどうあてはまるかといった分析をするんです（パリ国際学校・在学生4・男）。

要件1　課題論文（Extended Essay）

● 心理学で、ホモセクシュアルと鬱病の関係を調べています。一説ではホモセクシュアルの人が鬱病になりやすいという説と、もう1つは鬱病の人がホモセクシュアルなどの異常、特殊な方向に進みやすいという説があります。私が出した結論は、ホモセクシュアルの人は鬱病になりやすい、だけど決してそれは直接的な関係ではなくて、何らかの因果関係はあるということでした。先生にすごいほめられました（デュッセルドルフ国際学校・在学生4・女）。

310

Ⅳ－1　在学生調査――ディプロマ・プログラム受講前から卒業まで

要件2　知識の理論（Theory of Knowledge：TOK）

● たとえば、この前は政治について話をしました。政治に参加できるのは、ドイツでは18歳らしいんですけれど、本当にその決まりでよいのか、たとえば、年齢によって決める、学歴によって決める、他の基準を設定した方が良いのかっていう話をしました（デュッセルドルフ国際学校・在学生4・女）。

● 考えることとは何か、人間はどのようにして考えるか、理性と感情はどのように人間の人生に影響を与えるか、または、評価とその人の人生における環境がどのように物事を判断するのに影響してくるか、そういった人間の根本的で普段無意識でやっていることを考えるのがTOKです。基本的には面白かったですね。みんな嫌いといいますけれど、人生において、「あ、こういう考え方があるのか」と、結構勉強になりましたね（パリ国際学校・在学生14・男）。

● 石油会社の広告がどの程度信用できるかを調べました。タイムズといった雑誌に載せるわけですから、ある程度の事実を含まないと信頼性を失うので偽った情報は流さないと思うのです。ただ、統計のデータというのに、多少なりとも誇張があるのではないかと調べたのです（パリ国際学校・在学生13・女）。

要件3　創造性・活動・奉仕（CAS）

● クリエイティビティでは、シンギング・シックスティーンという先生も生徒も親もいるんですけれど、学校の中で、お昼休みの時間に30分だけ歌うんですが、それをあてました。あとタンザニアにいったんです。3週間子どもに教える期間があるんですね。後1週間はサファリかキリマンジャロに行くんです。参加費は結構高くて2,000から3,000ユーロでした（デュッセルドルフ国際学校・在学生1・女）。

● 朝と放課後に、道路の渡るところは、小学生が危ないから、その信号が変わったときに、前に出て車を止めたりするのが、クローシングガードという奉仕活動です。プロジェクト・タンザニアは、夏休みの1か月間を使ってタンザニアにいって来たんですけれど、違う文化に触れられたし、新しい友達もできて楽しかったです。参加したのは全部で15人です。先生が5人ついていきました。タンザニアのモンドゥビというところに行くんですが、同じくらいの年の子に教える人とエレメンタリーで教えるグループに分かれるんですね。私はエレメンタリーだったんですけれど、エレメンタリーといっても年齢が10歳から18歳く

311

第Ⅳ章　国際バカロレア受講者のその後

らいまで幅広かったんです。英語も全然わからない子たちだったので、1人先生がついて4人が生徒で英語と理科とコンピュータと、算数を教えました（デュッセルドルフ国際学校・在学生3・女）。

(3) 国際バカロレアの教育効果

次に、このような国際バカロレアのプログラムを2年間やった後、生徒はどのような能力が身についたと感じているのであろうか。

● 2年目のIBが始まった時に使っていたノートとか見たら、今知っているような単語でも上に日本語で訳を書いていましたが、今では簡単に読めるようになって、確実に能力が付いたなというのは感じます（パリ国際学校・在学生8・男）。

生徒は、英語による実験レポート、エッセイなどの提出物、社会奉仕活動などの課題遂行のため、相当量の勉強や実践を行い、時間管理能力や忍耐力、そして2年間やり遂げたという達成感や自尊感情を得ているようである。また、エッセイや論文の執筆は、文章執筆に対する抵抗感の減少、自分で考える力、プレゼンテーション能力の向上に結びついている。また、特に英語の語彙力や表現力の向上、計画性や時間を管理する能力、思考力、文章力、忍耐力について言及する者が多かった。

図表4－1－7は質問紙調査を集計した結果である。7割以上が「そう思う」と回答した項目は、「理論的に考える力」「語学力」「異文化を受容する力」「情報を収集する力」「自己表現力」「問題を発見する力」であり、多くが「問題発見・情報収集・表現する力」とまとめられる研究志向的な能力である。逆に「人脈形成力」「人間関係を円滑にする力」「体力」に関する能力についての項目に対する回答率は低くなっている。

なお、「その他」と回答した者は16名いたが、精神力・忍耐力・根性・自信、母国語能力、柔軟な発想とEQなどが、自由記述として挙げられていた。

(4) 国際バカロレアを受講することでのデメリット

それでは反対に、国際バカロレアを行うことによるデメリットは何であろうか。卒業時に生徒に聞いたところ、複眼的・批判的思考はメリットとして、次のように語られている。

Ⅳ-1　在学生調査——ディプロマ・プログラム受講前から卒業まで

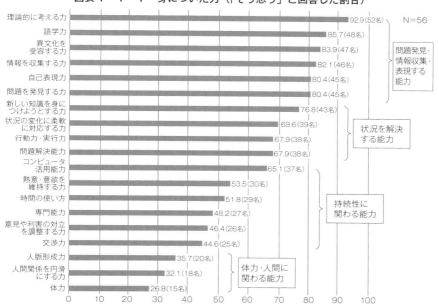

図表4－1－7　身についた力（「そう思う」と回答した割合）

- IBやるとひねくれますよ。常に何もかも疑ってかかるんですよ。それがIBのめざしているものでもあるので、騙されにくくなるだけじゃなくって、本当のことを見抜く力という、生きていく上で大切な能力をつけてくれると思います。IBは、まずその眼（複眼的思考）を2個つける手術をしてくれたみたいな感じですかね（アムステルダム国際学校・在学生1・男）。
- 学んでいる時に、自分がものを疑うことによって、新しい聞いたこともないようなものをいろいろ吸収しやすくなるし、いろいろ細かく考えてみたりすることが強調されているので考える力も身についた（パリ国際学校・在学生4・男）。
- 多分分析する能力はよくなった。生物も実験してレポートを書くんですけれど、自分で分析してトレンドをみつけてグラフにするのが面白くて、歴史にしても、たとえば、歴史書とか、人のスピーチを読んで、このスピーチは何のためにあるのか、歴史を知る上でこれはどういう役割があるかとか、そういう分析がやっぱり重視されるのでよかったと思います（パリ国際学校・在学生3・女）。

313

第Ⅳ章　国際バカロレア受講者のその後

しかし、同時に複眼的・批判的思考はデメリットとしても挙げられている。

複眼的・批判的思考（ひねくれた見方）

- 自己分析すると、たまにすごいひねくれているんですよ。IBが求める良い面も悪い面も見るということは本当に重要なことはわかるんですが、純粋に感動だとか、良い面だけを受け入れるとか、そういうふうにもなってみたいと思うんですよ。矛盾していますけれど、素直に受けとめることに憧れみたいなものを抱いていて。だからある意味では、IBに何か純粋さを奪われたみたいな思いもあって、IBをやって後悔するときもあります（アムステルダム国際学校・在学生1・男）。

落第

さらに、国際バカロレア・プログラムは、一定水準での課題達成や成績を求める。それに満たない場合、落第、退学ということがある。

- このIBというシステムはできない子はどうしようもないというところが怖いんです。IBを取れない子が出るんです。SATは誰でもできますよね。IBって成績が足りないと、証明もらえないんです。インターナショナル・スクールの問題点としては、試験の点数が足りないと、やっぱり卒業できないし学校も落第させちゃうと思うんです。落第すると来たくなくなって学校を辞めてしまうんですよね（アムステルダム国際学校・在学生3・男）。

途中で保護者の転勤が生じる場合もある。2年間プログラムに従事しなければディプロマ取得はできないため、時期が中途半端であると、アパートを借りて1人で自炊をしたりホームステイをしながらプログラム修了まで滞在することになる。

- フランス人の家にホームステイをしています。寮みたいな感じです。銀行や学校の手続きとか生活の面では1人でパリに残るのは精神的に負担だったんですけれど、勉強面では全然大丈夫でした。家族といたらしゃべってしまうので、逆に1人の方が勉強に集中できたと思います。寂しかった時もありましたが、友達や寮の人たちもいたので大丈夫でした（パリ国際学校・在学生11・女）。

教師との相性

教師の問題もある。教科が6教科だけなので、それぞれの教師の指導力や人

IV−1　在学生調査──ディプロマ・プログラム受講前から卒業まで

間性などを含む力量が生徒に大きく影響する。現実的な問題として、外国人教師の中にはアジア系の生徒を好まない教師がいると言及する生徒たちもいた。実際、ある教科の教師との相性が原因でIBをやめた子もいる。このことに対し、どの教師にあたるかは運・不運の問題でもあると生徒たちは語り、科目への興味関心もあるが、教師によって科目を選択変更する場合もあるということであった。

- フルIBを続けていた方が良かったかなと思います。ヒストリーの先生が嫌で辞めちゃったんですけど、今下の学年の子たちは、みんなIBを取っているんですよ。私たちの時は、「取っても取らなくてもいいよ」っていうかなり自由な選択みたいにいわれたんですけれど、妹の学年は「なるべく取りなさい」っていわれているみたいです。大学もIBを受けつけるところが増えたみたいです。実際、とっている科目も変わっていないです。変わったのはヒストリーを落として、TOKもなくなって、代わりにノンIBのドイツ語をいれただけです。普通の授業でIBの授業の半分の単位しかもらえないんですけどちょっともったいなかったかなって思いますね（デュッセルドルフ国際学校・在学生5・女）。

　また、卒業生の質問紙調査ではIBは7段階で採点するが、どの程度の答案でどの程度の評価がもらえるのかよくわからなかったという回答もあった。生徒によっては評価基準が十分理解できず、評価の信頼性や妥当性に疑問を抱く声もあった。

4　国際バカロレアの教育効果とは

　最後に、質問紙調査と面接調査による在学生調査をふり返って、いくつか得た知見をまとめておきたい。

（1）キャリア形成の特徴
　調査対象者は、国際学校という環境、国際バカロレア受講という2つの点で日本にいる多くの高校生と異なる体験をする。多くは父親の海外赴任に伴う2、3回目の外国滞在である。質問紙回答者56人中、日本の大学進学者は44

第Ⅳ章　国際バカロレア受講者のその後

人、外国の大学進学者は12人である。外国の大学進学希望者の多くは、幼少
時アメリカやフランスの現地校に通った者で、実学・技術向上目的の進学（工
学、フルート、バレエなど）が多い。

　日本の大学進学者の多くは、6月にインターナショナル・スクールを卒業し
た後、日本で予備校に通学する。その中でも最も早く進学したい場合は9月の
入学制度を持つ私立大学等を受験する。国立大学を志望する者は、私立大学の
合格後、国立大学の試験まで受験勉強を継続する。国立大学を志望する者の特
徴は、父親、もしくは両親が国立大学出身者である。

　進路選択は、教師の進路指導（パリ）、現地の塾の情報（デュッセルドル
フ、アムステルダム）や先輩たちの情報や保護者の情報に依拠している。日本
の高校生の受験と異なるのは、仲間意識があるというところだという。

- 日本の大学受験と違って、一丸となるものがあります。たとえば日本で「僕、
  大学受験するから」というと、俺とお前はライバルだみたいな感じで助け合い
  がないじゃないですか。でも、IBはクラスのみんな目的が一緒、試験を受ける
  のも一緒、試験に行くのも一緒。仲間意識が生まれるというのは良いと思うん
  ですね（パリ国際学校・在学生7・男）。

　しかし、生徒は、IBプログラムが欧米と異なり日本であまり知られていな
いこと、特に大学入試担当者の認知度についての不安をもっている。

- IBがもっと認知されれば良いと思うんですけれど、そこまで認知されていない
  と思うんですよね。日本では「IBって何?」ですからね（デュッセルドルフ国際
  学校・在学生4・女）。
- IBの知名度というのがすごい低いので、まるでIBというのがフランスのバカロ
  レアを日本語で取れるみたいな、だから「日本人も余裕で取れるバカロレア」
  みたいにガイドブックにも書いてあるので、それ、ちょっと違うなって思いま
  すよね。日本語は1教科しかなくて、全部英語なんだということをちゃんと言い
  たいですよね（パリ国際学校・在学生7・男）。

　大学入試が目先の目標であるため、多くの生徒は就職に対する現実的なイメ
ージはもっていない。男子の多くは日本企業へ就職を希望し、その後の海外赴
任を期待している。一部、国際機関やNGOへの就職希望者もいるが、いずれ

316

Ⅳ－1　在学生調査──ディプロマ・プログラム受講前から卒業まで

も日本人としてのラベルのもとでの外国滞在を希望する。女子の多くは、一定のブランドを持つ大学への進学を望み、結婚後、仕事継続の意識は必ずしも高くない。企業派遣の父親と専業主婦の母親のパターンが多いためか専業主婦志向が強く、継続的に職業に就くというよりも語学力をいかして専門的に適度に働くことを志向している。

（2）獲得される資質・能力

　IBを受講することで、獲得される資質・能力は、非常に高度である。国際バカロレア・プログラムを通じて、課題設定、問題解決、文章化、プレゼンテーション能力が培われ、複眼的思考が訓練される。さらに英語で課題をこなすため、英語の専門用語を覚えることになる。

- 大学1年生レベルのことを若干やるときいたので、それを先に英語でやったというのは、ちょっと良かったかなと思います。どの教科に関してもとにかくレポートを沢山書かされたので、論文や研究レポートに強くなったと思います。それが私の行きたい理系の学校では、特に役に立つと思っています（パリ国際学校・在学生5・女）。

　多くの課題遂行のため、時間管理能力も必要となる。このような時間集約的な緊張度の高い教育を2年間受けると、日本の大学（法律・経済など）のマスプロ教育を事前に是認するか（"モラトリアムの時期"）、進学後、失望する者が多い。

　また、海外滞在年数にかかわらず、ネイティブレベルの語学力を要求されるせいか、その中にいる日本人は語学力への自信は総じて高くない。ネイティブなみに英語が流暢であるといった国際学校出身者に対する日本社会のイメージとの間で葛藤を持つ者が多いようである。

　その他、日本の教育では、数学のレベルの高さ、中学校での部活の楽しさを評価している。

（3）国際バカロレア・プログラムの卓越性

　ITの進展で情報が溢れるなかで、物事に対する批判的・複眼的思考は、情報の選択や処理を行うために必要である。また、知識を構築する深い思考は現

317

第Ⅳ章　国際バカロレア受講者のその後

代社会では、よりいっそう、求められるものであろう。

　近年、学校教育の質の高さの評価獲得、公立学校の復権（上位層のトラッキング）の方途として、欧米の公立学校の有名校でIBを（AP［Advanced Placement Test］と同様に）導入する傾向がある。このことも国際バカロレア・プログラムの持つ内容の高さを表す1つの尺度である。しかし、このプログラムを受講しうる一定水準の知的レベルも必要であり、必ずしも大衆的な教育内容に合致するものではないとも言える。

　どのような対象者に国際バカロレア・プログラムが適しているかを議論するには、国際バカロレア・プログラムで養成される資質・能力を評価しうる労働市場の問題を考慮する必要があろう。大学入学関係者、さらには企業の就職担当者に国際バカロレアが広く認知されているかどうかは不明である。しかし、ビジネス、教育・文化交流にしろ、海外とのインターフェイスに位置しうる者として、国際バカロレア・プログラムを受講した者たちが大きな可能性を持っていることは明らかである。このことは、資格が認知されるかどうかは別としても、IBを受講したそれぞれがその能力を社会の中で表現することで、現実的に教育内容の卓越性が後に認められていくという性質のものなのかもしれない。

【注】

本稿は、岩崎久美子「受講者調査－ディプロマ・プログラム受講前から卒業まで－」（相良憲昭・岩崎久美子編著『国際バカロレア：世界が認める卓越した教育プログラム』明石書店、2007年2月所収）に加筆修正の上、再掲したものである。

Ⅳ－2

保護者から見た国際バカロレア教育

大和　洋子

はじめに

　筆者は、家族の海外赴任に伴いシンガポール、日本、香港、上海と転居してきた。そのような中で3人の子育てをしてきたため、転居地でそれぞれその時点でベストであろうと思われる三人三様の教育を選択してきた。香港から上海に移るちょうどその時が、長女の後期中等教育期間と重なったため、長女は国際バカロレア（以後IBとする）ディプロマコースを提供している上海のインターナショナル・スクールに転入し、2年間のIBディプロマを修了している。

　筆者と長女の経験は既に10年以上も前のことになるが、筆者の同僚のお嬢さんがIBディプロマ課程を提供する日本国内のインターナショナル・スクールを卒業していることを知り、IBディプロマを履修したご本人と母親にインタビューする機会[1]が得られた。IBディプロマコースにおける体験を2組のIBディプロマ経験当事者とその保護者の視点から振り返り、IBとは何かを改めて問う機会を提供することが本論の主旨になる。同僚親子と筆者親子の体験は、その時期も国も国際バカロレア教育に至る背景も、そして何よりディプロマ課程を履修した本人たちの資質も全く異なるため、二人の受けた国際バカロレア教育を比較することが目的ではない。本論は、IBディプロマ課程を履修するとはどういうことなのかという1点に論点を絞り、その教育課程を時に批判的に振り返り、国際バカロレア教育の意義を考えるものである。

　まず、IBディプロマコースの履修状況および進学状況を事例ごとに紹介し、国際バカロレア教育の特徴である教科外活動（CAS）や知の理論（TOK）及

第Ⅳ章　国際バカロレア受講者のその後

び論文課題（Extended Essay, EE）とは一体どんなものなのかを概観し、最後に国際バカロレア教育の意義、そして、教員、保護者それぞれの役割を考察したい。

1 ┃ 国際バカロレア履修状況とその後：IBスコアが満点の事例

Eさん：IBディプロマ履修（2009〜2011：日本国内のインターナショナル・スクール）

　アメリカ生まれ。アメリカ人の父が修士課程、日本人の母が博士課程在学中に生を受ける。小さい時からギフティド・チャイルドの素質を現しており、3歳で既に文章を書いていたとのこと。現地の幼稚園に通い、5歳から日本在住。小学校1年生から高校卒業まで国内のインターナショナル・スクールに在学。この学校には、本来の6歳ではなく、5歳で入学を許可されたため、同級生より1歳年下になる。この学校では、当時は9年生からIGCSE[2] の教育課程を導入し、11年生からはIBディプロマコースのみが提供されていた。このインターナショナル・スクールの1学年の人数は50人前後である。現在は9、10年生でIGCSEではなく、IBのMiddle Years Programme（MYP）を導入しており、最後の11、12年生でのIBディプロマは必修ではなく、選択制になっている[3]。IBディプロマを履修しない場合は、学校のハイスクール・ディプロマが授与される。Eさんの第一言語は英語、5歳までは生活言語も教育言語も英語だったが、日本に在住するようになってからは、教育言語は主に英語（日本語は公文での学習とインターナショナル・スクールの日本語の授業のみ）、生活言語は英語と日本語である。

　EさんのIBの履修科目のうち、2つの語学はEnglish A1（HL）とSpanish B（SL）、その他の4科目は、Math（HL）、History（SL）、Physics（HL）Music（HL）を選択している。また、ピアノとバイオリン奏者だが、Musicでは日本の箏を専攻楽器に選択している。IBDPの音楽で、専攻楽器を「箏」で履修者[4] を出したのは、この学校が世界で初めてだそうである。なお、語学のA1は母語言語の意味で、Aは文学鑑賞が含まれ、Bは外国語としての語学教科となる。各科目の後ろの略号は、HL：Higher Level, SL: Standard Level であり、HLは6科目のうち、最低3科目の履修が求められ、最大4科目まで履修可

320

能とされている。Extended Essayは、音楽を選択し、*"The fusion of hard rock and traditional Japanese music"*というタイトルで論文執筆している。Eさんは、TOKも含め、全てにおいて最高評価を得、合計点数は満点の45点でIBディプロマを獲得している。

IBディプロマの世界平均は29点（2011年の世界平均は30点）である。Eさんが卒業したインターナショナル・スクールの2015年時点の過去6年間の学校平均は32〜34点で、最高評価の45点満点はこれまで1人しかいない[5]。満点獲得者は世界のIBディプロマ獲得者の0.2％であり、この結果を持っていれば世界のどの高等教育機関からも入学オファーが来ると言われている。Eさんは、Massachusetts Institute of Technology（MIT）に進学したが、IBディプロマの最終試験は5月だが、MITからの入学オファーは前年の12月にすでに出ており、IBの結果そのものは、MITの入学オファーには直接関係なかったとのことである。アメリカの大学入学申請にはSAT[6]の結果が必要なため、5月のIBディプロマの最終試験勉強をしながら、前年の年末にかけてSAT I、SAT IIの試験勉強をしなければならない。アメリカの教育課程のAP[7]プログラムであれば、SATの教科別試験とシラバスが重なるため、苦労はそれほどではなかったはずだが、IBディプロマの教育課程とSAT試験のシラバスが異なるため、SATのための勉強もしなければならず、それがきつかったという。

MITでの専攻は、Brain and Cognitive ScienceとMusicのダブルメジャーでBSc[8]を授与され、その後Boston UniversityでCounselling Psychology専攻の修士課程に進学した。

Eさんにとって、IBディプロマを非常に優秀な成績で獲得したメリットは何だったのか。

Eさんは、Physics（HL）とMath（HL）の両方で最高評定の7を得ていたので、MITの必修科目であるPhysics I（Classical Mechanics）とMath I（Single Variable Calculus）の単位が獲得できたこと、また、English A（HL）で7の評定だったため、Humanities classの2単位のうち1単位分がもらえたことを挙げてくれたが、EさんがMITの1年生だった当時は、アメリカでのIBディプロマの認知はAPほど高くなく、AP Englishで最高評価の5を得た人はMIT新入生対象エッセイ評論：論文試験（Freshman Essay Evaluation）の受講を免除されていたが、IB Englishで最高評価の7を得た人の同講座の受講免

第Ⅳ章　国際バカロレア受講者のその後

除はなかった⁽⁹⁾という。その他のメリットとしては、IB課程で書く訓練（TOK
やExtended Essay）が多かったために、MITでのレポートや論文作成が同窓
生と比べて楽にできたことと、IB English A（HL）では、短時間で口頭発表
（Oral Commentary）を準備する訓練があった（本人は、本当に大変でもう二
度と繰り返したくない体験だったと振り返る）ために、大学での口頭プレゼン
力が高かったことも挙げてくれたが、これはIB課程で鍛えられたからという
だけでなく、本人の資質に依るところも大きいだろうと思われる。

2 ┃ 国際バカロレア履修状況とその後：筆者の娘の場合

IBディプロマ履修（2002 〜 2004：上海のアメリカンスクール）

　日本生まれ。5歳の4月からシンガポール在住。現地幼稚園から日本人学校
入学。小学校3年の夏に日本に帰国。9月より公立小学校の3年に編入し、地
元の公立中学校1年修了時まで日本の教育課程を履修。1999年4月に香港に転
居。5月から、中学校3年までの課程しかないインターナショナル・スクールに
編入し、約1年強で卒業。編入試験を経て、イギリス学校群（English Schools
Foundation）Schools⁽¹⁰⁾の10年生に転入し、（I）GCSE⁽¹¹⁾教育課程を履修。2
年間でGCSE（一部IGCSE）教科目を履修後にO-Levels試験を受験し、
A-Levelsへの進学基準を満たした試験結果を持って上海に転居。上海のイン
ターナショナル・スクールの編入試験を受け11年生に転入。2002年9月から
2004年6月の卒業までの間、この学校でIBディプロマコースを履修しディプ
ロマを獲得した。

　保育・幼稚園は2園、小学校2校、中学高校4校と短い期間で転校を繰り返
し、小学校入学から中学校1年までは日本の教育課程、その後、英語による教
育課程を受けており、母語は日本語、生活言語も日本語で、中学校2年から教
育言語が英語になった。中学校2年の4月に香港へ転居した時点の英語力は、
日本の普通の中学生レベルだった。高学年になってからの教育言語の転換だっ
たため、本人の苦労は相当なものだった。また、数学に対してアレルギーがあ
り、かなり強い苦手意識を持っていた。

　上海の学校では、学校規定の単位を修得すればハイスクール・ディプロマを
授与しており、多くの科目でAPコースも展開している。IBディプロマ課程は

322

Ⅳ−2　保護者から見た国際バカロレア教育

2年間固定の履修で途中からの変更はできないため、生徒は11年生進級時に IB課程かAPコースも含めた学校独自の教育課程かの選択ができた。娘の場合、それまで受けてきた教育がイギリスの課程であり、イギリスシステムでは2年間のA-Levels課程で履修科目を絞り、A-Levels試験を4、5科目ほど受ければ大学入学資格を得られることになっていたが、アメリカンスクール転入にあたり、親としては2年間で資格が取れるIBディプロマしかないだろうと考えていた。一番のネックは、IB課程は数学が必修であることだった。本人は小学生の頃から既に算数が嫌いで、中学では数学に対する苦手意識が非常に強かったが、転入した学校のIBコースの数学は3種類（Math HL、Math SL、Math Studies）のクラス展開があったので、どうにかなるだろうと考えた。

　娘の履修科目は、Economics（HL）、English A1（SL）、Biology（HL）、Mandarin B（SL）、Visual Arts（HL）、Mathematical Studiesの6科目である。2004年にIBディプロマ試験を受験し、Extended Essayは生物を選択し、糖尿病（Diabetes）をテーマに執筆してExcellentの評価、TOKはGoodの評価を得て総合評価37点でディプロマを獲得した。

　数学のMathematical Studiesは、数学が不得手な生徒でも履修可能なように主に代数学分野に絞ったコースで、大学進学の際、理系学科ではこの履修を認めていないところが多い。語学のA1は母語言語の意味であるが、本人の母語である日本語はこの学校では選択肢になかったので、英語を母語として履修している。

　IBディプロマ授与の最低基準は総合点で24点。IBディプロマの世界平均は29点、この学校の2015年時点における過去5年間の平均は、34〜35点である[12]。娘がIBを履修した2003〜2004年当時は学年100人弱くらいのうち、IB履修者は30人前後だった記憶がある。2015年度の高校卒業者数は183人、内IB履修者は78人にのぼる。2014年度まで継続してIB履修者数は50人に達していなかったので、2015年度は履修者数を急激に伸ばしたことがうかがえる。

　娘は、イギリスの大学と日本の大学に入学申請をした。イギリスの場合、イギリス入試機構のUCAS[13]を経由しての申請になるが、IBの結果が出る前に大学入学申請が始まるため、獲得予測値を使う。履修したIBの第一言語を英語にしての履修ではあるものの、学校の所在地が中国ということもあり、この学校ではアメリカンパスポート所有者（生粋のアメリカ人も含む）を含めて全

323

第Ⅳ章　国際バカロレア受講者のその後

ての生徒にTOEFLの受験も勧めていた。また、前述したように、アメリカの大学に入学申請をする際には、SAT Ⅰ（一般教養）と多くの大学で教科別のSAT Ⅱの受験結果も求められる。

　結果的に、親族が誰もいないイギリスではなく、日本の国際基督教大学（以下ICU）教養学部秋入学生として進学した。2000年代前半の日本ではIBディプロマといってもあまり理解してもらえず、入学申請案内にはっきりと「IBディプロマ」の記載があったのは、関東では慶應大学藤沢キャンパスとICUの2校ほどだったように記憶している。本人も、IBディプロマを持っていることが有利だったという記憶は一切ないという。卒業後は日本の企業に就職したが、就活中もIBディプロマに関してはあえて書かず・触れず、就職に有利だったということも全くない(14)と断言する。IBを履修していた当時の思い出は、とにかく勉強したこと、どの先生もみな人間味にあふれ、熱心でよかったこと、そして英語力はIBを履修していたときが一番高かったことは間違いない、ということである。ICUでは、日本人学生の必修である英語の授業の代わりに、海外からの入学者は日本語の授業が必修だったため、大学に入学してから、それまですっぽり抜けていた日本語を、母語話者として恥ずかしくないレベルに引き上げてもらったといえる。

　特に中等教育段階でのたび重なる転校で、日本語は主に家庭内でのみ使用、IBの外国語は中国語を履修している。当時は英語が母語でもないのに英語を第一言語として履修しなければならなかったうえ、さらに中国語までやらなければならないのかと思ったが、今では中国語をもっとしっかり勉強しておけばよかった、とは本人の弁である。

3 ｜ CASの意義とその実施に関して

　IBディプロマが全人的プログラムと言われるゆえんは、6分野からなる教科だけでなく、CASと称される教科外の活動が求められているからである。CASとは、Creativity、Action、Serviceの頭文字を取ったものであるが、Eさんと娘のそれぞれがIBディプロマを修了した当時は2年間でそれぞれの活動に最低50時間、全体として150時間以上を費やすことがIBディプロマ獲得の必須条件だった。現在はこの時間枠は取り払われ、2年間のIBディプロマ履修

IV-2　保護者から見た国際バカロレア教育

期間に、それぞれの活動にバランス良く週当たり2、3時間を割くことが推奨されるのみになった(15)。それは、このCASの時間的要件を満たさないというたったそれだけの理由で、学業成績がよくてもIBディプロマ授与に至らないケースが出てきていたからだという。しかし、このことをEさんに伝えると、CASの150時間があるのとないのとでは、同じIBディプロマでも重みが全く違う、と抗議の声を上げた。実際にそれぞれの分野で最低50時間、合計で150時間という縛りがあるのとないのとでは天と地ほどの差になろう。

　"C"のCreativityには芸術活動や社会活動の考案と実施などが含まれ、"A"のActionには、個人や団体のスポーツ競技の参加や、地元および国際社会におけるサービス活動などが含まれる。"S"のServiceは、施設訪問や難民支援活動などの奉仕活動であるが、個人への学習支援なども含まれる。"A"と"S"の線引きが難しい気もするが、きっちりとした解釈があるわけではないようにも見受けられる。

　上海の学校でディプロマを履修した娘の場合、海外ということもあり、自由に地元の活動に参加できる状況ではなかった(16)ので、まるで海外修学旅行のような奉仕活動を学校が長期休暇中に企画していた。わざわざ高い旅費を自己（親が）負担して、タイの山奥に行き、現地の人のための住居建設に携わったり、中国内陸部に出かけ、地元の生徒に英語を教えるプロジェクトに参加したりしていた。もちろん海外での活動への参加は自由意志によるが、これらに参加しないとCASの時間的最低基準に届かないとなると、少なくともさまざまな企画のどれかには参加させざるを得ない。これはこれでいい思い出になっているようなので、結果よしとしたいが、奉仕活動をするにも親に経済的な負担がかかり、既に高額な学費と併わせて考えると、IB教育課程は経済的に余裕がないと参加できない教育プログラムであることを思い知らされた。Serviceでは、本人が不得手とする数学を、数学が苦手な中学生の家庭教師を無償で引き受けることで時間を満たしていた。このようなマッチングはCASコーディネーター経由で行われていた。なお、苦手だからこそ理解できる、本人の気持ちに沿った指導になっていたようで、目標時間達成後も、請われて家庭教師は続けていた。IBディプロマ課程は、教科だけでも課題が多いため、時間がいくらあっても足りない。その上、時間的拘束付きのCASがあることで、傍目にもディプロマ履修生たちの負担は重いように見えた。その分、IB履修者は

325

第Ⅳ章　国際バカロレア受講者のその後

お互いの結束が強かったように感じられる。娘の学校は上海の郊外に位置し、生徒のほとんどが学校バスによる通学である。登校バスも下校バスも決まった時間にしか出ず、登下校共に1時間ほどかかっていたため、学校に残って行う活動にも制約があった。

　日本のインターナショナル・スクールでIB課程を履修したEさんの場合、高校3年まで音楽とアートの部活動を続けていたので、CASの"C"だけで150時間は超えていたはずだという。"A"と"S"の方は興味がなかったため、時間的最低基準の縛りをクリアするために義務感で行ったそうであるが、Serviceは、2009年に開催されていた横浜開港博（「開国博Y150」）に、日本語・英語・スペイン語のボランティアとして夏休み中に参加し、ひと夏で時間を達成させたとのことだった。Actionは、週末に近くのカルチャーセンターで行うヨガと吹矢で時間を満たしたそうである。"A"と"S"がいい体験だったことは否めないが、その100時間を本当に興味のある音楽とアートに専念してその技術を極めていた方が、自分のためになったのではないかと振り返っている。Eさんはバイオリン奏者でもあり、オーケストラに参加していたが、高校3年にはその活動を中止していた。

4 ｜ TOKとは何か？

　IBをIBたらしめるもう一つの特徴が、Theory of Knowledgeであるが、IB理念を実現させる哲学のようなものだろうか。各IB校がそれぞれ示すTOKのカリキュラム説明を読んでも、一体どんなことをしているのか、わかったようでよくわからない。筆者も娘の学校で毎月開催されていた校長の月例報告会[17] で、保護者が小グループに分かれてTOKの授業を体験するという試みがあり、模擬授業に参加してみた。しかし、もしかして「文化によってさまざまな思考回路がある」ということを言いたかったのか？　という程度までしか理解できない難解なものだった。教師と生徒による禅問答のような気もしたし、哲学の授業を受けているような気もした。2014年9月にイギリスのIB校[18] を訪問した際にもTOKの授業を見学させていただいたが、やはり教師から生徒への問いかけとその答えが延々と続く、哲学問答のようだった。

　娘は、IBを履修したのはすでに過去のことなので、TOKで覚えているのは

326

Matrixの映画を観てそれを基にみんなでディスカッションしたことだけで、他は何をやったかすっかり忘れてしまったという。娘の学校ではIBの教員は全員がTOKを担当し、1クラス10人前後で担当教員は2年間の固定制だった。なお、IB担当教師は、APクラスも担当しており、教科担任として先生方はみな魅力的だったという。

　Eさんも TOKに関してはあまりいい印象は残っていないようで、在校時にはやっていた冗談を紹介してくれた。デカルトの「われ思う、ゆえに我有り」（I think therefore I am.）のパロディーで、「IB、ゆえにこん畜生！」（IB therefore I BS（Bull Shit）.）というものがあったそうである。ただし、TOKでとにかくエッセイをたくさん書かされたことが、MITに進学してからレポート課題をこなす役に立ったことは認めている。

5 Extended Essay（EE）

　TOKと並んでIBディプロマの必修として長文のエッセイ課題であるExtended Essay（以降EEとする）があるが、どんなに優れたエッセイを書いてもTOKと合わせて3点までしかもらえない。EEは、生徒が得意な分野で自分の興味があるテーマを独自に設定し、英語4000語程度の論文に仕上げる課題である。担当教師の指導を受けながら40時間ほどをリサーチに費やして書き上げることを目安にしている。4,000語とは、本文に資料や図表をどのくらい入れるかにより異なるが、A4サイズ用紙に20〜30枚程度となる。EE課題は、引用や文献一覧の書き方も国際基準に合致したものなので、優れたEEはそのまま学術誌に投稿できるほどのレベルに達する。

　そもそも日本の高校では、通常、日本語でさえ論文を書く教育をしていないのではないか。作文と論文は全く別物であるうえ、日本語と英語の文章展開は大きく異なる。EEは、自分で論文のテーマを見つけることから始まるわけだが、受け身の教育に慣れていたら、それも見つからない。

　残念ながら娘のEEを読む機会はなかったが、BiologyでEEを書こうと思ったのは、Biologyの授業が特に面白かったから、と先生の人柄に感化されてのことだった。Biologyの授業はIBのカリキュラムを超えて、「ここは試験で問われることはないが、面白いところなので扱う」と断りを入れてから発展して

第Ⅳ章　国際バカロレア受講者のその後

いく形態をとり、授業内容が濃かったそうだ。EEは糖尿病（Diabetes）をテーマにしたものであることまではわかっているが、評価はExcellentを頂いているので、それなりの仕上がりだったのであろう。

EさんのEEは、Musicの分野で、現代邦楽の作曲家でありロックバンドも組んでいる沢井比河流氏へのインタビューを基に、沢井氏の邦楽作品を分析したものである。氏は沢井箏曲院という箏の家元の家に生まれ、現代邦楽作曲家であり演奏家でもある。EさんのEEは、十代の高校生が書いたものとはとても思えない鋭い分析の論文に仕上がっている。なおEさんはIBディプロマArtの分野でMusicを選択し、楽器は箏を専攻している。Eさんの学校でのMusic選択者は4人、その4人全員が箏を専攻しており、前述したが、Musicで箏を専攻したIBディプロマ獲得者は世界初だったそうである。Eさんの沢井比河流氏へのインタビューは、学校がアレンジしてくれたそうだが、邦楽界の著名人とあって、お礼の菓子折りと（高額ではないが）謝金に関して学校から保護者に指示があり、指示されたものだけを準備すればいいのか、インタビューをアレンジしてくださった先生へのお礼はどうしたらいいのかなどの、保護者としての準備や心労があったそうである。

その話を伺っていて、筆者も上海在住時に、娘の学校のEconomicsの先生からIB履修者2人のインタビューを受けて欲しい[19]と依頼があったことを思い出した。Economicsで中国の経済的発展と国際校の急速な発展を関連付けたEEを書いている生徒と、その時点でテーマがまだはっきり定まっていなかったもう一人と、2人のインタビューを受けたのである。その時は、2人の生徒と共に教員2人も一緒で、生徒のEEのために学校はここまで付き合うのかと驚いたものだった。筆者も学校コミュニティーの一員であることもあり、市街地のイタリアンレストランで食事をごちそうになりながらのインタビューだったが、謝礼のやりとりは一切なかった。

6 ┃ なぜIBディプロマを選択し、IBディプロマで何が身についたか

娘の場合は、受けた教育課程が在学中に頻繁に変わったことから、何か資格として残せるものを考え、IBディプロマの履修を選択した。転居のたびに、次の教育につながるようにと考えてのことだが、本人にとってIBカリキュラ

Ⅳ−2　保護者から見た国際バカロレア教育

ムはかなりきついものだったようだ。香港と違って上海では外国人の生徒が気晴らしできる場所がカラオケ程度に限定されており、いつも何かに追われるような生活で（学校のカリキュラムだけが原因ではないとは思うが）、精神的に追い詰められていた同期生もいた。筆者は勉学の内容に関して質問されることも相談されることもなかったので、親としてできることは余計な口出しをして気を荒立たせないことくらいしかなかった。親から見ると、IBカリキュラムを履修して、タイム・マネジメントの力がついたのではないかと思う。

　Eさんの方は、通学する学校で提供されていたのがIBディプロマ課程のみだったので、選択の余地がなかったわけだが、学校でIBとAPの選択肢があったらAPを履修していたし、APを履修したかったと回顧する。当時アメリカではIBディプロマはAPコースほど認知されていなかった上、APに比べて大学で受講免除されるクラスが少なかったこと、そしてIBは大学入学申請に必須のSAT試験のシラバスに沿った教育内容ではなかったため、IBとSATの両方の試験勉強をしなければならなかったからである。

　ここで注意したい点がある。APないしIBを履修していれば、「大学で認定され、一部の科目の履修が免除される」といった表現が散見されるが、それはAPおよびIBでそれなりに優秀な成績を修めた場合に限られる、という点である。MITの場合は格別にその認定が厳しく、AP、IBそれぞれの最高評価であるAPの5、IBのHLでの7が条件になっている。APは評定3以上が合格[20]とされ、IBは総合点が24点以上でディプロマの認定となる[21]が、特にIBディプロマは最低基準での獲得では、大学の単位認定に効力を発揮することはない[22]。IBディプロマ課程を履修し、首尾よくIBディプロマを獲得できても、必ずしもそれが進学後に単位認定という形で生かされるわけでもないのである。

　娘のスコアも決して悪いわけではないが、そこに至るまでの努力とIBディプロマの意味を正当に理解してくれる素地が10年以上前の日本にはまだなかった。入学申請に当たり、IBディプロマの提出が中等教育修了証書として認められるところがあったのは幸いだったが、どうも総合点はそれほど関係なかったらしい。就活中も、履歴書にIBディプロマに関する記載をあえて入れなかったのには、それなりの理由があった。自分からIBディプロマに触れたわけではないのに、IBディプロマを獲得したその努力を真っ向から否定するような面接官の発言があったからだという。「グローバル化」「グローバル人材」

329

第Ⅳ章　国際バカロレア受講者のその後

といった言葉が飛び交う現在は、IBに対する理解がそれなりに深まっていることを期待したい。

　Eさんは、生まれ持った素質が高いので、何でもこなしてしまうように見えるが、楽に満点の成績を得られたのでは決してない。IBディプロマ課程の2年間は、限界まで必死に挑み、本人の言葉を借りれば「もう無理だー、こんなことずっと続けていられない！」と何度も思ったそうである。それでも最後まで走り切り、最高の成績を得られたことで、どんな困難に直面しても、挑戦し続ければ必ず道は開けるという精神力が付いたことをIBディプロマ課程のよかった点、として挙げてくれた。

　また、IB教科の中でも曲者として知られるPhysics（HL）とMath（HL）には、教科担当の先生も大いに苦戦していたそうで、特にPhysicsの授業ではIBの過去問題を解くことに終始していたという。Physics（HL）やMath（HL）は模範回答があれば理解できるというものではなく、なぜその答えになるのかを導き出さなくてはいけない。それゆえ、試験の際にIB指定の数学や物理の公式集の持ち込みが許される。暗記力が求められるのではなく思考力が求められるからである。学校で出されたPhysicsの課題を、家で（Computer Scienceが専門の）父親と一緒にああでもない、こうでもないと思考したそうで、この思考訓練は、難問を一緒に考えられる・考えてくれる親がいたからこそできたことでもある。そこまでできなくとも、保護者もIBディプロマが相当にハードルの高い教育課程であることを理解していないと、履修生本人が孤軍奮闘することになりかねない。学校に子どもを預けてそれで安心しきってはいけない、という点で2人の親は意見が一致する。

7 ｜ IB教員の重要性

　IBを履修した2人が共通して挙げていることに、IBの先生が教師として魅力ある人物だった[23]ことがあげられる。Eさんは、English、History、Spanish、Music は本当に楽しかったという。娘がEEをBiology分野で書こうと思った理由は先生が特に魅力的だったからである。課題が大変でも、ハードルが高くても、授業が楽しければやっていける。改めて教師の責任の重さを思い知らされる思いである。

330

IV-2　保護者から見た国際バカロレア教育

　前述したように、娘の学校では親向けに高校の校長が毎月定例の報告会を開催していた。筆者はほとんど毎回欠かさず出席していたのだが、教員採用に関することがテーマになった月があった。いわく、わが校は世界で最高レベルの教員を採用している、と。ちょうどボストンで開催されているインターナショナル・ジョブ・フェアに校長が参加してきた直後の報告会だった。毎年アメリカでは、国際的な就活フェアが開催されているのだが、校長はそこで教員採用をするのだという。この学校のブースには、（オファーの条件がいいため）ジョブ・インタビュー希望者の列が延々と続き、その一人一人と面接をして自分が最高と思われる教員を採用していることを保護者にアピールしていた。確かに親の目からしても教員の質は高かった。

　学期ごとに開催されていたTeachers-Parentsミーティングでは、子どもを担当する教員一人一人と面談できる。筆者の一番の心配事は娘の数学履修に関することだった。真っ先に向かったのは数学の教科担任で、「娘は数学アレルギーがあるのですがディプロマ獲得は大丈夫でしょうか」と心情を吐露したところ、逆に先生に諭されてしまった。「得意な科目は？」とまず聞かれ、「子どもにパーフェクトを求めてはいけない。得意分野があるのは素晴らしいこと。それを最大限褒めてあげるのが親の役目。IBは数学が嫌いでも履修しなければならないところが大変だが、それでも勉強していることを評価しなければいけない。そして、数学が不得手の生徒のために私のクラスMathematical Studiesがある」と。実は最初は普通のMath（SL）の履修から始めたのだが、途中でやはりきついからとMath Studiesに変更していた。数学は嫌いだったが、Mathematical Studiesに変更して、「こんな簡単なことをやっていていいの？」と思ったそうだ。普通のMath（SL）よりも易しい内容なのに、最終的に評価6を獲得し、本人も複雑な心境だったようだ。

　英語の先生はイギリス人で、文学をこよなく愛する人間として非常に魅力的な方だった。コースが始まったばかりの頃は、娘は文句ばかり言っていたが、コースが進むにしたがって文句は感動へと変わっていったのを覚えている。ちょうど娘の卒業の年にご家庭の事情で本国に帰国することになり、その挨拶も兼ねて、卒業式典で卒業生を送る教員代表スピーチをされた。シェークスピアの作品からの引用を上手く取り入れ、朗々と語った名スピーチで、卒業生の保護者からも拍手喝采だった強い記憶がある。こんな先生に指導してもらえて何

331

第Ⅳ章　国際バカロレア受講者のその後

と恵まれているのかと感動したものだった。

　娘の学校ではIBを教える先生はAPコースも掛け持ちしていた。また、IB
教員の全員がTOKを担当していた。先生の負担は相当なものだったと思う。
娘によれば、先生同士の横のつながりも強かったし、同じコースを履修してい
る生徒同士の結束も堅かったそうである。

　生徒同士の絆、結束の強さに関しては、Eさんも同様のことを語っている。
同級生との思い出をIBの良かったところとして挙げてくれたのだが、Physics
（HL）のクラスは一緒に辛い思いをしているので絆が殊の外強かったという。

　IBは、確かにカリキュラムが優れているのかもしれないが、そのカリキュ
ラムを理解し、カリキュラムに沿った深い学習を上手に導入し、自主的な発展
学習を促進する教師の役割は非常に重要だと思う。故にIBOはIB認定校に対
し、教員の定期的な研修参加を求めているのであろう。教師の資質がIB履修
者の成功のカギを握っているといっても過言ではない。

　最後に、EさんはHistory（SL）を履修しているが、IBのHistoryでは内容
が深い代わりにある特定の時代、出来事に特化した教育が可能であることにも
触れておきたい。EさんのHistory教科担任は、Cold War時代の専門家だそう
で、2年間のHistory（SL）の時間に扱った教科内容も、その時代に限定され
ていたそうである。IB試験の設問を見ると理解できるが、試験問題は選択制
で、時代やテーマを限定して解答できる。そのようなわけでCold Warに関し
てはいくらでも語れる専門家になったけれど、もっと一般的なことも知識とし
て入れて欲しかった、とはEさんの母親からの要望である。

まとめにかえて

　これまで述べてきたように、IBディプロマ課程は生徒に相当な負担がかか
る教育課程である。生徒の立場から最終的に本当にいい教育を受けた、自己成
長できたといえるものにするためには、教師の存在が非常に大きい。また、履
修者本人の努力だけでどうにかなるものではなく、学校側のサポート体制や場
合によっては親の理解とサポートも必要になってくる。時間的にも厳しい教育
課程なので、本人のタイム・マネジメントはもちろん、保護者もIBディプロ
マ取得に必要な最低基準等は正確に把握しておく必要があろう。そして、たと

えIBディプロマ課程に籍を置いていても、場合によってはIBプログラムの一部履修に限定する、IBサティフィケートに変更することを選択肢の一つとして考えるくらいの心の余裕がなくては生徒（子ども）を追い詰めかねない。IBディプロマ課程のみを提供する学校で生徒のIBディプロマ取得が叶わない場合、通学する学校の高校卒業資格が出せるような仕組みづくりは欠かせない。また、IB提供校の多くは、自校のIBディプロマ取得状況をウェブ上で公開しており、学校間の競争も現実に起こっている。IBディプロマ取得者の平均点数を上げるため、あるいは卒業生の進路として少しでも広告性の高い大学進学を可能にするために、学校も親も、本人の希望とは異なる教科目の履修を勧めたりすることは避けたい。ただし、本人の希望の進路を考えた際に、どの教科をどう選択したらいいのかという相談に、親も一緒に参加できるだけの知識を備えておくことは必要だろう。親も共に学ぶことの多い教育課程であることは間違いない。

【注】

(1) 2015年7月27日、IBディプロマを経験した本人が大学教育を終え大学院進学前の帰省中に実施。

(2) International General Certificate of Secondary Education: イギリスの中等教育課程の国際版。

(3) 学校の高校教育課程案内、2015-2016年版。
http://www.yis.ac.jp/uploaded/documents/Parents/2015-2016_Course_Catalog_updated.pdf

(4) Eさんの出身校は箏が履修でき、Eさんと同期の国際バカロレア履修者の音楽選択者4人全員が箏を専攻。

(5) 本論にある情報は、2015年8月現在の学校ホームページの情報による。

(6) Scholastic Aptitude Test：一般教養を問うI（Critical Reading, Math, Writingから構成される）と教科別試験のIIがある。SAT Iの試験結果だけで入学申請できる大学と、Iに加えて教科別のSAT IIを3科目程度必要とされる大学・学部がある。アメリカの大学入学申請に必要なのは、高校のGPAとSATの成績、そして大学ごとに課されるエッセイ課題である。EさんがMITに入学を許可されたのは、GPAが高いことと、SAT Iと教科別SAT IIの成績がそれぞれ高かったこと、およびエッセイが評価されたからといえる。

第Ⅳ章　国際バカロレア受講者のその後

(7) Advanced Placement：アメリカで規定されている高校教育課程を超えた教育課程。元々はGifted childrenのための教科別の高度な課程であるが、大学の単位認定があるため、近年では先取り的に提供している学校もある。履修をしないで試験だけ受けることも可能。

(8) Bachelor of Science: Brain and Cognitive Science はMIT特有の専攻。

(9) Eさん入学の翌年2012年から、IB English A ないし、IB English B（HL）で評定7を獲得した場合、同講座の履修が免除されている。MITホームページMIT Undergraduate Communication Requirement：URL http://web.mit.edu/commreq/faq.html.

(10) 香港には多くのインターナショナル・スクールがあるが、イギリス領香港だったころの名残でイギリスの教育を提供する英基學校（English Schools Foundation）があり、2000年まで授業料の徴収があるものの、公立校の扱いだった。詳しくは本書Ⅱ-5を参照されたい。

(11) （International）General Certificate of Secondary Education：イギリスの中等教育課程。5年間の中等教育修了後に進学のための振るい落とし機能を持つO-Levels試験があり、その後、2年間の教育課程の後、大学進学試験でもあるA-Levels試験がある。Internationalがついたものは、その国際版。

(12) 本論にあるこの学校に関する情報は、2015年8月現在の学校ホームページの情報による。なお、この学校の高校教育課程案内2015-2016年は、以下のホームページを参照。
http://www.saschina.org/data/files/gallery/ContentGallery/HSPX_Course_Catalog_20152016.pdf.

(13) Universities and Colleges Admissions Services

(14) 就活中に、直接ではないが英語力が高いことを面接官に揶揄される苦い経験をしている。

(15) IBO（オランダ・ハーグ）におけるインタビュー。2014年9月8日Malcolm Nicolson：Head of Diploma Programme development.

(16) 単に言葉の問題ではなく、生徒の安全上の課題があり、制限されていた。

(17) 高校の校長が保護者に対して学校の様子を毎月報告するためのもので、いわゆる保護者面談は別の機会に設けられていた。

(18) ロンドン郊外の公立IB校Tonbridge Grammar SchoolとDartford Grammar Schoolの2校を見学させていただいたが、TOKを見学したのはDartford Grammar Schoolのみ。2014年9月10日。

(19) 香港在住時に、国際学校が市場競争下にあることを著した論文を書いており、単

334

行本になっていた（Education in the Market Place: Hong Kong's International Schools and their Mode of Operation（2003）CERC, the University of Hong Kong）ため、偶然それを読んだ高校の校長から紹介があったらしい。

（20）アメリカの大学入学試験統一試験SAT及びAP試験を作成・管理するCollege Board のAPスコアに関するページ：https://apscore.collegeboard.org/scores/about-ap-scores

（21）IBOホームページ、ディプロマ認定の最低基準に関するQ&A：http://www.ibo.org/en/university-admission/recognition-of-the-ib-diploma-by-countries-and-universities/faqs/

（22）上記のページに、IBは教科別には1～7の評定を出すのみで、教科ごとの合否は判定せず、あくまでも総合点が24点以上でディプロマ認定をすること、また大学がIBディプロマを入学許可の参考にしたり、上級コース履修を認可したりするのは、各教科の評価が最低4～5の場合であることが明記されている。

（23）Eさんの場合、Math（HL）とPhysics（HL）は苦労したそうで、担当教師自身も問題を解くのに四苦八苦していたという。

【参考文献】

報告書～国際バカロレアの日本における導入推進に向けた提言～：http://www.mext.go.jp/a_menu/kokusai/ib/1326221.htm［2015/04/25付アクセス］。

国際バカロレア日本アドバイザリー委員会報告書 参考資料集：http://www.mext.go.jp/a_menu/kokusai/ib/__icsFiles/afieldfile/2014/04/15/1326221_06_1_1.pdf［2015/04/25付アクセス］。

横浜インターナショナルスクールホームページ：http://www.yis.ac.jp/［2015/04/25付アクセス］。

上海アメリカンスクールホームページ：http://www.saschina.org［2015/04/25付アクセス］。

MITホームページ：http://web.mit.edu/［2015/04/25付アクセス］。

IV-3

国際バカロレア社会人調査

岩崎 久美子

　本稿は、2004年に実施した8人の社会人に実施した調査結果を再掲するとともに、その後、2014年に実施した4人のインタビュー調査結果と1人の質問紙での回答を追加で掲載するものである。

　2014年に再度調査を実施したのは、国際バカロレアの教育効果を知る手がかりとして、当時、高校生であった受講生調査対象者に再会し、大学、社会人としての生活についてあらためて話を聞きたいとの思いがあったからである。結果、デュッセルドルフ国際学校卒業生の数人の連絡先を手にし、卒業年度が異なる4人のインタビュー調査と、海外居住地への帰国前で会えない中、質問紙による回答を送付してくれた1人、合計5人の回答を得た。

　本来であれば、2004年時の受講生調査者全員を対象に調査を実施すべきところであるが、その後、さまざまな制約があり、継続的・体系的な調査を実施するには至らなかった。そのため体系的な調査ではないが、海外で高校時代、国際バカロレアに触れた経験者の声は、さまざまな知見を提供するものであるため、ここにその結果を整理して提示する。

1 ｜ 社会人調査の目的

　国際バカロレアを受講した人々はその後、どのような職業に就き、どのような生活をしているのか。通常、教育効果を見るためには、長い時間軸で教育を受けた人々の人生を追いかける必要がある。ここでは事例としてパリ国際学校、アムステルダム国際学校、デュッセルドルフ国際学校の卒業生で就職している者を対象にしたインタビュー調査の結果を紹介する。これらの学校で国際

第Ⅳ章　国際バカロレア受講者のその後

バカロレアのディプロマを取得した人々は、第一にどのような大学を選択し就職したのか、第二に、国際バカロレアについてどのような印象や記憶を持っているのか、そして第三に、海外で教育を受けたことで日本社会をどのように見ているのか、これらの観点を検討するため、現在から高校生活の時点を振り返ってもらい回答を求めた。

2 調査方法

　対象者選定にあたってはパリ国際学校、アムステルダム国際学校、デュッセルドルフ国際学校の日本人教師に、卒業後、一定年数勤務している者（10年前後の者）、東京都内でインタビュー可能な者2～3人の推挙をそれぞれ依頼した。実施時期は2004年11月末から2005年12月までに6人、2006年1月に2人、その後、デュッセルドルフ国際学校の日本語教師に依頼し、2014年7月に1人、8月に3人の4人の追加調査を実施した。また、この他、日本に一時帰国している時に連絡をとったが海外居住地に帰国するためにインタビューが実施できず質問紙の形式で回答を寄せてくれた1人の回答を併せて分類・掲載した。

　インタビューは主に東京都内で実施し、名古屋在住の者は東京滞在中に実施した。また、2014年に行った4人については、2人が東京都内、1人は埼玉県川越市の職場近くにて、また、1人は宮城県仙台市で実施した。年齢はインタビュー当時である。

　インタビュー内容は、大枠を決めて実施する半構成的面接法により、下記内容について実施した。時間は1時間から1時間30分を想定した。内容はテープに録音し、その後、テープ起こしをし、本人の雰囲気が残るよう最低限の加筆修正後、該当個所を抜粋して本稿に掲載した。

　対象者の概略は図表4－3－1および図表4－3－2のとおりである。

【インタビュー内容】
　1．出身地
　2．国際バカロレア取得学校までの学校歴
　　●日本の場合：国立、公立、私立

Ⅳ-3　国際バカロレア社会人調査

- 外国の場合：現地校、日本人学校、インターナショナル・スクール、その他（補習学校受講の有無を含む）
3．国際バカロレアの当時の印象
4．受験大学の試験内容、合否、進学先
5．就職先
  - 決定した理由
  - その後のキャリア（転職の有無、転職希望など）
6．国際バカロレアが仕事・人生で役立った点
7．日本人・日本社会についての意見

図表４-３-１　卒業生調査対象者属性（2004～2006年実施）

事例No	職業	性	転職歴	大学	卒業高校（年）	インターナショナル・スクール入学前の外国歴
1	外資系証券会社	男	なし	コーネル大学（米国）⇒ロンドン・スクール・オブ・エコノミクス（英国）	アムステルダム国際学校（1997）	2-10歳　米国（現地校）
2	自動車メーカー	男	なし	早稲田大学法学部	アムステルダム国際学校（1997）	0-7歳　米国（現地校）
3	物流会社	女	なし	上智大学法学部	アムステルダム国際学校（1997）	0-6歳　米国（現地校）14-15歳　英国（アメリカン・スクール）
4	日米合弁証券会社＊後に日本法人化	男	あり	京都大学法学部	デュッセルドルフ国際学校（1988）	
5	国立病院産婦人科医師	女	なし	佐賀医科大学医学部	デュッセルドルフ国際学校（1990）	9-11歳　米国（現地校）11-14歳　米国（日本人学校）
6	和菓子製造・販売会社	女	あり	立教大学社会学部観光学科	パリ国際学校（1993）	
7	広告代理店	女	なし	国際基督教大学教養学部⇒慶應義塾大学文学部（再受験）	パリ国際学校（1996）	11-12歳　英国（現地校）
8	新聞社（アルバイト）	女	あり	国際基督教大学教養学部	パリ国際学校（1996）	11-12歳　英国（現地校）

注：No.7とNo.8は双子の姉妹

第Ⅳ章　国際バカロレア受講者のその後

図表４－３－２　卒業生調査対象者属性（2014年実施）

事例No	職業	性	転職歴	大学	卒業高校(年)	インターナショナル・スクール入学前の外国歴
9	タイヤメーカー	男	なし	慶應義塾大学商学部	デュッセルドルフ国際学校(2004)	7－12歳　カナダ（現地校）
10	専業主婦	女	あり	大阪市立大学文学部⇒大阪大学人間科学研究科（修士課程）	デュッセルドルフ国際学校(2004)	9－14歳　米国（現地校）
11	ゲーム会社	男	あり	慶應義塾大学環境情報学部	デュッセルドルフ国際学校(2004)	6－9歳　オーストラリア（現地校）
12	食品メーカー	女	なし	早稲田大学理工学部⇒早稲田大学理工学研究科（修士課程）	デュッセルドルフ国際学校(2006)	3－9歳　米国（現地校）
13	現地外資系金融※	女	なし	フランクリン大学スイス・政治学⇒ユトレヒト大学大学院環境政策（修士課程）⇒ミュンヘン工科大学経済研究科（博士課程）・博士号取得	デュッセルドルフ国際学校(2004)	5－6歳　米国（現地幼稚園）

※質問紙による回答

3 ┃ 調査結果

（1）大学と就職のパターン

　対象者13人の進学大学と就職のパターンについて見てみたい。図表４－３－１および図表４－３－２の順番に便宜上、事例1から事例13と呼称する。それぞれのパターンは下記のとおりである。

　①事例1：海外の大学を卒業、外資系会社に就職した事例

　　外資系証券会社勤務（アムステルダム国際学校・男性・20代後半）

　②事例2：日本の私立大学を卒業、日本企業に就職した事例

　　自動車メーカー勤務（アムステルダム国際学校・男性・20代後半）

　③事例3：日本の私立大学を卒業、日本企業に就職した事例

　　物流会社勤務（アムステルダム国際学校・女性・20代後半）

　④事例4：日本の国立大学を卒業、日本企業に就職、留学後、日米合弁会社に転職した事例

　　日米合弁証券会社勤務（デュッセルドルフ国際学校・男性・30代後半）

　⑤事例5：日本の国立大学（医学部）を卒業、医師になった事例

　　産婦人科医師（デュッセルドルフ国際学校・女性・30代前半）

340

Ⅳ-3　国際バカロレア社会人調査

⑥事例6：日本の私立大学を卒業、数回転職している事例

　和菓子製造・販売会社（食品企画）勤務（パリ国際学校・女性・30代前半）

⑦事例7：日本の私立大学を卒業、日本企業に就職した事例

　広告代理店勤務（パリ国際学校・女性・20代後半）＊事例8の双子の妹

⑧事例8：日本の私立大学を卒業、転職後、アルバイトしている事例

　新聞社アルバイト（パリ国際学校・女性・20代後半）＊事例7の双子の姉

⑨事例9：日本の私立大学を卒業、日本企業に就職した事例

　タイヤメーカー勤務（デュッセルドルフ国際学校・男性・20代後半）

⑩事例10：日本の公立大学を卒業、国立大学院修了、日本企業に就職、退職し専業主婦の事例

　専業主婦（デュッセルドルフ国際学校・女性・20代後半）

⑪事例11：日本の私立大学を卒業、日本企業に就職、起業、日本企業に再就職した事例

　ゲーム会社勤務（デュッセルドルフ国際学校・男性・20代後半）

⑫事例12：日本の私立大学を卒業、大学院修了、日本企業に就職

　食品メーカー勤務（デュッセルドルフ国際学校・女性・20代後半）

⑬事例13：海外の大学を卒業、海外大学院（修士・博士課程）を修了し博士号取得、海外で現地企業に就職

　海外で現地外資系金融会社勤務（デュッセルドルフ国際学校・女性・20代後半）※質問紙での回答

●事例1：海外の大学を卒業、外資系会社に就職した事例

　外資系証券会社勤務（アムステルダム国際学校・男性・20代後半）

　コーネル大学（アメリカ）へ入学したが、ロンドン・スクール・オブ・エコノミクス（LSE）に移りLSEを卒業、外資系証券会社に証券アナリストとして勤務している。インターナショナル・スクールに入る前には2〜10歳の8年間をアメリカ（現地校）で暮らしている。

【インターナショナル・スクールに入るまで】

　神奈川県藤沢市で生まれました。2歳の時にアメリカに渡り、休みなどの折に日本に一時帰国したりはしてましたが10歳までアメリカで暮らし、現地校に通いました。日本に戻ってからは、小学校5年から中学校卒業までは公立学

341

第Ⅳ章　国際バカロレア受講者のその後

校に通い、高校でオランダに来て1997年にアムステルダムのインターナショナル・スクールを卒業しました。アメリカで日本語を維持するために、基本的に両親が「母国語を大切にしろ」「本をしっかり読め」とかという教えは常にあったので、それで何とか日本語を維持できたと思います。ただやはり小学校5年生に日本に戻ってきた時は日本語も漢字もすごく変でした。逆にオランダに行った時は、英語は忘れていた部分もありましたが、奥底にあったのか、オランダに行ってすぐに感覚が戻ってきた感じはありました。

【大学入学】

　大学は1年目アメリカのニューヨーク州にあるコーネル大学に行ったものの性に合わなくてヨーロッパに戻り、イギリスのLSE（London School of Economics）に入り直しました。コーネル大学もLSEも専攻は経済学でした。

　IBの点数は大学進学の時は気になりました。日本への進学をまったく考えていなかったわけではなく、何点取った人が慶應へ、何点取った人が明治に行ったとかいう情報が噂みたいに常に流れていてそれは気にしていました。大学は第一希望はプリンストンだったんですが駄目でしたが、コーネル、UCLAとかミシガンに出しました。コーネルは、ニューヨークが好きだったのと、キャンパスを見た感じ充実していて、のんびりした感じがしたので選びました。LSEに移ったのは経済を勉強する上で行きたいなというのがありました。

　経済を選択した理由は、おそらく父親の影響が結構あると思います。父親も僕と同じで、子どものころからお金や経済の仕組みに対して疑問が多かったので経済学に関しては勉強したいと高校のころから考えてずっと勉強してきたそうです。父親は研究者ではないのですが大学院まで出ており、経済学の本が家にあったので、簡単なものは読んでいました。父親は以前、証券会社に勤務していたのですが、現在はオランダにある国連機関で働いています。

　日本の大学に行かなかったのは、「日本は勉強する環境としてはそんなに望ましくないのかな」という先入観が非常にあり、「海外で大学を卒業してそこから日本に帰りたい」という気持ちがありました。それは、きわめて自然な感情でした。日本の大学でしたら、多分、経済学を中心に考えていたと思うので、東大は無理だとしても、慶應をねらったと思います。ただ、もし自由に東大に入れてもらえたら、ブランドを先行するかもしれません。経済のレベルもトップでしょうし論文を読んでいても東大が出てくるのが多いので入学したと

342

思います。その場合でも就職については金融という意味では大きく今と外れは
ないと思いますが、それが果たして外資系の証券会社だったかというとわから
ないのです。ただ、今のキャリアについては、全然、後悔はしていないですね。

【就職・職業観】

　就職は日本でしたいと思っていました。海外を転々としていても、根はすご
い日本人で、その日本人であることが土台になって、英語を話せるとか、海外
経験があるという付加価値があるわけです。その付加価値を生かせるのは、や
はり日本かなと思い就職では日本に戻ることにしました。

　現在の証券会社はアメリカ系です。大学を卒業するまでにサマーインターン
シップを受け、2か月半、今の会社にお世話になりましたが、働いている人と
かを見てその時にしっくりくるものがありました。多分、イギリスのLSEに
行って、2年目に証券会社の人がリクルーティングで来るんですが、それから
ずっと話をしていて興味がどんどんわいてきたというのが、多分、あると思い
ます。

　この仕事に決めたのは、株式調査で企業を担当しその企業の業績を見ること
でマクロもミクロも両方見ることができ、経済の流れが覚えられ、ものすごく
勉強になるからです。その株が、今買いなのか、売りなのかを企業に指導する
点ではコンサルタントに近い仕事です。今の仕事の内容に関しては、非常に満
足しておりハッピーなんですが、今後20年、こんな風に日本で仕事をしてい
るかというと、それも想像し難く、どっかでまた海外に出ることもあるだろう
し、5年後、10年後はなかなか見えないですね。

　現在の仕事をしていて最も喜んでいるのは、多分、両親じゃないでしょうか
ね。ただ両親は今の僕の仕事については、働き過ぎと思っています。やっぱり
朝も早いですし、夜も遅いんで大変です。朝は、遅くても7時には来て、夜は
平均12時を回る感じですね。勉強になって満足していますが体力的にはしん
どいです。忙しいチームとそこまで忙しくないチームとあるんで、会社の中で
みんながすべてそういうわけではないのですが。

　転職する可能性はあるでしょうね。それはノーとは100パーセント言えない
です。全然、今の仕事に固執していない。大学時代に一緒に暮らしていたドイ
ツ人と中国人のハーフの人は、現在、金融で似たような仕事をしており、イタ
リア人の子はLSEを卒業した後、オックスフォードの大学院に行ってPhDも

第Ⅳ章　国際バカロレア受講者のその後

とって、今、南米の自動車業界に入ってコンサルタントをやっています。将来は自分も独立してコンサルタントをしたいと思いますが、未熟なので吸収しなければならないものも多いし、まだ独立とかそんな生意気な事は言えないです。来月で25歳ですから全然ペーペーなんです。今は仕事中心になりすぎていて、興味あるものがたくさんあるのに時間がなかったり、友達からの誘いも断わったりが続いているんで、仕事はすごく楽しいですが、最終的には家族とゆっくり過ごしたいなといった夢はあります。

　成功については、もちろん金銭的なこともありますけれども、それ以上、重要なのは、やはり幸せな家庭ですかね。最終的には能力になってくると思うんですが、能力のある人はバランスもとれる。僕はまだ本当に若くて上司のペースに振り回されますが、いずれ自分の仕事をコントロールできるときに、今日はちょっと息を抜こうとか、金曜日は早く帰ろうとか、週末なら旅行に行こうとか、そういう風に自分でプランをたてられるようになりたいです。いかにそれまで、自分で能力をしっかり身につけるかが重要だと思うんです。今の企業だったら上にあがれば可能だと、思います。

●事例２：日本の私立大学を卒業、日本企業に就職した事例

　自動車メーカー勤務（アムステルダム国際学校・男性・20代後半）

　早稲田大学法学部から日本企業（大手メーカー）に就職した者である。外国歴としては、生まれてから7歳までアメリカに滞在している。現在は日本企業の社員として海外営業に従事している。

【インターナショナル・スクールに入るまで】

　出身は横浜です。生まれは名古屋ですので仕事でまた名古屋に戻ったという感じです。生まれて3か月くらいでアメリカ・ニュージャージーに行き、現地の幼稚園と小学校に通い1年生（7歳）まで向こうにいて横浜に戻ってきました。横浜では小学校は公立ですが、日本にいると思っていたので中学校から中高一貫校に入りました。中3の時に、オランダへ行くと決まった時はびっくりしました。最初に聞かされたのは親からではなくて部活の顧問の先生からでした。先生と廊下で会った時に「オランダに行くんだってな」って。父はメーカーの海外営業の仕事をしていましたので「あーそうか」という感じでした。

344

IV-3　国際バカロレア社会人調査

【大学入学】

　もしオランダに行かなければ高校までは同じ学校に行って大学受験をしたと思います。日本に帰国して帰国子女専門の塾に行きました。塾は全員入れるわけではなくIBのスコアやTOEFLのスコアとか見て入学させますので、ポテンシャルのあるそこそこのレベルの人たちだったと思います。結構、生徒の方もアバウトで、来たり来なかったりとか、指導というよりは自己責任という感じでした。僕の場合はうちの母親の知り合いが予備校にいたので、その先生からや、両親が一時帰国した時に情報を集めたりしていたと思います。僕がきょうだいの中で最初だったので、多分、一番苦労したと思うんですよ。大学は全部、法律を受けました。外国の大学に行く気持ちはなかったですね。1回、日本に帰ってこようかなと思って、それでその後、出るなら出るで考えようと思っていました。

　僕はIBのフルディプロマが取れたからどこを受けようといったことはなかったですが、大学側では最初の書類審査とか、ディプロマを取っているか取っていないか、ある程度、見ているのかなと思いました。2月まで待って国立も受けましたが駄目でした。落ちたのは一橋大学で、筆記は通ったんですけれど、面接で「なぜ法学部に入りたいの」と聞かれた時に、「えーと」みたいにあまりしゃべることがなかった。オーソドックスな質問に弱いんです。「君は法学部でどんなこと勉強したいんだい」って言われて、そのくらいなら答えられるんですよ。「こんなことやってみたい」って。そこからさらに突っ込まれると「うーん」って、それでだめだったんです。最終的に2月に早稲田の法学部に受かりました。早稲田の試験の内容はあんまり覚えていないですね。国語と、英語と小論文が多分あったんですよ。僕の英語は帰国生の中ではそんなずば抜けてもいないし、多分、上の下くらいのレベルだったんです。でも小論文は割とできた。早稲田の法学部の国語は難しくって帰国生は基本的にアウトなんですが、僕は中学受験もやっていましたし日本に中学校3年までいたんで、日本語自体そんなに苦手意識はなかったんです。その試験を見た時に、実際、難しいんですけれど解けなくはなかったですね。多分、それが受かった理由だと思います。結構、合格者は絞られていて、受験者が100人とか200人のうち合格したのは3、4人でした。

345

第Ⅳ章　国際バカロレア受講者のその後

【就職・職業観】

　職業選択の上で父の影響というのはありました。結果的には父と近い仕事を
しています。会社も扱っているものも違いますけれど海外への販売ということ
では同じです。最初はそこまで考えていなかったんですが、最終的に自分が何
をやりたいのかを考えたときに、一つはやはり海外へ出る仕事、単純に海外へ
出るというよりも日本の代表として出たいというのがありました。外資系は全
く考えなかったし興味もありませんでした。やはり海外が長いせいもあって
か、日本に対する思い入れが強いと思うんです。就職活動の時は、「日本のニ
ーズを海外へ展開していって海外の地域社会を良くしていきたい」といった考
えで今の仕事を理由づけして選んでいったと思います。

　就職活動も日本のメーカーの海外営業だけに絞って動きました。一つはあま
り考えるのが得意ではないので、「要するにやりたいのはこれだからこれでい
いじゃないか」ってある段階で自分の中で切り離してしまって他の可能性を探
そうとはしません。大体ファーストインスピレーションを信じて突き進む。悩
んだ挙句、結局選ばざるをえなくなって選んで、後悔してというのは余りした
くないのです。そしたら最初から「自分のやりたいのはこれだからこれしかな
い」という風に決めれば、仮に行った先があまりよくなくても、自分の判断で
やったことだから、後悔は多分、少ないと思うんですね。

　今、僕は自分の会社では満足しています。唯一「東京に本社がある方がいい
かな」と、思わなくはないですが、それでも、他のところに移りたいと思うほ
ど強くはないですよ。一つは多分、入った企業にもよるんでしょうね。仲の良
いやつに外資系のコンサルティング会社に入ったのがいるんですが、そいつは
もう何回か転職しています。外資系に入るということはそういうものなんでし
ょう。そういった中で、いろんなところへ行って自分のキャリアをどんどん積
んでいく……考え方として僕は間違っていないと思う。個人的に何か面白くな
いからというんで転職する人がいると思うんですけれど、それはどうかなとは
思います。僕のいる会社は今がピークじゃないかと思っています。ピークを過
ぎたからといって「辞めるか」といったらそうじゃないと思うんですね。逆に
そこで踏ん張るのが面白いんじゃないかと思うんです。

　会社でできる人、すごいなと思う人は、やはり人としての魅力が兼ね備わっ
ていて、勉強以外の部分での魅力で人を引きつける部分があります。勉強だけ

IV-3　国際バカロレア社会人調査

をずっとしている人は確かに優秀で、大学の授業を1回も欠かさず出て、全部「優」を取って、トップクラスで卒業して、立派な会社に行く。それも必要だと思うんですが、結局、会社って人づき合いが半分以上を占めていて、それだけじゃない。僕の知っている人は頭がものすごくいいんだけれど、ものすごく真面目というわけでもなくって、仕事人間というわけでもない。ただ、やはり頭がいいと仕事もまわるんですよね。

●事例3：日本の私立大学を卒業、日本企業に就職した事例
　物流会社勤務（アムステルダム国際学校・女性・20代後半）
　弁護士を目指し上智大学法学部に入学、外交官試験に通らなかったため現在の物流会社に入社した。生まれてから6歳までアメリカに滞在し、14～15歳をイギリスのアメリカン・スクールに通学した。
【インターナショナル・スクールに入るまで】
　生まれたのはアメリカのロスアンゼルスです。日本の小学校1年生の2学期に帰国して横浜の小学校に編入し、1年ちょっとして横浜市戸塚区に引っ越して、そこの小学校を卒業しました。中学校は地元の公立中学に進学したのですが、中学3年生の5月に、イギリスのサリー州に、父親の仕事の都合で転勤し、日本で言う高校1年生の8月までイギリスに住んでいました。オランダに転勤したのが1993年の8月です。1996年にいったんインターナショナル・スクールを12年生で卒業という形になりましたが、IBは12年生からだったので卒業した後も1年間残って、最終的に1997年に学校を修了したということになります。終了して日本に帰国したのが7月です。
　イギリスは1年と3か月だけで、ようやく学校に慣れてきたかなというところで、急にオランダに転勤になって、その時は「え、オランダ、英語じゃないじゃん、どうしよう」という方が先に立って、イギリスに居たかったですね。イギリスでも、やっぱり補習校があって、週に1回、日本人が集まって日本語の授業を受けるんですが楽しくって友達もたくさんできましたし、学校にもようやく慣れてきたというのがあったので、また一から友達関係を作ったり、オランダ語もよくわからないし不安で嫌でした。
　インターナショナル・スクールに行くことになったのは、まず、父親の会社から近い所に家を決めたいというのがあって、インターナショナル・スクール

347

第Ⅳ章　国際バカロレア受講者のその後

は近いし、日本人もいるし、英語が多少できなくてもフォローする体制もできているしというので、決めたんだと思います。クラスには日本人は少なかったですね。20人くらいのクラスに私を含めて3人くらいでした。

【大学入学】

　帰国する1年前くらいに学校でキャリアプランを書かされたり、進路について考える時間があったので、その時にいろいろ考えて、法学部が良いかなと思っていました。その当時は、法曹会、いわゆる弁護士、裁判官、検事とか、あと家庭裁判所の調査官とかになろうと思っていました。

　受験した大学は私立ですと、学習院、青学、慶應、法政、早稲田、あと上智。国立は一橋です。第1志望は一橋で、3月まで待って受けました。予備校に行って帰国子女の受験対策として、英語と、小論文と国語、面接の練習も1、2回しました。結構、中だるみしてしまいました。一橋の試験はちょっと変わっていて、英語の科目が一般の受験生と同じ問題で難しいんですよ。一つの文が3行くらい続いて、それを日本語に訳せといったもので、国語力や文法力があれば長い文でも訳せると思いますが、何て難しいんだろうって思いました。

【就職・職業観】

　弁護士になるという考えは今は変わりました。大学に入って法律の勉強をしていたんですけれど、きっと被告人たちの話を聞いたら自分も一緒になって沈んじゃって、弁護士の役に立たないだろうなと思ったり、弁護士と検事と裁判官って、もう弁護士だったら絶対に被疑者を弁護する側、検事だったら絶対被害者を擁護して被告の罪を追及する側ってピシッ、ピシッと立場が分かれているわけですが、私は、同情しちゃいそうなんですよね。きっと性格が災いして、悩みが多くなって無理かもって思ったのと、大学での一般科目はすごく良いんですけれど、専門の法律の科目になると成績があんまり良くなくて自信喪失していたというのがあったんですよ。

　公務員は安定しているというのにも目をつけて、外務専門職試験のために予備校に1年間通い、大学の4年の6月に受けたんですけれど駄目だったんですね。帰国子女だからという自負もあって、「英語を使いたい」「使えるのが良い」「自分が国と国の架け橋になりたい」「会社の利益を追求するのではなく公益みたいな仕事をしたい」というのもあったんですね。でもやはり、無職になるのが怖かったんです。両親とも社会的保証がないよりはとりあえずは社会人

Ⅳ-3　国際バカロレア社会人調査

になって、給料をもらって自分で自立する方がいいというので、民間の就職活動もしたのです。4月の末に、すごく早くに今の勤務している会社から内定をもらいました。父親が空の方ですが物流会社にいるので、何となく物流がよいとか、世界の国と直接接点がありそうで自分の経験も多少は生かせるんじゃないかと。それで語学力を買われれば即戦力にでもなるだろうしと、安易に考えて何社か受けた最初の会社だったんです。そこをとりあえず押さえつつ公務員試験を受けたのですがそちらは駄目でした。

　就職して今3年目です。結構ストレスで性質に合っていない。去年の4月から通訳案内業種試験を勉強していて、資格を取ってから仕事を辞めるかはわからないのですが、やっぱりちょっと会社を離れたいなというのが強くなってきています。

● 事例4：日本の国立大学を卒業、日本企業に就職、留学後日米合弁会社に転職した事例

　日米合弁証券会社勤務（デュッセルドルフ国際学校・男性・30代後半）

　中高一貫の進学校からインターナショナル・スクールに転校した。デュッセルドルフは初めての海外滞在である。卒業後、京都大学入学、日系航空会社に就職した。企業内留学制度を利用できず自費でアメリカ・ローチェスター大学に留学し、MBA取得。その後、転職して現在の日米合弁の証券会社に勤務している。

【インターナショナル・スクールに入るまで】

　出身は京都ですが、そこから公立の普通の小学校に行き、中学校は奈良の私立学校に通っていました。父親はメーカーの国際部で海外出張が多かったので、仕事の延長線上の赴任という形です。中3の夏くらいにドイツのデュッセルドルフに行き、最初は日本人学校に入ったんですが、1月に卒業で2、3か月しか行かなかったですね。そこからインターナショナル・スクールに入学し卒業までいました。インターナショナル・スクールに入ったのは9年生の途中、1988年に卒業して大学には1989年に入学しました。

　デュッセルドルフに行くことが決まった時、それまで小さいころに海外旅行で一度、行った記憶はあるんですけれど、それ以外、行ったことはなかったものですから、海外の転勤の話があった時点では、家族の中では一番、行きたが

349

第Ⅳ章　国際バカロレア受講者のその後

っていたのは自分だったという記憶はありますね。

　デュッセルドルフ国際学校の日本人は自分が入ったころはそれほど多くなかったですね。それでも20人くらいはいたとは思いますけれども、その後に比べれば少ない方でしたね。幼稚園みたいに校庭とか狭かった。それが何となくインターナショナルの雰囲気があって、すごく小さいこぢんまりとした所だなっていうイメージがありました。今と全然、多分、違うと思います。敷地はもっと狭かったですし、バラック建てみたいな小屋、キャビンみたいなところで授業を受けていました。

【大学入学】

　日本に戻って予備校には行きませんでした。受験したのは、私大は慶應、早稲田、国立は、東大、京大の法学部、経済学部。そんな感じですね。結局、京大の法学部に進学しました。もともと京都の大学へ行くものだというイメージ、感覚がありました。試験は、筆記と面接。論文を書かせるところもあれば、日本語のテストを受けさせるところもあったと思うんですが、筆記は普通の日本語ができていれば解けるという問題でしたね。面接は、正直いってあんまり印象に残った質問ってないです。多分、向こうの生活がどうだったとか、そういうような一般的な話が主で、ドイツ語でしゃべれとか、英語でしゃべれとか言われたような気もします。

　学校の先生が「そのままヨーロッパの大学、アメリカの大学へ行けば良いんじゃない」「そこそこのIBの点数を持っているんだから行けるよ」と話してくださったんですけれど、外国の大学を卒業して日本に戻ってくるのは、ほぼあり得ないわけです。日本で働くには、日本の大学へいったん戻って、そこから海外へ行きたければ十分に行けるし、日本に戻って好きなことをしようかなとモラトリアムの期間という意味で日本に戻ってきました。こういうものだろうと想像していたとおりの世界だったので、期待もショックも何もなかったですけれどね。

【就職・職業観】

　就職は、理系にもともと行きたかったというのもあるんですけれど、何か大きな物を作りたいなと思い、重工業、船、飛行機、宇宙船、そういうメーカーを受けました。それこそ鉄だとか、後はプラントの会社だとか。

　基準は大きい物が作れるところと、その業界でナンバーワンのところ。もと

IV-3　国際バカロレア社会人調査

もと自分の親族に理工系の人間が多くて、小さいころからそういうのが好きだったっというのがある。そういう業界の情報は親族も持っていましたし、電話帳のように束になって送られてくる就職情報誌から自分で調べて、結局は航空会社に就職しました。システムエンジニアですから、典型的な事務職ではありませんでした。

　もともと海外留学しようと思って大きい会社に入ったんです。結局は留学は休職して自分で行きました。行き先はアメリカのローチェスター大学（MBA）です。MBAの記憶は、1年目は、結構大変だったなという感じですかね。IBに近い感じですよね。詰められた中でいっぱいいっぱいやりながらやるという感じでした。忍耐力がないと駄目でしょう。戻ってくる前に、どうしようかなと考えて、航空会社を辞めて転職しました。休職しての自費留学ですから、退職するタイミングがその時になったのか、後になったかだけです。アメリカで2年生になってから今の職場を探しました。キャリアフォーラムみたいなのが、アメリカであるんですけれど、多分、そこで人事の面接みたいなインタビューを受けたと思います。決定打は、その面接をした時の印象が良かったということと、後はできたばっかりの会社だったので、それから先どうなるのか、まだその時はわからない、それはそれで面白そうだなと、せっかく一から違う業界で始めるのならば、そっちの方が良いかなというのがあった。ここでは要は資金調達のお手伝い、株式、債券なり、それから後はM&Aいわば買収。買収だとか売却するというサイズが大きいですから、そういう意味ではまあ面白いかもしれないですね。

●事例5：日本の国立大学（医学部）を卒業、医師になった事例

　産婦人科医師（デュッセルドルフ国際学校・女性・30代前半）

　9歳から14歳までアメリカに滞在し、9～11歳までが現地校、11～14歳は日本人学校に通学した。15歳からデュッセルドルフで暮らす。小さいころから獣医になりたかったが医学部に進学。現在、産婦人科医として国際的な医療センターに勤務している。

【インターナショナル・スクールに入るまで】

　育ったのは神奈川県川崎市です。公立の小学校で3年生の1学期まで過ごし、アメリカ・デトロイトに父が転勤になり、現地の小学校と土曜日に日本語

351

第Ⅳ章　国際バカロレア受講者のその後

の補習授業校に通うという生活が続きました。父親は鉄を加工する機械会社の営業で、出張もかなり多かったので今から考えると予定されていた転勤だったと思うんですが、子どもですのでそのへんの前後の事情はよくわからなかった。アメリカは、どこの家も広々としたお庭があって中流の家庭が多い地域だとは思います。そこには小学校の5年生の1学期のころまで丸2年おりました。次に父がシカゴに転勤になりシカゴの全日制の日本人学校に中2の初めまでいました。基本的には全く日本の小学校と同じでした。

　中2になる時に帰国し、1学期だけで取りあえず会社の社宅に入ったんですけれど、その後、家を買って引っ越しました。高校受験自体は普通にしましたが、受験と前後する形で2月くらいに辞令が降りて父のドイツ転勤が決まりまして、ドイツはなぜか行ってみたい国ではあったのでうれしかった。デュッセルドルフ国際学校には日本人は結構いました。上の学年下の学年含めて、十数人同時に入って来た日本人がいたのでなんか懐かしい雰囲気だなというのがありましたね。お互い似たような境遇なので、公立の学校に通っている時とは違った安心感みたいなのはありました。

【大学入学】

　医者になろうと思ったのは本当に偶然で、もともと小学校のころから獣医になりたかったんです。大学も獣医関係ということで受けたのですが落ちました。佐賀に母の実家があり、寄るついでに佐賀医科大学を受けたんです。佐賀医科大学は帰国子女枠でIBの結果を出して書類審査を受けた後、地元の高校などからの推薦入学試験を受ける子たちと同じ試験を受けました。父と相談した時に将来どうしたいのかと言われて、「働きたいんです」と言ったら、「女性は資格を持って、手に職を持っている方が長い目で見ると良いから」と言われたので決めました。

【就職・職業観】

　最終的に、現在の職場は医療教育ということで小児科か産婦人科があることが決め手になりました。小児科も見に行ったりしましたが、性格的にやっぱり外科系だということと周産期に子どもが生まれてくるというところが明るくて好きだったので産婦人科医になりました。ここが最初の職場なのですが、国際と名前がついているので、ひとえにそれだけで受験しに来たようなものです。最初は病院雇いという研修医ですので、1日9時から3時まで、6時間だけ働い

352

ていることになっていて、時給が千いくらで、土日来ても手当てが出ないという状態でした。今の身分は国家公務員、医療系の技官です。

●事例６：日本の私立大学を卒業、数回転職している事例

和菓子製造・販売会社（食品企画）勤務（パリ国際学校・女性・30代前半）

中学校からフランスに行き、スイスのホテル学校に行くことも考えたが立教大学社会学部観光学科に進学。その後、食材商社、歯科インプラントの販売会社等を経て、現在、和菓子の製造・販売の会社に勤務している。フード・コーディネーターの資格を持ち食品関係と医療関係への関心がある。

【インターナショナル・スクールに入るまで】

東京都の板橋区で生まれて、私立の小学校に入り中学校までそちらに行きました。小学校は共学で、私がいた当時は中、高は女子校でしたが今は共学になっています。高校の４年半をフランスで過ごしました。最初の１年間は16区にある Ecole active Bilingue（ビラング）のブリティッシュ・セクションというところで、学年に10人しかいなくて、IBとイギリスのＯレベルとＡレベルを受けられる良いクラスに入りました。父の知り合いの日本人の方が行っていらして、何も情報がなかったので、とりあえずそこに入りました。日本人は私の学年には私を入れて２人でした。最初の半年くらいは何もわからない状態で、テストもあったんですけれどほとんど書けない状態でした。進路指導みたいなことも受けていたんですが、フランス人の女性の方が結構厳しくて、自分のことは自分で何とかしなさいという感じで、もうひとり日本人の女の子がいたんですが１年留年して勉強していました。日本の中学では成績も良かったので、本当に悔しかったので、歯を食いしばって勉強したら、半年過ぎたあたりから、段々、楽になってきたんですが、勉強しているうちに、何かちょっと方向性が違うんじゃないかなと気づきだしたのです。ビラングにいるとＡレベル、Ｏレベルというイギリスの勉強しかできないので、その後に広がりがないんですよ。イギリスに行くんだったらいいんですけれど、それも自分が将来的に何をしたいのかなという希望と合致しなかったのです。それで自分で調べたんですね。ISP（パリ国際学校）の方が３倍くらい授業料は高いですよ。それで学費のことも実家と相談してOKが出たので、まず自分で校長先生にアポイントをとって話を聞きに行ったんです。そうしたら、結構、雰囲気も良かった

第Ⅳ章　国際バカロレア受講者のその後

し、学校の施設もビラングよりも整っていました。入る前に、どの程度英語ができるかという試験を受けて学年を決めてもらって、お互い合意したのでそれで入ることにしました。ですがビラングの方でも、一応、次の学年にいるかどうかといったインタビューがあるんで、そこで転校してISPに行きますということを伝えるのが大変でした。ビラングのOレベルのクラスがISPの10年生に当たるんですね。それでISPではそこから始めました。

【大学入学】

　大学は、立教大学社会学部観光学科に行きました。日本の観光が元気だからそこのパイオニアの学校に行きたかったのと、最初に受かった学校が立教だったんです。大学受験の時に私はほとんど勉強をしませんでした。IBの試験結果も出してプラス大学の試験があるんです。予備校も行ったんですけれど、あまりにもやっている内容が簡単すぎてすごい退屈で、1週間で行くのをやめました。国立もいくつか受けたんですけれど、一番、行きたかったのは九大でしたが受からなくて、ほか富山大学とか静岡大学とか金沢大学も受けましたが、親に「あんまり遠いところはやめてくれ」って言われたので立教に決めてしまいました。国立の試験は1月、2月くらいまでかかりますね。立教は結構、早かったです。結果が出たのは11月ぐらいだったと思います。

【就職・職業観】

　就職は食べ物の仕事に就きたかったのと、やはり英語ができるので海外で活躍できる仕事と思って探したところ、貿易会社の商品開発があったので、最初、そこに就職しました。私が主に担当したのはタイですね。海老、中国野菜、冷凍野菜、鶏肉、あと海老にパン粉をつけた加工品とかをやっている食材商社みたいなところで貿易事務と商品開発でした。実際にタイの現地に行って名刺交換して渡りをつけて自分で工場見学を申し込んで社長を連れていって「これどうですか」とか言って交渉したりしました。会社の収益が不安定で、貿易と国内卸しもやっていたんで、その貿易の為替レートで収益がギャンブルみたいな状態になって、営業事務やいろんなことをやらされるようになって体を壊しちゃったんです。それで1年くらいで辞めてしまいました。

　その後、人材会社の紹介でスウェーデンに本社がある外資系歯科インプラントの販売会社に入りました。すごくアカデミックな会社で新しい製品を取り扱う部署で、立ち上げから発展していく過程を2年間、経験し、医療の知識を得

IV-3 国際バカロレア社会人調査

ることができ、プラス高校時代に勉強した生物の英語の専門用語が結構でてきたのですごく助かりました。その時、IBの生物やっていて良かったなとすごい思いましたし、会社でも重宝されました。それも2年で辞めました。やはり外資系は動きが早いので、本社のトップが変わると支社も考え方もパワーもガラっと変わるんですね。

　その後、P&Gの子会社のペット・フードの会社に勤めたんですね。すごい楽しかったしペット・フードのマーケティングをするためにそこに入ったんですけれど半年ぐらいしたところで、外資系歯科インプラントの会社で一緒に働いていた人が新しく歯科医療コンサルタント会社を立ち上げたのでそこを手伝って欲しいということでそこに呼ばれて行ったんですが、その会社も実はすぐつぶれちゃったんですね。その後、食べ物の仕事がしたくて、今の和菓子の製造・販売の会社にいます。効率的に在職中に就職活動したかったので、人材派遣会社とか、人材バンクに登録して、就職活動していました。今は食べ物に興味がわいてきて自分でフード・コーディネーターの資格を取って会社とは別にフード・コーディネーターみたいな仕事を個人的にやっているんです。後は2年間仕事をして、歯科医療にすごい興味を持ったんですね。海外の良い製品を海外から持ってきて紹介するという仕事も面白いなと、今、その二足の草鞋で迷っているところがありますね。

●事例7：日本の私立大学を卒業、日本企業に就職した事例
　広告代理店勤務（パリ国際学校・女性・20代後半）＊事例8の双子の妹
　インターナショナル・スクールを6月に卒業した後、書類受験で国際基督教大学（ICU）に合格し、双子の姉とともに9月に入学した。同年10月に同時に出願していた慶應義塾大学文学部の合格がわかったので国際基督教大学を退学し翌年4月から慶應義塾大学文学部に進学した。現在は、広告代理店に勤務している。外国歴としては、11〜12歳時にイギリスに滞在している。
【インターナショナル・スクールに入るまで】
　出身地は東京です。外国の経験は、公立の小学校に通っていて5年生の時にイギリスの小学校へ行って2年間いて、中学校で日本に戻ってきて帰国子女枠で私立の女子中学校に入りました。イギリスは現地校です。中学校3年生から高校3年生までパリに住みました。92年から96年です。

355

第Ⅳ章　国際バカロレア受講者のその後

　イギリスは、ロンドンから2時間くらい行った田舎でした、本当に小さな町です。日本人は、学校には私と姉（注：双子で事例8）を抜いたらあと2人ですね。すごい楽しかったです。大好きでした。小学校5年生だったので、英語も知らないうちにしゃべれるようになっていて、苦労したのも本当、最初の1日目だけという感じだったんです。それは幸せな経験でしたね。日本の高校は私立の女子高で帰国子女は多い方だと思います。英語は帰国子女の生徒が取る英語のクラスを取っていました。フランスに行くことが決まった時は嫌でした。中学校が楽しかったので母から話を聞いた時は泣きました。「行きたくない」と言いました。

【大学入学】

　親は日本の大学に行って、良いところに就職することを望んでいたので、いつも反発して、ずっとイギリスの大学に行きたいと喧嘩をしていたんですけれど、結局、説得しきれずに、「日本に帰りなさい」という話になっちゃったんですね。日本の大学には行きたくなかったんですが、6月に戻って7月から予備校に入れられてしまったんです。

　学校によっていろんな受験スタイルがあるので、例えば慶應なんかは多分、IBの点数重視だと思うので、あまり受験の準備の必要はなかったと思うんですけれど、それ以外の学校は、結構ちゃんとした入試をやるみたいなので、それに向けてみんな勉強していました。私と、私の姉はまだパリにいるころからICUを受けて、9月入学は書類選考だけで受かっていたので、8月いっぱいくらいで予備校を辞めて9月からICUに行っていました。9月に入学して、で、10月か11月くらいに慶應の試験があるんですね。それを受けたら受かったので、2か月くらいでICUをやめてその次の4月まで待って慶應の文学部に入りました。ICUもすごい良い学校ですし、楽しかったので、すごく迷いましたが、ICUって小さな学校だし9月入学生って固まってしまうので、姉と入ったので小学校の時から大学までずっと一緒だったし、何か、いつも同じ友達と一緒につるんでいるというのがすごい堅苦しくなってきちゃったので、ここらへんで変えておいた方がいいかなと思って慶應に行くことにしました。姉も受けたのですが、たまたま私しか受からなかったので、私だけ学校を変えました。

　IBの点数って何学部は何点以上だったら受かるとか、どこからそういう情報が来るのかわからないですけれど、当たっているんですよ。姉と私とでは1

356

点か2点差だったと思うんですけれど、私が文学部ボーダーラインだったんですね。文学部では社会学コミュニケーションを専攻しました。それで現在、広告代理店に勤めています。

【就職・職業観】

高校の時、雑誌の編集が面白いなと思っていたので、ちょっとマスコミっぽいことをしたくって文学部の中でも最もメディアに近いところを選んだという感じですね。現在の会社に入れたのは本当に運と縁でという感じでした。これを言ったら、全然、夢がないんですけれど、それなりの大学を出ていて、体育会に入っていて、語学が出来るというと、結構、今の会社ではポイントが高くなるんですよ。それにたまたま面接官の人と話が合って、それで入ってしまったという感じですね。入ってからいつも悩んでいますね。働いて、今、4年目です、今度の4月で5年目です。1、2年目の時は、とにかく、すぐに3年たったら辞めてやろうと思っていて、体力的にも大変だし典型的な日本の会社で理不尽ですし。ただ、仕事の内容は、3、4年目になったら慣れて楽しくなってきて、5年目6年目になると責任を負わされるようになるので、責任感を持って仕事をするのが好きではないので、そのころになったらどう考えているかなと今から思っていますね。

●事例8：日本の私立大学を卒業、転職後、アルバイトしている事例

新聞社アルバイト（パリ国際学校・女性・20代後半）＊事例7の双子の姉

事例7の双子の姉である。妹と同様、インターナショナル・スクールを6月に卒業した後、書類審査で国際基督教大学（ICU）に合格し9月に入学した。総合職として菓子メーカーに勤務したが3年後に退職。現在は新聞社でイベント関連のアルバイトをしている。

【インターナショナル・スクールに入るまで】

生まれたのは兵庫県ですが、育ったのは東京です。小学校は公立、東京の学校で、それで中学校から私立の中学校に行って、途中の中学校3年生の時にパリに行きました。中学校の生活が楽しかったし、友達もいっぱい出来ていたので、転勤が決まって、最初「嫌だ」と言いました。でもしょうがないから一緒に親について行った感じです。小学校の5年生から6年生までイギリスに2年間住んで、その時はイギリスの現地校に通いました。行く時は嫌だったんです

第Ⅳ章　国際バカロレア受講者のその後

が、「日本にいたら塾に行かなきゃいけないよ」と言われて、「じゃイギリスに行く」という気持ちでした。イギリスは現地校で、全然、言葉が出来なかったんですけれど、田舎だったので、みなさん歓迎してくださったし、あと、勉強の内容がすごく簡単だったので絵を描いていた記憶しかないんです。

　父親は、会社関連の研究をする研究所がイギリスにあって希望して行ったこともありますし、両親はイギリスに行くのはうれしかったみたいです。イギリスではすごいのんびり暮らしていたので、勉強をあんまりしなかったし楽しかったのでイギリスにもうちょっといたかったですね。だから日本に帰ってから勉強が結構、大変でしたね。

　パリには父の転勤で行きました。インターナショナル・スクールには9年生からちょうど入って4年間いました。父は3年目で帰国することになったのですが、今から日本の高校に通っても絶対についていけないということで1年間私と妹と母と3人でパリに暮らしました。

【大学入学】

　大学は日本の大学に行きたいと思いました。日本の大学生活がなんか楽しそうで憧れていました。多分、IBの勉強を通して、教育の役割は大きいなって感じて、それで教育に興味を持ったのと、小さい子とかが好きだったので、子どもの心理、教育の心理とかやりたいと思い、ICUに教育心理があったので、それでICUに行きたいなと思ったのです。でも、教育心理というのは教育を取っている中でも成績の上の人しか行けないんですね。私は行けなくって、結局、教育コミュニケーションを専攻しました。国立を受験したいとはあまり思いませんでした。ICUは書類だけで9月入学できるので、パリに住んでいる時に書類を送って、日本に帰ってきたら、もう合格通知が来たので、試験を受けるのも面倒になってそのまま進学しました。予備校は1か月くらい行きましたが勉強した記憶はあまりないです。でも、他の国から帰ってきた友達がいっぱい増えたのですが、IBを受けている子は全然いなくて、「IBって何？」っていう感じで、アメリカから帰国した人はSATをやっている人ばかりでした。「私って勉強ばっかやっていたんだな」みたいな感じでしたね。母とか父は、ある程度、名前が通っている大学であれば良いと思っていたんじゃないかと思います。外国に行くといったら反対したと思います。

358

Ⅳ-3　国際バカロレア社会人調査

【就職・職業観】

　今の仕事はアルバイトなんですけれども新聞社の事業本部で、スポーツイベントの仕事をしています。主に内容は、海外の、例えばサッカーのクラブチームですとか、アメリカの野球のクラブチームとのやりとりがメインで、そのほかイベントに直接かかわった仕事をしています。

　最初は、日本のお菓子メーカーの会社に総合職で入りました。入ってみたらそこは男女差別のある会社で、総合職と言って入ったのに、実際は女の人は一般職だったんですね。制服もあるし、お茶入れとか雑用、特に私は総務部総務課というところにいたのですごいショック。石の上にも3年、3年間働こうと決めていたので、結構、我慢でしたけれど、3年間働いて辞めました。それからはいろいろやっています。全部アルバイトなんですけれど、いろいろな世界をのぞいてみたいと思ったので、画廊で働いたり、国際文化協会というミス・インターナショナルの事務局で働いたり……。仕事は全部、友達が見つけてきてくれるんです。「こういうの募集しているよ」とか、私があまりにものほほんと生きているので、「少しは働いた方が良いんじゃない」って。今の仕事も友達が見つけてきてくれたんです。

● 事例9：日本の私立大学を卒業、日本企業に就職した事例

　タイヤメーカー勤務（デュッセルドルフ国際学校・男性・20代後半）

　小学校時代を過ごしたトロントでアイスホッケーを始めた。大学選択においては、将来、海外勤務ができるキャリアとして経済学部・商学部を考え、最終的にアイスホッケー部があることから慶應大学商学部に進学、卒業までアイスホッケーを続ける。日本のメーカーの海外事業部に勤務。インタビューはアメリカ赴任の数週間前であった。

【インターナショナル・スクールに入るまで】

　幼稚園までは東京に住んでいたのですが、小学校は父親の仕事の都合でカナダのトロントに6年間いました。中学校は日本に戻って東京の私立中学の国際学級に入りました。その後、高校1年からデュッセルドルフ国際学校です。

　父親は、電気メーカーの営業でした。カナダのトロントでは、現地の人に溶け込むという理由でカナダの国技であるアイスホッケーを始めました。それでずっと大学を卒業するまでアイスホッケーをやっていました。現地校は、最

359

第Ⅳ章　国際バカロレア受講者のその後

初、大変だったと思いますが辛かった経験はあまり記憶にはなく、楽しかった
と思います。日本に戻ってきてショックはあったのかもしれませんが、中学校
の国際学級は全員帰国子女なので、すぐに溶け込めました。残念ながら男子校
でしたが。

　高校でデュッセルドルフに行くことが決まった時は、ヨーロッパは歴史もあ
って古くてカナダと全然違いますが、不安というよりはむしろワクワクしまし
た。いずれ海外に行きたいと思っていたし、中学の時も友達に会いにカナダに
行ったりしていました。デュッセルドルフの印象は、学校に日本人が30人ぐ
らいいたので、まずは「日本人が多いな」と思いました。せっかくドイツにい
るのに、結局、日本人だけとつき合っていたら日本と変わらなくなってしまう
ので、うまく日本人とつき合って、かつ外国人ともつき合うことを意識しなが
らやっていました。

【大学入学】

　大学に進学する時点では、何になりたいかは考えてなかったです。ただ、文
系に進もうとは思っていました。将来、また海外に行きたいという希望があっ
て、父親も文系で海外営業部だったので、そういうキャリアの方が海外に行け
るのではと思ったのです。「商学部に行きたい」とその時から決めていました
し、大学卒業後は企業に入ると考えていたので、志望学部は商学部か経済学部
と思っていました。それと、大学でもアイスホッケーをやりたいと思いました
ので、強いところというと、早稲田、明治、法政なのですけど、学業もしっか
りしている早稲田か慶應と思って実際に日本に帰って大学を見に行って慶應の
方がいいと思ったので、慶應を第1希望にして受験しました。国立は受けなか
ったですね。慶應に受かって、もういいかって思いました。日本に戻ってきた
のが8月ぐらい。帰国入試だったので、入試が9月で、実質2か月間、予備校
に籍を置きました。そこでは論文の書き方とかの指導を受けました。

　慶應は一次選考が書類選考で、IBの予想点とともにSATも出しました。な
ぜIBだけでは駄目かというと、IBって結局、最後にならないと点数がわから
ず、例えば慶應に志願する時に予想点を提示しなければいけないので、万が一
予想点よりも低かったらと考えて不安だったからです。SATは1,200点程度
で、1,300点ぐらい取った方がいいのだと思います。TOEFLの点数はよかった
です。二次選考はどこでも論文と面接でした。受けたのは慶應の商学部と経済

360

学部、早稲田の商学部、上智の経営学部ですね。結果は慶應の商学部しか受からなかったので、慶應の商学部に進学しました。早稲田は筆記がメインで日本語力がないと受からない。多分、まわりの受験生の平均が高かったのではないかと思います。IBのスコアも38点ぐらいは結構いたので、それを見ると「やっぱりまずいな」と思った記憶があります。選考において、慶應は海外での成績とか課外活動を重視してくれたと思いますが、一方で、早稲田は当日の試験の結果という印象を受けました。海外の大学も考えていて、カナダのブリティッシュ・コロンビア大学（UBC）に受かってはいたんですが、家庭の事情で日本の大学に進学することにしました。

　当時、慶應のアイスホッケー部は強くなり始めたところでした。体育会でしたし、いろいろとルールがあって、かなり厳しくて1年目は苦労しました。まず、誰かがミスをした場合は、基本的にその学年が連帯責任を負うことになっていて、いわゆる個ではなくて団体責任で、仲間意識を植えつけるという意味ではいいのですが、海外と全然、違いました。あとは、1年目は雑務を全部やる。そこは海外だと「みんなでやろうよ」というやり方だったので、大きなギャップでした。「こういう社会なんだな」と納得しようとしましたが、最初は耐えられなかったですね。「やめようかな」と何度も思いましたが、一方で振り返ると楽しかったという思いもあります。勉強もそこそこして、基本的には部活ばかりしていました。商学部でも経済系の勉強をするのですけれども、高校の時もやっていたので、全然、難しいとは思いませんでした。英語から日本語になっただけといった感じでした。

【就職・職業観】

　インターナショナルスクールを卒業して10年になります。日本のメーカーの海外事業部において、今は欧州全般の事業管理を行っています。先ごろ、いきなりアメリカ赴任と言われてもうすぐ赴任します。アメリカは一番大きい市場なのですが、全くやったことのない市場です。今回は2年間の赴任なんですが、1年目に経営企画部門でアメリカのビジネス全般を学んだ上で2年目は営業活動になります。研修も兼ねていると思います。

　就職は、海外の企業で働きたいとも少し思いましたが、家の事情があるので、日本企業で海外に行けるところでメーカーと航空業界を当初、考えていました。大学2年の時は「パイロットになりたい」と思っていたのですが、部活

第Ⅳ章　国際バカロレア受講者のその後

をやっている時に、手首の粉砕骨折をしてしまい、パイロットは身体検査が厳しいと言われたのでパイロットは諦め、「地上職もいいかな」と思ったので航空業界も受けました。第1希望は航空業界でした。現在のメーカーに採用されたのは、グローバル企業なので海外を転々とした経験を買われての海外要員としての採用だったと思います。何社か内定をもらいましたが、人事の人や他の社員の方を紹介していただいて、話を聞いて決めました。

　会社の中で海外に行く人たちの経歴は、海外経験のある人が多いですね。日本でずっと育ったという人もいますが、そういう方たちは学歴が高いですし、大学時代に留学経験がある方が強いと思います。会社の中に外国人の社員もいますし、電話会議や現地とのやりとりは英語なので、採用時に語学を重視していると思います。外に向かって開放的になることができるかは経験によるので、そういう経験は若いうちがいいと思います。どうしてもずっと日本にいて社会人になると、日本的な固定概念ができてしまうと思います。私の場合は父親のおかげでいろんなところに行かせてもらっていろんな経験をしたので、「多様な人がいるんだな」ということを小さい時から知ることができたと思います。ですから、非常に柔軟に人と接することはできますね。

　今後のキャリアとしては、アメリカに2年行って、いったん日本に帰ってきて、そこからまたおそらくどこかの地域に赴任するのではないかと思っています。どこでも好きな国に行っていいと言われたら、カナダは好きですが、仕事という意味であればいろいろとチャレンジできる新興国に行ってみたい。昔、アフリカ市場を担当していたし、アフリカの西のエリアってコートジボワールとかナイジェリアとかセネガルとか、国が無数にあります。ブラジルもいいと思いますし、ロシアもいいですね。

●事例10：日本の公立大学を卒業、国立大学院修了、日本企業に就職、退職し専業主婦の事例

　専業主婦（デュッセルドルフ国際学校・女性・20代後半）

　心理学を専攻したくて帰国子女入試で大阪市立大学に入学。その後、大阪大学大学院に進学後、日本企業に就職した。数年で退職して配偶者の勤務の関係で地方都市（仙台）で専業主婦をしている。地域でスポーツを楽しみ、語学を生かして人的つながりのある会社の英語のコーディネート業務を時間のあると

きに自由に請け負っている。

【インターナショナル・スクールに入るまで】

　広島県広島市生まれで8歳までそこで育ちました。小学校はすぐ近くの小学校でした。その後、小学3年生から中学2年生までアメリカのデトロイトに行き、アメリカの現地公立小学校と中学校に通いました。中学2年生の2学期に日本に戻ってきて、中学3年生の1学期が終わるまでのちょうど1年間、また広島の公立中学校、その後、デュッセルドルフの日本人中学校に3年生の2学期と3学期、3〜4か月間通い、デュッセルドルフ国際学校に進学し卒業しました。

　アメリカのデトロイトに行くと決まった時は全然わからないまま、「アメリカに行くよ」と言われて、1か月前に父親が家探しのために先に出たのです。母親は動転していて、ちょうど学校が遠足かなんかでお弁当がいる日だったのですが、お弁当を作るのを忘れてしまい、お弁当がないまま私と弟が学校に行って、行ったら「今日は給食、出ないよ」と先生に言われて、「どうしよう、どうしよう」となったのを覚えています。そういう記憶ですね。母親は飛行機に乗るのが初めてで、子ども3人を抱えて、一番下の子はまだ幼稚園なのに、とにかくアメリカに行ったという感じでした。

　何もわからないまま現地校に入れられて、日本人は2人ぐらい、3年生だったのですが、アメリカってみんな構ってくれるわけじゃなく、自分から行かないと絶対に来てくれない世界なんですね。だから、あまり面白くないし、しゃべれないし、スクールバスも座る席で悩んだりしていました。3年ぐらい経って、やっと、自分から何もしないと何もないということがわかって、子どもながらに話さないといけないと思って、あとはなるべく笑顔をつくって接するようになりました。家でも、みんなカルチャーショックで、全然、違う文化だから動転していて、子どもながらに「しんどいな」というのは思っていました。だから最初は「何でこんな生活に」って、すごく親を憎んでいましたね。でも、徐々に慣れていきました。

　アメリカには、5年いましたが、周りを見たら短い人は3年ぐらい。長い人はずっとという感じでした。現地校に通って土曜日は補習校に行っていたんですね。だから両方の勉強をしないといけない。当時は大変だったと思います。補習校っていうのは、日本人と会える機会でしたけど、でも別に楽しくなかったですよ。日本人と会いたいとも思わなかった。生活はやっぱり現地校の方が

第Ⅳ章　国際バカロレア受講者のその後

楽しくなりました。私は楽器が好きで、5年生からバイオリンをする機会があったのですが、「バイオリンをやりたい」と言ったらさせてくれて、音楽が好きなのでコーラスも選択できました。あとは、地域のオーケストラも生徒であればただで聴け、教育環境がすごく整っていました。

　住居は、治安を一番に選択したと聞きました。父親の会社からは遠かったんだと思うんです。でも、小学校とか中学校とか、補習校に行く距離も考えて、治安のよい地域に住まわせてもらいました。周りもちょっとずつ現地の友達ができて、最終的には帰りたくなかったです。だけど、また無理やり帰国することになりました。帰国となった時は本当にさみしくて、半年後にまた一人でアメリカに帰って友達の家に1か月ホームステイしました。

　日本に戻ってきて日本の印象は最悪でしたね。全然、合わなくて、周りから見たら暴れ回っているように見られて、親も何回も学校に呼ばれました。日本の学校には1年しかいなかったのですが、出て行く前に、先生に「3年分過ごしたよね」と言われました。弟や妹も大変そうでした。弟は二つしか離れていないので同じ学校でした。日本の学校に子どもながらになじもうとするのですが、みんなおとなしく自己主張がない、周りに合わせてトイレまで一緒に行くのに、もうびっくりしましたし、席も授業はみんな前を向いているのが信じられなかった。

　一番下の妹は四つ離れているのですが、日本の小学校を知らずに日本に戻ってきて、またドイツに行ってまた戻ってきてという生活をずっとしていました。思ったことを言葉にして誰かに伝えるというのは、しっかり言語が発達していないとできないのだと思います。その伝えるということを極力、避けてきたのか、日本に帰って遮断されたのか、妹はあんまりしゃべらないです。英語の発音は今でもきょうだいの中で多分一番きれいに残っています。すごくいろいろ考えているし、しっかりした思いも持っているのですが、発信することが難しいみたいです。弟もすごく冷静に物事を見て、それからしゃべるようなところがあります。

　学校では私が一番、問題児だったらしく、多分、親も考えたんだと思います。ある日、父親が、「ドイツに行くか」と聞いたのですが、私は速攻で「行く」と答えました。弟と妹は何も言わなかったです。私は自分が思ったことを先生に対してもクラスメートに対してもはっきり言うし、すぐに行動をとって

364

しまうのです。学校は、すごい田舎で帰国子女が初めてだったみたいで戸惑ったのもあったみたいですね。帰国子女であることを隠して過ごすという対応の仕方もあるとわかったので、その次に帰ってきた時は、極力、誰にも言わなかったです。私が帰国子女だということを仙台の人には誰にも言っていないです。

　デュッセルドルフの学校は日本人学校は面白くなくて、インターに行ってからの方が楽しかったです。日本人は多かったですが、いろんな国の人がいるし、やりたいことがやりたいと言えて、先生もちゃんと聞いてくれて、規則はしっかりあったんですけれど、自由に何でもさせてくれました。

　日本ではもともとシャイで全然しゃべらない子だったんですよ。小学校の時は、たぶん成績も悪くて、何もやろうとしないし、何もしないし、すごくシャイで縮こまっていたんですけど、アメリカに行って、自分から行動しないと友達ができないと知って変わったのだと思います。そのまま日本で育っていたらこんな風になっていないと思います。すぐしょぽんとなっていたと思います。

　ドイツではあんまり真面目じゃなかったです。友達と一緒に帰って、そのまま飲みに行ったり、オーケストラとスポーツをやっていたので遅いときは10時ぐらに帰ることもありました。家の門限が10時でそれを超えてすごい怒られて、午前3時まで説教されてということもありました。皆さん、「IBは大変」とか、「IBをやってスケジュール管理ができるようになった」とか言いますけど、私はそういうのは全く感じませんでした。エッセイだったら、どれだけ自分がこのエッセイに気持ちを入れて書いているか、形式的に書くのではなくて、自分の体験とか、例がいっぱい入っていて重みがしっかりしていれば点数をくれたので、それを思って書いていましたね。

【大学入学】

　大学は大阪市立大学です。市大は心理学があるということで選んだんです。でも1年目は総合教育とか言ってすぐに心理学には進めず、3年生になってからも、人数が多かったら選抜、成績順だとか言われて、猛抗議して、手紙まで書いて、学長に会いに行って、心理学にやっと進めました。1年目から心理学を勉強できないのだったら意味がないと思って、違うところに行こうかと思ってアメリカの大学などを探してました。でもお金がないから、「このまま頑張ってみたら」と言われて、とりあえず卒業しました。なぜ大阪市立大学にしたかというと心理学でやりたい分野であった生理心理学の先生がいたのです。イ

第Ⅳ章　国際バカロレア受講者のその後

ンターで、睡眠時の脳の働き、脳波とか脳の伝達物質の働きを教えてもらっていてすごく楽しかったのと、TOKが好きで、人間って何だろうって突き詰めていったら細胞に関心が行ったのです。だから生理心理学。医学部に行くことも勧められたんですけど、そこまで勉強ができなかったんです。市大は、試験もなかったし、帰国子女入試があって、きょうだいもいて親から「絶対に国公立に」と言われていたし、東京は物価が高いし、ということで決めました。でも、4年間やりましたが何かしっくりこない。無駄とは言わないけれど、あまりやった気がしなかったので、もっとレベルが高いところでやりたいと思って、大阪大学の大学院に行きました。

　日本の大学生はみんなすごくまじめで賢かったです。「賢い」というのは、「与えられたテストを解くという意味で賢い」ということです。みんな100点を取れるような方でした。でも話をしていてちっとも面白くなかった。だから友達はできなかったですね。合わないと思った瞬間から話さなかったし、ずっとバレーボールをしていました。スポーツではみんなスカッとしているのでばか騒ぎもできますし、楽しかったですよ。知的な意味での充足感はなかったし、もっと深く友達と語りたかった。でも、そういうふうに考えたり、自分の意見をしっかり言える人はたった一人しかいなくて、その子は下宿が近かったのでよく行ったり来たりしていました。

　入試はIBとは全然、関係なく、TOEFLとSATの点数を提出しました。予備校は2か月行きました。いろいろな国から帰ってきた人たちで、十数人のクラスで楽しかったです。今でもその時の子たちとつながりがあります。

　大学卒業時には、すぐに企業に勤める気はなかったですね。何をもって仕事をするかがまだ明確じゃなかったのと、まだまだ勉強したいと思いました。4年間の最初の2年間しっかり心理学をやって、その後しっかり実験をやるという4年間だったらよかったんですが、学問的に全然、充実していなかったんですね。だからやりきるまで勉強しようと思って、しかも細胞の研究っていうのは果てしなくて、突き詰めれば突き詰めるほどどんどん、いろんなことをやりたくなってくるんです。4回生ぐらいでぱっと阪大を受けようと思って人間科学の生理学の修士に進みました。そこでやりたい放題やらせてもらって、やりきって就職しようと思いました。テーマは、脳の神経伝達物質、グルタミン酸で、その物質のGABA（ガンマアミノ酪酸）という伝達物質が行動にどうい

う影響をしているかということを、お盆もお正月もなく身を削って2年間休み
もなく研究しました。

【就職・職業観】

　修士で研究をやりきった思いがあり、就職は全然、違う分野にしようと思い
ました。私は日本で生まれたし、日本のことを世界に広めていく番だと思っ
て、日本のものづくりの会社に入りました。メイド・イン・ジャパンってドイ
ツでもアメリカでもすごく強いんです。メイド・イン・ジャパンって書いてあ
るだけで、「これ、めっちゃ品質いい」と思ってくれるので、日本のものづく
りの企業で、しかも世界に拠点があるところを選びました。実は間違えたんで
す。行きたかったのは靴の会社だったんです。すごく履きやすくてスタイリッ
シュできれいな靴を作る会社に就職したかったのです。でも実際に行ってみた
ら、その靴の会社じゃなくて同じ会社名のモニター機材の会社で、結局そこに
就職しました。部署としては営業部でした。本社は地方でしたが、希望したわ
けではなかったのですが勤務地は東京になりました。小さい会社で本当にいい
ものしかつくっていなくて、「絶対の自信がある」「絶対に負けないぞ」という
ところで、それに惹かれて入りました。でも1年半で辞めました。合わなかっ
たですね。まず東京が合わなかったのと、あとは仕事で遠回しのメールで何を
言っているのかわからない。「私に何を求めているの」「これを深読みしないと
いけないの」といったロジカルじゃないメールが多くて。技術営業だったの
で、他の企業さんと一緒にものづくりをしていたのですが、「どんだけ働くん
だ」というぐらい、東京のみんなは働きますよね。多分、私の理屈に合わない
「何でこういうことをしなければならないのか」ということが多すぎて、自分
でもこれは危ないと思うくらいパンクしそうで辞めて広島に帰りました。

　広島に帰って1か月ぐらい経ったころから、知人の会社のお手伝いをするよ
うになりました。大学の1回生の時に3つか4つ年上の子にずっと家庭教師と
して英語を教えていました。その子の父親が自営業をしていて、前からちょっ
とずつお手伝いしていたのです。医療系、放射線に関する機械とかソフトウェ
アの会社です。

　今は、この会社のデザインをしたりカタログを作ったり、あと通訳と海外と
のやりとりを頼まれています。仙台にいてもできるので、お手伝いなんですが
やっています。

第Ⅳ章　国際バカロレア受講者のその後

●事例11：日本の私立大学を卒業、日本企業に就職、起業、日本企業に再就職した事例

ゲーム会社勤務（デュッセルドルフ国際学校・男性・20代後半）

　小学校までオーストラリアで暮らし、デュッセルドルフが2度目の海外滞在である。インターナショナルスクールから慶應大学SFCに進学した。起業を含め、数回、転職を経験。現在はゲーム会社に勤務している。

【インターナショナル・スクールに入るまで】

　海外はデュッセルドルフが2回目です。父親の海外転勤で幼稚園の年長から小学校3年生までの4年間、オーストラリアで過ごしました。そして大阪に帰ってきて、公立の小学校、中学校に進んで、中学校2年生の時に、また父親の海外転勤の都合でドイツに行きました。父親は自動車の海外事業部にいたので、海外に行くと昇進して戻ってまた昇進して、ドイツの後も中東に行っていました。もう海外事業部という部署はなくなって、今は両親は広島にいます。

　日本の公立小学校に入った時の記憶は、日本語がそんなに得意ではなく、ストレスで太ったことです。オーストラリアでは補習校に毎週土曜日に通って日本の教育にキャッチアップするよう勉強していました。読書は小学校3年生レベルの授業内容についていける感じでしたが、漢字の書き順とかは雑で、今でも恥ずかしい思いをしています。

　デュッセルドルフは日本人学校がスタートです。新鮮で、ポジティブな気持ちで行きました。日本では、友達もたくさんいたので名残惜しさはありました。オーストラリアの記憶はほぼないです。やはりドイツの方がちゃんと覚えています。

　日本人学校からの進学先は選択肢がいくつかあって、最も多かったのはインターナショナルスクールに行くというものでした。ドイツ桐蔭とかデンマーク東海とか日本の私立学校の分校に進学する人もいました。ギムナジウムに行くという選択はなかったですね。オーストラリアで培ったものがあって英語は好きだったので、インターは個人的に行きたいと思っていました。日本人学校からひと固まり20人ぐらい行きますので、日本のクラスがそのままみたいな感じはあります。最初はESL、セカンドランゲージ用の補習クラスに入るのですが、それは日本人しかいないようなクラスでした。一応、全員、英語の試験は関係なく例外なく入るのです。修了試験を2回受けるところ、僕は1回で受か

って、そこからはインターナショナルのネイティブの人たちと一緒に授業を受けるようになりました。同学年の日本人は入ってすぐまた日本に帰る人もいましたし、例えば20人で入ったとして、最終的に30人ぐらいになっていたかもしれません。その集団がIB受けたり、普通の授業を受けたり、バラバラになっていきます。その30人の中でIBを取ったのは5人ぐらいです。受けた5人はやっぱり僕のように過去に海外に行って、ある程度、英語ができる子でした。英語力、例えば「TOEFLが500点は超えていないとだめ」という説明があって、始めたけれども途中でドロップアウトした人もいます。最終的に残ったのが5人です。最初は8人ぐらいいたかもしれません。「みんな、できるんじゃないかな」と思って受けるんですが、やっぱり授業のレベルが高くてついていけない。でも降りてくださいと勧告されることはないです。ずっと悪い成績を取り続けると大学進学に響いてしまうので、IBをやめた人は、一人は帰国子女入試で、もう一人は国立大学にセンター試験は受けずに面接と小論文で進学したと思います。普通の授業を受けていた人たちは、帰国子女入試のため、SATとかTOEFLの書類準備のため、ある程度の成績を取り続けなきゃいけないというのと、小論文、面接があるので、小論文の塾にみんな通っていました。塾はドイツにありました。IBの子も行ってました。僕も行っていました。高校3年生の最後の学期ぐらい、大学入試が近づいたころに通い始めました。日本に帰国してからまた予備校に入って、そこでまた小論文の勉強をやりました。

【大学入学】

　IBの点数は38点でした。日本人の中では2～3番目ぐらい。40とか42という子もいました。42だった子はそのままドイツに残って、スイスの大学に行ったのかな。僕は海外の大学に行く選択肢は考えていなかったですね。英語はあくまでセカンドランゲージで、IBをやったとはいえ、ネイティブというほど直感的に話せるわけではないし、日本語の方が得意なわけです。だったら得意な日本語のフィールドでやっていこうと思って、日本の大学でも割と国際色のある大学を選んだつもりではあります。

　日本に戻って最初に入ったのは、帰国子女向けの大阪の小さい予備校でした。そこに行ったのは僕だけだったんです。みんなは代々木ゼミナールか河合塾に行きました。大阪は代ゼミで東京は河合塾という感じでした。大学は慶應大学のSFCです。AO入試ではなくて一般入試です。帰国子女入試で慶應、早

第Ⅳ章　国際バカロレア受講者のその後

稲田、上智を受けたんですが書類は通ったんですけど面接で落ちました。僕は歴史をやりたくて、かなりこだわっていて固執していたんですね。慶應も文学部しか受けなかったし、早稲田も第一文学部しか受けなかったし、上智も同じようにピンポイントで狙っていたら落ちてしまって。もっと併願すればよかったのですが、全く考えてなかった。結局、一般入試で慶應SFC総合政策に行きました。コンピュータもできるし、生物もできるし、法律もできる、教養学部みたいなところです。テクノロジー系が強い学部だったので研究室はデータマイニング系のところに入って、社会学とデータ解析をやりました。大学の勉強で苦労した覚えはあまりないですし、IBをやっていて優位と感じたこともないですね。ただ、「何か自由にやりなさい」と言われた時に、自分の好きなテーマを選べるというのはあるかもしれません。そういえば、ドイツではお酒を16歳から飲めるんで、毎週、飲み会をしていて、大学に入ってお酒を飲むことが初めてではなかった。それは優位性というのでしょうか。

【就職・職業観】

　就職する時は漠然とIT系、ウェブ系を目指していました。大学では、ファッション系企業と一緒にデータマイニングで顧客データから消費動向を探ったりしました。就職は、2009年ころツイッターとかフェイスブックが出てきて、それにすごく惹かれて、ウェブ系会社に入社しゲーム制作に携わりました。ゲームには始めは興味はなかったんですけど、入ったらゲームが一番、盛り上がっていて、ここ8年ぐらいずっとゲームを作っています。コンセプトから入る場合もありますし、仕組みから入る場合もあります。お題が決まっていてそこから企画を作ったり、漠然とゾンビを車でひくゲームがあったら面白いなって考えてそこから始まったり、いろいろです。

　僕がIBで、今役に立ってるなと思っているのは、ゆとりを超えたゆとりです。自分たちのことを超ゆとりだと思っているんです。土日の休み、学校の課題が簡単な時に海外では週末は酒を飲んでいるし、数学だって答えが間違っていても点数くれるし、基本的に英文法も細かく言われないから好きに書いたり組み立てていいし、という自由な環境だった。お酒を飲むというのはソーシャライズする機会です。そういう意味では引きこもりにはならなかったですね。

　日本社会はきついので、僕はそういうところは避けていました。ゲーム業界やIT系は、銀行とか商社に比べてスーツを着なくていいし、残業はあります

370

けれど上司と接待ゴルフとかないですし、出勤は11時で良くて22時ぐらいまで仕事をしたり、あるいは家でやってもいいのです。そういう意味では海外生活が完全にそういう体質にしてしまったのかもしれない。親からはIT系の進路に関して全く反対されなかったです。「あなたが決めたんだからいいんじゃない」って。

　僕は3回転職しています。次の会社に移ってまたゲームを作っていたんですが、友達と起業して辞めたんです。それでしばらくやったんですけど、友達と考えが合わなかったのと、今年子どもが生まれるんですね。それで起業してもすぐにお金が入ってくるわけでなく、じり貧だったので、また就職することにして今のゲーム会社にいます。また起業するかもしれませんが、一度起業して会社をつくるのは簡単だとわかったので、今は今のゲーム会社でしっかりゲームを作って、売上を出していくことに集中したいと思っています。渡り鳥をした結果、複数のオプションを同時に持って、ゲームを作りつつ、友達の人材紹介会社を手伝ったりとか、友達のWEBの会社のアプリを手伝ったりもしていて、そういうことがリスクヘッジになっています。

　こんな柔軟な生き方ができることやサバイバル能力が付いたのは、もしかしたらIBとかインターのおかげだったのかもしれないです。海外ではわからないことだらけでしたから、日本にいた時と比べると壁にぶち当たった回数というのは人より多かったかもしれません。辛かったこともあったのではないかと思いますが、割とポジティブな性格なのです。

　外国に進出したいという夢はありますね。今の会社は海外にゲームを出す前提でつくられた会社だから、そういうチャンスはあると思います。商社に行くと英語ができる人はざらにいるけど、ゲームの業界は大卒が必須の業界ではなく、高卒もいるし高専卒もいる。だから英語ができるのはアドバンテージがあって、選んだ業界がよかったという気がします。

●事例12：日本の私立大学を卒業、大学院修了、日本企業に就職

　食品メーカー勤務（デュッセルドルフ国際学校・女性・20代後半）
　デュッセルドルフ国際学校から早稲田大学の理工学部に進学し、大学院修士課程を経て、第1希望の食品メーカーに就職、研究所にて食品開発の研究を行っている。

第Ⅳ章　国際バカロレア受講者のその後

【インターナショナル・スクールに入るまで】

アメリカから9歳で帰ってきて、日本の社会に入った時、日本とアメリカは違うなとは思いました。その時は小学校3年で、まだ日本語の方ができたので、そういう意味ではすぐに友達ができて日本は楽しかったです。

ドイツに行く時は、祖母が一緒に暮らしていたので、そのまま祖母と一緒に日本に残るという選択肢もありました。そうしようかなと思っていたのですが、「こんな機会はないからせっかくだからドイツに行ったら」と母親に言われて、「確かにせっかくだし行くか」ということになりました。

ドイツの良さはいろいろありますが、近所に牛が住んでいたり、のどかな暮らしでした。デュッセルドルフは3分の1が日本人で日本人と話すことも多かったのですが、それでも、どうしてもいろんな国の人とかかわります。ドイツでの生活は楽しかったですし、ドイツが好きでした。高校という多感な時期に外国にいたことが大きいと思いますが、私はどこでも住めば都と思っているので、どこに行っても楽しめると思います。今は日本にいて、日本が好きなんですけれど、でもまたドイツには行きたいと思っています。国際結婚でもオーケーです。

自分の子どもが生まれたら、よく、子どもも帰国子女にしたいと思わないかと聞かれるのですが、むしろ普通の公立の学校でのびのびと育ってほしいと思います。進学校に行かせたいとも思いませんし、いい学校に行って、いい大学を卒業して、いい企業に行きなさい、とは私は言わないです。極端に踏み外さなければいい。外国も親の仕事について行って、選択肢がインターナショナルスクールしかなかったので、意図的に行きたくて行ったわけではない。もし、行かないで日本に残ったとしたら、それはそれできっとよかったと思います。

【大学入学】

高校を6月に卒業して帰国して、帰国子女の大学受験用の予備校、河合塾に約半年間、通いました。河合塾は同じ帰国子女の子たちがいっぱい集まっていたので、結構、楽しかったです。普通の学校みたいに毎日授業を受けて、ご飯を食べて、楽しく受験勉強をしました。そして帰国子女入試で早稲田の理工学部の応用化学科に入りました。理系に進むんだったらIBの科目として物理をハイヤーで取っておいた方がいいと当時は聞いていたので物理を取りましたが、物理に進む気はありませんでした。

372

同じインターの友達は、私以外は全員文系に進んでいます。理系は私だけでしたが、説明会で話を聞いたところ、帰国子女だと文献を読むときに英語が役立ち有利になると言われました。実際に研究室に入ってから論文を読むことが多かったので、英語が得意だったのは役に立ちました。

応用化学科の研究室では生物化学に入ったのですが、有機化学、無機化学、触媒化学、電気化学など、化学を幅広く応用させていく学科でした。学部のころはそれを全部ちょっとずつ勉強して、3年生の終わりに研究室に配属になるので、そのときに自分が進みたい分野を選ぶという感じです。早稲田の理工は第1志望でしたが、親の希望もあって東工大も最後まで受けましたが、それは受かりませんでした。なぜ化学だったかというと、帰国子女入試は面接があるので、将来的にどういう仕事に就きたいか聞かれた時に、生活用品、洗剤とか食品系のメーカーに勤めたいと答えようと受験の時からそう考えていました。

IBを取って課題慣れしていたということはあると思います。日本の高校では、「この問題を解いてきなさい」という宿題はありますが、2週間かけてレポートを書くことは少ないと思います。私は理系で毎週実験をやって毎週レポートを書かなければならなかったのですが、そんなに抵抗がなかったですが、周りの人は結構、大変そうにしていました。

大学3年生のころには食品メーカーに就職を考え始めていたので、食品に進みたかったら生物関係の方が食べ物に近いと思って生物化学の研究室に入りました。面白かったです。研究室は先輩が後輩に指導するという形で、チームに分かれます。このチームは酵素について、このチームはアミノ酸について研究するみたいな感じでした。私は酵素を使って香料をつくるというチームに入って研究し、卒論、修論は、植物から採れる酵素を使って、油から香料をつくることをやりました。就活の面接では、なぜ化粧品業界に行かなかったか聞かれましたが、「私は食品をやりたいので食品を受けているのです」と言いました。大学4年間で卒業する気持ちもあったのですが、理系だったら大学院まで行っておいた方が有利と言われ、それで院に進んだのです。ずっと研究するよりも、就職して企業で何かやりたいと思っていたので博士に進むという選択肢は私の中ではありませんでした。

大学入試ではIBの資格を持っていたので選択肢が広がったと思います。入試では、IBもしくはSATの科目を指定されたことが多かったです。インター

ではIBを取っていない子たちは自分が受けたい大学を事前に調べて、SATを受けておかなければならないと該当する科目を受けていました。私はIBを取っていたので大体は大丈夫で、選択肢を絞らずに済んだのはよかったと思います。IBを取ったのは、CASだったり、ハイヤーレベルとスタンダードを三つずつ取らなければいけないとか、結構、大変なことが多くて、大変だからやめてしまう子が多かったのですが、私はそれを大変だと思わなかったのです。普通に授業を受けてIBの資格を取れるんだったら取った方がいいなと思いました。

　父親は商社です。ドイツのほか、私が小さいころの3歳から9歳までアメリカにいました。中学校3年生の夏休みにドイツに行きました。9年生の始まりが8月からだったので、そこで入ったという感じです。英語は最初の半年は大変でしたし、最後まで完璧にはならなかったですが、日本から直接、来た子たちとか、日本人学校を卒業してきた子たちに比べれば大分できたと思います。

【就職・職業観】

　就職に関しては、国際経験が評価されたと思います。お菓子をやりたいと思って製菓会社をいろいろ受けたんですが、今の会社は昔から幅広く知られていて、安心感のある企業というイメージがあって第1志望でした。今はカカオ豆の研究をしていて、カカオ豆をどういうふうに焼いたらおいしいチョコが作れるか、みたいなことをチームでやっています。チョコレートの仕事で先輩方は1年に数回、南アメリカに行っています。豆は輸入しているのですが、木の育て方とか発酵のさせ方を現地に行って指導したりしています。

　朝は9時から、定時が17時40分なのですが、みんな18時から20時の間に大体、帰ります。カカオ豆がおいしいという感じ方も人によって違うので、こういう焼き方をすれば苦いチョコが作れるし、こういう焼き方をすれば甘味の強いチョコが作れるし、という研究です。私は応用化学科で化学の中でも幅広いことをやっていたので、詳しくは知らなくても「これは聞いたことがある」みたいなことはあります。ちょっと知っているだけで取っ掛かりやすかったりするのでそれはよかったと思います。

　私は理系に進んで院まで行ったので社会人になって2年目なんですが、今のところ仕事はずっと続けたいと思っていますが定年までいるかはわかりません。研究所の中で異動や、工場に行ったり、本社で商品企画をやるということが多いですね。結構、異動を数年おきにする会社なので、今のところにずっと

いるということはないと思うんですが、でも今の部署を結構、気に入っていて、1回、別の部署に異動しても戻ってきたいなという気持ちはあります。

　IBの勉強は今の仕事の基礎のところで役に立っていると思います。周りの日本人は、課題に追われる状況に慣れていないような印象を受けました。例えばいっぺんに三つぐらい課題が出てしまうと、まだ締め切りまで1週間あっても、もう大変だ大変だみたいになっていて、一つずつやっていけばいいじゃないかと私は思ったんですけれども課題に追われ慣れていないと思いました。今の職場でも追われてはいるんでしょうけれど、危機感はあまりないです。社会人になって、インターに行ったことによるアドバンテージは、まず語学ができること、外国人を見てもびびらない、あとは、いろんな文化を知ってすごく視野が広がった、ということはあります。例えば、日本人の中でも不思議な行動をとる人がいたりするじゃないですか。「あいつ、空気、読めない」みたいな人がいても、私はそれを受け止められるとよく感じます。

●事例13：海外の大学を卒業、海外大学院（修士・博士課程）を修了し博士号取得、海外で現地外資系企業に就職
　海外で現地金融会社勤務（デュッセルドルフ国際学校・女性・20代後半）

　デュッセルドルフ国際学校からスイスの私立大学に進学。卒業後、オランダのユトレヒト大学大学院で修士号取得。その後、ドイツのミュンヘン工科大学大学院で博士課程修了、博士号を取得。現在、ドイツ在住で総合金融会社に勤務する。質問紙による回答のため、書かれた事実を記述する。

【インターナショナル・スクールに入るまで】
　5〜6歳の幼稚園時にアメリカで暮らし、15〜19歳でデュッセルドルフに来てインターナショナルスクールに入りました。

【大学入学】
　IBのディプロマを取得し、第1志望はアメリカのジョージタウン大学でしたが、最終的にスイスのフランクリン大学スイス（Franklin Unviersity Switzerland）に進学、政治学とコミュニケーション学を専攻しました。進学先を決めるにあたっては、国際的雰囲気があること、学びたい学部があること、また、海外経験が入試で有利なことを考慮しました。フランクリン大学スイスの入試は一般入試であり、日本でいうAO入試に近い形でした。大学で

第Ⅳ章　国際バカロレア受講者のその後

は、IBのハイヤーレベルで5点をとった場合、大学の単位として見なされ、結果、飛び級し、4年でなく3年で学士号を取得し卒業することができました。

　大学卒業後、ユトレヒト大学大学院に進学し、環境政策を専攻、持続可能な発展について研究し修士号取得、ドイツに戻りミュンヘン工科大学大学院博士課程に入り環境政治学環境政策を専攻し、修了とともに博士号を取得しました。

　インターナショナルスクール時代は、外交官になりたいと思っていました。また、「キャリアウーマンになりたい」という漠然とした夢を持っていた記憶があります。

【就職・職業観】

　現在、ドイツの総合金融会社本社のサステナビリティ部門で、企業の持続可能な発展、社会環境責任などに取り組んでいます。日本人でドイツの企業の本社に勤め、英語、ドイツ語を使う日々です。また、グローバルな視線からサステナビリティを考えているという点で、グローバルな生き方をしていると思います。

　ミュンヘン工科大学の博士課程在学時に大学に残り研究者になるか、企業で働くかを考えていた時に、今、働いている部署で学生アルバイトの募集がありました。1年半、学生アルバイトとして働き、その後、正社員として採用され、今に至っています。

　海外では企業そのものに応募するのではなく、ポジションに応募することが多く、自分の場合もそうでした。やりたい仕事で社風がよさそうで社会貢献度が高いこと、将来性や技術力も考慮して、現在の職場に決定しました。

(3) 国際バカロレアの印象

　インタビューでは、国際バカロレアの当時の記憶と国際バカロレアが仕事・人生に役立った点を挙げてもらっている。しかし、具体的に役に立ったという回答は少なかった。国際バカロレアについての印象や記憶は時間が経っていることもあって曖昧な者が多く、また、ほかの教育制度との比較ができないこと、海外体験の影響か国際バカロレアの影響かが判別できないため、回答が難しいとする者もいた。

376

Ⅳ−3　国際バカロレア社会人調査

●事例1：外資系証券会社勤務（アムステルダム国際学校・男性・20代後半）
（IBを選択した理由：学校からの勧め）

　IBフルディプロマを取ったのは、多分、7人だと思います。全員に近かった。せっかくそういう機会を与えられていたわけですから、中途半端にやるよりかはしっかりフルディプロマを取ってバランスの取れた教育を受けるというのは重要だと思っていました。IBの授業も面白かったですね。IBのことはオランダに行ってからで、フルディプロマが始まる数か月前に知ったのです。先輩とかの話を聞いていると「すごい大変だ」「勉強が大変だ」というイメージはものすごく強かったです。人によりけりなんですが、「英語の水準がなかなかついていけない」とか、「英語じゃなく、むしろ内容がすごく難しい」とか、「時間的にも大変だ」という話は聞いていました。今、振り返ってみると、当時は大変でした。英語はそんなに苦じゃなかったので、内容のレベルというのが高いと思うんです。

　IBを取ったからなのか、海外に住んでいたからなのか、なかなか分けづらいと思うんですけれど、IBのプログラムでは、6教科に絞るというのが、実はすごく良いことだと思って、得意なものを上級レベルで取って、ちょっと興味のあるものだから標準レベルで取っておくという、そういう自分の中で意識して、得意なもの、そうでないもの、興味あるものという形で、早い段階で考えさせられる。必ずしもオプション制をほめるわけではないですが、やっぱり意識するというのは大事だと思います。

　IBが、今の職業生活とか人生の中で役立っているとしたらバランスというのが大きいですね。CASや論文もありましたし、いろいろ教科があって勉強は生徒に任せられているのが大きくて、高校生という若い年齢の時に実はすごくためになったと思うし非常にバランスの取れた人間になったと思う。後はやっぱり英語力。英語はどの分野に進んでもいける、ある意味、武器なんで、その二つが大きいと思います。

　IBをやっていて失ったものは、同年代の日本人と高校の時に経験したものを話していてもシェアできないということと、高校、大学って海外なので、学問的なボキャブラリーも英語の方が全然ありますね。

377

第Ⅳ章　国際バカロレア受講者のその後

●事例2：自動車メーカー勤務（アムステルダム国際学校・男性・20代後半）
（IBを選択した理由：自分の意志、親の希望）

　IBは必修じゃないですよ。逆にIBを選ばない理由がなかった。フルの方が難しいという話は当然わかっていたんですけれど、「難しいから、じゃフルをやめるのか」っていうのが自分の中にあって、「どうせなら難しい方を取りたい」と思ったのだと思う。よっぽどその可能性がないのだったら別だったんですが、どこかに取れるんじゃないかというのが自信はあったんですよね。

　IBですか。何かやたら勉強したなというイメージくらいしか、正直なところ残っていないです。難しいというのはあります。ただ、その大変さというのが、いわゆる普通の勉強の大変さなんですよね。日本で受験勉強していてもそうなると思いますし、IBだから何かが特別辛いということは特には感じていない。IBは気づかないところで、多分いろいろ役立っていると思うんですけれど、特にIBやっていて良かった、IBのおかげだというのはないですね。

●事例3：物流会社勤務（アムステルダム国際学校・女性・20代後半）
（IBを選択した理由：自分の意志、親の希望）

　IBについては、まったく知りませんでした。ものすごくレベルが高い印象でIBがないと大学に入れないとか……。

　IBは日々の勉強の中で、2年間続けて集大成として試験を受けるという感じで、日々の勉強が大変です。先生たちが11年生は3時間くらい、12年生は4時間、必ず家で机に向かわなければいけないように宿題を出しているんだよって。それは継続して毎日、勉強を必ずするという動機づけには良いんでしょうけれど。授業態度とか、出席数とか、授業の発言態度とか、レポートの内容も、全部、評価されますよね。レポートにしてもIBの7段階でいくつと、全部、点数がついていて、きっとそれをひっくるめて、総合して評価されるから気が抜けないなと思う。良い面は、受験しているというプレッシャーがないことだと思います。

　バイオロジーで豚の解剖をやったんです。地理はフランスにみんなで1週間行って、そこで波の構成だとか、街づくりの構成だとかを、いろいろ観測したりしてきたんです。何かを説明するにしても実際の物を見て、それを証拠として物事を理論立てるという練習にはなったと思います。大学の講義は、私のい

た学部は人数が多くて大教室で教授が一人でしゃべっているという感じだった
んです。それと比べると人数が少ない中で、ものすごい濃い時間を過ごして気
が抜けなかった。ほど良い緊張感で、勉強はしなきゃっていう気にはさせられ
ますね。

●事例4：日米合弁証券会社勤務（デュッセルドルフ国際学校・男性・30代
　後半）
（IBを選択した理由：自分の意志）
　インターナショナルバカロレアはドイツに行く前に大学の進学を調べる時に
読んだ記憶があります。その時は、ギムナジウムも興味があったのでアビトゥ
アを知っていましたので、もっと国際的に幅広く通用するものなのかな、もう
ちょっと使い勝手が良いのかなというイメージを持っていたと思うんです。
　IBは必修ではないです。と言うか受けている人は少なかったですね、学校
の中で、ほんの一部、日本人はほとんどいなかったですね。私の前の年の、日
本人の人は一人しかいませんでしたし、私の学年でも、基本的に自分一人だけ
でしたね。あと、もう一人いましたけれど、途中でIB取らずに帰ったという
人が一人いました。帰国子女枠でSATとTOEFLの結果で東大に入ったと思
います。
　なぜIBを選んだかを考えると、今から考えても不思議ですね。IBを取って
行くのが一番きりがいいのかなというイメージがあったんだと思いますね。あ
ともう一つは授業がそれなりに面白かったんじゃないですか。もともと中学受
験やっていますから、暗記とか型どおりの、ある程度、短時間に答えを出すと
いうのは、慣れていましたし、別に多分、それをやったということはあんまり
嫌いではなかったかと思うんですね。ただ考えながらいろいろ書くというのは
多分その時が初めてだったと思いますから、違う面白さっていうのを感じたん
じゃないでしょうか。IBはスタートダッシュしながらマラソンをやっている
ような感じでしたね。バカロレアをやって、得たものっていうのはそうです
ね、やっぱり考えることですね。自分の頭を使って考えることの楽しさってい
うことですかね。

379

第Ⅳ章　国際バカロレア受講者のその後

●事例5：産婦人科医師（デュッセルドルフ国際学校・女性・30代前半）
（IBを選択した理由：自分の意志、親の希望）

　最初はIBを受けることは全然、考えてなかったんですけれど、インターナ
ショナル・スクールでは数学のクラスでも何でも簡単なんですね。足りないの
は語学だけという感じで……。友達の中にはそれで楽しくして、ブランド品を
買ったり、という子もいたんですけれど、私は地味な家で、同世代の日本人に
も違和感があった。きっかけになったのが、高1の時に、最初学年をやはり、
少し下げるような形で簡単なクラスに入っていたんですが、教科書1冊借りて
自分で勉強して試験を受ければもう1個上のクラスに飛び級させてあげるよと
言われて、何かやってみようかなという気を起こしたということがあります。
で、夏休みの終わりに試験を受けに行って通ったので、上のクラスに入って、
その上のクラスに入ると、その上はというとIBだったわけです。あとは、授
業内容が興味を引くようなきちんとした内容で、経済だったら実際、株を買わ
せてみたり、実践的でいいなとは思ったんです。最初、すごく成績が悪くて落
ちこぼれかけていて、親も呼ばれて話し合いになって、もう1年ゆっくりして
13年生卒業で良いんじゃないかって言われたんですけれど、何かそれが嫌だ
と言って頑張って12年生でどうにかなったというところです。

　IBをやったのは、当時、私一人だったんです。成績が悪くてもう1年考え直
せと言われた時に、「でも私はできるんだ」という、子どものばかげた意見
を、誰もばかにせず聞いてくれて、それなら、じゃーサポートしようという感
じで動いてくださった。先輩には京大の医学部に進まれたような方もいるみた
いですが、そんなにIBは特別ではないと思いますね。レベル的には日本の進
学校の方が、むしろ高かったりする。ただ、大学の授業に近いような形式かも
しれません。

●事例6：和菓子製造・販売会社（食品企画）勤務（パリ国際学校・女性・
　30代前半）
（IBを選択した理由：自分の意志）

　ビラングのOレベルのクラスがISPの10年生に当たるんですね。やってき
た勉強が違うので、もう一度、10年生をやろうということで、プレIBコース
から始めました。

IV－3　国際バカロレア社会人調査

　IBの方が得意なもので点数を稼いでください、苦手なものもそこそこ頑張って取りましょうというのがあったんですけれど、OレベルAレベルの時は、できるものをガンガン勉強して、とにかく受かりなさいという感じでしたね。ですから取る教科も3教科とか少ないんですけれど、その代わりもっと奥が深いというか、結構、勉強する範囲が広かったです。Aレベルだと取った教科がすぐ大学の専攻になってしまうので、高校の時から専攻を決めて勉強をしなければいけなかったので、私はそこまで決められなかった。でも、イギリスへ行ってAレベルに受かるための予備校みたいなのに行ったりして2浪、3浪している人も結構いるんですよ。それを見てあそこまで勉強に時間をかけるのもどうかなと思っていたというのはあります。IBは教科が多いので忙しいので、それについていけるかなという不安はありましたね。宿題も多いし、その宿題がIBの普段の点数に反映されたりするので結構大変でした。高校で苦しんだおかげで、大学入ってからはすごい楽だったんです。

　IBの美術の先生は喧嘩する人は喧嘩するんですけれど本当に万能なアーティストで、その先生も含めて皆さん先生はすごいスペシャリストで、「どうやってやったら、この子をIBに受からせてあげられるんだろう」、プラス「どうやってあげたら本当に心地よく勉強をしてもらえるんだろう」と考えていてくれて、私が初めて先生方と信頼関係を築けたのはISPだったんです。

●事例7：広告代理店勤務（パリ国際学校・女性・20代後半）
（IBを選択した理由：学校の勧め）

　IBはほかに比べたら柔軟というのはあると思いますけれど、でもテストは記憶方式で前日に詰め込んでやるという感じですよね。私は、結構そういうのが得意だったので、成績もそれなりに良かったんですね。パリに行ってエッセイを書かされるというのに慣れるのにすごく苦労しました。覚えるだけじゃなくって、その授業で学んだことを、いかに理解して、自分の言葉で文章にするかというのをすごくやらされたので、最終的にはそういう勉強をして良かったなと思っています。歴史は二つくらい質問が出て、それに対して、自分でダーっと答える方式なので、途中で終わらないこともあるし……。IBのイメージですか。大変。もうやりたくないです。役に立ったかどうか、もう忘れちゃいました。でも日本の学校よりはISPに来た方が良かったと思います。大学に入

381

第Ⅳ章　国際バカロレア受講者のその後

って普通に受験した人たちの話を聞いていると、みんな朝から夕方まで学校に行って、その後、塾か予備校に行ってガリガリ勉強していて、IBは勉強だけじゃなくて何を勉強したら良いのかってわからないときに、いろいろなことができた。

　IBは人生に役立ったかということですが、日本の学校にそのままいて受験勉強をして、どこか大学に入っていたかもしれないけれど、ここまで自由な人にはなっていなかったかなと思います。日本の大学は全然、勉強しないですよね。IBで十分、勉強したというのがあったので、大学は遊ぼうと思っちゃったんですね。

●事例8：新聞社アルバイト（パリ国際学校・女性・20代後半）
（IBを選択した理由：学校の勧め）

　イメージは大変そうというイメージです。IBやって大変でした。例えば日本語の試験は3時間とか4時間とかあるし、エッセイだけじゃなくて試験もあるんです。年に2回くらい終了試験みたいな学期末試験みたいなのが毎回あって、最後に5月とか最終試験があると思うんですけれど、とにかく書かされることが多いんで、その書くのが大変でした。

　IBの勉強内容は、あまり役に立つとは思わないんですけれど、例えば一つの考え方に偏らずに、いろんな角度から物を見るとか、普段の仕事のやり方、考え方の面でのバランスにはIBが私の中では結構、大きく作用しているとは思います。例えば何だろう、何か自分がやりたいことを自分らしくしたいなとか、そういうのは多分、フランスに住んでいて考えるようになったのかもしれない。あまりにも勉強が大変だったので、他の生活が満足できなかった。もっと遊びたかった。どうせフランスにいたんだから美術館とかにも行きたかった。良かった点は、逆にやっぱり、思いっきり勉強ができたことかな。

●事例9：タイヤメーカー勤務（デュッセルドルフ国際学校・男性・20代後半）
（IBを選択した理由：自分の意志）

　外国の人たちは結構IBを選択しますが、日本人はそうでもなく、30人中バカロレアを取ったのは5人でした。勉強自体が楽しくなってきていたので、カリキュラムを見て「勉強しないといけないな」と思い、日本の教育みたいに受

け身ではなくて、レポートを書くのが面白そうだと思いました。IBが日本の大学に不利なことはありません。現に、私はIBとSATを入試で提出したのですが、IBの方が使えました。TOEFLも受けました。両親も「せっかくの機会なのでいいんじゃないか」と言いました。自分の性格として、チャレンジしたいということがあって、「とりあえずやってみようかな」と思った記憶があります。やっているメンバーで固まって「大変だよね」とか、レポートも「どういうふうにやろうか」とか、そういう話をしました。同じような境遇で大変なので仲良くなりました。

　実際にやってみて具体的に大変だったのは、まず、レポートが多いという点と、内容もハイヤーレベルだと、結構、難しかったことです。Economicsを取ったのですが、最初は用語もよくわからなかったので辞書を調べながらやりました。わからないことだらけだったのと、デュッセルドルフのローカル・チームでアイスホッケーもやっていて、練習が週6とかありましたので大変でした。アイスホッケーは、CASのうちのActionに、Serviceは子どもたちに学校の体育館を借りてグランドホッケーを教えることをやっていました。最終試験の点数は、34か35だと思います。自分として、その点数はまあ満足です。

●事例10：専業主婦（デュッセルドルフ国際学校・女性・20代後半）
（IBを選択した理由：自分の意志）

　デュッセルドルフで全員が必修ではないIBをなぜ取ったかというと、どうせやるなら難しいものをと思いました。生きてる以上いろんなことをしないともったいないなと思って、動ける限りスポーツもやってと思っていました。インターナショナルスクールは季節によってスポーツをいろいろ選べて、ソフトボールとバレーボールとバスケットボールのマネージャー、冬はバレーボールをやりました。インターナショナルスクールは選抜式で、やりたい人を募って、強いチームと弱いチームの二つに分けて、そのチームをいろんなところに遠征させるのです。だから、ヨーロッパのいろいろなところに行って、例えば、アムステルダムだったらアムステルダムのインターナショナルスクールの生徒と試合をし、現地の子の家に泊まらせてもらえて、すごく楽しかったです。

　IBが難しいというのは多分、嘘。みんな難しいと言っていましたが、難しいと思ったことはないです。英語の土台ができているかできていないかだと思

第Ⅳ章　国際バカロレア受講者のその後

います。

　ハイヤーがジャパニーズ、イングリッシュ、マス。スタンダードがサイコロジー、フィジックス、ジャーマンを選択しました。ジャパニーズで『阿部一族』とか『芽むしり仔撃ち』っていう、大江健三郎さんの本を読んだんですが、それは今でも覚えています。この物語の内容は、子どもたちがある病気に感染して隔離されて、村から出られないようにされている世界の話なんです。子どもたち目線からの社会のあり方が書いてあって、人が死んでいる場面とかが気持ち悪いのと、さらに生命が生まれようとする場面が書かれているのです。TOKでプラトンの洞窟という哲学の概念があるんですが、それにすごく似ていると思いました。私は当時TOKが一番、好きだったんです。プラトンが何千年前に言ったことが、今でもそうなんだなと思いました。TOKでは、「なぜこれは真実と言えるのか」といったことを議論しました。IBではTOKが一番、役に立ったと思っています。それがなかったら、延々と「私ってなぜここにいるんだろう」と悩んでいたと思います。評価はエッセイとプレゼンテーションとディベートでした。ディベートのテーマで一番、記憶に残っているのは、人工受精の受精卵を凍結する倫理的問題です。当時、全然わからないままやっていて、今、やっとそういう技術があるんだなとわかりました。今、思えば、最先端でしたね。衝撃的だったのと、みんな何をディベートしているのか本当にわからなかったんです。でも、TOKは、今でもファイルを全部持って、どこでも持ち歩いているくらい好きでした。

　CASでは、クロッシングガードといって、オレンジのユニフォームを着て、「みんなこっち」みたいな感じで道路を渡す役を朝早く行って2人体制でやりました。このクロッシングガードとバレーボール、オーケストラのバイオリンをずっとやっていました。

　苦労したとか忙しいとも思わなかったですね。終わってからバレーもやっていたし、普通に友達とも遊んでいたし、飲みにも行っていたし、すごく充実していました。

●事例11：ゲーム会社勤務（デュッセルドルフ国際学校・男性・20代後半）
（IBを選択した理由：自分の意志）

　IBは自分でやりたいと思ったのか、よく覚えていないです。そんなに崇高

Ⅳ－3　国際バカロレア社会人調査

な動機はなかったと思います。大学入試は意識していなかったですね。難しい
ことにチャレンジをしているって、かっこつけたかったんじゃないかな。IB
自体よりも、英語の環境で勉強ができるところに惹かれたのかもしれない。も
し僕がオーストラリアに行ったという前提がなければ、日本のIB校があって
も行かないと思います。

　ハイヤーは美術、日本語、歴史。スタンダードは数学、生物、英語です。印
象に残った科目はヒストリーですね。僕の中では一番チャレンジングな科目で
した。日本の歴史教育って縄文時代から近代まで2000年ぐらいの歴史を日本
史、世界史という形で3年でやるのです。でも、インターでは1700年後半から
1970年ぐらいまで、ドイツ近辺、フランス、イタリアの歴史170年ぐらいを2
年か3年間かけてやります。すごく濃密なんです。そのプログラムの中で深堀
りしていく。基本的にはディベート形式の授業が多くて、宿題も自分の意見を
書きます。絶対的真理ってないわけで、正解はないのですが、ちゃんと論理的
に組み立てて、ちゃんとしていればいい点数が返ってきます。それはすごく印
象的でした。ハイヤーのクラスだったので、自由研究みたいな宿題もあって、
自分の好きな歴史、どこの国でもどこの時代でもいいから調べる宿題がかなり
多くありました。プレゼンの授業では、僕は坂本龍馬の暗殺についてやりまし
た。かなりいい点数を取った気がします。資料は日本から取り寄せました。美
術は、先生が定めたテーマで絵を描いていくんですが、かなり自由な授業でし
た。一番、楽しかったんですけど、一番、点数は低かったです。美術の試験も
試験官に対して自分の作品をプレゼンするのですけど、作品を熱く語らなきゃ
いけないんです。数学も楽しかったです。日本の数Ⅱ、微分積分とかグラフの
面積を求める。採点方式がユニークで、日本は答えが合っていないと0点です
けど、問題ごとに10点とか20点とか、計算式とか過程が合っていれば答えが
間違っていても、8点ぐらいつくので、そのおかげでかなり点数はよかったで
す。最終的に自分が授業を理解できると面白く感じましたし、点数の取り方と
しては、とにかく考えたことはすべて書いた方がいいということもわかってき
て楽しかったです。生物はあんまり記憶にないですね。TOKって何でしたっ
け。TOKって懐かしい響きですが、全然、覚えてないです。CASって、そう
そうピアノを弾いていました。それはクリエイティビティですね。アクション
は空手をやりました。サービスはベビーシッティングです。インターで親御さ

385

第Ⅳ章　国際バカロレア受講者のその後

ん向けの英語教室があって、その間、子どもを預かるというのをやっていたんです。ESLの先生が授業をやっていて、そのコースで子どもを見ていてくれと言われました。Extended Essayは覚えていない。何、書いたんだろう。ありましたね、そんなの。かなり大変だった気がします。Extended Essay、パールハーバーかな。確かにあのころ、パールハーバーに関しての資料を読みあさった記憶があります。

　外国人はIBに行くのが当たり前という感じで、行かないのはドロップアウトというかアウトローな感じで、ほとんどの人は受けていました。日本人はIBを受けない人たちで群れていました。それはそれで楽しそうだったんですけど、群れているからドロップアウト感はないかもしれません。

●事例12：食品メーカー勤務（デュッセルドルフ国際学校・女性・20代後半）
（IBを選択した理由：自分の意志）

　IBでとっていた科目はハイヤーレベルが日本語と数学と物理です。スタンダードで英語のA2と化学、心理学です。理系シフトです。

　IBの数学とか物理では、公式が載っている本や電卓を使って解いてよく、暗記しなくていいんです。大学に入ってからは、実験では、いかに公式が使えるかが大事だったので、公式を暗記する必要はなかったなと思います。日本で数Ⅲをやっている子と比べて、数学はやっている範囲が違ったせいもあって、初めは全然ついていけませんでした。受験勉強で日本の高校生がやっていることと同じ範囲のことをやったのですが、体に染みついてない。その点では、私は全然できてないと思ったことがあります。

　IBの評価では、こういうことができれば何点だというような評価表（ルーブリック）を事前にもらっていました。フェアであり、それがわかっていれば良い点をつけられても悪い点をつけられても納得がいくという良い一面もありますし、事前に準備できるという良い面もあります。逆に、ルーブリックって実は穴があって、ここはやらなくても乗り切れるみたいなのが事前にわかっちゃうんです。

　CASではサービスはタンザニアに行って3週間ぐらい現地の子で同じ年ぐらいの子どもたち15人に勉強を教えました。ドイツからも15人行っていて、みんなで共同生活をして、最後の1週間はタンザニアの観光をしました。タンザ

386

ニアはよかったです。私はすごく現地の生活が合っていて、食事も好きでしたし、日曜日にみんなでバケツを使って洗濯をしたのも楽しかったです。サービスはタンザニアだけで50時間、1回行けば、全部、埋まりました。アクションはバレーボールを2年間やりました。クリエイティビティは、日本人を集めたソーラン節を文化祭で発表するのと、ミドルスクールの子たちが劇をやるので、その劇の衣装を作るのをやりました。

●事例13：海外で現地外資系金融会社勤務（デュッセルドルフ国際学校・女性・20代後半）
（IBを選択した理由：不明）

　IBの科目としては、日本語A1、数学、化学、歴史（ヨーロッパ）がハイヤーで、英語A2とドイツ語Bをスタンダードとして取りました。印象に残っているのは、日本文学でやった『華岡青洲の妻』です。数学で悪戦苦闘し、最終試験前に数学だけものすごく勉強した記憶があります。先生が予想していた3か4点を超えて、6点をとったことは今でもすごくよく覚えています。また、歴史では、歴史にはさまざまな理論があることを知りました。

　CASで記憶に残っているのは、模擬国連でハーグに行ったことや、学習障がいのある生徒のために数学のプリントを作成したことです。Extended Essayは、歴史で2.26事件について書きました。IBの点数は40点でした。

　IBを通じて、学習を実施する力や文学作品を読み解く力、語学力が付いたと思います。交渉力、状況に変化の柔軟に対応する力や異文化を受容する力は、IBというよりもインターナショナル・スクールでの生活で学んだと思います。

　理系と文系のバランスは取れていて、IBをやってよかったと思っています。高校生の時に勉強しないのはもったいないと思います。

（4）日本社会について
●事例1：外資系証券会社勤務（アムステルダム国際学校・男性・25歳）

　今、日本に暮らしていて感じるのは強い意見を持っている人がすごく少ない。別に宗教でも何でもよいんですけれど、政治に対してでも、日本の経済に対してでも、危機意識、問題意識があまりない。海外だともう半分、喧嘩にな

第Ⅳ章　国際バカロレア受講者のその後

るくらいの勢いで話し合いがあるのに対して日本は平和な国だし、経済的にも豊かだしのんびりした感じがありますよね。良さでもあるんですけれど、もうちょっと熱があってもよいのかなと思います。そのためには、常にチャレンジしていないといけないのかもしれません。強い意見を持っている人は負けず嫌いな人が多い。それで、物事に対して「何で何で」って常に疑問があって、それを追究しないと気が済まないみたいなところがある。そうすると人間、もっと良くなろう、もっと良くなろうとなりますから、仕事でも、勉強でも、プライベートのことでも何でもそうなんですけれど自分の意見を持つようになるのだと思います。

●事例２：自動車メーカー勤務（アムステルダム国際学校・男性・20代後半）

　政治とか社会に、関心を持たないというか、頼るまいという風潮が出てきたのが気になります。政治を見ていても、一番、顕著に出ているのが、投票率の低さですよね。何をやっても、「良いよ、もう自分たちで何とかするよ」という気風が強まってきたのかなという気がします。心配なのは諦めている人が、非常に多いような気がしています。

　日本人はやはり、人の目を気にし過ぎている。困っている人がいたら手を差し伸べたいんでしょうが、まわりの目が気になって人に手を差し出したいって言う、ごく自然な感情さえなぜか抵抗を覚えてしまう。逆に、ヨーロッパだとやらない方が悪です。困っている人を助けることに、抵抗を感じるというのもおかしな話じゃないですか。だからその背景には、多分、人に対して無関心でいることが前提になっている社会があると思うんですよ。

●事例３：物流会社勤務（アムステルダム国際学校・女性・20代後半）

　女性の同じくらいの歳の社員が、集団で群れていつも一緒に何かやって行動しているというのに、子どもっぽいし日本的なところを感じてなじめないんですよ。海外では仕事中は協力するけれど、基本的には個人ですよね。集団で何かをしないとできないみたいな、それが嫌ですね。男性は淡々と個人個人でやっています。女性は、総合職も一般職も派遣さんもみんな一緒に、とにかくみんな友達という感覚なんです。キャピキャピしている感じで女子高生を街で見るような感じの乗りですよね。海外にいたことが影響しているのかもしれない

けれど、会社に入って目上の人に対する態度とか、丁寧語とか尊敬語がなっていないというのも妙に気になってしょうがないんです。私も妙に意識が強くて、自分は進化しなきゃともがいているところがあるんですよね。

　日本には帰ってきたという感じなので、特に海外が特殊という風には思わなかったです。日本が特殊と、最初、思いました。同じランドセル背負って、例えば中学ならば、同じ制服を着て行かなければいけないとか、何でこんなに細かく決める必要があるのか、まったく理解できなかったです。海外ではまったく気にするようなものではないですからね。そういう意味では、とにかく、外国では個性は出せますよね。

●事例４：日米合弁証券会社勤務（デュッセルドルフ国際学校・男性・30代後半）

　教育がどういう風になっているかというのは、新聞でさらっと見るくらいしかないですけれど、今のままで大丈夫なのかなと思いますね。学力が落ちているという様子をここ12年くらい見るようになっていますから。ここの会社にいる人たちは、それなりに優秀な人でしょうから、実際に世の中で起こっていることとはちょっと乖離があるのかもしれないですけれど。

　やはり自我というのがハッキリしているということ、他人を助けるというボランティアというのがやっぱりヨーロッパもアメリカも強いですよね。日本は自己というのがあんまり確立していないですし、他人をボランティアで助けるというのもあんまりないのかなという気はしますよね。振り返ってみれば自分もそうですけれどもね。昔はコミュニティというのがそういう役割、他人を助けるという風に機能していたんでしょう。

　向こうはキリスト教でボランティアなり、人を助けるという精神が植え付けられていると思いますけれど、日本はそういう宗教がない中で、教育なり、コミュニティなりっていう形で補うしかないだろうし、それが日本に合っているんじゃないかなと思います。要はコミュニティというものを復活するということでしょうね。昔みたいに村というコミュニティではなくて、多分、市民という形で。

第Ⅳ章　国際バカロレア受講者のその後

●事例5：産婦人科医師（デュッセルドルフ国際学校・女性・30代前半）

　ここに来て、ホームレスとか、歌舞伎町で働くような人たちと、生まれて初めて接点を持ったわけです。子どもというのは、期待されて愛されて生まれてくるものだと私は思っていたわけですけれども、そうではなくって、まるで見捨てるようにしていく人たちといった、眼の前で展開されている真実の方を引きずっているようなところがありますね。不法就労の方は、私が見てきた国際社会と全然、違うので、彼らとの経験の共有は難しいです。頭の中で考えて学生レベルでディスカッションしていたあのころのTOKというのは学問的で、私はその時はとても満足していい気分だったんですけれど、現実というのは違うなと思っていて、現実がこれだけ違うんだから考え方も違うはずですね。違う世界を引き受けることに抵抗はないかもしれないのですけれど、現実の方がやっぱり大き過ぎて、私が見てきた世界は、こう、きれいな世界だったんだということがわかって、……望まれて生まれて大事に育てられて、IBに行くような子は日本人でもそうですし、外国人でも親がそれなりの地位があって、子ども自身すごく守られた環境で理想的に生きてきていて、そういう子が座って「じゃ、真実とは何？」とか言って、みんなで嬉々として話し合うということは、論調が深いと言って良いのかと言われるとちょっとわからない。児童相談所から来る子どもさんは、家族歴とか、惨憺たるものですよね。悪循環でグルグル回っているような印象を受けることが多いですね。

●事例6：和菓子製造・販売会社（食品企画）勤務（パリ国際学校・女性・30代前半）

　日本人という意識はありますね。フランスに行くようになってから私は外人なんだって。その時に、「あ、私は日本人なんだ」と思いました。「どこの国から来たの」という話になった時に「日本」と言うと「じゃ、日本にはこういうものがあるね」って「何とかって知っている？」と聞かれた時に、向こうは自分のことを日本人として見ているのに、日本のことを自分は答えられなくて、その時にいつも恥ずかしいと思った。同時に「あ、私ってやっぱ、日本人なんだ」って思いましたね。フランスは自分がこうしたいんだということ、自分の思っていること、感じていることをどんどん表現しないと、自分の存在感がなくなってしまう社会だなと思います。最初、慣れるのが大変だったんですけれ

390

ど、今はそれの方が合っているなと思います。かえって日本的な会社にいると
息苦しいしギャップを感じますね。何でみんな自分の意見を言わないんだろう
と。ただ、下手に言っちゃったりすると「じゃ、あなたやって」って、バサッ
と任されたり、それをよいことに変に押しつけたりしてくるので言えなくなっ
ちゃうんだなというのがすごくわかります。

●事例7：広告代理店勤務（パリ国際学校・女性・20代後半）

　日本人と思ったのは会社に入ってからですね。パリではいろんな国の人がい
て、みんな結構、勝手にやっていて、国籍は違っていても友達の間にすごい差
を感じたということはなかったですが日本の会社で仕事をするようになって、
海外ともやりとりが結構増えてきて、それで自分の仕事のやり方はすごい日本
人なんだな、すごい細かいというか感じるようになりました。外国は適当です
ね。姉はフリーターで人生を楽しく生きている感じがしてうらやましいです
ね。私はもう典型的な日本の会社に入ってしまって、嫌だ、嫌だと思いなが
ら、なかなかそこを抜け出せない。姉もそういう典型的な会社に入ったんです
けれど、そこを3年間勤めて辞めて、その後、仕事をしながらいろんな経験を
しているのでうらましいなって思います。縛られているのか、ここで会社を辞
めるのがもったいないとか、それなりに楽しい仕事をしていて、それなりにお
給料をもらっていてという環境はなかなか抜け出せないんですよね。会社にい
る間に大切な良い経験を、チャンスを逃しちゃっているのかもしれないと思う
んです。少なくとも3年間はこの会社にいようと思っていて、十分、楽しんだ
と思ったら辞めて、次に何の仕事をするかはまったく決まっていないんですけ
れど、多分、自分がやってきたような仕事を生かせるようなところに転職して
大変な働き方をせずに細く長くやっていきたいのです。

　パリで高校を卒業して帰ってきた時に、みんな一緒でなければいけないとい
うことに違和感があって慣れなかったですよね。日本の社会は、みんなと一緒
に同じことをやっているのは、安心という風潮があるんじゃないですか。その
中で自分がやりたいことを見失っちゃうのが怖いなと思ったんですね。

●事例8：新聞社アルバイト（パリ国際学校・女性・20代後半）

　フランスはみんな流されないで自分を持って生きているというのが多いです

第Ⅳ章　国際バカロレア受講者のその後

よね。日本の社会の中で私は流されないでいられると思います。ISPにいたときも、あんまり日本人と群れたくないなと思った。でも、日本に住んでいると、外国に住んでいるよりは、何となく、何かみんな良いもの着ているから私も何か良いもの欲しいなとか、みんな良いレストランに行っているから、私も良いレストランに行きたいなとか、そういうことでちょっと流されることはあります。

●事例9：タイヤメーカー勤務（デュッセルドルフ国際学校・男性・20代後半）

　日本は良い意味では、電車とかバスが時間通りに来る。かつ、週末はどこでも開いていますし、サービスは良いです。海外だと遅れるのは当たり前。ドイツの場合で言うと、お店は土曜日は開いていますが日曜日は完全に閉まってしまうので、のんびりはできるんですが何もやることがないです。両方良い面があると思います。個人的にどっちが良いかと言うと、海外の方が良いかなと思います。

　今、東京に住んでいるからかもしれませんが、東京は人が多くてゴミゴミしていて、表現が合っているかどうかわからないけれども、圧迫感があって、時間が経つのも早いですし、のんびりできない。海外だと時間もゆっくりだし気持ち的にものんびりできる。空が広く感じます。

●事例10：専業主婦（デュッセルドルフ国際学校・女性・20代後半）

　私は日本の生活に憧れていました。制服が着たかったです。毎月おばあちゃんが漫画を送ってくれて、それがとても楽しみだったし、デュッセルドルフに日本人街があったので、そこでビデオを借りたりして憧れはありました。大学を日本にしたのは、やっぱり日本人なので日本のことを知らないと日本人だと言えないと思ったこともあります。アイデンティティがすごく揺れていたんです。「お前、日本人じゃないじゃん」って日本に帰ってきてからも言われて、悩んで同じデュッセルドルフの子に相談したら、「地球人って思えばいいじゃん」って言われて救われました。もちろん、お金があったらアメリカの大学に行っていました。帰国前は、経済的な事情で日本を選んだのは事実です。帰ってきてから日本人として何だろうというのをすごく考えましたが、時間が経つにつれて、その問題はあやふやになっていきました。でも、日本の風情、例え

392

ば日本の家って、昔の家って螺鈿のガラスとか貼っていたりするけれども今は作る技術がないらしいのです。そういうのを見たり、お椀見たり、お菓子を食べたり、歴史を勉強したり、着付けも最近できるようになったのですが、そういうことをやりながら、最近では「ちょっとは日本人になれたかな」と思うようになりました。

●事例11：ゲーム会社勤務（デュッセルドルフ国際学校・男性・20代後半）

　デュッセルドルフって、商社、銀行といった日本の企業がたくさん来ているので、日本人の子どもたちが多くて割と群れやすいのだと思います。ノルトライン＝ベストファーレン州にはケルンもあれば大きい都市がたくさんありますので、州とデュッセルドルフが商業機能を計画的に集約させた街だと聞いていました。それで昔から日本の企業があったのかもしれません。日本人向けの店もたくさんありました。デュッセルドルフ時代の日本人ネットワークは今もつながっています。そのネットワークが就職で有利ということは全然ないですね。IT系で、海外転勤のあるところではないからかもしれません。

●事例12：食品メーカー勤務（デュッセルドルフ国際学校・女性・20代後半）

　他の日本人を見ていて、「残念だな」とか、「日本人って素敵だな」とか思うことはあります。やっぱり細かい気配りとかができる点はすばらしいです。残念だと思うところは、排他的なところ。島国根性みたいなところがあると思うのです。村八分みたいに。例えば、外国人に関しても外国人というイメージがあると思うんです。ヨーロッパだったら、陸続きでいろんな人が混じっているので、「イタリア人は……」「フランス人は……」みたいなことはあるのですが、「外国人は……」みたいなことはないと思うのです。でも日本人は、日本人とそれ以外の壁が分厚い。それは国籍の話だけではなくて、例えば、「何々部の人はみんなこうだよね」みたいな、ステレオタイプなラベルを貼りたがると感じるときがあります。IBで両方の立場に立ってみる、違った立場から見るというディベートをやりました。経験は大きいので、日本の教育でも、ディベートといった生徒が参加できるような授業が増えたらいいと思います。参加型は楽しかったです。高校までは、授業中、眠くなったことが1回もなかったです。大学に入ってから授業中に眠いってこういうことなんだと理解しました。

第Ⅳ章　国際バカロレア受講者のその後

　自分で決定するような教育をすれば、自信を持って生きる道を見つけられるようになると思います。例えば、同じインターナショナルスクールに通っていても、不満を持っている子もいました。親の仕事で海外に来ざるを得なかったけど、本当は日本の女子高生をやりたかったという友達もいました。その子たちはIBを取っていなかったです。日本に憧れていて、日本ではやっているものを、一生懸命、取り入れようとしていました。「せっかくドイツに来たのだからドイツでしかできないことをやればいいのに」と私は思ったんですけど、その人たちにとっては、「仮でドイツに来ているから日本のはやりに遅れたくない」「いつかは日本に戻るんだから、戻った時に取り残されないように」という気持ちがあったのだと思います。はやりのテレビとか音楽をチェックしようとしていました。

　1回でも、日本人以外の子と仲良くなった経験をしたり、ドイツならではの何かを楽しむことができたりすれば、どんどん他のことをやってみようという気になれるのに、殻が破れなくて初めの一歩が踏み出せないのかもしれません。デュッセルドルフは、日本人が多くてメリットも多かったけど、デメリットもあったのだと思います。当時も日本人が多くて日本人が固まることが学校で問題になっていました。

●事例13：海外で現地外資系金融会社勤務（デュッセルドルフ国際学校・女性・20代後半）

　日本社会については、女性がキャリアを積む環境が整いつつありますが、まだまだというイメージが強くあります。「出る杭は打たれる」というのが本当なのでしょうか。実際に体験したことはまだないので知りたいです。日本人は、謙遜で言っているのかもしれませんが、ヨーロッパは進んでいるというイメージを持っているのかなぁと思うときがあります。日本企業からの依頼が来る場合、そんなイメージを持つことが多いです。

　就職の時、ドイツでは学歴や専攻をあまり重視せず個人主体に判断されます。日本では大学のブランドが強く、即戦力よりも新卒を好む傾向にあるのではないでしょうか。文系で学歴を積めば積むほど、就職先が見つからないと聞いたこともあります。

IV-3　国際バカロレア社会人調査

4 ｜ 卒業生はどのような人生を志向するか

（1）進学・就職のパターン

　大学は、ほとんどが「有名大学」であり、「やりたい専攻がある」という目的意識を持って入学している。日本の場合は、帰国子女入試で私立大学に入学している例が多い。

　就職では、長く海外生活をし、海外の大学に行った者で外資系の例もあるが、数回、海外で生活している者でも、日本の大学を経て、日本企業の海外部署など、日本人として海外に接触する仕事に就いている例が多い。女子の場合は、ひとつの企業に固執しない傾向があり、場合によっては転職しながら海外経験に基づく語学力やそのほかの能力を発揮している者もいる。

　国際バカロレアの効果については、意識化している者は少ない。これは、ほかの教育制度と比較できないため、その効果を客観的に評価できないということもあろう。また、海外にいたという事実の方が大きいとも言える。

（2）人生観

　多くは、ヨーロッパ的な人生観を持っている。仕事も大事であるが、生活を楽しみたいという欲求が強い。また、人に流されることなく自分の意志と判断で人生を過ごしたいという思いがある。積極的で肯定的な人生観を持っている。これは、ヨーロッパの生活とそこで触れた文化の影響が強いとも思われる。

（3）日本社会

　医者になった者は、高校までの外国での環境は、現在の国立病院の産婦人科に児童相談所などから回されてくる日本人の子どもとの接触よりも違和感がなかったと言っている。また、TOKなどの議論が机上のもので、現在の現実の重さを受け止めかねているという。現在直面する現実と彼女の育った環境の相違に戸惑うことが多いとのことである。このことは、国籍の違いよりも社会階層の違いの方が相互理解を妨げるということなのかもしれない。

　日本社会に対しては、一定の距離から客観的な評価を行っている。このことは、海外生活が一つの価値の物差しとなっているともとれる。

395

第IV章　国際バカロレア受講者のその後

　IB教育の効果か、海外生活で得た経験によるものか、インタビューをした者の人生の深さ、豊かさを感じる。日本とは異なる環境において多感な時期を過ごしたことから導かれた言葉の数々は、あらためて日本人であること、海外で生活することの意味を私たちに問いかけるものである。

【注】

本稿は、岩崎久美子「受講者調査−ディプロマ・プログラム受講前から卒業まで−」（相良憲昭・岩崎久美子編著『国際バカロレア：世界が認める卓越した教育プログラム』明石書店、2007年2月 所収）の一部に加筆し、新たに書き下ろし分を加え再掲したものである。

第Ⅴ章

日本のグローバル化のために

V－1

国際バカロレアの政策推進にかかわって

坪谷ニュウェル郁子

【編者注】

　坪谷ニュウェル郁子氏は、国際バカロレア機構アジア太平洋地区委員（現、国際バカロレア日本大使）、東京インターナショナルスクール理事長であり、国際バカロレアの政策推進の中枢にいる方である。下記は、坪谷氏のインタビュー内容を文章化し、本人に依頼し加筆・修正を加えたものである。編集の過程で一部固有名詞等は匿名化したが、坪谷氏の雰囲気が伝わるよう最低限の修正にとどめている。

　坪谷氏がグローバル人材育成にかかわることになったキャリアも刺激的、かつ勇気づけられるものであるが、同時に国際バカロレアを自分の学校に導入した理由、日本での国際バカロレアの政策推進のための苦労などがうかがえる内容となっている。

【インタビュー】

　期日：2014年8月11日

　場所：東京インターナショナルスクールにて

　期日：2017年9月7日

　場所：株式会社東京インターナショナルスクールグループにて

1 ｜ 高校時代の体験から

　最初に教育にかかわったのは1985年です。港区・三田のお寺の境内で、

第Ⅴ章　日本のグローバル化のために

LTE（Learning Through English）というカリキュラムを自分で作り、小さな英語の塾を始めました。そこでのミッションは'I am special. You are special'というもの。自分が今ここに存在しているのは、すべてのYou、それはもちろん家族、地域の人、世界中の人、空気、水、すべてのものに支えられている。そういうことを英語で教える塾でした。1985年の12月のことです。

　塾を開く場所を見つけるために自転車で探し回っていた時に、疲れてお寺の境内に座ってジュースを飲んでいたら、そこに大正時代に建ったすごく古い小さい洋館があって、たまたま空き家だったんです。それで住職さんに交渉に行ったら、有名な劇作家のかつての住居で、お亡くなりになった後はお隣にゆかりの方が住んでいるというので、その方にお願いにいったところ「いいですよ。お貸ししましょう」ということになって、引っ越して自分でペンキ塗りをして、自分でチラシを書いてポストインして、一人で英語を教え始めました。それが教育とかかわった最初なんです。

　茅ヶ崎で生まれて、米国の大学にも行って、米国で起業もしました。日本の大学にも行き、環境学における文化人類学を学びました。

　高校は日本の進学校でした。その中で仲のよかったクラスメートの男の子がいました。すごく頭のよい子でした。高校2年の冬休み前に、「ベーシストになりたい」と言っていたのに、冬休みの最後の日に電車に飛び込んで亡くなったのです。学校ではみんな泣いたり悲しんだりしたけれど、それでも受験勉強に追われる日々を送っていました。17歳の私はそんな自分自身が許せなかった。

　親はもちろん、私は日本の大学に行くと思っていました。でも、同級生でトランペットをやっている男の子がいて、プロのトランペッターに才能を見いだされて、「米国の大学の授業料も払ってあげるから行け」と言われているということを聞いていました。米国の大学に行く、そういう道もあるんだと知って米国の大学に行くにはどうしたらいいんだろうと私も思ったわけです。そのためには、TOEFLを受けなくてはならないと聞き、それはどこで受けたらいいんだろうと考えました。そのころ、姉が横浜の大学に行っていたので、姉の大学の近くにインターナショナルスクールがあったと思い出し、突然、訪ねて行ったんですね。そうしたところ、そのインターナショナルスクールの先生が、「TOEFLの試験は学校の中でやるから、一緒に受けさせてあげる」と言ってくれたんです。その当時はネットもないし大変でした。そのインターナショナ

400

Ⅴ−1 国際バカロレアの政策推進にかかわって

ルスクールの先生には、大学に行くまでいろいろお世話になりました。その代わり、近くの教会にも通うようにと言われたので、一生懸命、教会にも通いました。

友達が亡くなったのが高校2年の冬休み、そのころは悶々としていました。高校3年の春にはトランペットの友達が渡米の準備を始めていて、私がそのインターナショナルスクールに行ったのは高校3年の5月ぐらい。その年の秋にTOEFLを受けたと思います。コートを着ていた記憶があるので秋か冬でしたね。その翌年、米国の大学にアプライしたのです。親は、私が米国の大学に行きたいと思っていることを知らなかったんです。父は電電公社に勤めていた堅い人で、母は専業主婦でした。

親に言ったのは渡米の2週間前です。行く大学も寮も決まっていて、お金も払い込んでいました。費用は、雑誌や絵のモデルのバイトをして、貯めました。親に渡米を話したら理解不能という状態で羽田空港から出発の際にはおいおい泣いていたので、今、考えると、苦労をかけたと思います。

2 米国での大学生活と起業

米国の大学を決める時は先ほどのインターナショナルスクールの先生に「ここがいいんじゃないか」と言われたところにいくつか出願しました。その時のTOEFLの点数は450点とかそんなものだったのです。だから、アメリカの有名な大学には入れなかったんです。今、考えると、その先生はカレッジカウンセラーの先生のようにいろいろとよくしてくださいました。きっと面白いと思ったんじゃないですか、変な日本人の女の子だなって。

大学はすごく田舎の学校に行ったので、そこで自分が日本人だとかアジア人だとかそういう意識が生まれたんだと思うのです。辺鄙で、牛と羊とトウモロコシ畑しかない何にもないところでした。

そんなに英語はできなかったので、渡米後は大変でした。カセットに全部授業を吹き込んで、部屋に帰って来て、テープ止め止め、授業を何度も聞いて勉強して、半年ぐらいはそんな感じでした。

起業もしました。私、仔猫を拾ったんです。スシって名前をつけたんですけど、スシのために、自分でマタタビを中に入れたおもちゃを作ったんです。そ

401

第Ⅴ章　日本のグローバル化のために

うしたらスシが何時間も遊ぶんです。これは売れると思って、夜なべしていくつも作って売り出したのが最初に自分だけでやった仕事です。道でみんなに呼びかけたんですが、全然、売れなくて、これは駄目だと思って、動物病院にチラシを置いてもらったんです。そうしたら結構、売れるようになったんです。だけど、夜なべをして作るのが大変で、結構すぐあきらめました。そうこうするうちに、いったん日本に帰国の機会がありました。その時に50セントの古着のＴシャツと２ドルの古着のジーパンをはいて帰ってきたんです。そうしたら母親がびっくりしてデパートに連れていってくれて、10万円ぐらい洋服を買ってくれたんです。それで日本は洋服が高いなと思いました。

　その時、この50セントのＴシャツを１ドルで売ったらどうか、そのころは三百何十円でしたけど、１ドルで売れるんじゃないかと考えました。２ドルのジーパンも４ドルで売れば売れるんじゃないか。そう思ってファッションは原宿だと思ったので、茅ヶ崎から出てきて「こういうのを買いませんか」って１軒ずつ洒落ているお店を訪ねて歩きました。そのころは古着を着るなんてホームレスの人しかいないので、みんな断られたのですが、１軒だけ「君、おもしろいこと言う子だね」と言って、卸の会社をやっている人を紹介してくれました。その人が「アメリカに帰ったらサンプルを送っておいで」って言ってくれたので帰国後、サンプルを送ったところ、３か月後から注文が来るようになったのです。そこで会社を設立し３年間経営していました。月に100万円ぐらいの注文が来るようになっていたのですが、最終的に母親と父親が泣き崩れて「とにかく日本に帰って来い」ということになりました。そのころにはすでに300万円ぐらい貯まっていたので、帰国前に、一部をブロードウェイに行ったり、アメリカで一番おいしいというレストランやラスベガスに行ったりして使い、残りを持って日本に帰ってきたのです。

　それを使ってお寺で塾を開いたのです。それがさっきの塾につながる話です。そこで、'I am special. You are special' という自分が作ったカリキュラムが評判を呼び、どんどん生徒が増えていきました。

　三田に塾を開いた後、もう一つ目黒に塾をつくりました。二つの塾を切り盛りしていたころ、結婚して２年続けて子どもが生まれました。１歳１か月１日違いの年子です。そのころはカリキュラムづくりにはまっていたので、子どもの成長とともに自分の子どものために幼稚園をつくりたくなったんです。そこで

Ⅴ−1　国際バカロレアの政策推進にかかわって

幼稚園のカリキュラムを策定し、幼稚園を設立しました。そして娘が5歳になった時に、"オリジナルトゥウェルブ"という12人の生徒を集めて、初等教育のコースをつくりました。それから100人まで増えて、引っ越したのが企業の社員寮なのです。そのころには中等教育のコースができました。その次に引っ越したのが港区の廃校です。

　大変なこともいろいろありました。最初に妊娠している時に5週間寝ていなくてはいけないことになったのですが、当時は授業料を現金で生徒が持ってきていたので、その授業料を預けてあった女の子に持ち逃げされてしまいました。2週間後に払う給料をどうしようか、と悩んだものです。これまでそんなことも含めていろいろありました。

3 ┃ 二つの学校を立ち上げる

　自分でインターナショナルスクールを立ち上げたことで、インターナショナルスクールの世界とかかわるようになりました。そのころ、一定数の生徒が高校1年になるとインターナショナルスクールから転校を勧められることを知ったのです。一流のインターナショナルスクールは、高校を卒業してどこの大学に進学するのかが評価にかかわってくるので、高校1年で大学入学準備コースは難しいだろうと思われる生徒たちが転校を勧められると家族を離れて離日するケースが多々ありました。その理由を調べたら、その生徒たちはアスペルガーだったり学習障がいだったり……。そこでその子たちのためにNPOの学校をつくりました。今もやっています。この学校は40人しか入らない小さな学校ですが今年度は16か国の国籍の異なる中学生、高校生たちが来ています。個別学習でほぼ100％近い生徒が大学に進学しています。

　私が経営している娘のためにつくったインターナショナルスクールには約340人の生徒がいますが、そのほとんどが駐在員の子どもです。その3分の1が公務員、大使館関係です。この学校にはいろいろな宗教や国籍の子がいます。大体毎年、50か国から60か国の生徒たちが在籍しています。

　学校を始めたころは、集まった生徒たちの大半が3年から4年しか日本に滞在しない駐在員の子弟でしたので、生徒たちは次にはどこの国に行くのかわかりません。そこで保護者がどこの国の赴任になっても継続性のあるプログラム

403

第Ⅴ章　日本のグローバル化のために

をやる必然性がでてきました。いろいろ調べた結果、出会ったのが国際バカロレアです。ちょうど1996年に国際バカロレアのPYPができたばかりでした。それでPYPがいいということになって、申請して認定校になりました。私の経営する学校に小学校課程ができたのが1997年なので、本当に初期のころです。

　私が経営しているインターナショナルスクールには4歳から15歳までの生徒がいます。4歳の就学前教育があって、5歳のキンダーガーテンから初等教育の5年生までと6年生から8年生までが中等教育で、8年生で卒業です。駐在員の配偶者ビザの場合はフルタイムの仕事に就けないので、自国で共働きであった人も日本ではどちらかは専業主婦、「婦」の方は「夫」の場合もありますが、どちらかは家にいることが多いという環境なんです。そういったご家庭は教育力が高いと感じます。

4 ｜ アジア太平洋地区の委員に

　2007年の事ですが、ある議員の先生がご自身の書く本の内容や政策を考えたいということで、1年に10回ぐらい集まる会がありました。その時に私は2回にわたって国際バカロレアを日本の教育に導入することによって日本の初等中等教育に新たな息吹を吹き込むだけでなく、それにより高等教育の入学審査のあり方も変えることができる、というプレゼンをしました。国際バカロレアの素晴らしさは、概念教育や学び方を学ぶといったところにあります。日本の教育は高い基礎学力と特別活動等で培われる共生の精神など優れている点は多々ありますが、弱点は自己肯定感と発信力ではないか、と思います。このことを国際バカロレアで補うことができればバランスが取れると思ったのです。その後、その時の勉強会のメンバーが学校を訪れてくれ、「坪谷さん、これはすごいね。日本でもやろうよ」と言ってくれました。

　私に国際バカロレアのアジア太平洋地区のチェア・オブ・カウンシルから電話があったのは2012年の5月でした。そしてその6月に、下の娘が高校を卒業しました。それまでは、国内の仕事はやっていたけれども、国際的な仕事だと海外の出張が入るので断っていました。母親なので、朝ご飯もお弁当も夕飯も作るという、一番、大切な仕事がありましたから。アジア太平洋地区の委員になってくれないかという電話は、娘があと1か月で卒業という時だったので

404

V-1 国際バカロレアの政策推進にかかわって

す。私はもちろん喜んで引き受けました。

　翌年の3月に、国際バカロレア200校を目指し、多数の科目で日本語による
DP修了試験を行えるという内容で、文部科学省と国際バカロレア機構との間
で合意がなされました。それまで、国際バカロレアを学べば英語が得意になる
という誤解がありました。当時はDP修了試験がヨーロッパ言語の中心である
英語、スペイン語、フランス語でしか提供されていなかったのです。そのため
誤解がなされていたわけですが、PYPやMYPは母語で学習しても問題はない
のです。この合意の素晴らしいのは、多くの科目を日本語でDP修了試験が受
けられるようになったという点にあります。これにより一部の英語が堪能な生
徒だけでなく、国際バカロレアは多数の日本人生徒を対象にできるようになっ
たのです。最終の修了試験のスコアには、何語で試験を受けたなどの記載はあ
りません。

　国際バカロレアを導入した学校を200校にすることを達成するためには、日
本の大学の門を開けなければいけませんでした。インターナショナルスクール
の高い授業料を払える一部の富裕者層だけが国際バカロレアを学べるのではな
く、これからはたくさんの生徒が国際バカロレアを学び、国内外の大学に進学
してもらいたいと思ったのです。この実現のためには、国内に委員会組織を作
ることが先決と考えました。そして誰を委員長にしようかと考えて、中立の考
えを持ち国際派の方に私からお願いに行ったわけです。そのほか、大学の門を
開けるのであれば、主要大学の学長とかに入ってもらわないといけないので、
いろんな大学の学長や副学長の先生にもお願いしたいと思いました。そのほ
か、経団連、教育委員会、学識者に何人か入っていただき、このような私の思
いを受けて文部科学省で委員会が発足したのです。その後、教育再生実行会議
の第4次提言でも取り上げていただいたおかげで、筑波大学をはじめとして、
それからトントンと大学の門が開いていきました。学習指導要領と国際バカロ
レアのそれぞれの科目との対応、外国人に対する特別教員免許状授与の促進、
それから教員の育成については、玉川学園、学芸大学、筑波大学などが教員養
成をやることになり、国際バカロレアを国内で普及する際の最重要課題がそこ
で解決しました。

　たとえば、それまで外国人教員に対して特別教員免許状を授与することには
とても難しいものがありました。免許の問題だけではなく、外国人教員は、日

405

第Ⅴ章　日本のグローバル化のために

本人のアシスタントがいなければ教えられなかったのです。現在、その条件も
だいぶ緩和されています。ですから、外国人の教師を雇いやすくなりました。
特別教員免許状があれば10年間は教えることができます。条件さえ合えば大
丈夫なのです。

5 ｜ 国際バカロレアの今後に向けて

　国際バカロレアにかかわる活動は、全部、社会奉仕です。私はどうしても私
立のほかに、公立の学校でIBの認定校を増やしたいと思っています。地元の
公立の小学校から、IB認定校の中等教育を経て、DPを修了し、地元の国立大
学に行くコースがあれば、過度に家庭で教育費を負担しなくても、誰しもが多
様性ある教育機会を得られるのではないでしょうか。私の目標は各都道府県、
政令都市に少なくとも1校の小学校、中学校、高校の認定校を公立の学校でつ
くりたい。そうすれば、その地の先生方が、その学校をモデル校として研究や
勉強し、自分たちの現場に持ち帰り、学んだ事を実践に生かすことができる
と、そう思っているのです。国際バカロレアには経済的負担が生じます。さら
に申請してから認定されるまでに2年ぐらいかかります。しかし、こうして都
道府県すべての学校が、学んでいくことができれば、費用対効果はかなり高い
のではないか、と思います。

　一つの課題は、DP修了試験経費の個人負担の問題です。私が経営する学校
は中等教育課程までしかないので気づかなかったのですが、このことを知った
時にガーンと雷に打たれたみたいになって、もうしばらく立ち直れませんでし
た。私は何て軽率に、いろんな学校や教育委員会に国際バカロレアをやってく
れやってくれと頼んできたのだろうかと自分を責めました。そこで、微力なが
らも生徒の修了試験代に対して経済的支援をする仕組みを立ち上げ、ご家庭の
年収が400万円以下は半額、300万円以下は全額支援をしています。個人的に
なんとかフウフウ言いながら捻出していますが、今後、人数が増えることも予
想されるので不安です。経済格差が教育格差にならないように頑張りたいと思
います。もう一つは、国際バカロレア・アジア太平洋地区の委員を日本に招致
したのです。日本の200校プロジェクトに委員の皆さんに是非とも協力しても
らいたかったのです。日本が官民一体でやっていることを見てもらい、その結

果、2017年の世界大会は日本で開催することに賛同してくれました。大会には世界中から1,000人以上の教育者が集まりますので、日本の高い教育水準を海外の国際バカロレア教育者のリーダーにアピールすることもでき、また、日本の教育者が世界中の教育者と触れ合って互いに刺激を受ける良い機会になると思います。今から楽しみです。

　国際バカロレアの教育内容から私たちは学ぶことがたくさんあると思います。でも、私は日本の教育も素晴らしいと思っています。利他性を養い、民度の高い日本人をつくっているのは日本の教育です。私は、日本人のような価値観が世界にもっと広まれば世界はもっと平和になると思っています。しかし、そのためには、日本人が自信をつけて発信力を高めなければいけません。日本人は誠実、まじめ、努力家、利他的なのに、なぜ世界で正当に評価されないのか。やはり、発信力と戦略を練る力、行動力が絶対的に欠けているのだと思います。

　中国は戦略を立てて実行するのが早いです。北京と上海で国際バカロレアを集中的に増やし、世界に向けてリーダーを出すという戦略や、PYPと中国国内のカリキュラム内容との対応を整理する検討委員会も、わずか10か月で結論を出しました。さすが中国です。日本もそれぐらい戦略を立ててやらないと。

　国際バカロレアを日本の教育に取り入れることで、日本の子どもたちが、より日本の素晴らしさを世界に発信していってくれたらと切に願います。そのため、私は、自分ができうる限り力を尽くしたいと思うのです。

V-2

教育の国内性と国際性

相良 憲昭

1 はじめに：教育とは何か

　「教育」とは何か。『広辞苑』（第7版、岩波書店、2018年）によれば、「①教え育てること。望ましい知識・技能・規範などの学習を促進する意図的な働きかけの諸活動」であるという。

　「教育」の仏語訳は「éducation」であり、英語訳は「education」である。ともに、「引き出す」を意味するラテン語の「duco」（あるいは「ducere」）を語源としている。Larousse版の『フランス語辞典』（Dictionnaire de la Langue française、1988年）は、「éducation」という語彙が、1690年には「社会のよき慣習に対する知識」（Connaissance des bons usages d'une société）の意味で、さらに1864年には「個人または集団による道徳的、知的、文化的獲得物の総体」（Ensemble des acquisitions morales, intellectuelles, culturelles d'une personne ou d'un groupe）という意味で使用されたと記述している。

　対象者に何ごとかを教えることによって人間的な成長を促すことが教育という営みであって、単なる知識の付与を意味しているのではないことは、上に挙げた日本語やフランス語の辞典の記述からも明白である。現に、日本語では教育を「知育・徳育・体育」に三分する表現が一般的に受け入れられており、最近では「食育」という新語も登場していることは周知のとおりである。

第Ⅴ章　日本のグローバル化のために

2 ┃ 教育の主体（アクター）

　いうまでもなく、教育の対象は、一般的には年少者である。それは、彼
（女）らが人間としての成長の途上にあるからにほかならない。それでは教育
の行為主体（アクター）は誰か。本来、人は誰もが教育の主体となりうるし、
また主体とならねばならない。「学校教育」の主体は学校であり、「家庭教育」
は家庭が主体で、そして「社会教育」は地域社会が主体であろう。

　親が自らの子どもの成育に責任を果たす「家庭教育」は、親子の間の絆がそ
の基盤となっている。「社会教育」の場合は親子ほど強固ではないにしても、
地域社会の住民の間にそれなりの絆が存在しているはずである。それでは「学
校教育」が拠って立つところの基盤は何なのだろうか。「家庭教育」「学校教
育」「社会教育」の使命や目的は、それぞれ独自の部分と他と重なり合う部分
とがあると思われるが、そもそも「学校教育」の主たる使命や目的は奈辺に存
するのであろうか。

3 ┃ 学校の設置者

　家庭や地域社会は、いわば自然発生的な絆によって営まれている人間集団で
あり、家庭や地域社会の構成員たちは明確な目的意識を共有しているわけでは
ない。ところが、学校は特定の目的や使命を有する、きわめて合目的性の高い
制度であり組織である。学校は誰が、何のために設置しているのだろうか。古
くを訊ねれば、西欧社会では司祭や修道士の養成を主たる目的として、カトリ
ックの教会や修道会が学校を設立した。江戸時代のわが国では、ほとんどの藩
が藩士の子弟のために藩校を設けていた（佐々木潤之助他編『概説日本史』吉
川弘文館、2002年によれば、全国に255の藩校があったという）。

　今日の日本社会において「学校」と呼ばれる組織・機関は、主として学校教
育法第一条［学校の範囲］に明記されている、「幼稚園、小学校、中学校、義
務教育学校、高等学校、中等教育学校、特別支援学校、大学および高等専門学
校」（俗にいう『一条校』）であるが、それら以外にも専修学校、各種学校、そ
の他の特別な法律に基づく施設（警察大学校、自治大学校、防衛大学校等々）

410

などが存在していることはいうをまたない。

　それでは、学校を設置することができるのは誰であろうか。2006年に全面改正された教育基本法は、その第六条で「法律に定める学校（筆者注：『一条校』のこと）は公の性質をもつものであって、国、地方公共団体及び法律に定める法人のみが、これを設置することができる」と定めている。また、学校教育法の第二条［学校の設置者］でも、「学校は、国、地方公共団体及び私立学校法第三条に規定する学校法人のみが、これを設置できる」としている。教育基本法および学校教育法が規定するこれらの条文の意図は、私人や民法上の法人などには学校の設置を許さないということである。

　「法律に定める学校」、すなわち「一条校」は「公の性質をもつもの」であるから、学校の設置者は本来、国家そのものでなければならない。しかし、国から一定の権限を委任されている地方公共団体、および国の法律によって認可された学校法人もまた、学校設置にかかわることができるというのが、学校教育法第二条の真意なのである。

4 　学校教育の目的

　それでは学校教育はなぜ「公の性質」をもつのであろうか。その答えは教育基本法第一条［教育の目的］に見られる。すなわち「教育は、人格の完成を目指し、平和で民主的な国家及び社会の形成者として必要な資質を備えた心身ともに健康な国民の育成を期して行われなければならない」と述べられており、その中でも特に「国家及び社会の形成者の育成」こそが、教育の「公の性質」を如実に語っているといえる。

　国家および社会にとって将来有為な自国民、換言すれば「よき国民」を育成するためには、国家自身がその責を負わねばならない。国家（およびその権限の委任を受けた地方公共団体ならびに国家から認可を受けた学校法人）が学校教育に携る理由は、まさにここにあるのである。近代社会の成立以降、すべての国家は程度の差はあっても、例外なく国民の教育に関与してきた。その理由を端的にいえば、「よき国民」を育成するため以外の何ものでもなかったのである。

　いずれの国家も、自国民を「よき国民」として教育する強い意思を有する

411

第Ⅴ章　日本のグローバル化のために

が、他国の国民を教育する意図は毛頭もたない。わが国には多くの国際学校（インターナショナル・スクール）や外国人学校（ナショナル・スクール、民族学校とも呼ばれる）が存在しているが、日本政府がこれらの学校を「一条校」とみなしてこなかったのは、日本人の子弟の教育を目的としていないからである。

5 ｜ よき国民

　「よき国民」である資質として何を求めるのかは国によって異なるし、また個々の国においても時代によって異なるであろう。先に述べた教育基本法第一条の「平和で民主的な国家及び社会の形成者として必要な資質を備えた心身ともに健康な国民」ということが「よき国民」に求められる基本的な資質であることは明白である。また、現行の学習指導要領の「教育課程編成の一般方針」にも、「人間尊重の精神と生命に対する畏敬の念を、家庭、学校、その他社会における具体的な生活の中に生かし、豊かな心をもち、個性豊かな文化の創造と民主的な社会及び国家の発展に努め、進んで平和的な国際社会に貢献し未来を拓く主体性のある日本人」の育成が謳われているが、ここに述べられている「人間尊重の精神」「生命に対する畏敬の念」「豊かな心」なども、学校教育が目指す「よき国民」の資質といえる。

　教育基本法や学習指導要領では直接には言及していないが、愛国心や国家への忠誠心なども「よき国民」の資質に数えられるべきものであろう。愛国心や忠誠心という表現が政治的すぎるという批判を受け入れるならば、「国民または社会の一員としての自覚」、あるいは「国家社会への帰属意識」と言い換えてもよい。この「自覚」や「帰属意識」を英語の「アイデンティティ」と同義語だとすれば、「国民としてのアイデンティティ」と言い換えることができよう。加えて、遵法精神や公徳心なども、「よき国民」の育成のために涵養すべき徳目である。

　「よき国民」を育成するために、成長段階にある若者たちに「国民としてのアイデンティティ」（自覚、帰属意識）や誇り、愛国心、国家への忠誠心、国民同士の団結力などを扶植することは、国家としての当然の責務であろう。このようなことは洋の東西を問わず、また、国民に対する国家の統制力の強弱に

かかわらず、すべての国家が行っていることである。祖国に生まれたことを誇れない人ほど、不幸な国民はいないに違いない。また、自分の国を愛することができない国民を擁する国家も同様に不幸である。

6 │ 価値観の継承としての教育

　国家は「よき国民」を育成するために、特に学校教育という形態の教育活動に携る。先に挙げた教育基本法第一条の記述を待つまでもなく、「教育の目的」は単に若者たちに知識や技術を付与するだけではない。教育という営みには、民族や社会の構成員に共通する生活習慣や価値観、道徳律、さらには美的感覚などを教えることも含まれるのである。要するに、教育とは文化の継承機能の謂であるといっても過言ではなかろう。くり返すが、教育は普遍的な知識・技術のみならず、民族社会・国家社会に固有で、かつ、その構成員の間に共通する固有の文化が内包する価値観や当為や禁忌なども付与するのである。だからこそ、いわゆる「読み、書き、そろばん」（英語でも Reading, writing, arithmetic を『3Rs』という）のみならず、道徳教育（国によっては宗教教育）、保健体育、芸術教育などもカリキュラムの中に含めているのである。

　算数（数学）や理科などのいわゆる自然科学は、国によって教育内容が大きく異なることはなかろう。文化や価値観の違いはあっても、定理や公理、あるいは実験結果に差異があろうはずはないからである。しかし、国語（言語）や歴史などの教科は、国や民族によって、教育内容はいうまでもなく教育方法も著しく異なることは自明の理である。

7 │ 言語教育

　初等教育における国語（言語）教育は、なによりも母語教育でなければならない。母語を習得することによって、子どもは親との精神的紐帯を強固にし、民族社会に共通する価値観や道徳律を自己のものとしてゆく。一般的に、言語が共通する社会においては、文化や価値観なども共有されるのである。

　今日の国際社会にあって、日本のような単一言語国家はむしろ例外的存在であり、大半の国では日常語として複数の言語が用いられている。世界中にいく

413

第Ⅴ章　日本のグローバル化のために

つの言語が存在しているかは誰も知らない謎であるが、学説には3,000言語から10,000言語までの開きがあるという（デイヴィット・クリスタル著、斉藤兆史・三谷裕美訳『消滅する言語』中公新書、中央公論社、2004年）。あいだを取って仮に6,000言語あるとして、これを世界中の独立国の概数200（国連の加盟国は現在193カ国である）で割ってみよう。すると1カ国あたりの言語数が30となる。すなわち平均して、1つの国で30もの言語が用いられていることとなる。

　このような国においては、国語（言語あるいは母語）教育がさまざまな問題に直面することは容易に理解できる。たとえばスペインでは、大多数の国民がカスティリヤ語を日常言語としているが、北西部ではガリシア語が、大西洋岸のフランス国境近くではバスク語が、そして北東部ではカタルーニャ語がそれぞれの地方の日常言語として今でも使用されている。しかし、1936年に勃発したスペイン内乱の後、フランコ総統は独裁政権を樹立し、ガリシア語、バスク語、カタルーニャ語の使用を全面的に禁止した。ガリシア、バスク、カタルーニャ各地の自治権が認められて、固有の言語の使用がスペイン憲法で保障されたのは、ようやくフランコの死後3年を経た1978年である。

　スペインの例が示すように、複数言語が使用されている社会では、多数派の言語が優遇され、少数者の日常の言語活動が弾圧を受けることが珍しくない。立法・司法・行政などの国家運営は多数派言語によって行われることはいうまでもなく、教育もまた多数派言語だけによって全国民に施されることが少なくない。このことはフランスのように民主主義の伝統が根強く生きている国においても例外ではなく、ブルターニュ半島におけるケルト語系の伝統言語であるブルトン語の教育がバスク語、カタルーニャ語、オクシタン語とともに許容されるようになったのは、ようやく1951年に制定された「デイヨンヌ法」によってである（コルシカ語の教育はもっと遅れて1974年に解禁された。Dominique et Michèle Frémy, *QUID 2004,* Robert Laffont、2004）。

　子どもたちに愛国心や国家への忠誠心を植えつけ、また国民としての自覚や誇りを促すためには、教育が国内全土において同じ内容、同じ方法で行われることが望ましい。したがって複数言語社会においても、国家は多数派言語のみによる教育を実施することを選択するのである。

414

V-2　教育の国内性と国際性

8 ｜ 歴史教育

　国家が教育に関与する場合、もっとも大きな、そして多くの問題を孕む可能性があるのは社会科学系の教科であり、その中でも特に歴史であろう。歴史教育は、自国の成立から今日の国家の姿に至るまでを児童・生徒に教授することによって、子どもたちの国民的自覚や誇り、愛国心などを涵養することを主たる目的とする。しかし、年表のように単に歴史的事実を網羅して教示するだけでは、その目的を達成することはできない。日本民族を始めとして、人類社会の中で古くから存続してきた民族にとって、国家の成立は建国神話の領域といわざるをえない場合が少なくない。歴史学的に、あるいは考古学的に立証できない遠い昔の出来事を、歴史的事実として教授するのか、あるいは神話として教えるのかは国家の教育政策上の問題であろう。

　建国にまつわる歴史だけでなく、たとえば他国との戦争や植民地化、国内の少数民族に対する弾圧などをどのように記述して、どのように教えるかはきわめて重要な課題である。「よき国民」を育成するためには、国家は国史における否定的側面を隠蔽するか、改竄するかという選択を迫られるかもしれない。国民としての誇りや愛国心を曇らせるような歴史的事実について、児童・生徒に知らしめたくないというのが為政者の本音であろう。しかし、そうすることは真実を教えるべきだという、教育に求められる当然の倫理的要求を無視することにもなりかねない。

　しかし、他国への侵略や他民族圧迫の事跡がことさらに強調されながら自国の歴史を学べば、児童・生徒たちは決して自国を愛したり誇りに思ったりすることはできないのではないか。わが国の歴史教科書は、あいかわらず中国や韓国から一方的に批判されている。しかし、もしもわが国において中国や韓国が満足するような教科書が出版されれば、それらを学ぶ日本の子どもたちは、はたして自国の歴史に誇りをもつことが可能であろうか。

9 ｜ 歴史認識と教育

　国家が関与する学校教育において、国家がその歴史の正当性を主張すること

415

第Ⅴ章　日本のグローバル化のために

は、個々の事柄の是非はともかく、一般的には是認されるべきであろう。上に
述べたように、歴史教育は単に事実の羅列ではない。そこには価値観が介在す
る。事実を歪曲することは教育の本旨にもとることであって絶対に避けねばな
らないが、教育上の配慮から歴史的事実を取捨選択することや、歴史的事実の
価値の秤量を行うことは許されてしかるべきであろう。いわゆる「歴史認識」
は他者から押しつけられるものではない。教育は自国の子どもたちのために行
うのであって、他国を満足させるために行うのではないからである。

　自国の歴史が他国の歴史にかかわる事態は、世界的な規模における歴史、す
なわち世界史を見れば無数の例が存在する。朝鮮半島の古代史や中世史には、
日本が直接・間接にかかわった。中国の近代史には、日本の影が色濃く反映し
ている。同様に日本史においては、ほぼその全体にわたって中国も朝鮮も深い
かかわりを持ち続けた。だからといって、日本と中国、または日本と韓国は、
歴史を共有することはできないのである。日本と中国、日本と韓国の間に起き
た歴史的事実は1つであろう。しかし、その事実をどのように評価し、理解す
るかは日本、中国、韓国の国民に任されており、他国に相談すべき事柄でも、
強制されるべき事柄でもないのである。

　周知のとおり、フランスとドイツの両国は1000年以上の間、再三にわたっ
て戦争をくり返してきた、いわば宿敵同士であった。両国は、1950年代にド
ゴール仏大統領とアデナウアー独首相の両者による歴史的和解を受けて、互い
の国の教科書評価を行ってきた。そして2006年になってやっと、両国は高校3
年生向けに、第二次世界大戦が終了した1945年から現在までの現代史に関し
ての共通の教科書 Histoire-Geschichte を出版することが可能になったのであ
る。今後、この共通歴史教科書は、高校1－2年生向けに、第2巻『19世紀か
ら第一次世界大戦を経て第二次世界大戦まで』や第3巻『古代からロマンティ
シズムまで』が出版される予定である（Club Obs.com、Nouvel Observateur、
2006年9月1日付、インターネット版）。

10 ｜ 国内教育から国際教育へ

　くり返し述べてきたように、教育の最大の目的は「よき国民」を育成すると
ころにある。先進国か途上国かを問わず、また、民主主義国か独裁国家かなど

V－2　教育の国内性と国際性

の別なく、おそらくすべての国家は、そのように考えてきた。換言すれば、教育という営みは、優れて国内的（ドメスティック）であるとの認識が一般的だったのである。教育はなによりも国益を尊重する国家的行為だということも可能であろう。国家間の国益は、えてして互いに衝突する。だからこそ当然のように、個々の国家の教育目標や教育的価値は対立しやすいのである。このことは、国際社会において教育関係の政府間組織が誕生したのが近々70年前にすぎないということからも明々白々であろう。

　国際社会は19世紀後半以降、さまざまな分野における政府間組織を創設してきた。いくつかの例を挙げれば、国際電信連合（ITU、1865年）、一般郵便連合（IPU、1874年）、国際度量衡連合（1875年）、国際著作権同盟（1886年）、国際鉄道輸送連合（1890年）などであり、ITUやIPUなどは現在でも国際連合の専門機関として存続している。これらの組織は国際行政連合（International Administrative Unions）と呼ばれているが、産業革命を経験した国際社会は、人々の多様な営みにおいて国家間の協力が欠かせないとの認識をもつようになり、その結果生まれたものである。この国際行政連合の発展の延長上に、第一次世界大戦後に誕生した国際連盟や国際労働機関（ILO）を経て、今日の国際連合やその専門機関が存在しているといえる。

　教育の分野における国際協力を目的とした政府間組織としては、第一次世界大戦後に国際教育局（IBE）というヨーロッパ各国における教育関係の情報交換を目的とした組織がジュネーブに開設されたが、きわめて小規模のものであった。第二次世界大戦後、国連教育科学文化機関（UNESCO、ユネスコ）を筆頭に、アラブ連盟教育文化科学機関（ALECSO）や東南アジア文部大臣機関（SEAMEO）などが発足した。このことは教育分野における国際協力の必要性が、ようやく第二次世界大戦を経て認識されるようになったに過ぎないという事実を示しているのである。

　ユネスコはその設立条約（ユネスコ憲章）の前文において「相互の風習と生活を知らないことは、人類の歴史を通じて世界の諸人民の間に疑惑と不信を起こした共通の原因であり、この疑惑と不信のために、諸人民の不一致があまりにもしばしば戦争となった」と述べて、「正義・自由・平和のための……教育」を提唱した。この憲章前文こそが、ユネスコが今日まで積極的に推進してきた国際理解教育（Education for International Understanding）の淵源とい

417

第Ⅴ章　日本のグローバル化のために

える。

　また、ユネスコ憲章第1条［目的及び任務］は「この機関の目的は……教育、科学及び文化を通じて諸国民の間の協力を推進することによって、平和及び安全に貢献することである」と明言しており、国際平和と安全の実現と維持のためには、教育、科学、文化の分野における国家間協力が不可欠であるとの認識を示しているのである。

11 ┃ グローバル・イッシューズ

　第二次世界大戦後の国際社会では、数多くの途上国が独立した。先進国と途上国との間の経済的格差は拡大の一途をたどり、開発問題が世界中の関心を呼ぶようになった。また、自由主義圏と社会主義圏の間の冷戦構造が全地球的に拡大し、核戦争への恐怖が現実のものとなった。20世紀の終末が近づくにつれ、これら開発問題や核問題に加えて、環境、食料、人口、疾病、難民など、一国家が単独では解決することができないような大規模で深刻な問題が、「地球規模的諸問題」（グローバル・イッシューズ）としてクローズアップされるようになる。

　グローバル・イッシューズの解決には国家間の協力が不可欠であり、そのことを世界中のすべての子どもたちが知る必要があるとのことで、ユネスコは国際理解教育の一環として、環境教育、人口教育、平和教育などを積極的に推進するよう加盟国に要請した。運輸・通信手段が急速に発達し、産業の国際分業が促進された結果、ヒトやモノやカネさらに情報の国境を越えた移動が活発化し、「縮みゆく地球」（Shrinking globe）、「宇宙船地球号」（Spaceship "The Earth"）、さらには国家間や諸国民間の「相互依存性」（Interdependence）といった表現が流行するようになった。

　教育を受ける子どもたちは今や、単に算数・数学や理科といった、あらゆる国の教育において共通する普遍的な教科と、自国に関する事柄だけを学べばよいのではなく、国際社会に生きる意味、他者とともに生きる意義をも学ばなければならなくなったのである。1990年以降、ユネスコが国連開発計画（UNDP）や国連児童基金（ユニセフ）などとともに、西暦2015年までに世界中のすべての子どもたちが基礎教育を受けることができるようにする「すべて

418

の人に教育を」（Education for all）や、わが国が国際社会に提唱した「持続可能な開発のための教育」（Education for Sustainable Development）などを見ると、もはや教育が一国のみの中で、国益を追求しつつ、「よき国民」を育成するためだけに行われるという時代は去ったと考えねばなるまい。

ユネスコは先に述べた国際理解教育の枠組みの中で、グローバル・イッシューズに加えて、基本的人権、自由、寛容、非暴力、民主主義、他者との共生などの「普遍的価値」を教育の中に導入するよう、加盟各国の政府に強く勧告するようになっていった。

12 「文明の衝突」と教育

1993年、ハーバード大学政治学教授のサミュエル・ハンチントン（Samuel Huntington）は、その著書『文明の衝突』（*The Clash of Civilizations and the Remaking of World Order*）の中で、21世紀の戦争はイデオロギーの対立ではなく、西欧対非西欧という文明の衝突によって引き起こされる、という大胆な予言を行った。彼の説が公表された当時は、問題を単純化しすぎているとか、荒唐無稽だとか、否定的あるいは冷笑的な反応が多く聞かれたが、21世紀になって頻発した武力抗争の大半は国家間の戦争ではなく、民族間あるいは宗派間の抗争であり、また、そのほとんどが一国内で勃発したことを考えれば、ハンチントンの「文明の衝突」説は当を得ていたと断言せざるをえないのである。

先に紹介したユネスコ憲章前文に「相互の風習と生活を知らないこと」という部分があった。この「風習と生活」とは、まさにハンチントンのいう「文明」（ハンチントンは「文化」と「文明」とを混同している。彼はむしろ「文化」culturesというべきであった）であろう。ハンチントンの指摘を待つまでもなく、歴史上で人類が引き起こした多くの戦争や武力紛争は、異文化間の抗争に他ならない。本来、文化に優劣はないはずなのに、民族や国家は往々にして自己の文化の優越性を主張し、他者の文化を貶め、あるいは弾圧する。特に帝国主義戦争は、濃厚に文化戦争の趣を呈していたのである。

文化の特性を以下に掲げてみよう。

①あらゆる民族・社会集団は固有の文化を有する。

②文化は民族・社会集団の構成員が共有するものである。

第V章　日本のグローバル化のために

③文化には言語、芸術、服装、食生活、建築、祭祀などの外面的生活様式のみならず、価値観、道徳律、宗教などの内面的生活様式も含まれる。

④文化は学習によって世代を超えて継承される。

⑤文化は民族・社会集団の構成員のアイデンティティの源である。

⑥異なった文化の間に優劣の関係は存在しない。

　上の6つにわたる文化の特性が民族・社会集団の構成員の子どもたちに対する教育と密接な関連があることはいうまでもなかろう。特に、異なった文化の間に優劣の関係はありえないということを教えるのは、ほかならぬ教育の役割である。かくして、今日の教育は自己の文化を愛し、継承しようとする意思をはぐくむだけでなく、他者の文化を尊重することも教えなければならないのである。

　今や教育は単に「よき国民」を育成することのみを目標とするわけにはいかないのであって、国家は「よき国際人」を育てることにも教育の目標を置かねばならない。「よき国際人」とはいかなる人を意味するか。それはすでに述べたように、基本的人権、自由、寛容、非暴力、民主主義などの「普遍的価値」を体現しつつ、自己のアイデンティティと他者のそれとをともに尊重しあう共生の精神を豊かにもつ人のことである。

13 ｜ 国家社会の多様化

　先に、多民族国家における言語教育の難しさについて触れた。このことは単に言語教育にとどまるものではなく、歴史教育や公民教育においても同様であろう。国民が国家を形成しているという認識、すなわち国民国家という意識を濃厚にもつようになったのは、たかだかこの200年程度のことであるが、同一の民族であるという意識は、生活風習、言語、宗教、価値観等々を共有しながら、何世代にもわたって連綿と続いてきたものである。したがって国民としてのアイデンティティと民族としてのそれを比較すれば、圧倒的に後者が強固なのである。今世紀に入ってから、一国内で民族紛争が頻繁に起きるようになったのは、まさにこのような背景があるからである。

　一民族が一国家を形成している文字どおりの「国民国家」においては、国民

としてのアイデンティティと民族としてのアイデンティティが重なるために、その社会は多民族社会に比して圧倒的に安定度が高い。日本はまさにその典型例といっても過言ではなかろう。すなわち、約1億2,600万人の国民が日本語のみを日常言語として用い、宗教間の紛争はほぼ皆無であり、価値観や道徳観も国民の間に共有されている。教育水準や所得水準もおおむね小さな格差にとどまっている。このように同質性の高い国家社会においては、国民間の武力紛争はおろか、犯罪の発生率も低い。

　ところで、わが国に在留している外国人の数が2015（平成27）年度に217万人に達した。このうち22.9％が韓国・朝鮮人、30.2％が中国人、10.3％がフィリピン人、などとなっている。現在、在日外国人が日本の総人口に占める割合は1.72％にすぎないが、この割合は今後とも急速に上昇してゆくに違いない（法務省入国管理局ホームページ）。その増加の主役は移民労働者である。いうまでもなく、一国の社会に外国人が増える現象は日本のみにとどまるものではない。大半の先進国で同様の現象が起きているのである。少々古いデータであるが、たとえばフランスでは、6,200万人の総人口の中で外国人が430万人（2004年現在）、6.9％の多さである（フランス外務省編、宝利桃子訳『現代のフランス』原書房、2005年）。ドイツでは8,420万人の全人口の約9％にあたる750万人が、外国からの移民であるという（ドイツ連邦共和国駐日大使館ホームページ）。

　外国人労働者を受け入れることの是非は、個々の国の産業政策、労働政策、経済政策等によって大きく異なるに違いない。外国人労働者の受け入れは、教育政策上も決してゆるがせにできない重要課題であるが、これまであまり明確に問題視されてはこなかった。外国人労働者はいうまでもなく、よりよい生活を求めて先進国にやってくる。つまり経済的動機のみによって祖国を離れるのである。これらの移民労働者は、当然、若年者が多いと推察される。適応力に優れ、また、重労働に耐えるだけの体力を必要とするからである。

　若者が結婚し、男女の間に子どもができるのは自然の摂理である。そして、子どもが学齢期に達すれば学校に行かねばならない。貧しい移民労働者の子どもが通学できる学校は、無償で教育を受けられる国公立学校に限られるといってよかろう。本稿の冒頭部分で述べたように、国立あるいは公立の学校は「よき国民」を育成するためにこそ設置されているのであって、外国人の子弟を教

421

第Ⅴ章　日本のグローバル化のために

育することは予想されていない。

　外国人の子弟は出身国、つまり父母の国の言語や生活風習、あるいは価値観などについて家庭以外の場で学ぶ機会はほとんど与えられない。したがって彼（女）たちの大半は、出身国に帰るという可能性はもたず、生涯を居住国において過ごすこととなろう。国家は、これら外国人の子弟を自国民として教育するべきか否か。このことはきわめて高度な政治的判断を要する問題である。

　児童の権利条約（子どもの権利条約）の第29条（c）項は「児童の父母、児童の文化的同一性、言語及び価値観、児童の居住国及び出身国の国民的価値観並びに自己の文明と異なる文明に対する尊重を育成すること」を教育が指向しなければならないと謳っている。

　わが国を含め、外国人労働者を多く受け入れている国の政府がこの条約の精神を尊重する意思がある限り、外国人子弟は居住国の子弟に与えられている教育とまったく同一の教育を受ける権利と同時に、出身国の文化的アイデンティティ（同一性）、言語、価値観を涵養させる教育もまた、享受する権利を保障されなければならないのではないか。

　理想的な教育とはいかなる教育でなければならないかを考えるとき、なによりも国内性と国際性のバランスを保ちつつ、児童・生徒の文化的背景にも十分な配慮を行うことが肝要であろう。そのような教育を受けた若者たちこそは、「よき国民」であると同時に「よき国際人」となる資格を有するのである。このことをさらに敷衍すれば、個人が属するすべての社会、すなわち家庭、地域社会、国家社会、そして国際社会にとって、全き人間をはぐくむことこそが教育の究極的な目標であるといえるのである。

【注】

本稿は、相良憲昭「教育の国内性と国際性」（相良憲昭・岩崎久美子編著『国際バカロレア：世界が認める卓越した教育プログラム』明石書店、2007年2月　所収）に加筆修正の上、再掲したものである。

国際バカロレア用語解説

IB（International Baccalaureate）：国際バカロレア

スイスの財団法人国際バカロレア機構（IBO）の定める教育プログラム、資格の総称。

IBO（International Baccalaureate Organization）：
財団法人国際バカロレア機構

スイス民法典に基づく国際教育の推進を目的とする非営利教育団体。本部はスイスのジュネーブにある。

DP（Diploma Programme）：ディプロマ・プログラム

中等教育の最終2学年の生徒に共通カリキュラムを設定し、統一試験により国際バカロレアの資格取得ができるプログラム。資格取得者は、世界の多くの国々で大学入学資格と同等の資格を有すると認められる。

- ● Extended Essay：課題論文（EE）

  6科目の中から1つの科目に関連した研究課題を決め、独自に調査研究した課題を英文4,000語以内、和文の場合は8,000字以内の学術論文として記述する。ディプロマ取得のための3要件の一つ。

- ● TOK（Theory of Knowledge）：知の理論

  学際的な観点から個々の学問分野の知識体系を検討し、理性と客観的精神を養うことを重視する。知識の理論と講義と演習を2年間にわたり100時間以上学習し、小論文と発表作品を提出する。3要件の一つ。

- ● CAS（Creativity, Action, Service）：創造性・活動・奉仕

  学問以外の生活、地域に根ざした奉仕活動による体験や共同作業による協調性を重視し、2年間にわたり、芸術・音楽・演劇などの創造的活動、スポーツ活動、奉仕活動がディプロマ・プログラムの3要件の一つとなっている。

- ● HL（Higher Level）：上級レベル

  生徒は、ディプロマ・プログラム資格取得のための6科目群のうち3～4科目を上級レベルで履修しなければならない。上級レベルでは1科目について2年間240時間以上の授業時間数とされている。

- SL（Standard Level）：標準レベル

　生徒は、ディプロマ・プログラム資格取得のための6科目群のうち2～3科目を標準レベルで履修しなければならない。標準レベルでは1科目について2年間150時間以上の授業時間数とされている。

- Certificate：科目別成績証明書

　国際バカロレアの科目のうち、1科目ないし数科目を受検した者に授与されるもの。

MYP（Middle Years Programme）：中等課程プログラム

11歳から16歳を対象にした課程。1994年創設。

- Approaches to Learning：効果的な学習法を育む「学習のしかた」

　中等課程プログラムの5つの基本概念の一つ。

- Community Service：社会奉仕

　中等課程プログラムの5つの基本概念の一つ。

- Health and Social Education：健康と社会教育

　中等課程プログラムの5つの基本概念の一つ。

- Environment：環境

　中等課程プログラムの5つの基本概念の一つ。

- Homo Faber（Man the Maker）：人類の創造性を学ぶ・「創る人」

　中等課程プログラムの5つの基本概念の一つ。

PYP（Primary Years Programme）：初等課程プログラム

3歳から12歳を対象にした課程。1997年創設。

- Transdisciplinary Approach：超教科的知識の探求

　初等課程プログラムでは「何を学びたいか」「どうしたら一番よく学べるか」「どうしたら何を学んだかわかるか」という三つの質問を中心にカリキュラムを構成する。

- Inquirers：知識と目的ある行動を探求する人

　初等課程プログラムの10の目標の一つ。

- Thinkers：創造的な考え方のできる人

　初等課程プログラムの10の目標の一つ。

- Communicators：2か国語以上で情報が理解でき、意思を伝えられる人

　初等課程プログラムの10の目標の一つ。

- Risk-takers：未知の概念や状況を恐れずに、挑戦する人

　初等課程プログラムの10の目標の一つ。

国際バカロレア用語解説

- Knowledgeable：世界に関連する重要テーマについて博識ある人
  初等課程プログラムの10の目標の一つ。
- Principled：正直で公平な道義心を持つ人
  初等課程プログラムの10の目標の一つ。
- Caring：まわりの人の気持ちや求めていることに思いやりのある人
  初等課程プログラムの10の目標の一つ。
- Open-minded：広い視野を持ち、他の文化・価値観・伝統を尊重し理解できる人
  初等課程プログラムの10の目標の一つ。
- Well-balanced：精神と肉体のバランスがとれている人
  初等課程プログラムの10の目標の一つ。
- Reflective：自分が学んだことを理性的に熟考し、長所と短所が分析できる人
  初等課程プログラムの10の目標の一つ。

Chief Examiner：主任試験官

世界に約3,000人いる国際バカロレア試験の評価者。国際バカロレア機構が選任する。評価は各科目7段階となっている。6科目すべて最高点をとると7点×6科目で42点、さらに課題論文と知識の理論の成果が優秀な場合3点追加され合計45点満点となる。合格基準は6科目の合計で24点以上。

Dual Language Diploma Programme：
デュアル・ランゲージ・ディプロマ・プログラム

文部科学省と国際バカロレア機構（IBO）との合意により、IBディプロマ・プログラムの一部科目の授業と試験・評価を日本語で実施するもの。2015年4月から日本国内の一部認定校で実施。日本語で実施可能となる科目等は、経済、地理、歴史、生物、化学、物理、数学、数学スタディーズ、音楽、美術、知の理論（TOK）、課題論文（EE）、創造性・活動・奉仕（CAS）。ただし、日本語DPでも、6科目中2科目（通常、グループ2（外国語）に加えてさらに1科目）は、英語等で履修する必要がある。

おわりに

　「おわりに」を執筆するにあたり、あらためて本書を刊行できたことを安堵感とともに感慨深く感じる。この本の刊行は筆者にとってはここ数年抱えていた重い宿題であった。

　相良憲昭先生とともに『国際バカロレア：世界が認める卓越した教育プログラム』（明石書店、2007年）を刊行したのは10年以上も前のことである。当時、類書がなかったこともあり、また、国際バカロレアを受講した生徒の生の声を多く集録し人々の関心を呼んだのか、同書は増刷を重ねることができた。その後、国際バカロレアが政策的に推進されたことに伴い、国際バカロレアに従事している教員、受講した生徒、そして研究者などによって多くの関連書籍が出版され、すでに国際バカロレアを社会に知らせる啓発の時代は終わったと思われる。今後は、様々な人々が国際バカロレアに関わり、実践や研究の世界を発展させていくであろう。

　本書は、本来であれば、研究費の受給期間終了時に刊行されるべきものであった。早い段階で研究分担者から原稿を提出いただき、また出版社との企画も進んでいたのであるが、あとひと息のところで宙ぶらりんの状態になってしまった。その理由は、編者である筆者が生涯学習に関する大きなプロジェクトに関わりそのとりまとめに忙殺されていたこと、その後、大学転出などの個人的事情で環境が変化したことなど、いくつかの弁明は可能かもしれない。しかし、時間は生み出すものであるのだから、いずれにしても編者の怠慢には変わりない。この間、原稿をお預かりしたままであった執筆者の方々にはお詫びの言葉しかなく、そして、辛抱強く刊行を待ってくださった明石書店の安田伸さんには感謝の言葉しかない。安田さんには、原稿入稿の遅れのみならず、整わない原稿の整理、編集の点で多くのご苦労をかけた。

　加えて、もう一つ弁明させていただけるのであれば、前回の『国際バカロレア：世界が認める卓越した教育プログラム』を編集執筆した折は、国際バカロレアを受講した生徒たちの声を背負って、出会った優秀な生徒たちを大学入試で適切に評価してもらいたい、という強い使命感に燃えて執筆に踏み込んだ。し

かし、現在、国際バカロレアは、研究者にとっても、ある種の市場であり産業
となってきている。多くの人々が関心を持つに至った国際バカロレアの世界
に、直接の関係者ではない筆者が関わることの是非を内心問うところもあり、
そのような心理的抵抗も筆を遅らせたと思う。しかし、それでもなお、この本
を刊行しなければならないと強く思い返したのは、調査研究において、そして
ここに至るまで様々な人々からいただいたご協力やご厚意を思い返したことに
よる。

　この20年にわたる年月を通じ、情報を提供してくださった方、インタビュ
ー調査にご協力くださった方、アンケートに回答してくださった方、資料提供
に応じてくださった方など、お世話になった方々のお名前をここに感謝ととも
に記したい。匿名でのインタビュー、情報提供、職責での回答など、それぞれ
の立場や状況は異なっているのであるが、ご迷惑を避けるため、所属・肩書き
は伏せて五十音順に掲載することをお許し願いたい。

　相沢克明、秋岡実見子、芦田明日香、綾部翔太、飯島美佐、石田まり子、磯
会聡子、市村裕子、伊藤栄紀、犬塚隆志、犬丸純、入江愛美、榎本剛、遠藤智
子、大内忠、大迫弘和、大野剛、大村浩志、岡澤文子、小笠原亜美、小笠原琢
馬、岡田恵佳、岡本悠希、小川謙二、沖中文美子、尾崎豪、尾崎青子、小澤伊
久美、小澤大心、恩田主税、加藤愛理、梶川芙実子、川合茉莉子、河合優、河
原なつき、河原みなみ、川辺一毅、ギルブレス赤川なお、窪田直基、倉野智
弥、倉野晴奈、車谷芳隆、小関哲、後藤俊介、後藤啓、小早川あかり、小林香
奈子 、小牧孝子、駒田聡太、斉藤健太、斎藤ゆみ、作永瑛里、佐久間毅、
佐々木邦彦、佐渡村光平、佐藤えり、志方真帆、宍戸晴奈、篠塚健太、杉江達
也、須藤結、関谷奈津子、高木美季、高木美和、田頭よも、高橋純平、高橋
檀、高松美紀、竹上紘平、田代百合子、田中理子、田中洋康、土谷慧悟、津村
美穂、内藤佐代子、長井聡子、中村文、中島由紀子、仲野絵里佳、永盛真紀
子、橳島優、西田ひろみ、日里明子、野崎智子、野島資宏、ハート洋子、バー
ナード恭子、橋本眞千子、播絵美子、播俊也、東谷保裕、廣瀬未来、福田絵
里、福田八郎、福田怜子、藤井静香、藤井拓郎、藤井奈津美、藤田幸千、古屋
めぐみ、北條哲理、誉田有里、三嶋航介、三隅友恵、三井忠大、宮田大輔、宮
地宏明、宮部昌子、望月克史、本村宏明、森田正信、森みゆき、八木紀一郎、

おわりに

矢島祐太、山崎祥子、山下拓、山本志郎、山本典子、山本美千代、山本良樹、Huw Davies、Helen Drennen、Dick Edwards、Etsuko Hart、Ian Hill、Wendy Gifford、Reiner Guertler、John McMurtry、Neil McWilliam、W.J. Oakes、George Pook、Neil York、George Walker。

なお、時間が経ってしまったことから、お世話になりながら、お名前を挙げることができない方々もいる。たとえば、日本語教師のみなさんには調査にご協力いただきながら、すべての方々のお名前を特定することができなかった。お詫びとともに当時の調査協力に感謝したい。

以上に加え、この研究を支えおつきあいいただいた共著者である先生方にあらためてお礼を申しあげる。海外にご一緒に出張したこと、お話を伺ったこと、調査訪問のアポイントメントでお世話になったことなど、その時々の風景や季節の様子など様々なことが思い返され、感謝の気持ちをあらたにしている。

最後に、成人学習に関する仕事を行っている筆者の立場において、国際バカロレアの今日的意義について若干触れたい。

国際バカロレアは、必ずしも万人向きのプログラムではない。国際バカロレアのディプロマ・プログラムを受講するには、生徒自身の学習への積極的関与や自己決定性が問われる。国際バカロレアによる教育が有効になるためには、それ以前の個人学習や知識の蓄積、そして何よりも生徒の意欲が大事であろう。授業は、反転学習と同様、自宅での学習により身に付けた知識や思考を生徒が学校の場に持ち寄った上で、教員と生徒、そして生徒間の相互作用によって授業が作り出されていく。主役は学習者であり、教員は、学習のファシリテーター、コンサルタントといった役回りなのである。

長寿化に伴い、学校や大学を卒業して以降の時間が長くなり、また、新しい知識や技能の獲得が雇用の維持や確保で必須となる中で、これからの時代に生きていく者は常に自分で継続的に学習を行うことが求められる。そのような中で、国際バカロレアは、生涯にわたる学習者として、自己決定的に学習しうる資質・能力を育成するプログラムであることを強く感じる。一方で、学習への積極的関与ができず、自己決定性が伴わない生徒もおり、このような生徒に対しては、成熟するまでの間、教員は基礎的事項の反復など、コーチ、あるいは動機づけをするモチベーターとして、国際バカロレアのプログラムに入る前に

足場かけと言われるステップ・バイ・ステップの学習支援が求められるであろう。

　国際バカロレアの授業では、一定の学習レディネスを持った生徒、そして熱意とすぐれた知見に富む教員との双方的なやりとりによって、イノベーティヴな学習の場が創造される。教員と生徒という縦構造ではなく、ネットワークのハブとして教員が水平的に生徒の知識や学習をつなぐことで、学習の場での創発が生じるということなのであろう。つまり、国際バカロレアとは、教員と生徒による学習する組織の創造であり、自己決定的学習を行える成人学習者を育成するプログラムなのである。

　筆を擱くにあたり、自らに問いかける。本書の刊行という積年の宿題を終わらせた者は、その後も宿題の内容を追い続けるのであろうか。それとも、もう十分と思うのであろうか。

　この問いに対する回答は急がず、少し時間をおいて自分の内なる声に耳を澄ましてみたいと思う。

岩崎　久美子

※本書は、平成24～27年度科学研究費補助金「国際バカロレアによる日本型公立高校モデルの構築に関する実証研究」（課題番号24531087）の研究成果の一部である。

著者紹介（執筆順、＊は編著者）

＊**岩崎 久美子**（いわさき・くみこ）
放送大学教養学部・教授

石村 清則（いしむら・きよのり）
パリ国際学校・国際バカロレア日本語教諭

錦織 嘉子（にしごり・よしこ）
文教大学生活科学研究所・客員研究員

奥出 桂子（おくで・けいこ）
ケイ・インターナショナルスクール東京　大学進学カウンセラー

吉田 孝（よしだ・たかし）
デュッセルドルフ国際学校・国際バカロレア日本語教諭

黄 丹青（こう・たんせい）
目白大学外国語学部・教授

大和 洋子（やまと・ようこ）
青山学院大学国際政治経済学部・講師

橋本 八重子（はしもと・やえこ）
元・アムステルダム国際学校・国際バカロレア日本語教諭

金藤 ふゆ子（かねふじ・ふゆこ）
文教大学人間科学部・教授

坪谷ニュウェル郁子（つぼや・にゅうぇる・いくこ）
東京インターナショナルスクール創設者／理事長・国際バカロレア日本大使

相良 憲昭（さがら・のりあき）
元・京都ノートルダム女子大学学長

国際バカロレアの挑戦
──グローバル時代の世界標準プログラム

2018 年 3 月 26 日　初版第 1 刷発行

編著者　　岩　崎　久　美　子
発行者　　大　江　道　雅
発行所　　株式会社　明石書店
　　　　　〒 101-0021
　　　　　東京都千代田区外神田 6-9-5
　　　　　　電　話 03-5818-1171
　　　　　　FAX　03-5818-1174
　　　　　　http://www.akashi.co.jp
　　　　　　振　替 00100-7-24505

装丁　明石書店デザイン室
組版　朝日メディアインターナショナル株式会社
印刷・製本　モリモト印刷株式会社

（定価はカバーに表示してあります）　　　　　　　　ISBN978-4-7503-4646-5

JCOPY 〈（社）出版者著作権管理機構 委託出版物〉
本書の無断複写は著作権法上での例外を除き禁じられています。複写される場合は、そのつど事前に、（社）出版者著作権管理機構（電話 03-3513-6969、FAX 03-3513-6979、e-mail: info@jcopy.or.jp）の許諾を得てください。

現代フランスの教育改革

フランス教育学会 編

A5判／上製／368頁
◎5800円

20年間継続したフランス保守政権下の教育改革を、政策理念、幼児・初等教育、中等教育、職業教育、高等教育、インクルーシブ教育、社会教育・生涯学習から分析し全体像を明らかにする。各教育段階の教育改革の成果と課題を精査することで、わが国の教育改革に資する素材を示す。

●内容構成●

第1章 フランス政治の変遷と教育改革 [上原秀一・鈴木規子]
第2章 初等教育の問題構成と改革課題 [藤井穂高]
第3章 「初等学校学習指導要領」の変遷 [赤星まゆみ]
第4章 フランスにおける「読むこと」の実践 [坂本明美]
第5章 保守政権下にみる中等教育の大衆化と民主化のパラドックス [園山大祐]
第6章 リセの哲学教育における争点 [綾井桜子]
第7章 コンピテンシーに基づく教育改革の動向 [細尾萌子]
第8章 フランス保守政権下における高等教育改革 [大場淳]
第9章 フランスにおける選抜制教育機関の進学機会拡大政策 [夏目達也]
第10章 フランス保守政権下の教員養成制度と教員に求められる能力 [大津尚志・松原勝敏]
第11章 フランス保守政権下における技術・職業教育の改革と実際 [堀内達夫]
第12章 フランスにおける技術・職業教育と高等教育との接続問題 [上里正男]
第13章 フランスにおけるインクルーシブ教育導入をめぐる葛藤 [倉敷裕治]
第14章 インクルージョンという教育理念のあり方 [坂本幹治]
第15章 アニマトゥール（社会教育関係職員）の制度化と社会教育の発展 [池田賢市・岩橋恵子]
第16章 フランスにおける近年の生涯学習重点政策 [岩崎久美子]

学習の本質 研究の活用から実践へ
OECD教育研究革新センター編著
立田慶裕・平沢安政監訳
◎4600円

学びのイノベーション 21世紀型学習の創発モデル
OECD教育研究革新センター編著
有本昌弘監訳　多々納誠子訳　小熊利江訳
◎4500円

メタ認知の教育学 生きる力を育む創造的数学力
OECD教育研究革新センター編著
篠原真子・篠原康正・袰岩晶訳
◎3600円

アートの教育学 革新型社会を拓く学びの技
OECD教育研究革新センター編著
篠原康正・篠原真子・袰岩晶訳
◎3700円

キー・コンピテンシー 国際標準の学力をめざして
ドミニク・S・ライチェン、ローラ・H・サルガニク編著
立田慶裕監訳
◎3800円

アニマトゥール フランスの社会教育・生涯学習の担い手たち
ジュヌヴィエーヴ・プジョル、ジャン＝マリー・ミニヨン著
岩橋恵子監訳
◎4760円

在外日本人のナショナル・アイデンティティ 国際化社会における「個」とは何か
岩崎久美子編著
◎8000円

フランスの図書館上級司書 選抜・養成における文化的再生産メカニズム
岩崎久美子著
◎6800円

〈価格は本体価格です〉

研究活用の政策学
——社会研究とエビデンス

サンドラ・M・ナトリー、イザベル・ウォルター、ヒュー・T・O・デイヴィス 著
惣脇宏、豊浩子、籾井圭子、岩崎久美子、大槻達也 訳

A5判／上製／452頁 ◎5400円

研究エビデンスを活用するということはどういうことで、また、どのようにすれば活用されるのか。保健医療、ソーシャルケア、教育、刑事司法の各領域における公共政策や行政サービス提供から、研究活用や実践における各種の理論やモデルを詳細に考察する。

内容構成
- 第1章　はじめに：エビデンスの活用
- 第2章　研究活用の形態
- 第3章　研究活用を方向づける要素
- 第4章　研究活用のモデル
- 第5章　研究活用改善のメカニズム
- 第6章　主要な理論と概念
　……学習理論、ナレッジマネジメント、イノベーション普及理論
- 第7章　実践における研究活用の改善
- 第8章　政策における研究活用の改善
- 第9章　研究インパクト評価
- 第10章　結論

図表でみる教育 OECDインディケータ（2017年版）
経済協力開発機構（OECD）編著　矢倉美登里、稲田智子、大村有里、坂本千佳子、立木勝、三井理子訳
◎8600円

世界の移民政策 OECD国際移民アウトルック（2016年版）
経済協力開発機構（OECD）編著　徳永優子訳
◎6800円

移動する人々と国民国家 ポスト・グローバル化時代における市民社会の変容
杉村美紀編著
◎2700円

移民の子どもと学校 統合を支える教育政策
OECD編著　布川あゆみ、木下江美、斎藤里美監訳
三浦綾希子、大西公恵、藤浪海訳
◎3000円

ヨーロッパにおける移民第二世代の学校適応 スーパーダイバーシティへの教育人類学的アプローチ
山本須美子編著
◎3600円

トランスナショナル移民のノンフォーマル教育 女性トルコ移民による内発的な社会参画
丸山英樹著
◎6000円

多文化教育の国際比較 世界10カ国の教育政策と移民政策
松尾知明著
◎2300円

外国人の子ども白書 権利・貧困・教育・文化・国籍と共生の視点から
荒牧重人、榎井縁、江原裕美、小島祥美、志水宏吉、南野奈津子、宮島喬、山野良一編
◎2500円

〈価格は本体価格です〉

経験資本と学習

首都圏大学生949人の大規模調査結果

岩崎久美子、下村英雄、柳澤文敬、伊藤素江、村田維沙、堀一輝 著

A5判／320頁 ◎3700円

子どもの頃からの経験の積み重ねは、その後の人生にどのような影響を与えるのか。小学校から大学までの経験の蓄積が、どのように人を差異化し、学業や人間関係、満足度などを含む広い意味でのキャリア形成に影響を与えているのかを多様な観点から考察する。

●内容構成●

序章 経験資本とは何か[岩崎久美子]

第Ⅰ部 経験資本の実態
第1章 調査の枠組みと大学生の現状 [岩崎久美子]
第2章 小中高および大学の学習経験 [堀 輝]
第3章 学習のしかたに関する経験 [村田維沙]
第4章 教課外の経験 [伊藤素江]
第5章 読書経験 [柳澤文敬]
第6章 困難や挫折の経験 [柳澤文敬／堀一輝]

第Ⅱ部 経験資本と現在
第7章 大学生の学習成熟度 [岩崎久美子]
第8章 大学生の時間の過ごし方 [下村英雄]
第9章 大学生の人間関係 [岩崎久美子]
第10章 諸経験のつながりとその作用 [堀 輝]
終章 経験の含意～その後の人生やキャリアとの関わり～ [下村英雄]

教育研究とエビデンス 国際的動向と日本の現状と課題

国立教育政策研究所編

◎3500円

教員環境の国際比較 OECD国際教員指導環境調査(TALIS)2013年調査結果報告書

国立教育政策研究所編
大槻達也、惣脇宏、豊浩子、
トム・シュラー、籾井圭子、津谷喜一郎、秋山薊二、岩崎久美子著

◎3800円

成人スキルの国際比較 OECD国際成人力調査(PIAAC)報告書

国立教育政策研究所編

◎3800円

生きるための知識と技能6 OECD生徒の学習到達度調査(PISA)2015年調査国際結果報告書

国立教育政策研究所編

◎3700円

PISA2015年調査 評価の枠組み

経済協力開発機構(OECD)編著 国立教育政策研究所監訳

◎3700円

PISAの問題できるかな?

経済協力開発機構(OECD)編著 国立教育政策研究所監訳

◎3600円

諸外国の教育動向 2016年度版

文部科学省編著

◎3600円

諸外国の初等中等教育

文部科学省編著

◎3600円

〈価格は本体価格です〉